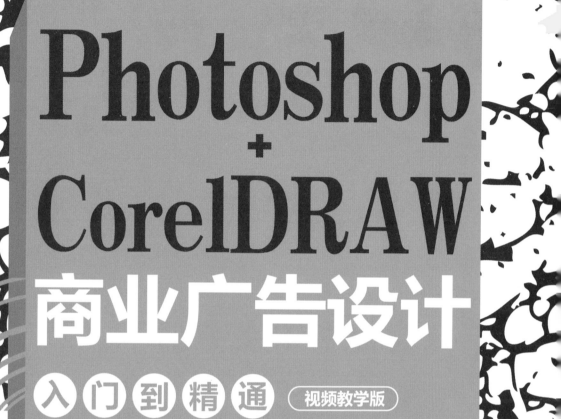

Photoshop + CorelDRAW

商业广告设计

入门到精通 视频教学版

王红卫 编著

清華大学出版社
北京

内 容 简 介

本书以创作精美、类型多样的案例，全面地讲解Photoshop与CorelDRAW软件相结合完成商业广告设计的相关应用。每个案例的选取都贴近当下流行的设计趋势，包括超人气的特效艺术字设计、实用商务类的名片设计、UI界面与电商广告设计、美学系艺术插画设计、创意折页的设计、网红抖音页面与灵动网页设计、艺术化POP广告图设计、流行版式封面装帧设计、时代视觉海报设计和实用的多类型商品包装设计。在讲解案例设计过程中，增添了大量的设计方法和技巧提示等超实用知识点。随书附赠每一个实例所对应的高清多媒体教学视频，让读者能够提高学习效率，达到举一反三的目的。

本书适用于平面设计师和相关的从业人员及平面设计爱好者阅读，亦可作为大中专院校相关专业和培训机构的教学参考书或上机实践指导用书。

图书在版编目（CIP）数据

Photoshop+CorelDRAW商业广告设计入门到精通：视频教学版/王红卫编著. —北京：清华大学出版社，2024.1

ISBN 978-7-302-65101-7

Ⅰ.①P… Ⅱ.①王… Ⅲ.①商业广告—平面设计—计算机辅助设计—图像处理软件 Ⅳ.①J524.3-39

中国国家版本馆CIP数据核字（2024）第006021号

责任编辑：赵　军
封面设计：王　翔
责任校对：闫秀华
责任印制：杨　艳

出版发行：清华大学出版社

网　　　址：https://www.tup.com.cn，https://www.wqxuetang.com
地　　　址：北京清华大学学研大厦A座　　　　　　邮　　编：100084
社 总 机：010-83470000　　　　　　　　　　　　邮　　购：010-62786544
投稿与读者服务：010-62776969，c-service@tup.tsinghua.edu.cn
质量反馈：010-62772015，zhiliang@tup.tsinghua.edu.cn

印 装 者：小森印刷霸州有限公司
经　　销：全国新华书店
开　　本：190mm×260mm　　　　印　　张：23.75　　　　字　　数：641千字
版　　次：2024年2月第1版　　　　　　　　　　　印　　次：2024年2月第1次印刷
定　　价：129.00元

产品编号：104637-01

前　言

随着信息时代的浪潮不断向前涌动，平面设计的视觉表现越来越倾向于简洁、大气、追求简约极致的美感。本书向读者介绍这种设计趋势，更注重介绍 Photoshop 与 CorelDRAW 两种软件的相辅相成，优势结合的完美应用。让读者通过本书内容学会如何制作出适合当下流行的商业广告设计的作品。

本书内容如下：

- 商业广告设计学员必读
- 超人气特效艺术字设计
- 实用商务类名片设计
- UI 界面与电商广告设计
- 美学系艺术插画设计
- 创意折页设计
- 网红抖音页面与灵动网页设计
- 艺术化 POP 广告图设计
- 流行版式封面装帧设计
- 精选时代视觉海报设计
- 实用多类型商品包装设计

本书亮点

（1）内容全面。本书在编写过程中挑选了多种类型的商业设计案例，涵盖了名片设计、海报设计、包装设计、UI 图标与界面设计、网红抖音类页面设计等。

（2）贴心提示。本书在每个案例的制作过程中均插入了贴心的提示与设计技巧，希望读者在学习过程中对知识点的应用会更加明确。

（3）视频教学。本书中的每一个案例均配有高清教学视频，读者可以扫描正文中的二维码观看，教学视频与纸质书图书的搭配学习，会让读者获得事半功倍的效果。

（4）课后习题。本书所有案例章节都安排了课后习题，供读者上机实操，巩固学习，以达到彻底掌握当前章节内容、学以致用的目的。

本书还提供了素材文件，读者用微信扫描下方的二维码即可下载。

如果在学习和下载素材的过程中遇到问题，可以发送邮件至 booksaga@126.com，邮件主题为"Photoshop+CorelDRAW 商业广告设计入门到精通（视频教学版）"。

在本书的编写过程中，由于时间仓促以及编者水平的局限，难免存在一些问题，我们希望广大读者予以批评指正。如果你在学习过程中发现问题或有更好的建议，欢迎发邮件到 bookshelp@163.com 与我们联系。

编　者

2023 年 11 月

目　录

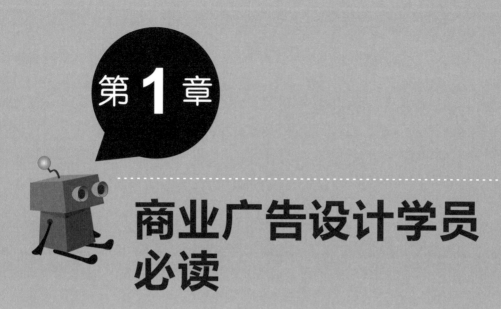

第1章

商业广告设计学员必读

内容摘要

在当今信息时代，商业广告设计已成为企业宣传的重要手段。本章详细讲解商业广告设计的基本概念、分类与流程、常用软件及应用范围等内容，旨在帮助读者充分掌握本章知识，为未来的商业广告设计打下坚实的基础。

教学目标

◎ 了解商业广告设计的基本概念

◎ 了解商业广告设计的分类与流程

◎ 了解商业广告设计的常用软件及应用范围

◎ 掌握商业广告设计的常用尺寸及印刷知识

◎ 掌握商业广告设计的色彩应用

1.1 商业广告设计的基本概念

商业广告设计泛指具有艺术性与专业性的设计活动，它以"视觉"作为沟通和表现的手段，将不同的基本图形按一定的规则在平面上组合成图案，借此来传达想法或信息。

商业广告设计即平面广告设计。平面广告设计的英文名称为 Graphic Design，Graphic 常被翻译为"图形"或"印刷"，前者的涵盖面要比后者大。因此，广义的图形设计即指商业广告设计，主要是在二维空间范围内以轮廓线划分图与底之间的界限，描绘形象。也有人将 Graphic Design 翻译为"视觉传达设计"，即用视觉语言传递信息和表达观点的设计，这是一种以视觉媒介为载体，向大众传播信息和情感的造型性活动。此定义始于 20 世纪 80 年代，如今视觉传达设计所涉及的领域在不断扩大，已远远超出商业广告设计的范畴。

商业广告设计在生活中无处不在，例如宣传册、路边广告牌等。每当翻开一本版式明快、色彩跳跃、文字流畅、设计精美的杂志时，都有一种爱不释手的感觉，即使对其中的文字内容没有什么兴趣，但那些精致的广告也能吸引住你，这就是商业广告设计的魅力。它能把一种概念、一种思想通过精美的构图、版式和色彩传达给人们。商业广告设计的设计范围和门类包括工业、环艺、装潢、展示、服装等。

设计是有目的的策划，商业广告设计是这些策划将要采取的形式之一。在商业广告设计中，需要利用视觉元素来传播自己的设想和计划，利用文字和图形把信息传达给观众，这才是设计的真正意义。

1.2 商业广告设计分类

常见的商业广告设计可以分为 8 大类，即网页设计、包装设计、DM 广告设计、海报设计、POP 广告设计、标志、书籍设计、VI 设计。

- 网页设计主要是指网页的美工设计，也可以说是网页版面设计。对于网页设计来讲，这块需求量是非常大的，不管是门户网站，还是企业网站。现在使用 Flash 软件制作整个网站的个人或公司也越来越多，因为利用 Flash 软件制作的网站具有更大的互动性。当你在互联网这个信息的海洋中尽情遨游时，会发现许多内容丰富、创意新颖、设计独特的个人网页，不知道你是否会心动呢？如图 1.1 所示为几个网页的设计效果。

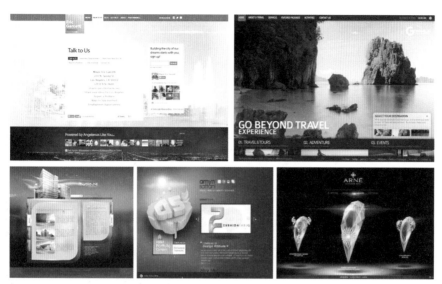

图 1.1 网页设计效果

- 包装设计是指选择合适的包装材料，运用巧妙的工艺手段，为包装商品进行的容器结构造型和包装的美化装饰设计。包装作为实现商品价值和使用价值的手段，在生产、流通、销售和消费领域中发挥着极其重要的作用，它是品牌理念、产品特性、消费心理的综合反映，是企业设计不得不关注的重要课题。因此，包装设计已成为市场销售竞争中重要的一环。如图 1.2 所示为几个包装设计效果。

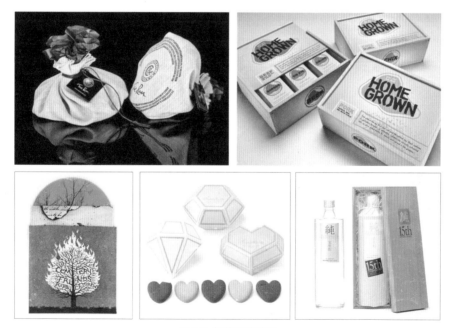

图 1.2 包装设计效果

- DM（Direct Mail，直接邮寄广告或直投广告），即通过邮寄、赠送等形式，将宣传品送到消费者手中。DM 广告除了利用邮寄方式外，还可以借助其他媒介，比如传真、杂志、电视、电话、电子邮件或直接网络、柜台散发、专人派送、来函索取、随商品包装发出等。DM 广告形式有广义和狭义之分；广义上包括广告单页，如大家熟悉的在街头巷尾、商场或超市散发的传单；狭义上仅指装订成册的集纳型广告宣传画册，页数在 10~200 页。如图 1.3 所示为几个 DM 广告设计效果。

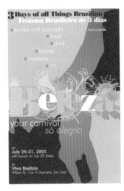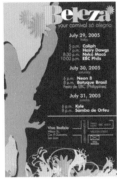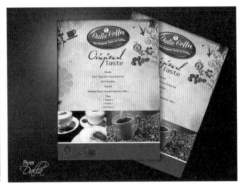

图 1.3 DM 广告设计效果

- 海报是一种视觉传达的表现形式，主要通过版面构成在几秒钟之内吸引住人们的目光，并获得瞬间的刺激。这就要求设计师既要做到准确到位，又要有独特的版面创意形式。设计师的任务就是把构图、图片、文字、色彩、空间这一切要素的完美结合，用恰当的形式表现并传达给人们。海报即招贴，"招"是指引起注意，"贴"是张贴，也就是"为指引起注意而进行张贴"。它是指在公共场所，以张贴或散发的形式发布的一种广告。海报的英文名称为 poster，意指张贴于纸板、墙、大木板或车辆上的印刷广告，或者以其他方式展示的印刷广告。它是户外广告的主要形式，也是广告的最古老形式之一。海报属于户外广告，主要分布在街道、影剧院、展览会、商业闹区、车站、码头、公园等公共场所。如图 1.4 所示为几个海报设计效果。

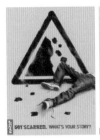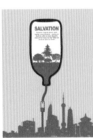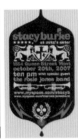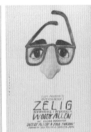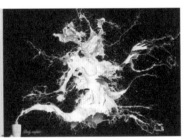

图 1.4 海报设计效果

- POP 广告（Point of Purchase Advertising）又称为售卖场所广告，是一切购物场所（如百货公司、购物中心、商场、超市、便利店等）内外所做的现场广告的总称。有效的 POP 广告既能激发顾客的随机购买欲，也能促使计划性购买的顾客果断决策，实现即时即地购买。POP 广告对消费者、零售商、厂家都有重要的促销作用。POP 设计主要包括产品标签 POP 设计、促销 POP 设计、卖场 POP 设计。POP 广告不但具有很高的广告价值，而且成本不高，它虽起源于超市，但同样也适用于一些普通商场，甚至是一些小型的商店等一切商品销售的场所。也就是说，POP 广告对于任何经营形式的商业场所都具有招揽顾客、促销商品的作用。如图 1.5 所示为 POP 广告设计效果。

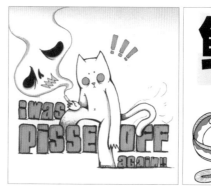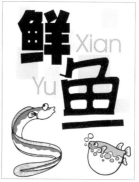

图 1.5　POP 广告设计效果

- 标志（Logo）也称徽标或商标，是一种具有象征性的大众传播符号，它以精练的形象表达一定的涵义，并借助人们的符号识别、联想等思维能力，传达特定的信息。标志将具体的事物、事件、场景和抽象的精神、理念、方向，通过特殊的图形固定下来，使人们在看到标志的同时，自然地产生联想，从而对企业产生认同。企业标志是企业视觉识别系统中的核心部分，是一种系统化的形象归纳和形象化的符号化提炼，经过抽象和具象的结合与统一，最后创造出高度简洁的图形符号。企业标志不同于展会标志和其他公益标志或个人标志，它代表的是一个企业的文化和远景，既要能展示公司的经营理念，又要能在实际应用中方便适用，保持一致。如图 1.6 所示为标志设计效果。

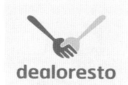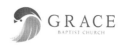

图 1.6　标志设计效果

- 书籍设计是指对书籍的整体设计。它包括的内容有很多，其中封面、扉页和插图设计是三大主体设计要素。具体是指对开本、字体、版面、插图、封面、护封以及纸张、印刷、装订和材料事项的艺术设计。从原稿到成书的整体设计，被称为书籍装帧设计。封面设计是书籍装帧设计艺术的门面，它通过艺术形象设计的形式来反映书籍的内容。在当今琳琅满目的书海中，书籍的封面设计起到一个无声的推销员的作用，它的设计质量在一定程度上将会直接影响人们的购买欲。在衡量书籍设计的优劣时，不能脱离市场的反应，因为书籍和读者都离不开市场。市场需要有魅力的书籍设计，而成熟的设计就是最有魅力的设计，也最能够经得住市场考验、保持相对持久的生命力。成熟的设计是在解决问题和矛盾之后产生的良好结果，也是出版者和设计师所期望和追求的。因此，成熟才是书籍设计的最高境界。如图 1.7 所示为书籍设计效果。

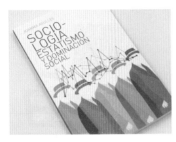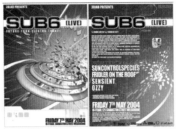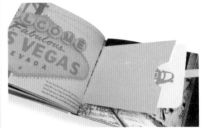

图 1.7 书籍设计效果

- VI 设计（Visual Identity）通常译为视觉识别系统，是 CIS（Corporate Identity System，企业形象识别系统）最具传播力和感染力的部分，是将 CIS 的非可视内容转化为静态的视觉识别符号，以丰富多样的应用形式在广泛的层面上进行最直接的传播的一种方式。设计到位、实施科学的视觉识别系统，是传播企业经营理念、建立企业知名度、塑造企业形象的快速便捷之途。在企业内容表现中，VI 通过标准识别来划分和产生区域、工种类别、统一视觉等要素，以利于规范化管理和增强员工的归属感。VI 由基本设计系统和应用设计系统两大部分组成。其中，基本设计系统包括企业的名称、标志设计、标识、标准字体、标准色、辅助图形、标准印刷字体、禁用规则等；应用设计系统包括标牌旗帜、办公用品、公关用品、环境设计、办公服装、专用车辆等。在这里以一棵大树来比喻，基本设计系统是树根，是 VI 的基本元素，而应用设计系统是树枝、树叶，是整个企业形象的传播媒体。如图 1.8 所示为 VI 设计效果。

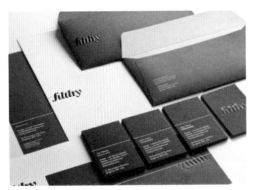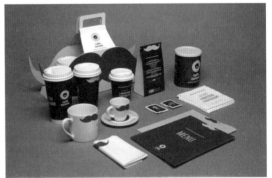

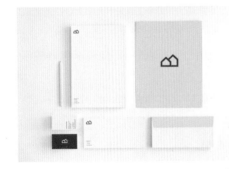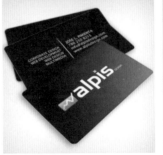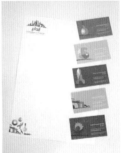

图 1.8 VI 设计效果

1.3 商业广告设计的一般流程

商业广告设计是有计划、有步骤的渐进式不断完善的过程，设计的成功与否很大程度上取决于理念是否准确、考虑是否完善。设计之美永无止境，完善取决于态度。商业广告设计的一般流程如下。

1. 前期沟通

客户提出要求，并提供公司的背景、企业文化、企业理念及其他相关资料，以更好地完成设计。设计师这时一般还需要做一个市场调查，以做到心中有数。

2. 达成合作意向

通过沟通达成合作意向，然后签订合作协议，这时客户一般需要支付少量的预付款，以便开始设计工作。

3. 设计师分析设计

根据前期的沟通及市场调查，配合客户提供的相关信息，制作出初稿，一般要有 2 或 3 个方案，以便让客户选择。

4. 第一次客户审查

将前面设计的几个方案提交给客户审查，以满足客户要求。

5. 客户提出修改意见

客户对提交的方案提出修改意见，以供设计师修改。

6. 第二次客户审查

根据客户的要求，设计师再次进行分析和修改，确定最终的海报方案，完成海报设计。

7. 包装印刷

双方确定设计方案，经设计师处理后，提交给印刷厂进行印制，完成设计。

1.4 商业广告设计常用软件

商业广告设计软件一直是应用的热门领域，我们可以将其划分为图像绘制和图像处理两个部分。下面简单介绍商业广告设计常用软件的情况。

1. Adobe Photoshop

Photoshop 是美国 Adobe 公司推出的集图像扫描、编辑修改、图像制作、广告创意、图像输入与输出于一体的图形图像处理软件，深受广大商业广告设计人员和电脑美术爱好者的喜爱。

Photoshop 的专长在于图像处理，而不是图形创作。图像处理是对已有的位图图像进行编辑加工处理以及运用一些特殊效果，其重点在于对图像的加工处理；图形创作则是按照自己的构思创意，使用矢量图形来设计图形，这类软件主要有 Adobe 公司的 Illustrator。

商业广告设计是 Photoshop 应用最为广泛的领域，无论是我们正在阅读的图书封面，还是大街上看到的海报，这些具有丰富图像的平面印刷品几乎都需要使用 Photoshop 软件对图像进行处理。

2. Adobe Illustrator

Illustrator 是美国 Adobe 公司推出的专业矢量绘图工具，是出版、多媒体和在线图像的工业标准矢量插画软件。

无论是从事印刷出版线稿的设计师和专业插画师，还是多媒体图像的艺术家，抑或是负责网页或在线内容的制作者，都会发现 Illustrator 不仅仅是一个艺术产品工具。它能为线稿提供无与伦比的精度和控制，能适应大部分从小型设计到大型复杂项目的设计需求。Illustrator 是矢量绘图的利器，在建筑和规划相关专业多用于分析图绘制。

3. Corel CorelDRAW

CorelDRAW Graphics Suite 是一款由加拿大 Corel 公司开发的，集矢量图形设计、矢量动画、页面设计、网站制作、位图编辑、印刷排版、文字编辑处理和图形高品质输出于一体的商业广告设计软件，深受广大商业广告设计人员的喜爱，目前主要在广告制作、图书出版等方面得到广泛应用。与其功能类似的软件有 Illustrator。

CorelDRAW 是一款备受赞誉的图形图像编辑软件，它包含两个绘图应用程序：一个用于矢量图及页面设计，另一个用于图像编辑。这套绘图软件组合为用户提供了强大的交互式工具，使用户通过简单的操作就可以创作出多种富于动感的特殊效果及点阵图像即时效果，而且不会丢失当前的工作。CorelDRAW 软件的全方位设计及网页功能可以融合到用户现有的设计方案中，灵活性十足。

CorelDRAW 软件非凡的设计能力被广泛应用于商标设计、标志制作、模型绘制、插图描画、排版及分色输出等诸多领域。

4. Adobe InDesign

InDesign 是一款定位于专业排版的全新软件，是面向公司专业出版方案的新平台，由 Adobe 公司于 1999 年 9 月 1 日发布。InDesign 博众家之长，从多种桌面排版技术汲取精华，如将 QuarkXPress 和 Corel-Ventura（Corel 公司的一款排版软件）等高度结构化程序方式与较自然化的 PageMaker 方式相结合，为杂志、书籍、广告等灵活多变、复杂的设计工作提供了一系列更完善的排版功能。尤其该软件是基于一个创新的、面向对象的开放体系（允许第三方进行二次开发以加入扩充功能），大大增加了专业设计人员使用排版工具软件表达创意和观点的能力。因此，InDesign 虽然出道较晚，但在功能上反而更加完美与成熟。

5. Adobe PageMaker

PageMaker 由 Aldus 公司于 1985 年推出，后来在升级至 5.0 版本时（1994 年），被 Adobe 公司收购。PageMaker 软件提供了一套完整的工具，用来产生专业、高品质的出版刊物，稳定性、高品质及多变化的功能尤其受到使用者的赞赏。另外，Adobe 公司在 PageMaker 6.5 版本中添加了一些新功能，能够让我们以多样化、高生产力的方式，通过印刷或 Internet 来出版作品。PageMaker 在界面和使用上与 Photoshop、Illustrator 及其他 Adobe 的产品一样。最重要的一点是，在 PageMaker 的出版物中，通过链接的方式置入图，可以确保印刷时的清晰度，这一点在彩色印刷时尤其重要。

PageMaker 软件虽操作简便，但功能全面，借助丰富的模板、图形及直观的设计工具，用户可以迅速入门。PageMaker 作为最早的桌面排版软件，曾取得过不错的成绩，但在后期与 QuarkXPress 的竞争中一直处于劣势。由于 PageMaker 的核心技术相对陈旧，在 7.0 版本之后，Adobe 公司便停止了对它的更新升级，取而代之的是新一代排版软件 InDesign。

6．QuarkXPress

QuarkXpress 是 Quark 公司的产品之一，是世界上使用广泛的版面设计软件之一。它被世界上先进的设计师、出版商和印刷厂用来制作宣传手册、杂志、书本、广告、商品目录、报纸、包装、技术手册、年度报告、贺卡、刊物、传单、建议书等。它把专业排版、设计、图形处理功能和复杂的印前作业等全部集成在一个应用软件中。因为 QuarkXPress 有 macOS 版本和 Windows 95/98、Windows NT 版本，可以很方便地在跨平台环境下工作。

QuarkXpress 精确的排版、版面设计和彩色管理工具为用户提供从构思到输出等设计中的每一个环节的命令和控制。QuarkXPress 中文版还针对中文排版特点增加和增强了许多中文处理的基本功能，包括简－繁字体混排、文字直排、单字节直转横、转行禁则、附加拼音或注音、字距调整、中文标点选项等。作为一款完全集成的出版软件包，QuarkXPress 是为印刷和电子传递而设计的单一内容的开创性应用软件。

1.5 商业广告设计软件的应用范围

在设计服务行业中，商业广告设计是所有设计的基础，也是设计行业中应用范围较为广泛的类别。商业广告设计已经成为现代销售推广不可或缺的一个平面媒体广告设计方式，其范围也变得越来越大，越来越广。

1. 广告创意设计

广告创意设计是商业广告设计软件应用较为广泛的领域之一，无论是大街上看到的海报、POP，还是拿在手中的书籍、报纸、杂志等，几乎都应用了商业广告设计软件进行处理。常用的软件有 Photoshop、Illustrator、CorelDRAW。如图 1.9 所示为广告创意设计效果。

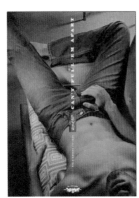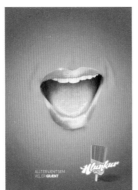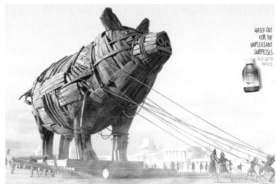

图 1.9　广告创意设计效果

2. 数码照片处理

商业广告设计软件中，Photoshop 具有强大的图像修饰功能。利用这些功能，可以快速修复一张破损的老照片，也可以修复人脸上的斑点等缺陷，还可以完成照片的校色、修正、美化肌肤等。常用的软件有 Photoshop。如图 1.10 所示为数码照片处理效果。

3. 影像创意合成

商业广告设计软件可以将多个影像进行创意合成，也可以使用"狸猫换太子"的手段使图像发生面目全非般的变化。当然，在这方面 Photoshop 是最擅长的。常用的软件有 Photoshop 和 Illustrator。如图 1.11 所示为影像创意合成设计。

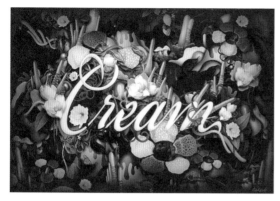
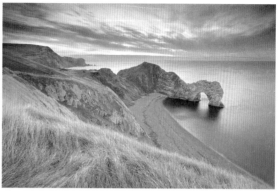

图 1.10　数码照片处理效果

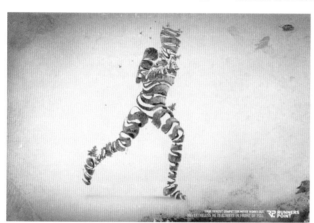
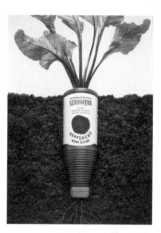

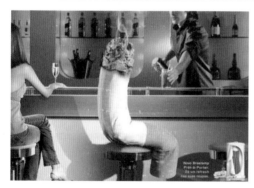
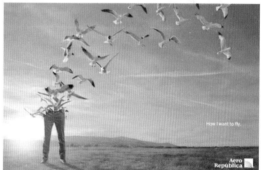

图 1.11　影像创意合成设计

4. 插画设计

插画，西文统称为 illustration，源自拉丁文 illustratio，具有照亮之意，在中国被人们俗称为插图。现在通行于国内外市场的商业插画包括出版物插图、卡通吉祥物、影视与游戏美术设计和广告插画 4 种形式。实际在中国，插画已经遍布于平面和电子媒体、商业场馆、公众机构、商品包装、影视演艺海报、企业广告，甚至 T 恤、日记本、贺年片等。常用的软件有 Illustrator 和 CorelDRAW。如图 1.12 所示为插画设计效果。

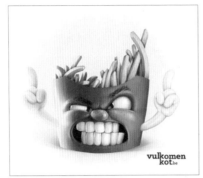
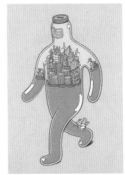

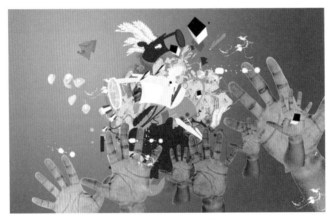

图 1.12　插画设计效果

5. 网页设计

网站是企业向用户和网民提供信息的一种方式，是企业开展电子商务的基础设施和信息平台，离开网站去谈电子商务是不可能的。使用商业广告设计软件不仅可以处理网页所需的图片，还可以制作整个网页版面，并可以为网页制作动画效果。常用的软件有 Photoshop、Illustrator、CorelDRAW。如图 1.13 所示为网页设计效果。

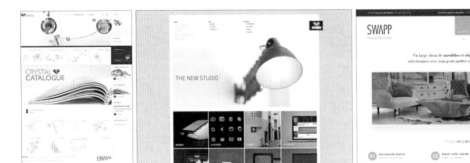

图 1.13　网页设计效果

6. 特效艺术字

　　艺术字被广泛应用于宣传、广告、商标、标语、黑板报、企业名称、会场布置、展览会、商品包装、装潢以及各类广告、报纸杂志和书籍的装帧上等，越来越受大众喜爱。艺术字是经过专业的字体设计师艺术加工的汉字变形字体，字体特点符合文字含义，具有美观有趣、易认易识、醒目张扬等特性，是一种有图案意味或装饰意味的字体变形。利用商业广告设计软件可以制作出许多奇异的特效艺术字。常用的软件有 Photoshop、Illustrator 及 CorelDRAW。如图 1.14 所示为特效艺术字效果。

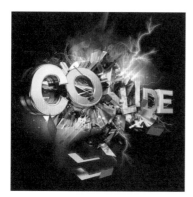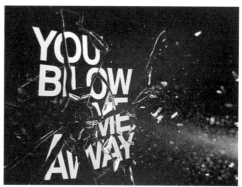
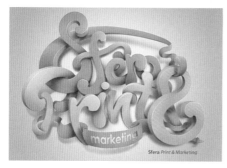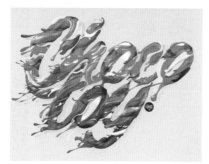

图 1.14　特效艺术字效果

7. 室内外效果图后期处理

　　现在的装修效果图已经不是以前那种只把房子建起东西摆放好就可以的了。随着三维技术软件的成熟和从业人员的水平的提高，装修效果图基本可以与装修实景图媲美。效果图通常可以理解为对设计者的设计意图和构思进行形象化再现的形式。在制作建筑效果图时，许多的三维场景是利用三维软件制作出来的，但其中的人物、配景及场景的颜色通常是通过商业广告设计软件后期添加的，这样不仅节省了大量的渲染输出时间，还可以使画面更加美化、真实。常用的软件有 Photoshop。如图 1.15 所示为室、内外效果图后期处理效果。

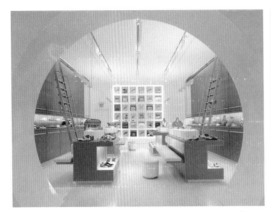
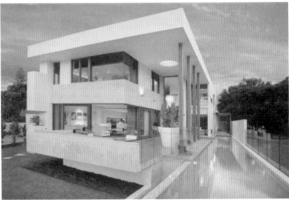

图 1.15 室内外效果图后期处理效果

8. 绘制和处理游戏人物或场景贴图

现在几乎所有的三维软件贴图都离不开商业广告软件，特别是 Photoshop。像 3ds Max、Maya 等三维软件的人物或场景模型的贴图，通常是使用 Photoshop 进行绘制或处理后再应用在三维软件中的。常用的软件有 Photoshop、Illustrator 及 CorelDRAW。如图 1.16 所示为游戏人物和场景贴图效果。

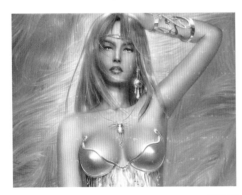
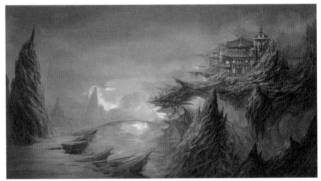

图 1.16 游戏人物和场景贴图效果

1.6 商业广告设计与字体设计

文字设计意为对文字按视觉设计规律加以整体的精心安排。文字设计是人类生产与实践的产物，是随着人类文明的发展而逐步成熟的。在商业广告设计中，文字设计是其中非常重要的一环，信息传播是文字设计的一大功能。如图 1.17 所示为商业文字设计中的一些经典案例效果。

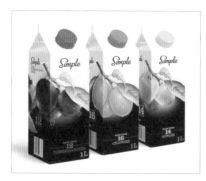 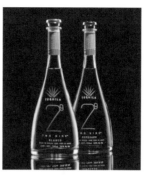

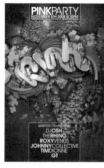 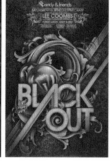 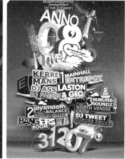 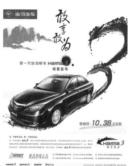

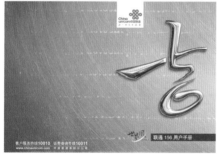 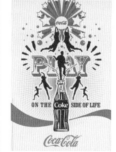 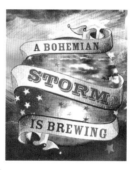

图 1.17 商业文字设计中的一些经典案例效果

1.7 商业广告版面设计与文字设计

版面设计并不仅仅是纯图像设计，通过使用不同的文字特效与编排，可以使版面更具艺术感。根据广告主题的要求，极力突出文字设计的个性色彩，创造独具特色的字体，给人以别开生面的视觉感受，将有利于建立企业和产品的良好形象。

无论字形多么富于美感，如果失去了文字的可识性，这一设计无疑是失败的。因此，在进行文字设计时，要避免繁杂零乱，减去不必要的装饰变化，使人易认易懂，注重文字的编排和文字的创意。设计师不仅要在有限的文字空间和文字结构中进行创意编排，还应该赋予编排形式更深的内涵，以提高商业广告的趣味性与可读性，突出商业广告的主题内容。如图 1.18 所示为版面与文字设计的经典案例效果。

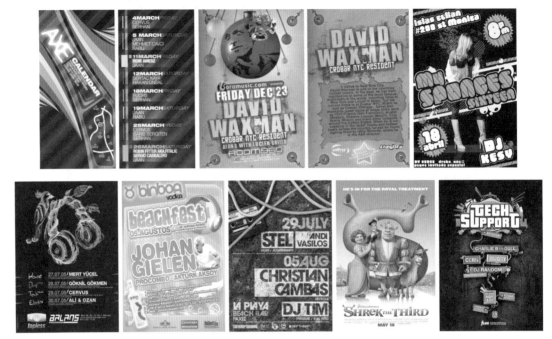

图 1.18 版面与文字设计的经典案例效果

1.8 商业广告设计常用尺寸

　　纸张一般按照国家制定的标准大小进行生产。在设计时还需要注意纸张的开数，以免造成不必要的浪费。印刷常用纸张开数如表 1.1 所示。

表 1.1 印刷常用纸张开数

正度纸张：787mm×1092mm		大度纸张：889mm×1194mm	
开数（正）	尺寸单位（mm）	开数（大）	尺寸单位（mm）
2 开	540×780	2 开	590×880
3 开	360×780	3 开	395×880
4 开	390×543	4 开	440×590
6 开	360×390	6 开	395×440
8 开	270×390	8 开	295×440
16 开	195×270	16 开	220×2950
32 开	195×135	32 开	220×145
64 开	135×95	64 开	110×145

名片又称卡片，是标示姓名及其所属组织、公司单位和联系方法的纸片。名片的常用尺寸如表 1.2 所示。

表 1.2　名片的常用尺寸

样　式	方角（单位：mm）	圆角（单位：mm）
横版	90×55	85×54
竖版	50×90	54×85
方版	90×90	90×95

除了纸张和名片尺寸之外，还应该认识其他一些常用的设计尺寸，如表 1.3 所示。

表 1.3　常用的设计尺寸

类　别	标准尺寸 （单位：mm）	4 开 （单位：mm）	8 开 （单位：mm）	16 开 （单位：mm）
IC 卡	85×54			
三折页广告				210×285
普通宣传册				210×285
文件封套	220×305			
招贴画	540×380			
挂旗		540×380	376×265	
手提袋	400×285×80			
信纸、便条	185×260			210×285

1.9　印刷输出知识

设计完成的作品还需要印刷出来，以做进一步的封装处理。现在的设计师，不仅要精通设计，还需要熟悉印刷输出知识，从而使制作出来的设计流入社会，创造其设计价值。在设计完成的作品进入印刷流程前，还需要注意以下几个问题。

1. 字体

印刷中字体是需要注意的地方，不同的字体有不同的使用规则。一般来说，宋体主要用于印刷物的正文部分；楷体用于印刷物的批注、提示或技巧部分；黑体由于字体粗壮，一般用于各级标题及需要醒目的位置。如果用到其他特殊的字体，注意在印刷前要将字体随同印刷物一齐交到印刷厂，以免出现字体错误。

2. 字号

字号即字体的大小，国际上通用的是点制（磅制），在国内以号制为主，如三号、四号、五号等。

字号标称数越小，字形越大，如三号字比四号字大，四号字比五号字大。常用的字号与磅数换算表如表 1.4 所示。

表 1.4　常用字号与磅数换算表

字　　号	磅　　数
小五号	9 磅
五号	10.5 磅
小四号	12 磅
四号	16 磅
小三号	18 磅
三号	24 磅
小二号	28 磅
二号	32 磅
小一号	36 磅
一号	42 磅

3. 颜色

在作品交付印刷厂前，分色参数将对图片转换时的效果起到决定性的作用。对分色参数的调整，将在很大程度上影响图片的转换。所有的印刷输出图像文件，都要使用 CMYK 色彩模式。

4. 格式

在进行印刷提交时，还需要注意文件的保存格式，一般用于印刷的图形格式为 EPS。TIFF 格式也是比较常用的，但要注意软件本身的版本，不同的版本有时会出现打不开的情况，这样也不能印刷。

5. 分辨率

通常，在制作阶段就已经将分辨率设计好了，但输出时也要注意，根据不同的印刷要求，会有不同的印刷分辨率设计。一般报纸采用的分辨率为 125~170dpi；杂志、宣传品采用的分辨率为 300dpi；高品质书籍采用的分辨率为 350~400dpi；宽幅面采用的分辨率为 75~150dpi，如大街上随处可见的海报。

1.10　印刷的分类

印刷也分为多种类型，不同的包装材料有不同的印刷工艺，大致可以分为凸版印刷、平版印刷、凹版印刷和孔版印刷 4 大类。

1. 凸版印刷

凸版印刷比较常见，也比较容易理解，比如人们常用的印章便利用了凸版印刷。凸版印刷的印刷面是突出的，油墨浮在凸面上，在印刷物上经过压力作用而形成印刷，而凹陷的面由于没有油墨，也就不会产生变化。

凸版印刷包括活版与橡胶版两种。凸版印刷色调浓厚，一般用于信封、名片、贺卡、宣传单等的印刷。

2. 平版印刷

平版印刷在印刷面上没有凸面与凹陷之分，它利用水与油不相融的原理，将印纹部分保持一层油脂，而非印纹部分吸收一定的水分，在印刷时带有油墨的印纹部分便印刷出颜色，从而形成印刷。

平版印刷制作简便、成本低且色彩丰富，可以进行大批量的印刷，一般用于海报、报纸、包装、书籍、日历、宣传册等的印刷。

3. 凹版印刷

凹版印刷与凸版印刷正好相反，印刷面是凹进的。当印刷时，首先将油墨装于版面上，油墨自然积于凹陷的印纹部分，然后将凸起部分的油墨擦干净，再进行印刷，这样就是凹版印刷。由于它的制版印刷等费用较高，一般性印刷很少使用。

凹版印刷使用寿命长，线条精美，印刷数量大，且不易假冒，一般用于钞票、礼券、邮票等的印刷。

4. 孔版印刷

孔版印刷就是通过孔状印纹漏墨而形成透过式印刷，像学校常用的利用钢针在蜡纸上刻字，然后印刷学生考卷，就是孔版印刷。

孔版印刷油墨浓厚，色调鲜丽。由于它是透过式印刷，因此可以进行各种弯曲的曲面印刷，这是其他印刷做不到的，一般用于圆形、罐、桶、金属板、塑料瓶等的印刷。

1.11 商业广告设计师职业简介

商业广告设计师使用设计语言将产品或被设计媒体的特点和潜在价值表现出来，展现给大众，从而产生商业价值和物品流通。

1. 商业广告设计师分类

商业广告设计师主要分为美术设计和版面编排两大类。美术设计主要是根据工作条件的限制和创意而创造出一个新的版面样式或构图，用以传达设计者的主观意念；版面编排则是以创造出来的版面样式或构图为基础，将文字置入页面中，达到一定的页数或构图，以便完成成品。

美术设计及版面编排两者的工作内容差不多，关联性比较高，因此经常由同一个商业广告设计师来执行。但因为一般认知里美术设计工作比版面编排更具有创意生，所以一旦细分工作时，美术设计的薪水待遇会比版面编排部分高，而且多数的新手会先从学习版面编排开始，然后进阶到美术设计。

2. 优秀商业广告设计师的基本要求

要想成为优秀的商业广告设计师，应该具备以下几点：

（1）具有较强的市场感受能力和把握能力。

（2）不能抄袭，要对产品和项目的诉求点有挖掘能力和创造能力。

（3）有一定的美术基础，并具备一定的美学鉴定能力。

（4）对作品的市场匹配性有判断能力。

（5）有较强的客户沟通能力。

（6）熟练掌握相关商业广告设计软件，如矢量绘图软件 CorelDRAW 或 Illustrator，图像处理软件 Photoshop，文字排版软件 PageMaker，方正排版或 InDesign; 掌握设计的各种表现技法，从草图构思到设计成形。

3. 商业广告设计师认证

Adobe 中国认证设计师（Adobe China Certified Designer，简称 ACCD）是指通过 Adobe 产品软件认证考试的设计师。

该考试由 Adobe 公司在中国授权的考试单位组织进行。通过该考试，可获得 Adobe 中国认证设计师证书。如果你想成为一位图形设计师、网页设计师、多媒体产品开发商或广告创意专业人士，可以参加 Adobe 中国认证设计师考试。

作为一名被 Adobe 认证的设计师，可在宣传材料上使用 Adobe 项目标识，向同事、客户和老板展示 Adobe 的正式认证，从而有更多的机会去展示非凡的才华。要想获得 Adobe 中国认证设计师（ACCD）证书必须通过以下 4 门考试。

- Adobe Photoshop
- Adobe Illustrator
- Adobe InDesign
- Adobe Acrobat

1.12　商业广告设计中的色彩

对一个设计师来说，要设计出好的作品，就必须学会在作品中灵活、巧妙地运用色彩，使作品达到艺术表现效果。下面就来详细讲解色彩的基础知识。

1. 三原色

原色又称为基色，三原色（三基色）是指红（Red）、绿（Green）、蓝（Blue）三色，是调配其他色彩的基本色。原色的色纯度最高，最纯净、最鲜艳，可以调配出绝大多数色彩，而其他颜色不能调配出三原色。

加色三原色基于加色法原理。人的眼睛是根据所看见的光的波长来识别颜色的。可见光谱中的大部分颜色可以由三种基本色光按不同的比例混合而成，这三种基本色光就是红、绿、蓝三原色光。这三种光以相同的比例混合且达到一定的强度，就呈现白色；若三种光的强度均为零，就是黑色，这就是加色法原理。加色法原理被广泛应用于电视机、监视器等主动发光的产品中。三原色及色标样本如图 1.19 所示。

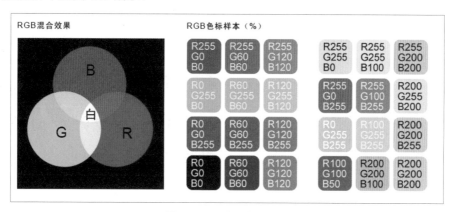

图 1.19　三原色及色标样本

减色三原色是指一些颜料，当按照不同的组合混合在一起时，可以创建一个色谱。减色三原色基于减色法原理。与显示器不同，在打印、印刷、油漆、绘画等靠介质表面的反射被动发光的场合，物体所呈现的颜色是光源中被颜料吸收后所剩余的部分，所以其成色的原理叫作减色法原理。打印机使用减色三原色（青色、洋红色、黄色和黑色颜料）并通过减色混合来生成颜色。在减色法原理中的三原色颜料分别是青（Cyan）、品红（Magenta）和黄（Yellow），通常所说的 CMYK 模式就是基于这种原理。CMYK 颜色及色标样本如图 1.20 所示。

2. 色彩的分类

色彩从属性上可以分为无彩色和有彩色两种。

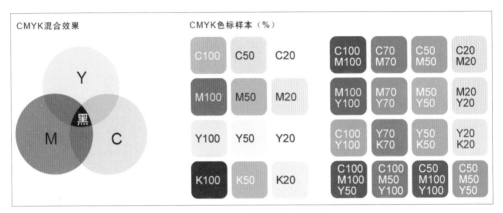

图 1.20 CMYK 颜色及色标样本

1）无彩色

无彩色是指白色、黑色和由黑、白两色相互调和而成的各种深浅不同的灰色系列，即反射白光的色彩。从物理学的角度来看，它们不被包括在可见光谱中，故称之为无彩色。

无彩色按照一定的变化规律可以排成一系列，由白色渐变到浅灰、中灰再到黑色，色度学上称之为黑白系列。黑白系列中由白色到黑色的变化可以用一条水平轴表示，一端为白色，一端为黑色，中间有各种过渡的灰色。

无彩色系中的所有颜色只有一种基本性质，即明度（Brightness）。它们不具备色相（Hue）和纯度的性质，也就是说它们的色相和纯度从理论上来说都等于零。明度的变化能使无彩色系呈现出梯度层次的中间过渡色，色彩的明度可用黑白度来表示，越接近白色，明度越高；越接近黑色，明度越低。无彩色及实例应用效果如图 1.21 所示。

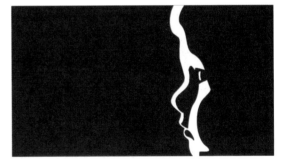

图 1.21 无彩色及实例应用

黑与白是时尚风潮的永恒主题，具有强烈的对比效果和脱俗的气质，无论是极简，还是花样百出，都能营造出十分引人注目的设计风格。在极简的黑白主题下，融合可爱的小男孩元素，品质在细节中得到无限升华，使作品更加深入人心。

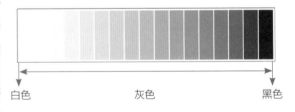

2）有彩色

有彩色是指包括在可见光谱中的全部色彩。有彩色的物理色彩有 6 种基本色，即红、橙、黄、绿、蓝、紫。基本色之间不同量的混合、基本色与无彩色之间不同量的混合所产生的千千万万种色彩都属于有彩色系。有彩色是由光的波长和振幅决定的，波长决定色相，振幅决定色调。这 6 种基本色中，一般称红、黄、蓝为三原色；橙（红加黄）、绿（黄加蓝）、紫（蓝加红）为间色。从这 6 种基本色的排列中可以看到，原色总是间隔一个间色，因此只需记住基本色就可以区分原色和间色。

有彩色具有色相、明度、饱和度（彩度、纯度、艳度）的变化。色相、明度、饱和度是色彩最基本的三要素，在色彩学上也被称为色彩的三属性。将有彩色系按顺序排成一个圆形，这便成为色相环，它对于了解色彩之间的关系具有很大的作用。有彩色及实例应用效果如图 1.22 所示。

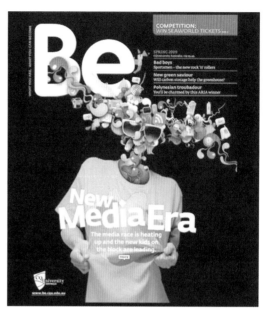

图 1.22　有彩色及实例应用效果

大自然的无形之手给我们展示了一个色彩缤纷的世界，千变万化的色彩搭配令人着迷。设计师使用五颜六色的图形代替人的头部，使焦点聚焦在头部，靓丽夺目，让人浮想联翩。

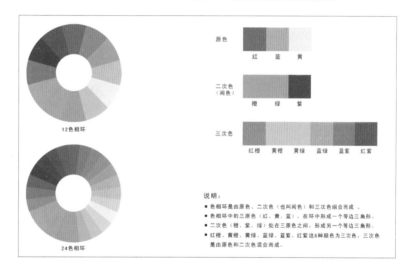

3. 色彩概念

在商业广告设计中，经常接触到有关图像的色相（Hue）、明度（Brightness）和饱和度（Saturation）的色彩概念，从 HSB 颜色模型中可以看出这些概念的基本情况，如图 1.23 所示。

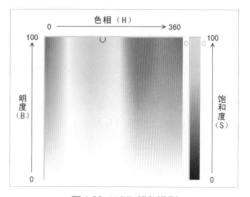

图 1.23　HSB 颜色模型

4. 色相

色相是指各类色彩的相貌称谓，是区别色彩种类的名称，如红、黄、绿、蓝、青等都代表一种具体的色相。色相是一种颜色区别于其他颜色最显著的特性，在 0~360° 的标准色相环上，按位置度量色相。色相体现了色彩外向的性格，是色彩的灵魂。色相环效果如图 1.24 所示。

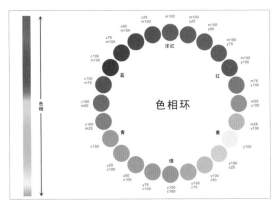

图 1.24 色相环效果

因色相不同而形成的色彩对比叫作色相对比。以色相环为依据，颜色在色相环上的距离远近决定色相对比的强弱，距离越近，色相对比越弱；距离越远，色相对比越强烈。

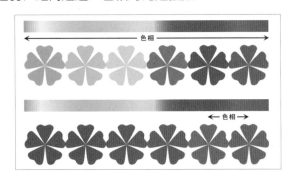

丰富多样的颜色组合形成各式各样的美妙图画。色彩散发浓厚情味，容易牵动观众情怀。

色相对比一般包括对比色对比、互补色对比、邻近色对比和同类色对比。这些色相对比中，互补色对比是最强烈鲜明的，比如黑白对比就是互补色对比；而同类色对比是最弱的对比。同类色对比是同一色相中的不同明度和纯度的色彩对比，因为它们的距离最小，所以属于模糊难分的色相对比。色相对比及实例应用效果如图 1.25 所示。

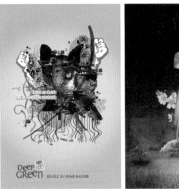
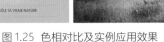

图 1.25 色相对比及实例应用效果

5. 明度

明度指的是色彩的明暗程度，也称为亮度或深浅度。在无彩色中，最高明度为白色，最低明度为黑色。在有彩色中，任何一种色相都有一个明度特征。不同色相的明度也不同，黄色为明度最高的颜色，紫色为明度最低的颜色。任何一种色相加入白色，都会提高明度，白色成分越多，明度也就越高；任何一种色相加入黑色，明度就会降低，黑色越多，明度越低。

明度是全部色彩都有的属性，明度关系是搭配色彩的基础。在设计中，明度最适合表现物体的立体感与空间感。明度展示效果如图 1.26 所示。

色相之间由于色彩明暗差别而产生的对比，称为明度对比，也叫黑白度对比。色彩对比的强弱决定了明度差别的大小，明度差别越大，对比越强；明度差别越小，对比越弱。利用明度的对比可以很好地表现色彩的层次与空间关系。

明度对比越强的色彩越明快、清晰，最具有刺激性；明度对比处于中等的色彩刺激性相对小一些，表现比较明快，通常用在室内装饰、服装设计和包装装潢上；而处于最低等的明度对比不具备刺激性，多使用在柔美、含蓄的设计中。明度对比及实例应用效果如图 1.27 所示。

以单色为主色系，充分运用不同明度表现作品，使作品色彩分布平衡，颜色统一和谐，层次简洁分明。

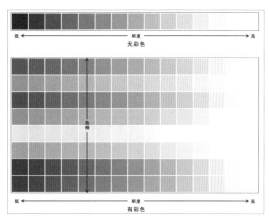

图 1.26 明度展示效果

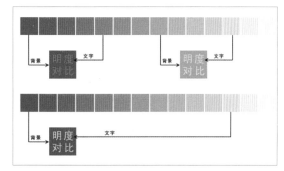

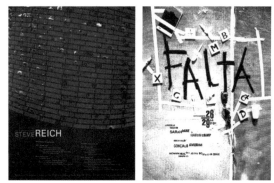

图 1.27 明度对比及实例应用效果

6. 饱和度

饱和度是指色彩的强度或纯净程度，也称彩度、纯度、艳度或色度。对色彩的饱和度进行调整也就是调整图像的彩度。饱和度表示色相中灰色分量所占的比例，它使用从 0% ～ 100% 的百分比来度量。当饱和度降低为 0 时，会变成一个灰色图像，增加饱和度会增加其彩度。在标准色轮上，饱和度从中心到边缘递增。饱和度受到屏幕亮度和对比度的双重影响，一般亮度好且对比度高的屏幕可以得到很好的色饱和度。饱和度效果如图 1.28 所示。

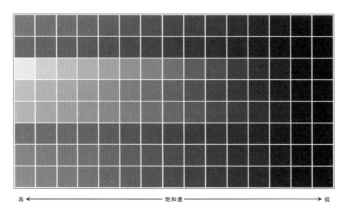

图 1.28 饱和度效果

　　色相之间因饱和度的不同而形成的对比叫作纯度对比。很难划分高、中、低纯度的统一标准，可以这样理解，将一种颜色（如红色）与黑色混合为 9 个等纯度色标，1~3 为低纯度色，4~6 为中纯度色，7~9 为高纯度色。

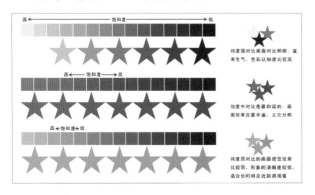

以色彩的纯度对比来区分不同的平面。设计师根据纯度对比设计出不同空间形态的画面，纯度对比层次感清晰。

　　纯度相近的色彩对比，如 3 级以内的对比叫作纯度弱对比，纯度弱对比的画面视觉效果比较弱，形象的清晰度较低，适合长时间及近距离观看；纯度相差 4~6 级的色彩对比叫作纯度中对比，纯度中对比是最和谐的，画面效果含蓄丰富，主次分明；纯度相差 7~9 级的色彩对比叫作纯度强对比，纯度强对比会出现鲜的更鲜、浊的更浊的现象，画面对比明朗、富有生气，色彩认知度也较高。饱和度展示及实例应用效果如图 1.29 所示。

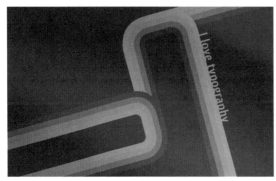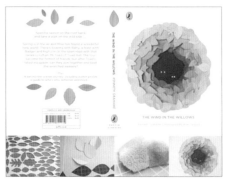

图 1.29 饱和度展示及实例应用效果

7. 色彩的性格

人们对颜色的认知具有很多共性。例如看到红色、橙色或黄色时，会产生温暖感；当看到青、绿之类的颜色时，会产生凉爽感。由此可见，色彩的温度感不过是人们的习惯反映，是长期实践的结果。

我们将红、橙之类的颜色叫作暖色，把青、青绿之类的颜色叫作冷色。红紫到黄绿属暖色，青绿到青属冷色，以青色为最冷。因为紫色是由属于暖色的红和属于冷色的青色组合而成，所以紫和绿被称为温色，黑、白、灰、金、银等色被称为中性色。

需要注意的是，色彩的冷暖是相对的，比如对比无彩色（如黑、白）与有彩色（黄、绿等），后者比前者暖。从无彩色本身来看，黑色比白色暖；从有彩色来看，同一色彩中含红、橙、黄成分偏多时偏暖，含青的成分偏多时偏冷。所以说，色彩的冷暖并不是绝对的。色彩性格及实例应用效果如图 1.30 所示。

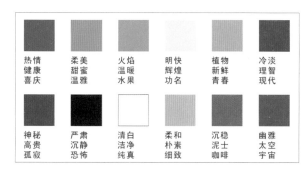

鲜红色的海报设计展现了强烈的热情氛围。黑、蓝、黄的混合交织则描绘出打破沉寂、冲破冷淡、迈入辉煌的艰难旅程，或给人积极向上、拼搏进取的感觉。

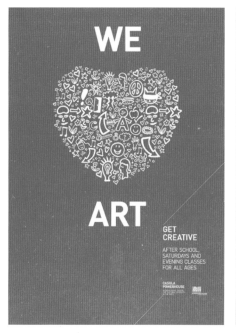

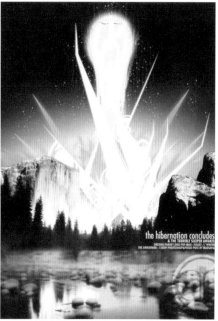

图 1.30　色彩性格及实例应用效果

第 **2** 章

超人气特效艺术字设计

本章介绍

本章讲解超人气特效艺术字设计。艺术字是通过调整、组合、连接或变形等操作对普通的字体进行处理。有时还会将文字与图案、不透明度或图层样式等结合，使文字设计成更符合内容、更具美观和艺术化的形式。通过本章的实例学习，读者可以掌握多种不同风格的艺术字设计。

要点索引

◎ 掌握喜庆艺术字设计的过程

◎ 学习青春色彩字设计

◎ 学习波普艺术字设计

◎ 了解炫彩霓虹字设计的思路

◎ 学习设计透明折纸字

2.1　喜庆艺术字设计

设计构思

　　本例在设计过程中，以喜庆祥云为元素，同时配以大红色，很好地烘托出节日氛围，使整个字体的效果十分出色，最终效果如图 2.1 所示。

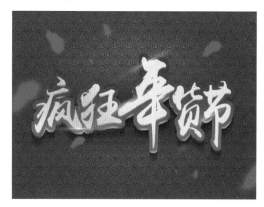

图 2.1　最终效果

源文件	第 2 章 \ 喜庆艺术字背景制作 .cdr、喜庆艺术字设计 .psd
调用素材	第 2 章 \ 喜庆艺术字设计
难易指数	★ ★ ★ ☆ ☆

操作步骤

2.1.1　使用 CorelDRAW 制作祥云背景

步骤 01　选择工具箱中的【矩形工具】□，绘制 1 个矩形。

步骤 02　选择工具箱中的【交互式填充工具】◈，然后单击属性栏中的【渐变填充】▨按钮，在图形上拖动填充红色（R: 224，G: 29，B: 42）到红色（R: 138，G: 0，B: 0）的椭圆形渐变，如图 2.2 所示。

图 2.2　填充椭圆形渐变

步骤 03　选择工具箱中的【椭圆形工具】〇，按住 Ctrl 键绘制 1 个小正圆，并设置【填充】为无，【轮廓】为白色，【宽度】为 1，如图 2.3 所示。

图 2.3　绘制正圆

步骤 04　选中正圆，然后选择工具箱中的【透明度工具】▨，并将属性栏中的【合并模式】更改为柔光，如图 2.4 所示。

步骤 05 选中图形，按 Ctrl+C 组合键复制，按 Ctrl+V 组合键粘贴，并将粘贴的图形等比缩小；以同样的方法再次粘贴两份并缩小图形，如图 2.5 所示。

图 2.4 柔光模式　　　　图 2.5 复制图形

步骤 06 选中所有正圆，执行菜单栏中的【对象】|【将轮廓转换为对象】命令，同时选中所有正圆图形，单击属性栏中的【焊接】按钮，将图形合并。

步骤 07 选中图形并按住鼠标左键，向右侧移动并单击鼠标右键将其复制，如图 2.6 所示。

步骤 08 按 Ctrl+D 组合键将图形复制多份，如图 2.7 所示。

图 2.6 复制图形　　　　图 2.7 复制多份图形

步骤 09 选择工具箱中的【矩形工具】□，绘制 1 个矩形，设置【填充】为无，如图 2.8 所示。

步骤 10 同时选中矩形及圆形，单击属性栏中的【修剪】按钮，对图形进行修剪，再将不需要的图形删除，如图 2.9 所示。

图 2.8 绘制矩形　　　　图 2.9 修剪图形

步骤 11 选中图形并按住鼠标左键，向下方移动并单击鼠标右键将其复制，再将复制生成的图形向右侧稍微移动，如图 2.10 所示。

步骤 12 同时选中两个图形并按住鼠标左键，向下方移动并单击鼠标右键将其复制，如图 2.11 所示。

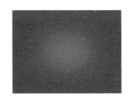 

图 2.10 复制图形　　　　图 2.11 再次复制图形

步骤 13 以同样的方法将图形复制多份并铺满整个矩形，如图 2.12 所示。

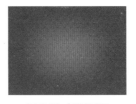

图 2.12 复制图形

2.1.2 使用 Photoshop 制作文字主视觉

步骤 01 执行菜单栏中的【文件】|【打开】命令，选择"喜庆艺术字背景 .jpg"文件，单击【打开】按钮。

步骤 02 选择工具箱中的【横排文字工具】T，添加文字，如图 2.13 所示。

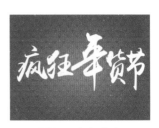

图 2.13 添加文字

提示：在添加文字时，注意需要将文字单个输入，这样可以保证几个文字之间的大小及间距保持协调性。

步骤03 同时选中除【背景】层之外的所有图层，按 Ctrl+E 组合键将其合并，然后将生成的新图层名称更改为【文字】，并修改【文字】图层的【填充】为 0%。

步骤04 在【图层】面板中选中【文字】图层，单击面板底部的【添加图层样式】*fx* 按钮，在菜单中选择【渐变叠加】命令。

步骤05 在弹出的【图层样式】对话框中，将【渐变】更改为黄色（R: 255，G: 236，B: 160）到黄色（R: 228，G: 192，B: 106）到黄色（R: 255，G: 236，B: 160）再到黄色（R: 228，G: 192，B: 106），将第 2 个黄色色标【位置】更改为 30%，第 3 个黄色色标【位置】更改为 70%，【角度】更改为 −135 度，完成之后单击【确定】按钮，如图 2.14 所示。

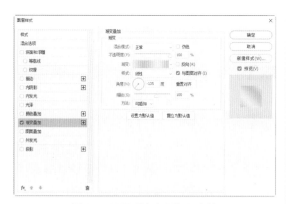

图 2.14 设置【渐变叠加】参数

步骤06 单击【图层】面板底部的【创建新图层】按钮，新建 1 个【图层 1】图层，并将图层填充为白色。

步骤07 执行菜单栏中的【滤镜】|【杂色】|【添加杂色】命令，在弹出的【添加杂色】对话框中分别选中【高斯分布】单选按钮

及【单色】复选框，将【数量】更改为 100%，完成之后单击【确定】按钮，如图 2.15 所示。

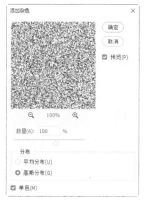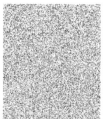

图 2.15 设置【添加杂色】参数及效果

步骤08 按住 Ctrl 键单击【文字】图层缩览图，将其载入选区。然后执行菜单栏中的【选择】|【反向】命令，将选区反向，按 Delete 键将选区中的图像删除，完成之后按 Ctrl+D 组合键取消选区，如图 2.16 所示。

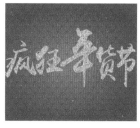

图 2.16 删除图像

步骤09 选中【图层 1】图层，将其图层混合模式设置为【柔光】，如图 2.17 所示。

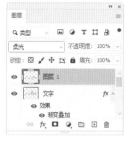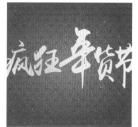

图 2.17 设置图层混合模式

步骤⑩ 同时选中除【背景】层之外的所有图层，按 Ctrl+E 组合键将其合并，然后将生成的新图层名称更改为【文字】，如图 2.18 所示。

步骤⑪ 在【图层】面板中选中【文字】图层，将其拖至面板底部的【创建新图层】按钮上，复制 1 个【文字 拷贝】图层，如图 2.19 所示。

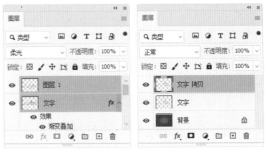

图 2.18 合并图层　　　图 2.19 复制图层

提示：选中【图层 1】图层，按 Ctrl+E 组合键可直接向下合并，但是不会将【文字】图层中的图层样式栅格化，所以同时选中这两个图层并进行合并，可以自动将下方图层样式格式化。

2.1.3 使用 Photoshop 制作文字立体效果

步骤①① 在【图层】面板中选中【文字】图层，单击面板上方的【锁定透明像素】按钮，锁定透明像素，然后将图像填充为深黄色（R: 210，G: 158，B: 34），再次单击该按钮解除锁定，并在画布中将文字向下稍微移动，如图 2.20 所示。

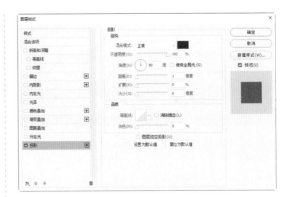

图 2.21 设置【投影】参数

步骤④ 按住 Ctrl 键单击【文字】图层缩览图，将其载入选区，如图 2.22 所示。

步骤⑤ 执行菜单栏中的【选择】|【修改】|【扩展】命令，在弹出的对话框中将【扩展量】更改为 15 像素，完成之后单击【确定】按钮，效果如图 2.23 所示。

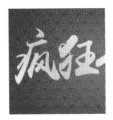

图 2.20 锁定透明像素并填充颜色

步骤② 在【图层】面板中选中【文字 拷贝】图层，单击面板底部的【添加图层样式】按钮，在菜单中选择【投影】命令。

步骤③ 在弹出的【图层样式】对话框中，将【混合模式】更改为【正常】，【颜色】更改为深黄色（R: 72，G: 45，B: 5），【不透明度】更改为 100%，撤选【使用全局光】复选框，【角度】更改为 90 度，【距离】更改为 1 像素，完成之后单击【确定】按钮，如图 2.21 所示。

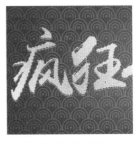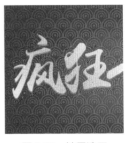

图 2.22 载入选区　　　图 2.23 扩展选区

步骤 06 单击【图层】面板底部的【创建新图层】⊕按钮，在【文字】图层下方新建 1 个【图层 1】图层。

步骤 07 将选区填充为白色，完成之后按 Ctrl+D 组合键取消选区，如图 2.24 所示。

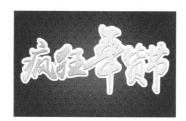

图 2.24 填充各选区

步骤 08 选择工具箱中的【多边形套索工具】✄，在文字之间空白区域绘制 1 个不规则选区，然后按住 Shift 键在其他相似区域绘制选区，如图 2.25 所示。

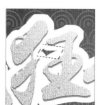 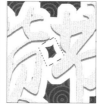

图 2.25 绘制选区

步骤 09 将选区填充为白色，完成之后按 Ctrl+D 组合键取消选区，如图 2.26 所示。

步骤 10 在【图层】面板中选中【图层 1】图层，将其拖至面板底部的【创建新图层】⊕按钮上，复制两个【拷贝】图层，并分别将其图层名称更改为【上层】、【厚度】及【阴影】，如图 2.27 所示。

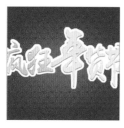 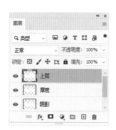

图 2.26 填充颜色　　　　图 2.27 复制图层

步骤 11 在【图层】面板中选中【上层】图层，单击面板底部的【添加图层样式】*fx* 按钮，在菜单中选择【渐变叠加】命令。

步骤 12 在弹出的【图层样式】对话框中，将【渐变】更改为红色（R: 228，G: 52，B: 64）到红色（R: 138，G: 0，B: 0），【角度】更改为 90 度，完成之后单击【确定】按钮，如图 2.28 所示。

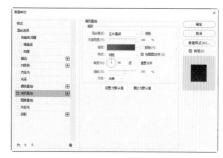

图 2.28 设置【渐变叠加】参数

步骤 13 在【图层】面板中选中【厚度】图层，单击面板上方的【锁定透明像素】▨ 按钮，锁定透明像素，然后将图像填充为红色（R: 141，G: 2，B: 2），再次单击该按钮解除锁定，并在画布中将图像向下稍微移动，如图 2.29 所示。

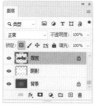 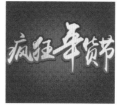

图 2.29 锁定透明像素并填充颜色

提示： 在编辑当前图层中图像效果时，注意先将其下方或上方受影响的图层暂时隐藏，这样更加容易观察编辑的效果。

步骤 14 单击【图层】面板底部的【创建新图层】⊕按钮，在【厚度】图层上方新建 1 个【图层 1】图层，按 Ctrl+Alt+G 组合键创建剪贴蒙版，如图 2.30 所示。

步骤 15 选择工具箱中的【画笔工具】，在画布中单击鼠标右键，在弹出的面板中选择1种圆角笔触，将【大小】更改为130像素，【硬度】更改为0%，如图2.31所示。

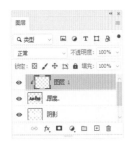 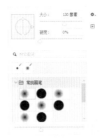

图 2.30 新建图层　　　　图 2.31 设置笔触

步骤 16 将前景色更改为红色（R：255，G：150，B：150），在文字底部部分区域单击以添加高光效果，如图2.32所示。

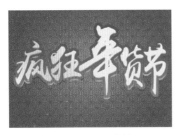

图 2.32 添加高光效果

步骤 17 在【图层】面板中选中【阴影】图层，单击面板上方的【锁定透明像素】按钮，锁定透明像素，然后将图像填充为深红色（R：0，G：0，B：35），再次单击该按钮解除锁定，如图2.33所示。

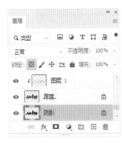 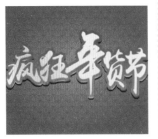

图 2.33 锁定透明像素并填充颜色

步骤 18 执行菜单栏中的【滤镜】|【模糊】|【动感模糊】命令，在弹出的【动感模糊】对

话框中，将【角度】更改为90度，【距离】更改为70像素，设置完成之后单击【确定】按钮，如图2.34所示。

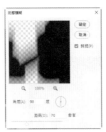 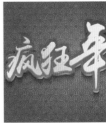

图 2.34 添加动感模糊效果

步骤 19 在【图层】面板中选中【阴影】图层，单击面板底部的【添加图层蒙版】按钮，为其添加图层蒙版，如图2.35所示。

步骤 20 选择工具箱中的【画笔工具】，在画布中单击鼠标右键，在弹出的面板中选择1种圆角笔触，将【大小】更改为100像素，【硬度】更改为0%，如图2.36所示。

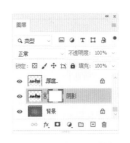 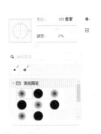

图 2.35 添加图层蒙版　　图 2.36 设置笔触

步骤 21 将前景色更改为黑色，然后在图像上部分区域涂抹将其隐藏，如图2.37所示。

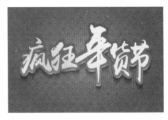

图 2.37 隐藏图像

步骤 22 单击【图层】面板底部的【创建新图层】按钮，新建1个【图层2】图层，并将其填充为黑色。

步骤 23 执行菜单栏中的【滤镜】|【渲染】|【镜头光晕】命令，在弹出的【镜头光晕】对话框中选中【50-300 毫米变焦】单选按钮，将【亮度】更改为 100%，完成之后单击【确定】按钮，如图 2.38 所示。

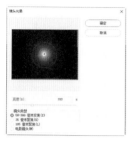

图 2.38 设置【镜头光晕】参数及效果

步骤 24 选中【图层 2】图层，将其图层混合模式设置为【滤色】，如图 2.39 所示。

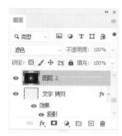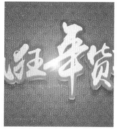

图 2.39 设置图层混合模式及效果

步骤 25 选中【图层 1】图层，按 Ctrl+T 组合键对图像执行【自由变换】命令，将图像高度进行缩小，完成之后按 Enter 键确认，如图 2.40 所示。

步骤 26 将图像复制多份并适当旋转，移至文字不同的位置，制作出炫光装饰效果，如图 2.41 所示。

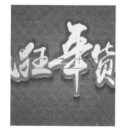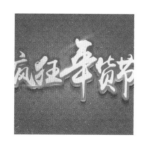

图 2.40 缩小图像高度　　图 2.41 复制图像并调整

步骤 27 选择工具箱中的【椭圆工具】○，在选项栏中将【填充】更改为深红色（R: 65，G: 0，B: 0），【描边】更改为无，然后在文字位置绘制一个椭圆图形，生成一个【椭圆 1】图层，并将其移至【背景】图层上方，如图 2.42 所示。

步骤 28 执行菜单栏中的【滤镜】|【模糊】|【高斯模糊】命令，在弹出的【高斯模糊】对话框中单击【栅格化】按钮，然后在弹出的对话框中将【半径】更改为 90 像素，完成之后单击【确定】按钮，效果如图 2.43 所示。

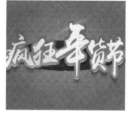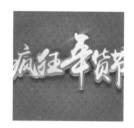

图 2.42 绘制椭圆　　图 2.43 添加高斯模糊效果

步骤 29 选择工具箱中的【钢笔工具】✍，在选项栏中单击【选择工具模式】按钮，在弹出的选项中选择【形状】，将【填充】更改为红色（R: 218，G: 32，B: 45），【描边】更改为无，然后在图像左上角的位置绘制 1 个不规则图形，生成 1 个【形状 1】图层，效果如图 2.44 所示。

步骤 30 执行菜单栏中的【滤镜】|【模糊】|【高斯模糊】命令，在弹出的对话框中将【半径】更改为 5 像素，完成之后单击【确定】按钮，如图 2.45 所示。

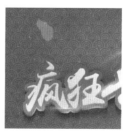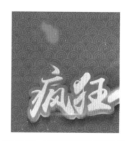

图 2.44 绘制图形　　图 2.45 添加高斯模糊效果

步骤31 在画布中按住 Alt 键拖动，将图像复制多
份，并适当缩小部分图像，这样就完成了
最终效果的制作，如图 2.46 所示。

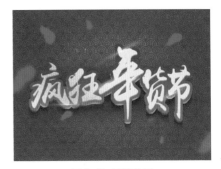

图 2.46　最终效果

2.2　青春色彩字设计

▌ 设计构思

　　本例在制作过程中，以浓郁的色彩为主
题，通过将文字变形并制作出立体效果，同时
色彩装饰图像使整个字体的效果更加出色，最
终效果如图 2.47 所示。

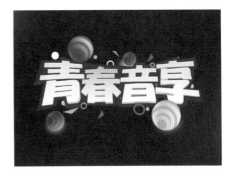

图 2.47　最终效果

源文件	第 2 章 \ 青春色彩字背景制作 .cdr、青春色彩字设计 .psd
调用素材	第 2 章 \ 青春色彩字设计
难易指数	★★★★☆

▌ 操作步骤

2.2.1　使用 CorelDRAW 制作主题背景

步骤01 选择工具箱中的【矩形工具】□，绘制
1 个矩形，设置【填充】为深紫色（R:
25，G: 22，B: 27）。

步骤02 选择工具箱中的【椭圆形工具】○，在
矩形左上角的位置绘制 1 个椭圆，然后
设置【填充】为紫色（R: 63，G: 0，B:
97），【轮廓】为无，效果如图 2.48 所示。

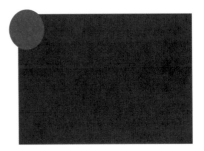

图 2.48　绘制椭圆

步骤 **03** 选中椭圆，选择工具箱中的【透明度工具】
▦，分别单击属性栏中的【渐变透明度】
▰及【椭圆形渐变透明度】▦按钮，在图
像上拖动降低其透明度，如图 2.49 所示。

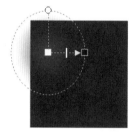

图 2.49 降低透明度

步骤 **04** 选中椭圆图像并按住鼠标左键，向右侧移
动并按下鼠标右键将其复制，同时将生成
的新图形适当变形，并以同样的方法再次
绘制多个相似的图形，如图 2.50 所示。

图 2.50 复制图形

步骤 **05** 选中除矩形之外的所有椭圆图形，执行菜
单栏中的【对象】|【PowerClip】|【置
于图文框内部】命令，将图形放置到矩形
内部，如图 2.51 所示。

图 2.51 置于图文框内部

步骤 **06** 选择工具箱中的【表格工具】▦，绘制
1 个表格，在选项栏中将【行数】更改为
50，【列数】更改为 70，如图 2.52 所示。

图 2.52 绘制表格

步骤 **07** 在表格上单击鼠标右键，从弹出的快捷菜
单中选择【转换为曲线】命令，再适当缩
放表格宽度及高度，使其与下方矩形对
齐，如图 2.53 所示。选择工具箱中的【透
明度工具】▦，将表格的【透明度】更
改为 70。

图 2.53 缩放表格

2.2.2 使用 Photoshop 制作文字厚度效果

步骤 **01** 执行菜单栏中的【文件】|【打开】命令，
选择"青春色彩字背景 .jpg"文件，单击【打
开】按钮。

步骤 **02** 选择工具箱中的【横排文字工具】**T**，添
加文字，如图 2.54 所示。

步骤 **03** 同时选中所有文字图层，并在图层名称上
单击鼠标右键，从弹出的快捷菜单中选择
【转换为形状】命令，如图 2.55 所示。

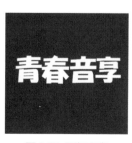

图 2.54 添加文字

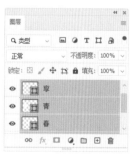

图 2.55 转换为形状

步骤 04 选中【青】图层，按 Ctrl+T 组合键对其执行【自由变换】命令，单击鼠标右键，从弹出的快捷菜单中选择【扭曲】命令，拖动变形框控制点将文字变形，完成之后按 Enter 键确认。

步骤 05 以同样的方法分别选中其他几个文字并适当变形，如图 2.56 所示。

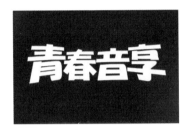

图 2.56 将文字变形

步骤 06 同时选中除【背景】层之外的所有图层，按 Ctrl+G 组合键进行编组，并将新生成的组名称更改为【文字】，如图 2.57 所示。

步骤 07 在【图层】面板中选中【文字】组，将其拖动到面板底部的【创建新图层】按钮上，复制 1 个【文字 拷贝】组，将其名称更改为【厚度】并移至【文字】组下方，如图 2.58 所示。

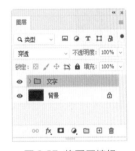
图 2.57 将图层编组

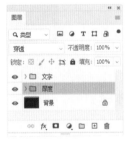
图 2.58 复制组

步骤 08 选中【厚度】组中的【青】图层，将其更改为蓝色（R: 34，G: 149，B: 245），然后以同样的方法将组中的其他几个文字更改为相同的颜色。

步骤 09 选中【青】图层，按 Ctrl+T 组合键对其执行【自由变换】命令，单击鼠标右键，

从弹出的快捷菜单中选择【扭曲】命令，拖动变形框控制点将文字稍微变形，完成之后按 Enter 键确认。以同样的方法分别选中其他几个文字并适当变形，如图 2.59 所示。

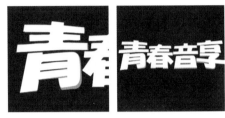

图 2.59 将文字变形

步骤 10 单击【图层】面板底部的【创建新图层】按钮，在【厚度】组上方新建 1 个【图层 1】图层，并将图层混合模式更改为【叠加】，再按 Ctrl+Alt+G 组合键创建剪贴蒙版，如图 2.60 所示。

步骤 11 选择工具箱中的【画笔工具】，在画布中单击鼠标右键，在弹出的面板中选择 1 种圆角笔触，将【大小】更改为 130 像素，【硬度】更改为 0%，如图 2.61 所示。

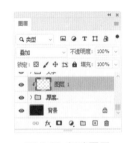
图 2.60 新建图层

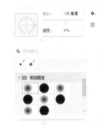
图 2.61 设置笔触

步骤 12 将前景色更改为白色，在文字底部部分区域单击以添加高光效果，如图 2.62 所示。

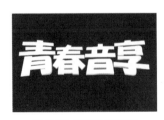

图 2.62 添加高光效果

步骤13 在【图层】面板中选中【文字】组中的【青】图层，单击面板底部的【添加图层样式】fx 按钮，在菜单中选择【渐变叠加】命令。

步骤14 在弹出的【图层样式】对话框中，将【混合模式】更改为【正片叠底】，【渐变】更改为白色到蓝色（R: 188，G: 248，B: 255），如图 2.63 所示。

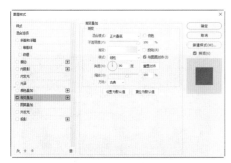

图 2.63 设置【渐变叠加】参数

步骤15 选中【内阴影】复选框，将【混合模式】更改为叠加，【颜色】更改为白色，【不透明度】更改为100%，撤选【使用全局光】复选框，【角度】更改为 90 度，【距离】更改为 3 像素，【大小】更改为 2 像素，如图 2.64 所示。

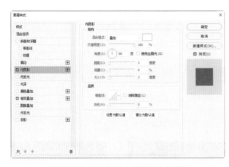

图 2.64 设置【内阴影】参数

步骤16 在【青】图层名称上单击鼠标右键，从弹出的快捷菜单中选择【拷贝图层样式】命令；同时选中【文字】组中的其他 3 个图层，在图层名称上单击鼠标右键，从弹出的快捷菜单中选择【粘贴图层样式】命令，效果如图 2.65 所示。

步骤17 双击【春】图层样式名称，在弹出的【图层样式】对话框中选中【渐变叠加】复选框，将其【渐变】更改为白色到黄色（R: 255，G: 194，B: 62），完成之后单击【确定】按钮；再选中【厚度】组中的【春】图层，将其填充更改为黄色（R: 255，G: 194，B: 62），如图 2.66 所示。

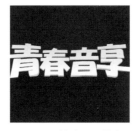 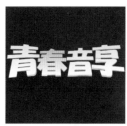

图 2.65 粘贴图层样式   图 2.66 更改颜色

步骤18 选择工具箱中的【钢笔工具】，在选项栏中单击【选择工具模式】按钮，在弹出的选项中选择【形状】，将【填充】更改为紫色（R: 41，G: 35，B: 71），【描边】更改为无，如图 2.67 所示。

步骤19 沿文字边缘绘制 1 个不规则图形，将生成 1 个【形状 1】图层。选中【形状 1】图层，将其拖至面板底部的【创建新图层】按钮上，复制 1 个【形状 1 拷贝】图层，如图 2.68 所示。

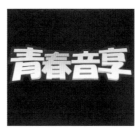 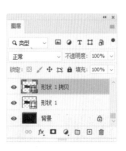

图 2.67 绘制图形   图 2.68 复制图层

步骤20 选中【形状 1】图层，将其填充更改为深紫色（R: 15，G: 5，B: 44），然后选择工具箱中的【直接选择工具】，拖动锚点使其变形，如图 2.69 所示。

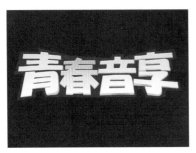

图 2.69 将图形变形

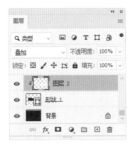

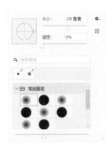

图 2.70 新建图层　　　　　图 2.71 设置笔触

步骤 21 单击【图层】面板底部的【创建新图层】
⊞ 按钮，在【形状 1】图层上方新建 1 个【图层 2】图层，并将图层混合模式更改为【叠加】，再按 Ctrl+Alt+G 组合键创建剪贴蒙版，如图 2.70 所示。

步骤 22 选择工具箱中的【画笔工具】✍，在画布中单击鼠标右键，在弹出的面板中选择 1 种圆角笔触，将【大小】更改为 130 像素，【硬度】更改为 0%，如图 2.71 所示。

步骤 23 将前景色更改为白色，在文字底部部分区域单击以添加高光效果，如图 2.72 所示。

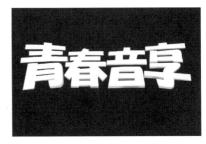

图 2.72 添加高光效果

2.2.3 使用 Photoshop 绘制装饰图像

步骤 01 选择工具箱中的【椭圆工具】◯，在选项栏中将【填充】更改为紫色（R: 218, G: 21, B: 248），【描边】更改为无，然后在文字左上角的位置按住 Shift 键绘制一个正圆图形，生成一个【椭圆 1】图层，如图 2.73 所示。

步骤 02 在【图层】面板中选中【椭圆 1】图层，将其拖至面板底部的【创建新图层】⊞ 按钮上，复制 1 个【椭圆 1 拷贝】图层，如图 2.74 所示。

步骤 03 选中【椭圆 1 拷贝】图层，在属性栏中将【填充】更改为无，【描边】更改为白色，【宽度】更改为 5，然后按 Ctrl+T 组合键对其执行【自由变换】命令，将图形等比放大，完成之后按 Enter 键确认，如图 2.75 所示。

步骤 04 选中【椭圆 1 拷贝】图层，执行菜单栏中的【图层】|【创建剪贴蒙版】命令，为其创建剪贴蒙版隐藏部分图形，如图 2.76 所示。

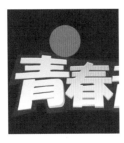
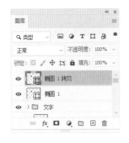

图 2.73 绘制正圆　　　　图 2.74 复制图层

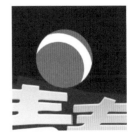

图 2.75 变换图形　　　　图 2.76 创建剪贴蒙版

步骤 05 在【图层】面板中选中【椭圆 1 拷贝】图

层，将其拖至面板底部的【创建新图层】

⊞按钮上，复制 1 个【椭圆 1 拷贝 2】图层，

如图 2.77 所示。

步骤 06 选中【椭圆 1 拷贝 2】图层，按 Ctrl+T
组合键对其执行【自由变换】命令，将图
形等比缩小，完成之后按 Enter 键确认，
如图 2.78 所示。

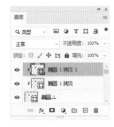 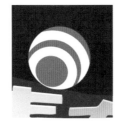

图 2.77 复制图层　　　　图 2.78 缩小图形

步骤 07 同时选中【椭圆 1 拷贝 2】图层、【椭圆 1
拷贝】图层及【椭圆 1】图层，按 Ctrl+G
组合键进行编组，此时生成一个【组 1】组。

步骤 08 在【图层】面板中选中【组 1】组，单击
面板底部的【添加图层样式】*fx* 按钮，
在菜单中选择【渐变叠加】命令。

步骤 09 在弹出的【图层样式】对话框中，将【混
合模式】更改为【正片叠底】，【渐
变】更改为透明到紫色（R: 109，G: 0，
B: 126）再到紫色（R: 199，G: 0，B:
229），【样式】更改为【径向】，【缩放】
更改为 50%，完成之后单击【确定】按钮，
如图 2.79 所示。

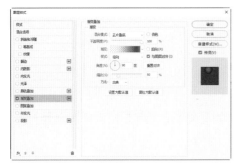

图 2.79 设置【渐变叠加】参数

提示：在图层样式打开的状态下，在画布中按
住鼠标左键拖动可更改渐变的位置。

步骤 10 在【图层】面板中选中【组 1】组，将其拖
至面板底部的【创建新图层】⊞按钮上，
复制 1 个【组 1 拷贝】组，如图 2.80 所示。

步骤 11 选中【组 1 拷贝】组，在画布中将其向左
下角移动，然后按 Ctrl+T 组合键对其执
行【自由变换】命令，将图形等比缩小，
完成之后按 Enter 键确认。再将组展开，
选中【椭圆 1】图层，将其填充更改为黄
色（R: 248，G: 195，B: 73）。

步骤 12 选中【椭圆 1 拷贝】图层，在属性栏中将
描边【宽度】更改为 3 点，并以同样的方
法将【椭圆 1 拷贝 2】图层中的图形更改
为相同宽度。再选中【椭圆 1 拷贝 2】图
层，将其拖至面板底部的【创建新图层】
⊞按钮上，复制 1 个【椭圆 1 拷贝 3】图层，
在画布中将图形等比缩小，如图 2.81 所示。

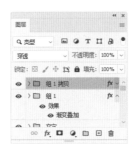 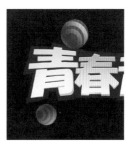

图 2.80 复制组　　　　图 2.81 变换图形

提示：缩小图形之后需要注意，双击【图层样式】
对话框，在画布中按住鼠标左键拖动更改渐变
色位置。

步骤 13 选择工具箱中的【椭圆工具】◎，在选
项栏中将【填充】更改为黄色（R: 248，G:
195，B: 73），【描边】更改为无，然后
在圆球图像底部绘制 1 个椭圆图形，将生
成一个【椭圆 2】图层，并移至【背景】
图层上方，如图 2.82 所示。

步骤 ⑭ 执行菜单栏中的【滤镜】|【模糊】|【高斯模糊】命令，在弹出的【高斯模糊】对话框中单击【栅格化】按钮，在弹出的对话框中将【半径】更改为 15 像素，完成之后单击【确定】按钮，如图 2.83 所示。

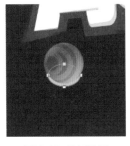 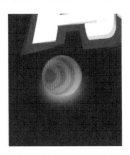

图 2.82 绘制椭圆　　图 2.83 添加高斯模糊效果

步骤 ⑮ 以同样的方法将圆球图像复制数份，并调整其颜色及图层样式，如图 2.84 所示。

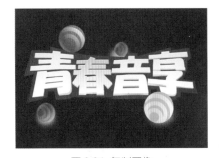

图 2.84 复制图像

步骤 ⑯ 选择工具箱中的【椭圆工具】◯，在选项栏中将【填充】更改为白色，【描边】更改为无，然后在文字左上角的位置按住 Shift 键绘制一个正圆，如图 2.85 所示。

步骤 ⑰ 在画布中按住 Alt 键将正圆复制多份，并更改部分正圆的填充或描边颜色及宽度，如图 2.86 所示。

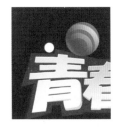 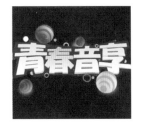

图 2.85 绘制正圆　　图 2.86 复制图形

步骤 ⑱ 选择工具箱中的【钢笔工具】✐，在选项栏中单击【选择工具模式】按钮，在弹出的选项中选择【形状】，将【填充】更改为黄色（R: 244，G: 170，B: 46），【描边】更改为无，然后在文字旁边的位置绘制数个三角图形；以同样的方法绘制其他颜色的三角图形，这样就完成了最终效果的制作，如图 2.87 所示。

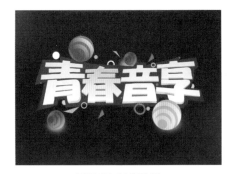

图 2.87 最终效果

2.3　波普艺术字设计

设计构思

　　本例在制作过程中，以富有冲击力的放射图像为主体背景，然后制作波点图像并与文字相结合，整体表现出浓郁的波普风，最终效果如图 2.88 所示。

源文件	第 2 章 \ 波普艺术字背景设计 .cdr、波普艺术字设计 .psd
调用素材	第 2 章 \ 波普艺术字设计
难易指数	★ ★ ★ ☆ ☆

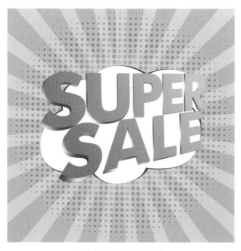

图 2.88　最终效果

📖 **操作步骤**

2.3.1　使用 CorelDRAW 绘制波普图像

步骤 01 选择工具箱中的【矩形工具】□，绘制 1 个矩形，设置【填充】为蓝色（R: 18，G: 160，B: 172），【轮廓】为无。

步骤 02 在蓝色矩形上方再次绘制 1 个白色矩形，然后执行菜单栏中的【对象】|【透视点】|【添加透视】命令，按住 Ctrl+Shift 组合键将矩形透视变形，如图 2.89 所示。

图 2.89　绘制图形

步骤 03 在经过变形的矩形上双击，将中心点移至底部位置，如图 2.90 所示。

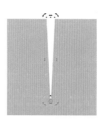

图 2.90　移动中心点

步骤 04 选中图形并按住鼠标左键，向右侧旋转至一定角度并按下鼠标右键将其复制，如图 2.91 所示。

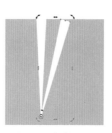

图 2.91　复制图形

步骤05 按 Ctrl+D 组合键将图像复制多份，如图 2.92 所示。

步骤06 同时选中所有的白色图形，单击属性栏中的【合并】 按钮，将两个图形合并，然后将其等比例放大并放置在矩形中间位置，如图 2.93 所示。

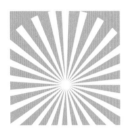 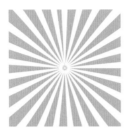

图 2.92 复制多份图形 　　　图 2.93 放大图形

步骤07 选中图形，选择工具箱中的【透明度工具】 ，在属性栏中将【合并模式】更改为柔光，【透明度】更改为 40，如图 2.94 所示。

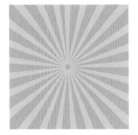

图 2.94 更改合并模式

步骤08 选择工具箱中的【椭圆形工具】 ，按住 Ctrl 键绘制 1 个正圆。

步骤09 选择工具箱中的【交互式填充工具】 ，再单击属性栏中的【渐变填充】 按钮，在图形上拖动填充灰色（R: 128，G: 128，B: 128）到白色的椭圆形渐变，如图 2.95 所示。

步骤10 执行菜单栏中的【位图】|【转换为位图】命令，将【颜色模式】更改为【灰度】；再执行菜单栏中的【效果】|【颜色转换】|【半色调】命令，在弹出的对话框中单击【确定】按钮，如图 2.96 所示。

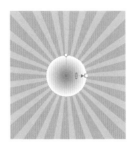 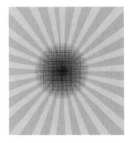

图 2.95 绘制正圆 　　　图 2.96 添加半色调效果

步骤11 在图像上单击鼠标右键，在弹出的快捷菜单中选择【轮廓描摹】|【高质量图像】命令，在弹出的对话框中单击【确定】按钮，如图 2.97 所示。

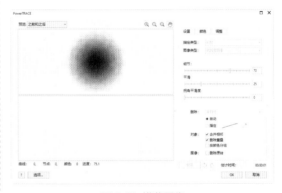

图 2.97 描摹图像

步骤12 删除位图图像，并将圆点图像等比放大，单击鼠标右键，从弹出的快捷菜单中选择【取消群组】命令，再单击鼠标右键，从弹出的快捷菜单中选择【合并】命令，如图 2.98 所示。

步骤13 选中圆点图像，选择工具箱中的【透明度工具】 ，在属性栏中将【合并模式】更改为柔光，如图 2.99 所示。

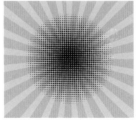

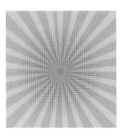

图 2.98 放大图像 　　　图 2.99 更改合并模式

步骤 ⑭ 选择工具箱中的【椭圆形工具】◯，按住 Ctrl 键绘制 1 个正圆，设置【填充】为青色（R: 48，G: 238，B: 255），【轮廓】为无，如图 2.100 所示。

步骤 ⑮ 选中图形，选择工具箱中的【透明度工具】▨，分别单击属性栏中【渐变透明度】▨及【椭圆形渐变透明度】▨按钮，在图像上拖动降低透明度，如图 2.101 所示。

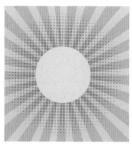
图 2.100　绘制正圆

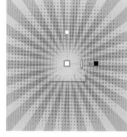
图 2.101　降低透明度

2.3.2　使用 CorelDRAW 绘制主视觉图形

步骤 ① 选中正圆图形，将其等比放大，如图 2.102 所示。

步骤 ② 选择工具箱中的【贝塞尔工具】✐，绘制 1 个不规则图形，设置【填充】为深灰色（R: 51，G: 51，B: 51），【轮廓】为无，如图 2.103 所示。

> 提示：绘制云朵图像之后，可按住 Alt 键单击图形，选中下方小圆点图像，将其等比放大至与下方矩形相似大小。

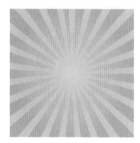
图 2.102　放大正圆

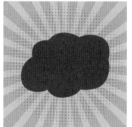
图 2.103　绘制不规则图形

> 提示：由于特效图像的制作并非一步到位，所以在制作过程中要善于调整图像，以便最终效果更加美观协调。

步骤 ③ 选中图形，按 Ctrl+C 组合键复制，按 Ctrl+V 组合键粘贴，并将贴的图形更改为白色。选择工具箱中的【形状工具】◖，拖动图形节点进行变形，如图 2.104 所示。

步骤 ④ 选择工具箱中的【贝塞尔工具】✐，在白色图形边缘的位置绘制 1 个不规则图形，设置【填充】为深灰色（R: 51，G: 51，B: 51），【轮廓】为无，如图 2.105 所示。

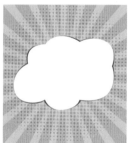
图 2.104　复制图形并调整

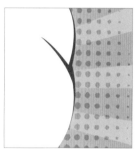
图 2.105　绘制不规则图形

步骤 ⑤ 以同样的方法在边缘其他位置绘制相似图形，如图 2.106 所示。

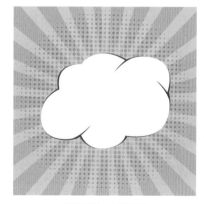
图 2.106　绘制图形

2.3.3 使用 Photoshop 制作立体效果

步骤 01 执行菜单栏中的【文件】|【打开】命令，选择"波普艺术字背景.jpg"文件，单击【打开】按钮。

步骤 02 选择工具箱中的【横排文字工具】 T，添加文字，如图 2.107 所示。

步骤 03 在所有文字图层名称上单击鼠标右键，从弹出的快捷菜单中选择【转换为形状】命令。

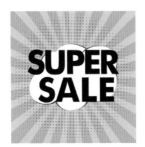

图 2.107 添加文字

步骤 04 同时选中两个文字图层，按 Ctrl+E 组合键合并图层，生成一个【SALE】图层，选中【SALE】图层，按 Ctrl+T 组合键对其执行【自由变换】命令，单击鼠标右键，从弹出的快捷菜单中选择【扭曲】命令，拖动变形框控制点将文字变形，完成之后按 Enter 键确认，如图 2.108 所示。

步骤 05 选中【SALE】图层，将其拖至面板底部的【创建新图层】 田按钮上，复制 1 个【SALE 拷贝】图层，如图 2.109 所示。

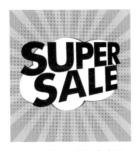

图 2.108 将文字变形

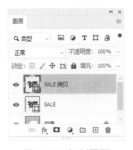

图 2.109 复制图层

步骤 06 在【图层】面板中选中【SALE 拷贝】图层，单击面板底部的【添加图层样式】 fx 按钮，在菜单中选择【渐变叠加】命令。

步骤 07 在弹出的【图层样式】对话框中，将【渐变】更改为橙色（R：255，G：63，B：4）到黄色（R：253，G：217，B：9），【角度】更改为 30 度，完成之后单击【确定】按钮，如图 2.110 所示。

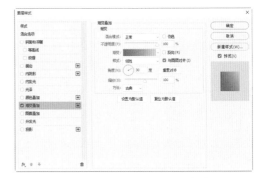

图 2.110 设置【渐变叠加】参数

步骤 08 选中【SALE】图层，将【填充】更改为深黄色（R：115，G：38，B：0），再按 Ctrl+T 组合键对其执行【自由变换】命令，单击鼠标右键，从弹出的快捷菜单中选择【扭曲】命令，拖动变形框控制点将文字变形，完成之后按 Enter 键确认，如图 2.111 所示。

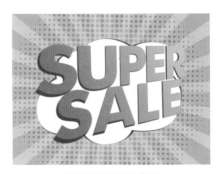

图 2.111 将文字变形

步骤 09　单击【图层】面板底部的【创建新图层】
　　　　田按钮，在【SALE】图层上方新建一个【图
　　　　层 1】图层，并将图层混合模式更改为【颜
　　　　色减淡】，再按 Ctrl+Alt+G 组合键创建
　　　　剪贴蒙版，如图 2.112 所示。

步骤 10　选择工具箱中的【画笔工具】✐，在画
　　　　布中单击鼠标右键，在弹出的面板中选择
　　　　1 种圆角笔触，将【大小】更改为 150 像素，
　　　　【硬度】更改为 0%，如图 2.113 所示。

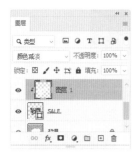

图 2.112　新建图层

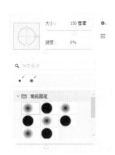

图 2.113　设置笔触

步骤 11　将前景色更改为白色，在文字底部部分区
　　　　域单击以添加高光效果，这样就完成了最
　　　　终效果的制作，如图 2.114 所示。

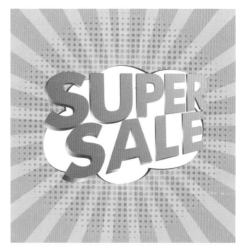

图 2.114　最终效果

提示：在添加图像时，可适当降低画笔不透明
度，这样添加的高光效果会更加自然。

2.4　炫彩霓虹字设计

📖 设计构思

　　本例在制作过程中，以漂亮的动感光晕与炫彩图像元素相结合，使整个字体表现出漂亮的
炫彩效果，特别要注意色彩之间的搭配，最终效果如图 2.115 所示。

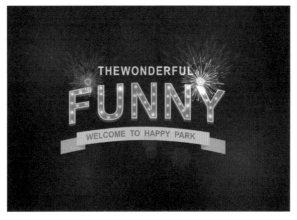

图 2.115　最终效果

源文件	第 2 章 \ 炫彩霓虹字文字设计 .cdr、炫彩霓虹字装饰设计 .psd
调用素材	第 2 章 \ 炫彩霓虹字设计
难易指数	★ ★ ★ ★ ☆

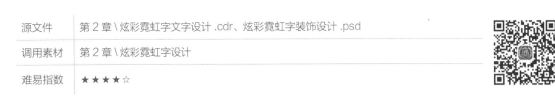

操作步骤

2.4.1 使用 CorelDRAW 制作主视觉

步骤 01 选择工具箱中的【矩形工具】□，绘制 1 个矩形，设置【填充】为黑色。

步骤 02 选择工具箱中的【椭圆形工具】○，在矩形左上角的位置绘制 1 个椭圆，设置【填充】为紫色（R: 58，G: 12，B: 69），【轮廓】为无，如图 2.116 所示。

步骤 03 选中椭圆，选择工具箱中的【透明度工具】▨，分别单击属性栏中【渐变透明度】▨及【椭圆形渐变透明度】▨按钮，在图像上拖动降低透明度，如图 2.117 所示。

图 2.116 绘制椭圆　　　　图 2.117 降低透明度

步骤 04 选中椭圆图像并按住鼠标左键，向右侧移动并按下鼠标右键将其复制，然后把生成的图像适当变形；以同样的方法再次绘制多个相似但不同颜色的图像，如图 2.118 所示。

步骤 05 选中除矩形之外的所有椭圆图像，执行菜单栏中的【对象】|【PowerClip】|【置于图文框内部】命令，将图形放置到矩形内部。

步骤 06 选择工具箱中的【文本工具】字，添加文字（Arial 粗体），设置【填充】为紫色（R: 133，G: 0，B: 92），【轮廓】为无，如图 2.119 所示。

图 2.118 复制图像

步骤 07 选中文字，选择工具箱中的【封套工具】▨，拖动控制点将其变形，如图 2.120 所示。

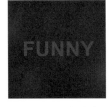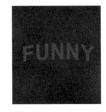

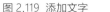

图 2.119 添加文字　　　图 2.120 将文字变形

步骤 08 选中文字，按 Ctrl+C 组合键复制，按 Ctrl+V 组合键粘贴，然后设置【填充】为红色（R: 235，G: 69，B: 91），并适当向上移动，如图 2.121 所示。

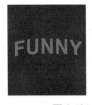

图 2.121 复制文字

步骤 09 选中上方文字，在【轮廓笔】面板中将【宽度】更改为 1，【颜色】更改为黄色（R: 252，G: 194，B: 99），单击【内部轮廓】▧按钮，完成之后单击【确定】按钮，如图 2.122 所示。

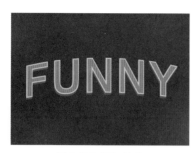

图 2.122 添加轮廓

步骤 10 选择工具箱中的【矩形工具】□，绘制 1
个矩形，设置【填充】为黄色（R: 252，
G: 194，B: 99），【轮廓】为无，如图 2.123
所示。

步骤 11 选择工具箱中的【文本工具】**字**，添加
文字，如图 2.124 所示。

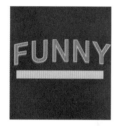
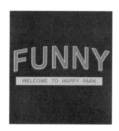

图 2.123 绘制矩形   图 2.124 添加文字

步骤 12 选中矩形，按 Ctrl+C 组合键复制，按
Ctrl+V 组合键粘贴，将粘贴的矩形左
侧平移后缩小宽度，并更改为黄色（R:
252，G: 155，B: 50），再将其移至原
矩形下方，如图 2.125 所示。

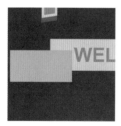
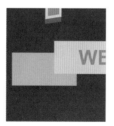

图 2.125 复制并变换矩形

步骤 13 选择工具箱中的【贝塞尔工具】✐，绘
制 1 个不规则图形，设置【填充】为深黄
色（R: 212，G: 121，B: 23），【轮廓】
为无，如图 2.126 所示。

步骤 14 同时选中两个图形并按住鼠标左键，向右
侧移动并按下鼠标右键将其复制，然后单
击属性栏中【水平镜像】🔄 按钮，将图
形水平镜像，如图 2.127 所示。

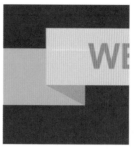
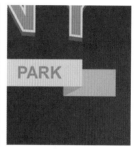

图 2.126 绘制图形   图 2.127 复制图形

步骤 15 同时选中底部几个图形及文字，按
Ctrl+G 组合键组合对象，然后选择工具
箱中的【封套工具】▨，拖动控制点将
其变形，如图 2.128 所示。

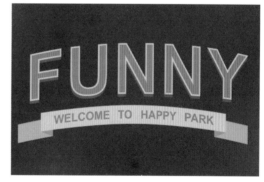

图 2.128 将图文变形

步骤 16 选择工具箱中的【文本工具】**字**，添加
文字，将添加的文字高度增加，并对文字
适当缩放，如图 2.129 所示。

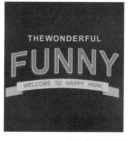
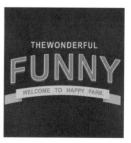

图 2.129 添加文字并调整

2.4.2 使用 Photoshop 制作亮点图像

步骤 01 执行菜单栏中的【文件】|【打开】命令，选择"炫彩霓虹字文字.jpg"文件，单击【打开】按钮。

步骤 02 选择工具箱中的【钢笔工具】 ，在主体文字上绘制 1 条不规则路径，如图 2.130 所示。

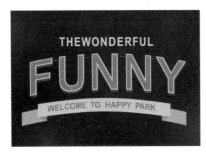

图 2.130 绘制不规则路径

提示：绘制路径时，因为对路径描边之后还需要进行调整，所以只需要保证沿字母绘制出大致路径即可。

步骤 03 在【画笔】面板中选择 1 种圆角笔触，将【大小】更改为 12 像素，【硬度】更改为50%，【间距】更改为 300%，如图 2.131所示。

步骤 04 选中【平滑】复选框，如图 2.132 所示。

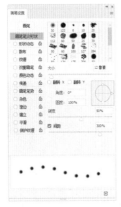 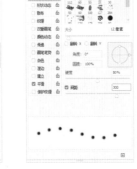

图 2.131 设置画笔笔尖形状　　图 2.132 选中【平滑】
复选框

步骤 05 单击【图层】面板底部的【创建新图层】 按钮，新建 1 个【图层 1】图层，如图 2.133所示。

步骤 06 将前景色更改为浅黄色（R: 255，G: 212，B: 144），在【路径】面板的路径名称上单击鼠标右键，从弹出的快捷菜单中选择【描边路径】命令，在弹出的对话框中选中【工具】为画笔，撤选【模拟压力】复选框，完成之后单击【确定】按钮，如图 2.134 所示。

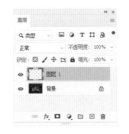 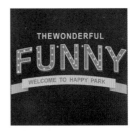

图 2.133 新建图层　　　　图 2.134 描边路径

步骤 07 选择工具箱中的【套索工具】 ，在刚才制作的描边图像部分位置绘制 1 个不规则选区，然后按 Delete 键删除选区中的图像，完成之后按 Ctrl+D 组合键取消选区；以同样的方法将其他不需要的相似图像删除，如图 2.135 所示。

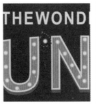 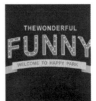

图 2.135 删除多余的图像

步骤 08 选择工具箱中的【套索工具】 ，在超出文字边缘的图像位置绘制选区，然后选中选区，按 Ctrl+T 组合键将其移至文字位置，如图 2.136 所示。

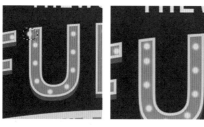

图 2.136　移动图像

步骤 ⑨　以上述同样的方法将其他部分图像进行移动，如图 2.137 所示。

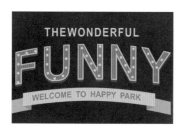

图 2.137　变换并移动图像

步骤 ⑩　选择工具箱中的【套索工具】○，在"F"字母顶部位置绘制 1 个不规则选区，如图 2.138 所示。

步骤 ⑪　选择工具箱中的【移动工具】＋，在选区的图像上按住 Alt 键向下移动，复制图像，如图 2.139 所示。

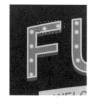
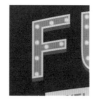

图 2.138　绘制选区　　　图 2.139　复制图像

步骤 ⑫　以同样的方法将其他空缺的部分文字补齐，如图 2.140 所示。

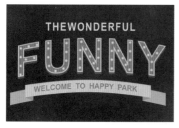

图 2.140　补齐图像

提示：在此处对圆点图像的处理稍微有些烦琐，可根据自己习惯的方法对图像进行处理，只需要将圆点与字母形状对应即可。

步骤 ⑬　在【图层】面板中选中【图层 1】图层，单击面板底部的【添加图层样式】*fx* 按钮，在菜单中选择【外发光】命令。

步骤 ⑭　在弹出的【图层样式】对话框中，将【混合模式】更改为【正常】，【不透明度】更改为 100%，【颜色】更改为橙色（R: 252，G: 155，B: 50），【大小】更改为 10 像素，完成之后单击【确定】按钮，如图 2.141 所示。

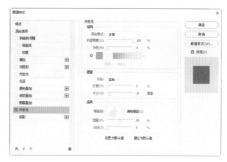

图 2.141　设置【外发光】参数

步骤 ⑮　单击【图层】面板底部的【创建新图层】按钮，新建 1 个【图层 2】图层，并将图层混合模式更改为【颜色减淡】，如图 2.142 所示。

步骤 ⑯　选择工具箱中的【画笔工具】✎，在画布中单击鼠标右键，在弹出的面板中选择 1 种圆角笔触，将【大小】更改为 50 像素，【硬度】更改为 0%，如图 2.143 所示。

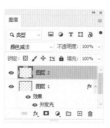
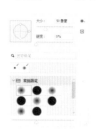

图 2.142　新建图层　　　图 2.143　设置笔触

2.4.3 使用 Photoshop 处理装饰素材图像

步骤01 将前景色更改为黄色（R: 255，G: 212，B: 144），在文字部分位置单击以添加高光效果，如图 2.144 所示。

步骤02 执行菜单栏中的【文件】|【打开】命令，选择"放射图像 .psd"文件，单击【打开】按钮，将打开的素材拖入画布中文字右上角并适当缩小，如图 2.145 所示。

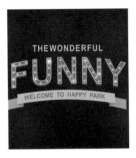
图 2.144 添加高光效果

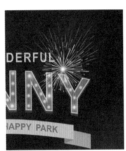
图 2.145 添加素材

步骤03 在【图层】面板中选中【放射图像】图层，单击面板底部的【添加图层样式】*fx* 按钮，在菜单中选择【外发光】命令。

步骤04 在弹出的【图层样式】对话框中，将【混合模式】更改【颜色减淡】，【不透明度】更改为100%，【颜色】更改为白色，【大小】更改为 10 像素，完成之后单击【确定】按钮，如图 2.146 所示。

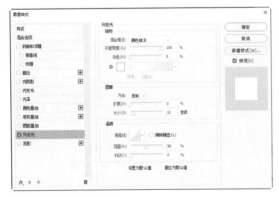
图 2.146 设置【外发光】参数

步骤05 选中【放射图像】图层，将图层混合模式设置为【颜色减淡】，如图 2.147 所示。

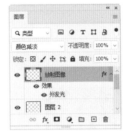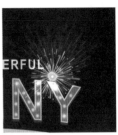
图 2.147 更改图层混合模式

步骤06 在【图层】面板中选中【放射图像】图层，将其拖至面板底部的【创建新图层】按钮上，复制 1 个【放射图像 拷贝】图层。

步骤07 双击【放射图像 拷贝】图层样式名称，在弹出的【图层样式】对话框中选中【颜色叠加】复选框，将【混合模式】更改为【正片叠底】，【颜色】更改为紫色（R: 237，G: 58，B: 248），完成之后单击【确定】按钮，如图 2.148 所示。

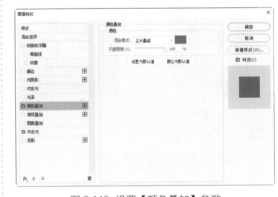
图 2.148 设置【颜色叠加】参数

步骤08 选中【放射图像 拷贝】图层，在画布中将其向左侧平移，然后按 Ctrl+T 组合键对其执行【自由变换】命令，单击鼠标右键，从弹出的快捷菜单中选择【水平翻转】命令，完成之后按 Enter 键确认，如图 2.149 所示。

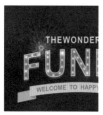 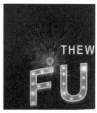

图 2.149 变换图像

步骤 **09** 选择工具箱中的【椭圆工具】◯，在选项栏中将【填充】更改为红色（R: 241，G: 90，B: 110），【描边】更改为无，然后在标签下方位置按住 Shift 键绘制 1 个正圆图形，将生成 1 个【椭圆 1】图层，如图 2.150 所示。

步骤 **10** 执行菜单栏中的【滤镜】|【模糊】|【高斯模糊】命令，在弹出的对话框中单击【栅格化】按钮，在弹出的对话框中单击【栅格化】按钮，在弹出的对话框中将【半径】更改为 3 像素，完成之后单击【确定】按钮，如图 2.151 所示。

步骤 **11** 在【图层】面板中选中【椭圆 1】图层，将图层【不透明度】更改为 10%，如图 2.152 所示。

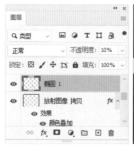 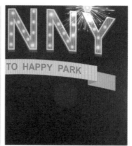

图 2.152 更改图层不透明度

步骤 **12** 在画布中按住 Alt 键将图像复制多份，并更改部分图像的透明度，这样就完成了最终效果的制作，如图 2.153 所示。

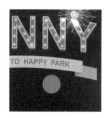 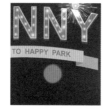

图 2.150 绘制正圆　　图 2.151 添加高斯模糊效果

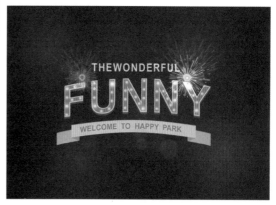

图 2.153 最终效果

技巧：可在选中当前图层状态下，直接按键盘上的数字键，更改图层不透明度。需要注意的是，按第 1 个数字键是以 10 的倍数更改图层不透明度的，再按第 2 个数字键则可以精确到个位数。

2.5 课后习题

2.5.1 习题 1——火焰速度字设计

设计构思

　　本例在设计过程中，将文字变形与火焰图像相结合，整体表现出很强的视觉冲击力，最终效果如图 2.154 所示。

源文件	第 2 章 \ 火焰速度字设计 .cdr、火焰速度字背景设计 .psd
调用素材	第 2 章 \ 火焰速度字设计
难易指数	★ ★ ★ ☆ ☆

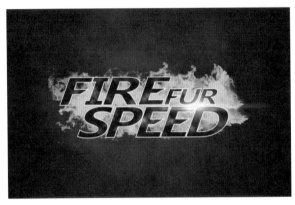

图 2.154 最终效果

2.5.2 习题 2——透明折纸字设计

设计构思

　　本例在设计过程中，利用【透明度工具】降低图形透明度，形成一种透明字效果，通过图形的叠加，形成折纸特效，最终效果如图 2.155 所示。

源文件	第 2 章 \ 透明折纸字设计 .cdr、透明折纸字背景设计 .psd
调用素材	第 2 章 \ 透明折纸字设计
难易指数	★ ★ ★ ☆ ☆

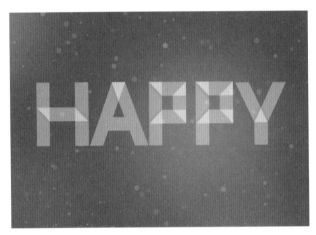

图 2.155 最终效果

第3章

实用商务类名片设计

本章介绍

本章讲解实用商务类名片设计。名片是标示姓名及其所属组织、公司单位和联系方法的一种纸片，在商业往来中扮演着十分重要的角色。名片有多种材质和不同的设计风格，因此在设计过程中需要注意信息的准确性，并确保整体设计风格与公司品牌定位相一致。本章通过列举礼品公司名片平面设计、创新科技名片平面设计、时尚漫游名片平面设计等实例，向读者展示了不同的名片设计风格。通过学习本章内容，读者可以掌握实用商务类名片设计的方法与技巧。

要点索引

◎ 学会礼品公司名片设计知识

◎ 学习创新科技名片设计思路

◎ 掌握时尚漫游名片设计技法

◎ 学会环保科技名片设计技巧

3.1 礼品公司名片平面设计

设计构思

　　本例在设计过程中，以漂亮的卡通图案作为整个名片的主要装饰元素，通过添加直观文字信息并附加二维码使整个名片富有设计感，需要注意名片的版式，最终效果如图 3.1 所示。

源文件	第 3 章 \ 礼品公司名片设计平面效果 .cdr
调用素材	第 3 章 \ 礼品公司名片设计
难易指数	★ ★ ☆ ☆ ☆

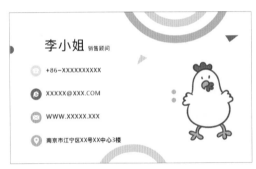
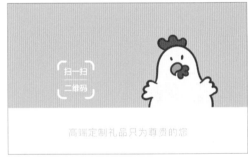

图 3.1 最终效果

操作步骤

3.1.1 使用 CorelDRAW 绘制正面图形

步骤 01 选择工具箱中的【矩形工具】□，绘制 1 个【宽度】为 90mm，【高度】为 55mm 的矩形，设置【填充】为白色，【轮廓】为默认，如图 3.2 所示。

步骤 02 打开【导入文件】对话框，选择"卡通小鸡 .png"素材，单击【导入】按钮，将素材图像放在矩形靠右侧的位置，如图 3.3 所示。

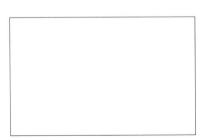

图 3.2 绘制矩形

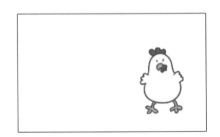

图 3.3 导入素材

步骤 03 单击工具箱中的【椭圆形工具】○ 按钮，在矩形右上角绘制 1 个椭圆，设置【轮廓色】为黄色（R: 249，G: 178，B: 51），【轮廓宽度】为 8，如图 3.4 所示。

步骤 04 选中椭圆，按 Ctrl+C 组合键复制，再按 Ctrl+V 组合键粘贴，然后将粘贴的椭圆【轮廓色】更改为黄色（R: 255，G: 212，B: 144）并等比缩小，如图 3.5 所示。

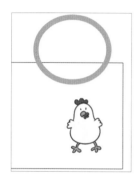 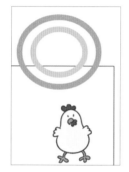

图 3.4　绘制椭圆　　　　图 3.5　复制椭圆并缩小

步骤 05 选中小椭圆，按住鼠标左键的同时向左下角方向拖动，再按鼠标右键将其复制一份，如图 3.6 所示。

步骤 06 同时选中 3 个椭圆并单击鼠标右键，在弹出的快捷菜单中选择【Power Clip 内部】命令，在其下方矩形上单击，将部分图像隐藏，如图 3.7 所示。

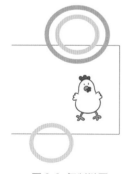 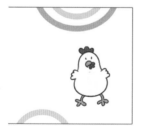

图 3.6　复制椭圆　　　　图 3.7　隐藏部分图像

步骤 07 单击工具箱中的【椭圆形工具】○ 按钮，按住 Ctrl 键绘制 1 个蓝色（R: 142，G: 218，B: 215）正圆，如图 3.8 所示。

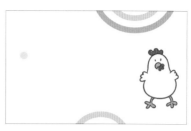

图 3.8　绘制正圆

步骤 08 选中正圆，按住鼠标左键的同时向下方拖动，再按鼠标右键将其复制一份；以同样的方法将正圆再复制两份并更改其颜色，如图 3.9 所示。

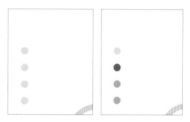

图 3.9　复制正圆

步骤 09 打开【导入文件】对话框，选择"图标.cdr"素材，单击【导入】按钮，将素材图像放在正圆的位置，并更改图标颜色为白色，如图 3.10 所示。

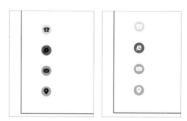

图 3.10　导入素材

步骤 10 单击工具箱中的【文本工具】**字** 按钮，输入文字，如图 3.11 所示。

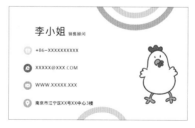

图 3.11　输入文字

步骤 ⑪ 单击工具箱中的【贝塞尔工具】✍ 按钮，在名片右上角的位置绘制 1 个红色（R: 233，G: 56，B: 66）三角形。

步骤 ⑫ 在文字右上角的位置再次绘制 1 个黄色（R: 255，G: 212，B: 144）三角形，如图 3.12 所示。

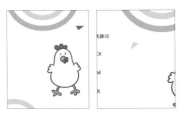

图 3.12　绘制三角形

步骤 ⑬ 单击工具箱中的【椭圆形工具】◯ 按钮，在名片左上角的位置按住 Ctrl 键绘制 1 个红色（R: 233，G: 56，B: 66）正圆，如图 3.13 所示。

步骤 ⑭ 选中正圆并单击鼠标右键，在弹出的快捷菜单中选择【Power Clip 内部】命令，在其下方图形上单击，将部分图像隐藏，如图 3.14 所示。

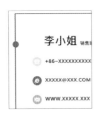
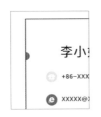

图 3.13　绘制正圆　　　图 3.14　隐藏部分图像

步骤 ⑮ 单击工具箱中的【椭圆形工具】◯ 按钮，按住 Ctrl 键绘制 1 个黄色（R: 249，G: 178，B: 51）正圆，如图 3.15 所示。

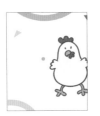

图 3.15　绘制正圆

步骤 ⑯ 选中正圆，按住鼠标左键的同时向下方拖动，再按鼠标右键将其复制一份，如图 3.16 所示。

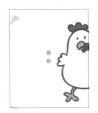

图 3.16　复制正圆

步骤 ⑰ 选中最大的矩形，将其【轮廓】更改为无，如图 3.17 所示。

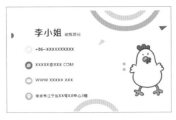

图 3.17　取消轮廓

3.1.2　使用 CorelDRAW 绘制背景效果

步骤 ① 选择工具箱中的【矩形工具】□，绘制 1 个【宽度】为 90mm，【高度】为 55mm 的矩形，设置【填充】为黄色（R: 255，G: 212，B: 144），【轮廓】为无，如图 3.18 所示。

图 3.18　绘制矩形

步骤 02 打开【导入文件】对话框，选择"卡通小鸡 .png"素材，单击【导入】按钮，将素材图像放在矩形靠右侧的位置，如图 3.19 所示。

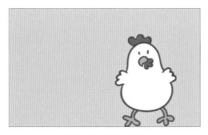

图 3.19 导入素材

步骤 03 选中矩形，按 Ctrl+C 组合键复制，按 Ctrl+V 组合键粘贴，然后将粘贴的矩形颜色更改为白色并调整高度，如图 3.20 所示。

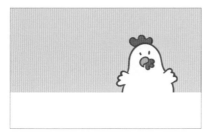

图 3.20 复制并粘贴图形

步骤 04 打开【导入文件】对话框，选择"二维码 .png"素材，单击【导入】按钮，将素材图像放在矩形靠左侧的位置，如图 3.21 所示。

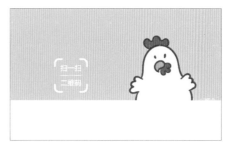

图 3.21 导入素材

步骤 05 单击工具箱中的【文本工具】**字** 按钮，输入文字，这样就完成了最终效果的制作，如图 3.22 所示。

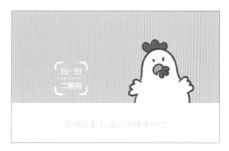

图 3.22 最终效果

3.2 礼品公司名片展示设计

设计构思

本例在制作过程中，以直观的透视角度，将名片进行叠加，使其产生一种厚度视觉效果，最终效果如图 3.23 所示。

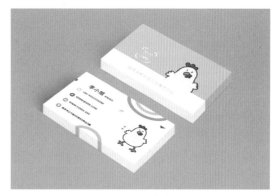

图 3.23 最终效果

源文件	第 3 章 \ 礼品公司名片设计展示效果 .psd
调用素材	第 3 章 \ 礼品公司名片展示设计
难易指数	★ ★ ☆ ☆ ☆

操作步骤

3.2.1 使用 Photoshop 制作名片展示主视觉

步骤 01 执行菜单栏中的【文件】|【新建】命令，在弹出的对话框中设置【宽度】为80mm，【高度】为60mm，【分辨率】为300像素/英寸，新建1个空白画布，将画布填充为黄色（R: 242, G: 175, B: 29）。

步骤 02 执行菜单栏中的【文件】|【打开】命令，打开"名片正面 .jpg"文件，单击【打开】按钮，将打开的素材拖入画布中并适当缩小，同时更改其图层名称为【图层1】，如图 3.24 所示。

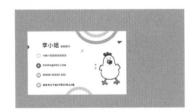

图 3.24 添加素材

步骤 03 选中【图层1】图层，按 Ctrl+T 组合键对图像执行【自由变换】命令，单击鼠标右键，从弹出的快捷菜单中选择【扭曲】命令，拖动变形框控制点将图像变形，完成之后按 Enter 键确认，如图 3.25 所示。

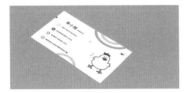

图 3.25 将图像变形

步骤 04 以同样的方法将名片背面图像拖至当前画布中，并将其变形，如图 3.26 所示。

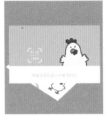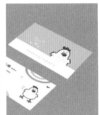

图 3.26 添加图像并变形

步骤 05 分别将名片所在图层名称更改为【正面】和【背面】。

步骤 06 在【图层】面板中选中【正面】图层，单击面板底部的【添加图层样式】*fx* 按钮，在菜单中选择【投影】命令。

步骤 07 在弹出的【图层样式】对话框中将【不透明度】更改为20%，撤选【使用全局光】复选框，将【角度】更改为90度，【距离】更改为1像素，【大小】更改为1像素，完成之后单击【确定】按钮，如图 3.27 所示。

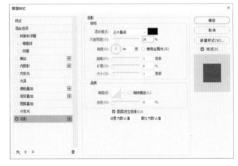

图 3.27 设置【投影】参数

步骤 08 在【图层】面板中选中【正面】图层，将
其拖至面板底部的【创建新图层】⊞ 按钮
上，复制 1 个【正面 拷贝】图层，如图 3.28
所示。

步骤 09 在画布中将图像向上稍微移动，如图 3.29
所示。

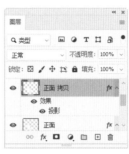
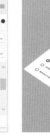

图 3.28 复制图层　　　　图 3.29 移动图像

3.2.2 使用 Photoshop 制作名片厚度效果

步骤 01 选中【正面 拷贝】图层，按住 Alt+Shift
组合键，将图像向上复制多份，如图 3.30
所示。

步骤 02 在【正面】图层名称上单击鼠标右键，从
弹出的快捷菜单中选择【拷贝图层样式】
命令，然后在【背面】图层名称上单击鼠
标右键，从弹出的快捷菜单中选择【粘贴
图层样式】命令，如图 3.31 所示。

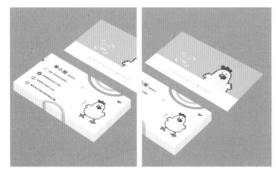

图 3.30 复制图像　　　　图 3.31 粘贴图层样式

步骤 03 以同样的方法将【背面】图层中的图像
复制多份，以制作出立体堆叠效果，如
图 3.32 所示。

步骤 04 同时选中所有和名片正面相关的所有图
层，按 Ctrl+G 组合键进行编组，并将生
成的组名称更改为【正面】；以同样的方
法将所有背面图像所在的图层进行编组，
并将生成的组名称更改为【背面】。

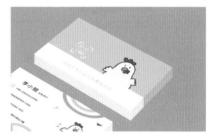

图 3.32 复制图像

步骤 05 选择工具箱中的【钢笔工具】，在选
项栏中单击【选择工具模式】 路径 ∨
按钮，在弹出的选项中选择【形状】，将
【填充】更改为黑色，【描边】更改为无。

步骤 06 在正面名片图像左侧的位置绘制 1 个不规
则图形，生成一个【形状 1】图层，将其
移至【正面】组的下方，如图 3.33 所示。

步骤 07 在【图层】面板中选中【形状 1】图层，
单击面板底部的【添加图层蒙版】 按钮，
为其添加图层蒙版，如图 3.34 所示。

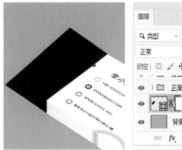

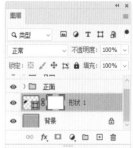

图 3.33 绘制图形　　　　图 3.34 添加图层蒙版

步骤08 选择工具箱中的【画笔工具】✏，在画布中单击鼠标右键，在弹出的面板中选择1种圆角笔触，将【大小】更改为150像素，【硬度】更改为0%，如图3.35所示。

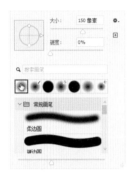

图3.35 设置笔触

步骤09 将前景色更改为黑色，在图形上部分区域涂抹将其隐藏，如图3.36所示。

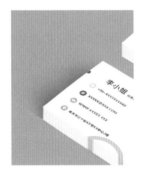

图3.36 隐藏图形

步骤10 以同样的方法在上方相对位置制作阴影效果，如图3.37所示。

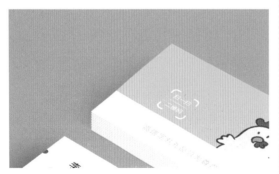

图3.37 制作阴影效果

步骤11 在【图层】面板中选中【正面】组，单击面板底部的【添加图层样式】fx 按钮，在菜单中选择【渐变叠加】命令。

步骤12 在弹出的【图层样式】对话框中，将【混合模式】更改为【叠加】，【不透明度】更改为60%，【渐变】更改为黑色到透明，完成之后单击【确定】按钮，如图3.38所示。

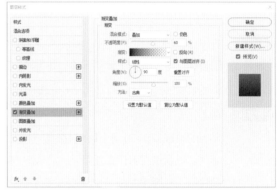

图3.38 设置【渐变叠加】参数

步骤13 在【正面】组名称上单击鼠标右键，从弹出的快捷菜单中选择【拷贝图层样式】命令，然后在【背面】组名称上单击鼠标右键，从弹出的快捷菜单中选择【粘贴图层样式】命令，这样就完成了最终效果的制作，最终效果如图3.39所示。

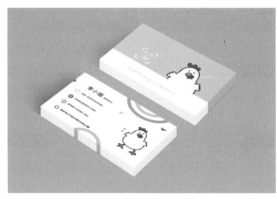

图3.39 最终效果

3.3 创新科技名片平面设计

设计构思

本例在制作过程中，以漂亮的蓝色为主色调，通过绘制圆角矩形制作出名片的主体图形，再结合标志图像完成整个名片的图形图像设计，最后添加相关文字信息即可完成最终效果的制作，最终效果如图 3.40 所示。

源文件	第 3 章 \ 创新科技名片设计平面效果 .cdr
调用素材	第 3 章 \ 创新科技名片平面设计
难易指数	★ ★ ☆ ☆ ☆

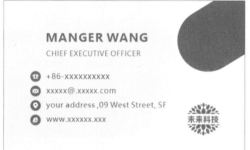
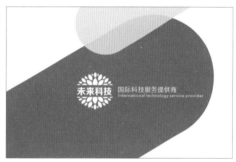

图 3.40 最终效果

操作步骤

3.3.1 使用 CorelDRAW 绘制正面图形

步骤01 选择工具箱中的【矩形工具】□，绘制 1 个【宽度】为 90mm，【高度】为 55mm 的矩形，并设置【填充】为白色，【轮廓】为默认，如图 3.41 所示。

步骤02 单击工具箱中的【矩形工具】□，绘制 1 个蓝色（R：51，G：93，B：143）矩形，如图 3.42 所示。

图 3.41 绘制白色矩形

图 3.42 绘制蓝色矩形

步骤 03 单击工具箱中的【形状工具】 按钮，拖动蓝色矩形左上角的锚点对矩形进行调整，为其制作圆角效果，如图 3.43 所示。

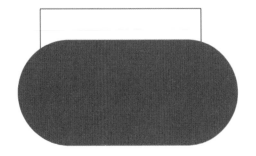

图 3.43 制作圆角效果

步骤 04 将圆角矩形适当旋转，单击工具箱中的【透明度工具】按钮，将其【透明度】更改为 90，如图 3.44 所示。

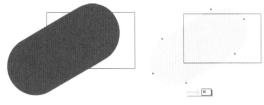

图 3.44 旋转图形并更改图形透明度

步骤 07 以同样的方法为矩形制作圆角效果并隐藏部分图像，如图 3.47 所示。

步骤 05 选中图像并单击鼠标右键，在弹出的快捷菜单中选择【Power Clip 内部】命令，在其下方图形上单击，将部分图像隐藏，如图 3.45 所示。

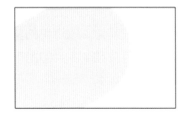

图 3.45 隐藏部分图像

步骤 06 单击工具箱中的【矩形工具】 ，在名片右下角的位置绘制一个蓝色（R: 51，G: 93，B: 143）矩形，如图 3.46 所示。

图 3.46 绘制蓝色矩形

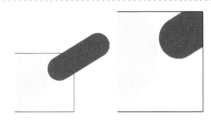

图 3.47 为图形制作圆角效果并隐藏部分图像

3.3.2 使用 CorelDRAW 添加装饰元素

步骤 01 单击工具箱中的【椭圆形工具】 按钮，按住 Ctrl 键绘制 1 个蓝色（R: 51，G: 93，B: 143）正圆，如图 3.48 所示。

图 3.48 绘制正圆

步骤 02 选中正圆并按住鼠标左键向下方拖动，再按鼠标右键将其复制一份；以同样的方法将正圆再复制两份，如图 3.49 所示。

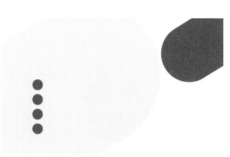

图 3.49　复制正圆

步骤 03 打开【导入文件】对话框，选择"图标.cdr"素材，单击【导入】按钮，将素材图像放在正圆位置，并更改图标颜色为白色，如图 3.50 所示。

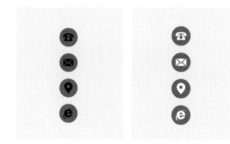

图 3.50　导入素材

步骤 04 单击工具箱中的【文本工具】**字**按钮，输入文字，如图 3.51 所示。

提示：输入文字后，可根据文字与图形的距离将文字适当缩小。

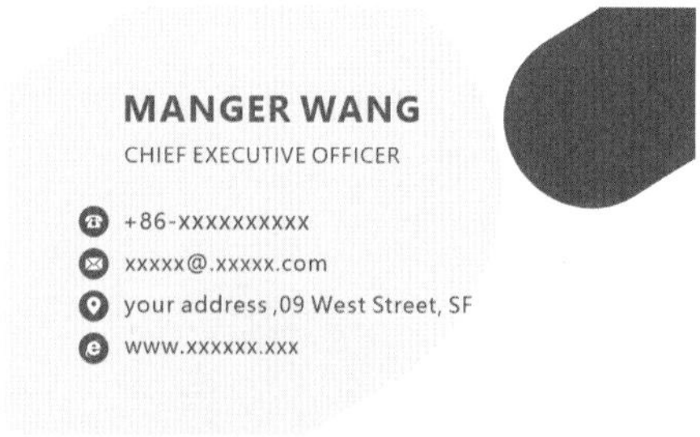

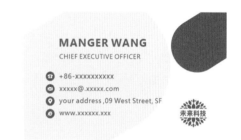

图 3.51　输入文字

步骤 05 打开【导入文件】对话框，选择"标志.png"素材，单击【导入】按钮，将素材图像放在名片靠右下角的位置，如图 3.52 所示。

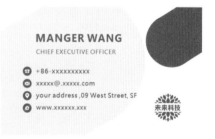

图 3.52　导入素材

步骤 06 选中最大的矩形，将其【轮廓】更改为无，如图 3.53 所示。

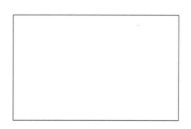

图 3.53　取消轮廓

3.3.3　使用 CorelDRAW 绘制背面图像

步骤 01 选择工具箱中的【矩形工具】，绘制 1 个【宽度】为 90mm，【高度】为 55mm 的矩形，并设置【填充】为无，【轮廓】为默认，如图 3.54 所示。

图 3.54　绘制矩形

步骤 02 以同样的方法绘制 1 个蓝色（R: 51，G: 93，B: 143）矩形，并为其制作圆角效果，如图 3.55 所示。

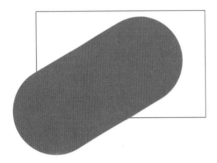

图 3.55 绘制矩图形并制作圆角效果

步骤 03 选中图像并单击鼠标右键，在弹出的快捷菜单中选择【Power Clip 内部】命令，在其下方图形上单击，将部分图像隐藏，如图 3.56 所示。

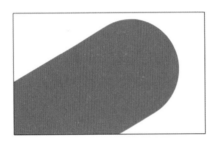

图 3.56 隐藏部分图像

步骤 04 单击工具箱中的【矩形工具】□，绘制一个浅蓝色（R: 195，G: 211，B: 232）矩形。

步骤 05 单击工具箱中的【形状工具】按钮，拖动矩形左上角的锚点对矩形进行调整，为其制作圆角效果，如图 3.57 所示。

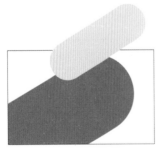

图 3.57 绘制图形

步骤 06 选中圆角矩形，单击工具箱中的【透明度工具】按钮，将【透明度】更改为 10，如图 3.58 所示。

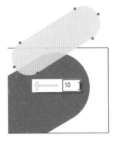

图 3.58 更改图形透明度

步骤 07 选中浅蓝色图形并单击鼠标右键，在弹出的快捷菜单中选择【Power Clip 内部】命令，在其下方图形上单击，将部分图像隐藏，如图 3.59 所示。

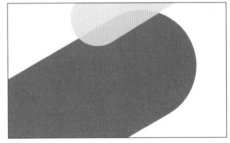

图 3.59 隐藏部分图像

步骤 08 选中最大的白色矩形，将其【轮廓】更改为无，如图 3.60 所示。

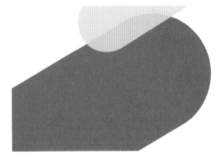

图 3.60 取消轮廓

步骤 09 打开【导入文件】对话框，选择"标志 2.png"素材，单击【导入】按钮，将素材图像放在名片中间的位置，如图 3.61 所示。

步骤 ⑩ 单击工具箱中的【文本工具】**字** 按钮，输入文字，如图 3.62 所示。

步骤 ⑪ 选中标志及图文，对其进行适当缩放，这样就完成了最终效果的制作，如图 3.63 所示。

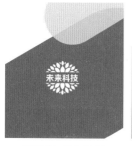

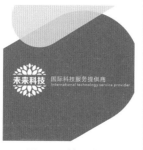

图 3.61 导入素材　　图 3.62 输入文字

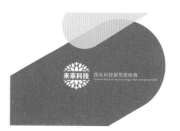

图 3.63 最终效果

3.4　创新科技名片展示设计

设计构思

本例中的名片展示效果制作过程比较简单，首先新建画布，然后添加名片平面素材图像并将其变形，特别需要注意名片的透视效果，最终效果如图 3.64 所示。

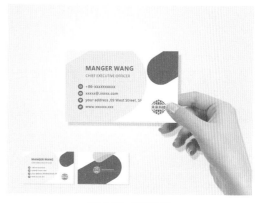

图 3.64 最终效果

源文件	第 3 章 \ 创新科技名片设计展示效果 .psd
调用素材	第 3 章 \ 创新科技名片展示设计
难易指数	★ ★ ☆ ☆ ☆

操作步骤

3.4.1　使用 Photoshop 制作名片展示背景

步骤 ①　执行菜单栏中的【文件】|【新建】命令，在弹出的对话框中设置【宽度】为 80 毫米，【高度】为 60 毫米，【分辨率】为 300 像素 / 英寸，新建 1 个空白画布。

步骤 ②　在【图层】面板中，单击面板底部的【创建新图层】按钮，新建 1 个【图层 1】图层，并将图层填充为白色。

步骤 03 在【图层】面板中选中【图层 1】图层，单击面板底部的【添加图层样式】 *fx* 按钮，在菜单中选择【渐变叠加】命令。

步骤 04 在弹出的【图层样式】对话框中，将【混合模式】更改为【正常】，【渐变】更改为白色到灰色（R: 235，G: 238，B: 243），【样式】更改为【径向】，【角度】更改为 0 度，完成之后单击【确定】按钮，如图 3.65 所示。

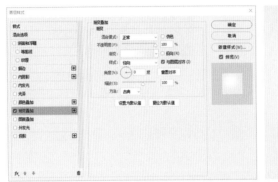

图 3.65 设置【渐变叠加】参数及效果

3.4.2 使用 Photoshop 制作名片展示视角

步骤 01 执行菜单栏中的【文件】|【打开】命令，打开"手 .png、名片正面 .jpg"文件，单击【打开】按钮，将打开的素材拖入画布中并适当缩小，更改名片正面所在图层名称为【图层 2】，如图 3.66 所示。

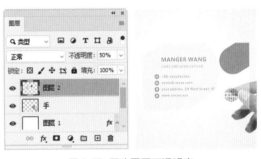

图 3.67 更改图层不透明度

步骤 03 选择工具箱中的【钢笔工具】 ，在拇指位置绘制 1 个不规则路径，如图 3.68 所示。

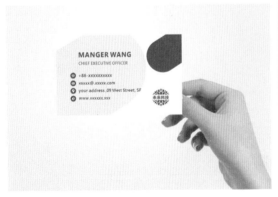

图 3.66 添加素材

步骤 02 在【图层】面板中选中【图层 2】图层，将图层【不透明度】更改为 50%，如图 3.67 所示。

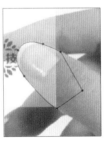

图 3.68 绘制路径

步骤 04 按 Ctrl+Enter 组合键将路径转换为选区，如图 3.69 所示。

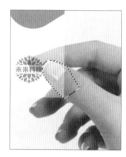

图 3.69 转换为选区

步骤 05 选中【图层 2】图层，按 Delete 键将选区中的图像删除，完成之后按 Ctrl+D 组合键取消选区，再将图层【不透明度】更改为 100%，如图 3.70 所示。

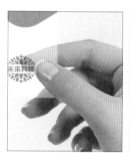 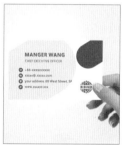

图 3.70 删除图像并更改不透明度

步骤 06 在【图层】面板中，同时选中名片和手图像所在的图层，按 Ctrl+G 组合键进行编组，并将组名称重命名为【名片和手】。

步骤 07 在【图层】面板中选中【名片和手】组，单击面板底部的【添加图层样式】*fx* 按钮，在菜单中选择【渐变叠加】命令。

步骤 08 在弹出的【图层样式】对话框中，将【混合模式】更改为【正常】，【不透明度】更改为 20%，【渐变】更改为蓝色（R: 51，G: 93，B: 143）到透明，【角度】更改为 –50 度，【缩放】更改为 150%，如图 3.71 所示。

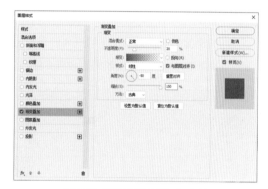

图 3.71 设置【渐变叠加】参数

步骤 09 选中【投影】复选框，将【混合模式】更改为【正常】，【颜色】更改为黑色，【不透明度】更改为 15%，撤选【使用全局光】复选框，【角度】更改为 130 度，【距离】更改为 17 像素，【大小】更改为 3 像素，完成之后单击【确定】按钮，如图 3.72 所示。

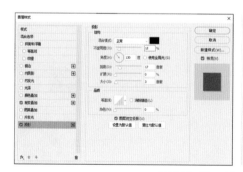 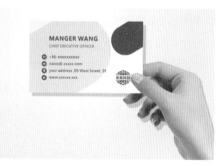

图 3.72 设置【投影】参数及效果

提示：此处添加的渐变叠加图层样式主要是为名片展示添加环境光效果。在渐变叠加图层样式打开的情况下可按住鼠标左键在画布中拖动更改渐变颜色的位置。

3.4.3 使用 Photoshop 添加其他细节

步骤 01 执行菜单栏中的【文件】|【打开】命令，
打开"名片正面 .jpg、名片背面 .jpg""
文件，单击【打开】按钮，将打开的素材
拖入画布中左下角的位置并适当缩小，同
时更改图层名称为【图层 3】和【图层 4】，
如图 3.73 所示。

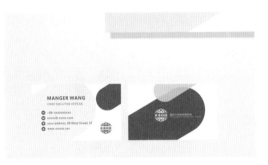

图 3.73 添加素材

步骤 02 在【图层】面板中选中【图层 3】图层，单击面板底部的【添加图层样式】*fx* 按钮，在菜单中选择【投影】命令。

步骤 03 在弹出的【图层样式】对话框中，将【混合模式】更改为【正常】，【颜色】更改为黑色，【不透明度】更改为 10%，撤选【使用全局光】复选框，【角度】更改为 140 度，【距离】更改为5 像素，【大小】更改为 2 像素，完成之后单击【确定】按钮，如图 3.74 所示。

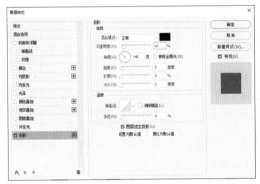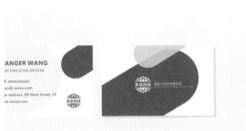

图 3.74 设置【投影】参数及效果

步骤 04 在【图层 3】图层名称上单击鼠标右键，
从弹出的快捷菜单中选择【拷贝图层样
式】命令，然后在【图层 4】图层名称上
单击鼠标右键，从弹出的快捷菜单中选择
【粘贴图层样式】命令，这样就完成了最
终效果的制作，如图 3.75 所示。

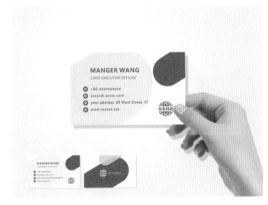

图 3.75 最终效果

3.5　时尚漫游名片平面设计

设计构思

　　本例在设计过程中，以漂亮的正圆图形为主视觉，将圆形叠加并导入素材图像完成名片主视觉效果的设计，最后添加直观文字信息，最终效果如图 3.76 所示。

源文件	第 3 章 \ 时尚漫游名片设计平面效果 .cdr
调用素材	第 3 章 \ 时尚漫游名片平面设计
难易指数	★ ★ ☆ ☆ ☆

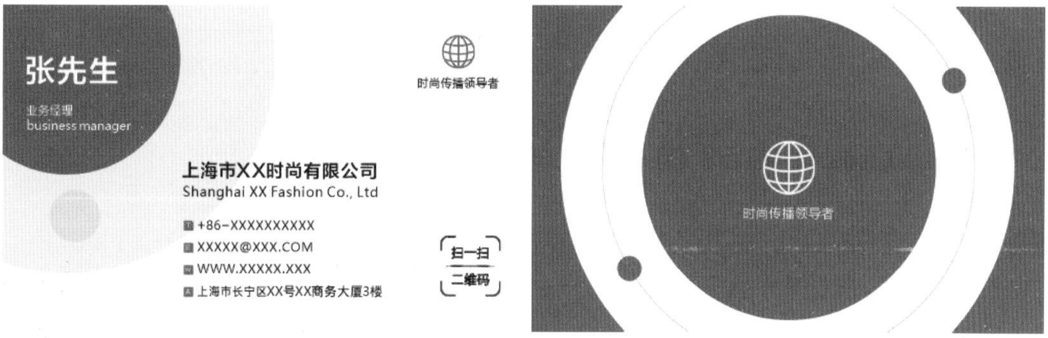

图 3.76　最终效果

操作步骤

3.5.1　使用 CorelDRAW 绘制正面图形

步骤01 选择工具箱中的【矩形工具】□，绘制 1 个【宽度】为 90mm，【高度】为 55mm 的矩形，设置【填充】为白色，【轮廓】为默认，如图 3.77 所示。

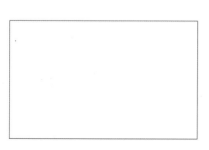

图 3.77　绘制矩形

步骤02 单击工具箱中的【椭圆形工具】○ 按钮，按住 Ctrl 键绘制 1 个灰色（R: 238，G: 238，B: 240）正圆，如图 3.78 所示。

图 3.78　绘制正圆

步骤 03 选中正圆，按 Ctrl+C 组合键复制，按 Ctrl+V 组合键粘贴，然后将粘贴的正圆更改为红色（R: 225，G: 59，B: 61）并等比缩小，如图 3.79 所示。

步骤 04 单击工具箱中的【椭圆形工具】○按钮，按住 Ctrl 键绘制 1 个灰色（R: 221，G: 221，B: 221）正圆，如图 3.80 所示。

步骤 05 同时选中两个正圆并单击鼠标右键，在弹出的快捷菜单中选择【Power Clip 内部】命令，在其下方矩形上单击，将部分图像隐藏，如图 3.81 所示。

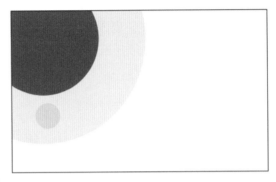

图 3.81 隐藏部分图像

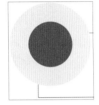
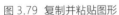

图 3.79 复制并粘贴图形   图 3.80 绘制图形

3.5.2 使用 CorelDRAW 输入文字信息

步骤 01 单击工具箱中的【文本工具】字按钮，输入文字，如图 3.82 所示。

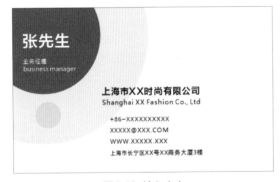

图 3.82 输入文字

步骤 02 单击工具箱中的【矩形工具】□按钮，按住 Ctrl 键绘制 1 个红色（R: 225，G: 59，B: 61）正方形，如图 3.83 所示。

步骤 03 选中正方形并按住鼠标左键向下方拖动，再按鼠标右键将其复制一份，如图 3.84 所示。

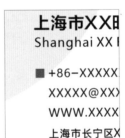
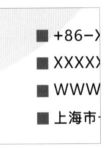

图 3.83 绘制正方形   图 3.84 复制图形

步骤 04 单击工具箱中的【文本工具】字按钮，输入文字，如图 3.85 所示。

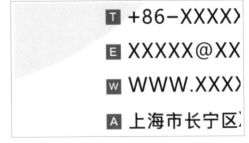

图 3.85 输入文字

步骤 05 打开【导入文件】对话框，选择 "标志 .png" 素材，单击【导入】按钮，将素材图像放在右上角的位置并等比缩小，如图 3.86 所示。

步骤 06 单击工具箱中的【文本工具】字 按钮，输入文字，如图 3.87 所示。

步骤 07 打开【导入文件】对话框，选择 "二维码 .png" 素材，单击【导入】按钮，将素材图像放在右下角的位置并等比缩小，如图 3.88 所示。

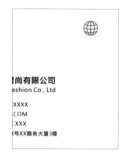
图 3.86 导入素材

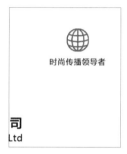
图 3.87 输入文字

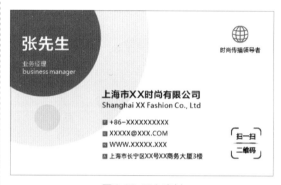
图 3.88 导入素材

3.5.3 使用 CorelDRAW 绘制背面图形

步骤 01 选中白色矩形并按住鼠标左键向右侧拖动，再按鼠标右键将其复制一份，将内部的图形全部删除，再将复制的矩形更改为红色（R: 225，G: 59，B: 61），如图 3.89 所示。

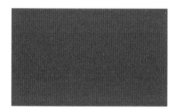
图 3.89 复制图形

步骤 02 单击工具箱中的【椭圆形工具】○ 按钮，按住 Ctrl 键绘制 1 个白色正圆，如图 3.90 所示。

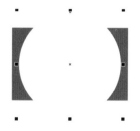
图 3.90 绘制正圆

步骤 03 选中正圆，按 Ctrl+C 组合键复制，再按 Ctrl+V 组合键粘贴，然后将粘贴的正圆颜色更改为红色（R: 225，G: 59，B: 61）并等比缩小，如图 3.91 所示。

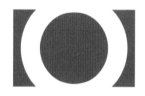
图 3.91 复制并粘贴图形

步骤 04 再按 Ctrl+V 组合键粘贴正圆，将粘贴的正圆【填充】更改为无，设置【轮廓色】为灰色（R: 204，G: 204，B: 204），【轮廓宽度】为默认，再将其等比缩小，如图 3.92 所示。

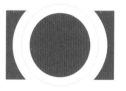
图 3.92 复制并粘贴图形

步骤 05 单击工具箱中的【椭圆形工具】○按钮，按住 Ctrl 键绘制 1 个红色（R: 225, G: 59，B: 61）小正圆。选中小正圆并按住鼠标左键向左下角相对位置拖动，再按鼠标右键将其复制一份，如图 3.93 所示。

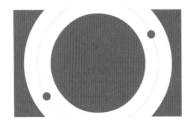

图 3.93 绘制及复制图形

步骤 06 同时选中超出矩形之外的圆形，单击鼠标右键，在弹出的快捷菜单中选择【Power Clip 内部】命令，在其下方图形上单击，将部分图像隐藏，如图 3.94 所示。

步骤 07 打开【导入文件】对话框，选择"标志 2.png"素材，单击【导入】按钮，将素材图像放在正圆位置，如图 3.95 所示。

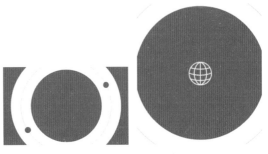

图 3.94 隐藏部分图像　　图 3.95 导入素材

步骤 08 单击工具箱中的【文本工具】字按钮，输入文字，这样就完成了最终效果的制作，如图 3.96 所示。

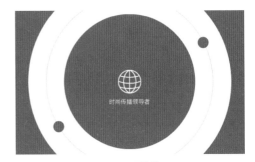

图 3.96 最终效果

3.6 时尚漫游名片展示设计

设计构思

　　本例在制作过程中，首先将名片图像进行扭曲并复制制作出堆叠效果，然后添加投影效果，同时对细节图像部分进行调整，最终效果如图 3.97 所示。

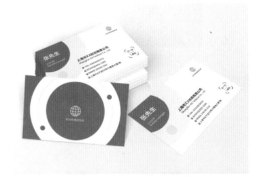

图 3.97 最终效果

源文件	第 3 章 \ 时尚漫游名片设计展示效果 .psd
调用素材	第 3 章 \ 时尚漫游名片展示设计
难易指数	★★☆☆☆

操作步骤

3.6.1 使用 Photoshop 对名片进行变形

步骤 01 执行菜单栏中的【文件】|【新建】命令,在弹出的对话框中设置【宽度】为 80 毫米,【高度】为 60 毫米,【分辨率】为 300 像素 / 英寸,新建 1 个空白画布。

步骤 02 在【图层】面板中,单击面板底部的【创建新图层】田按钮,新建 1 个【图层 1】图层,并将图层填充为白色。

步骤 03 在【图层】面板中选中【图层 1】图层,单击面板底部的【添加图层样式】fx 按钮,在菜单中选择【渐变叠加】命令。

步骤 04 在弹出的【图层样式】对话框中,将【混合模式】更改为【正常】,【渐变】更改为灰色(R: 236,G: 233,B: 233)到白色,【样式】更改为【线性】,【角度】更改为 135 度,完成之后单击【确定】按钮,如图 3.98 所示。

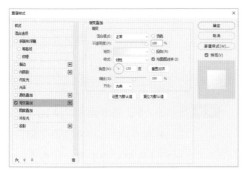

图 3.98 设置【渐变叠加】参数及效果

步骤 05 执行菜单栏中的【文件】|【打开】命令,打开 "名片正面 .jpg" 文件,单击【打开】按钮,将打开的素材拖入画布中并适当缩小,其图层名称将自动更改为【图层 2】,如图 3.99 所示。

步骤 06 选中【图层 2】图层,按 Ctrl+T 组合键对图像执行【自由变换】命令,单击鼠标右键,从弹出的快捷菜单中选择【扭曲】命令,拖动变形框控制点将图像变形,完成之后按 Enter 键确认,如图 3.100 所示。

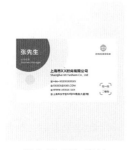

图 3.99 添加素材

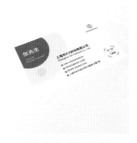

图 3.100 将图像变形

步骤 07 将名片所在图层名称更改为【正面】。选中【正面】图层，单击面板底部的【添加图层样式】*fx* 按钮，在菜单中选择【投影】命令。

步骤 08 在弹出的【图层样式】对话框中，将【不透明度】更改为 20%，撤选【使用全局光】复选框，【角度】更改为 90 度，【距离】更改为 1 像素，【大小】更改为 1 像素，完成之后单击【确定】按钮，如图 3.101 所示。

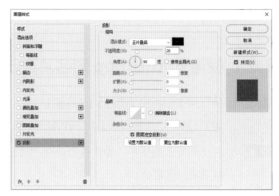

图 3.101 设置【投影】参数

3.6.2 使用 Photoshop 制作名片堆叠效果

步骤 01 在【图层】面板中选中【正面】图层，将其拖至面板底部的【创建新图层】⊞按钮上，复制 1 个【正面 拷贝】图层。

步骤 02 在画布中将图像向上稍微移动，如图 3.102 所示。

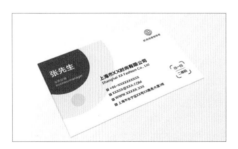

图 3.102 复制图层并移动图像

步骤 03 在画布中按住 Alt+Shift 组合键向上移动，将图像复制多份，制作出堆叠厚度效果，如图 3.103 所示。

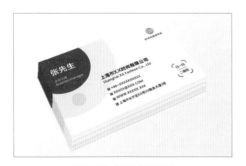

图 3.103 复制多份图像

步骤 04 同时选中所有与【正面】图层相关的图层，按 Ctrl+G 组合键进行编组，将新生成的组名称更改为【正面堆叠】。选中【正面堆叠】组，将其拖至面板底部的【创建新图层】⊞按钮上，生成 1 个【正面堆叠 拷贝】组，如图 3.104 所示。

步骤 05 选中【正面堆叠 拷贝】组，在画布中将图像向上移动，再按 Ctrl+T 组合键对图像执行【自由变换】命令，将图形适当旋转，完成之后按 Enter 键确认，如图 3.105 所示。

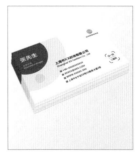 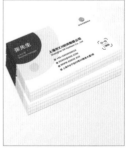

图 3.104 复制图像　　图 3.105 复制堆叠图像

步骤 06 同时选中【正面堆叠】及【正面堆叠 拷贝】组，按 Ctrl+G 组合键进行编组，将新生成的组名称更改为【正面效果】。

步骤 07 选中【正面效果】组，将其拖至面板底部的【创建新图层】⊞按钮上，生成 1 个【正

面效果 拷贝】组。选中【正面拷贝 效果】组，按 Ctrl+E 组合键进行合并，生成 1个【正面拷贝 效果】图层，如图 3.106 所示。

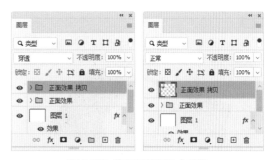

图 3.106　将图层编组及合并组

3.6.3　使用 Photoshop 制作名片阴影及装饰

步骤 01 选择工具箱中的【钢笔工具】，在选项栏中单击【选择工具模式】 路径 按钮，在弹出的选项中选择【形状】，将【填充】更改为黑色，【描边】更改为无，在名片底部位置绘制 1 个不规则图形，生成 1 个【形状 1】图层，如图 3.107 所示。

步骤 02 执行菜单栏中的【滤镜】|【模糊】|【高斯模糊】命令，在弹出的对话框中单击【栅格化】按钮，在弹出的对话框中将【半径】更改为 1 像素，完成之后单击【确定】按钮，如图 3.108 所示。

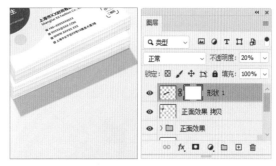

图 3.109　更改不透明度　　　图 3.110　添加图层蒙版

步骤 05 选择工具箱中的【画笔工具】，在画布中单击鼠标右键，在弹出的面板中选择 1 种圆角笔触，将【大小】更改为 100 像素，【硬度】更改为 0%，如图 3.111 所示。

步骤 06 将前景色更改为黑色，在图像上部分区域涂抹将其隐藏，如图 3.112 所示。

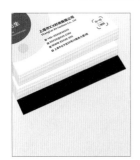
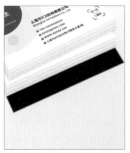

图 3.107　绘制图形　　　图 3.108　添加高斯模糊效果

步骤 03 选中【形状 1】图层，将图层【不透明度】更改为 20%，如图 3.109 所示。

步骤 04 在【图层】面板中选中【形状 1】图层，单击面板底部的【添加图层蒙版】按钮，为图层添加图层蒙版，如图 3.110 所示。

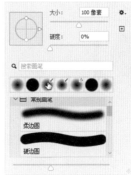

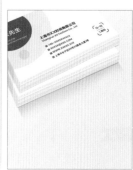

图 3.111　设置笔触　　　图 3.112　隐藏图像

步骤 07 以同样的方法再次绘制 1 个黑色图形并添加高斯模糊效果，如图 3.113 所示。

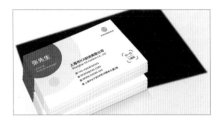

图 3.113 绘制图形并添加高斯模糊效果

步骤 08 在【图层】面板中选中【形状 2】图层，单击面板底部的【添加图层蒙版】 按钮，为图层添加图层蒙版，如图 3.114 所示。

步骤 09 将前景色更改为黑色，在图像上部分区域涂抹将其隐藏，如图 3.115 所示。

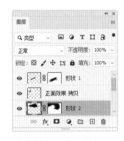 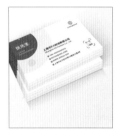

图 3.114 添加图层蒙版　　图 3.115 隐藏图像

步骤 10 以同样的方法将名片背面图像添加至当前画布中，其图层名称更改为【图层 2】，如图 3.116 所示。

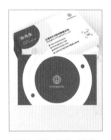

图 3.116 添加图像

步骤 11 选中【图层 2】图层，按 Ctrl+T 组合键对图像执行【自由变换】命令，单击鼠标右键，从弹出的快捷菜单中选择【扭曲】命令，拖动变形框控制点将图像变形，完成之后按 Enter 键确认，如图 3.117 所示。

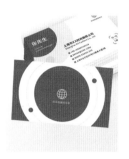

图 3.117 将图像变形

步骤 12 以同样的方法，绘制 1 个黑色图形并添加高斯模糊效果，然后降低其不透明度，利用图层蒙版及画笔工具制作阴影效果，如图 3.118 所示。

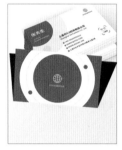 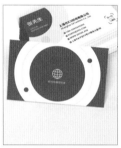

图 3.118 制作阴影效果

步骤 13 将名片正面效果再次添加至当前画布中，其图层名称自动更改为【图层 3】，如图 3.119 所示。

步骤 14 选中【图层 3】图层，按 Ctrl+T 组合键对图像执行【自由变换】命令，单击鼠标右键，从弹出的快捷菜单中选择【扭曲】命令，拖动变形框控制点将图像变形，完成之后按 Enter 键确认，如图 3.120 所示。

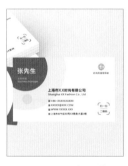
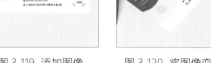

图 3.119 添加图像　　图 3.120 将图像变形

步骤 15 选中【图层3】图层，单击面板底部的【添加图层样式】 ∱ 按钮，在菜单中选择【投影】命令。

步骤 16 在弹出的【图层样式】对话框中，将【不透明度】更改为20%，撤选【使用全局光】复选框，【角度】更改为90度，【距离】更改为1像素，【大小】更改为1像素，完成之后单击【确定】按钮，这样就完成了最终效果的制作，如图3.121所示。

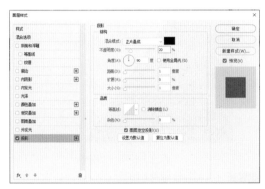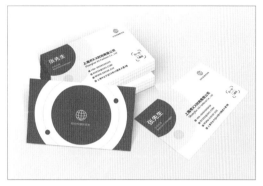

图 3.121 最终效果

3.7 环保科技名片平面设计

设计构思

本例在设计过程中，以漂亮的绿色作为名片的主体色调，通过绘制叠加图形制作出颜色深浅的错位视觉效果，最后输入直观文字信息即可完成名片平面效果的设计，最终效果如图3.122所示。

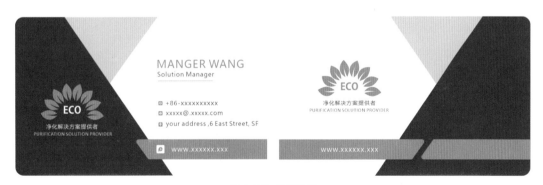

图 3.122 最终效果

源文件	第3章\环保科技名片设计平面效果.cdr
调用素材	第3章\环保科技名片平面设计
难易指数	★★☆☆☆

操作步骤

3.7.1 使用 CorelDRAW 绘制正面图形

步骤01 选择工具箱中的【矩形工具】□，绘制 1 个【宽度】为 90mm，【高度】为 55mm 的矩形，设置【填充】为白色，【轮廓】为无，如图 3.123 所示。

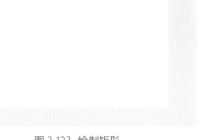

图 3.123 绘制矩形

步骤02 单击工具箱中的【形状工具】ꞏ 按钮，拖动矩形左上角的锚点对矩形进行调整，为其制作圆角效果，如图 3.124 所示。

图 3.124 制作圆角效果

提示： 为了方便观察绘制的矩形大小及边缘情况，可在绘制名片矩形轮廓之前先绘制 1 个稍大的深色矩形作为铺垫。

步骤03 单击工具箱中的【贝塞尔工具】✐ 按钮，绘制 1 个深绿色（R: 38，G: 56，B: 53）图形，如图 3.125 所示。

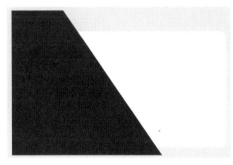

图 3.125 绘制图形

步骤04 选中图像并单击鼠标右键，在弹出的快捷菜单中选择【Power Clip 内部】命令，在其下方图形上单击，将部分图像隐藏，如图 3.126 所示。

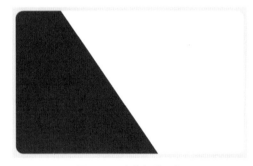

图 3.126 隐藏部分图像

步骤05 单击工具箱中的【贝塞尔工具】✐ 按钮，绘制 1 个绿色（R: 198，G: 215，B: 197）图形，如图 3.127 所示。

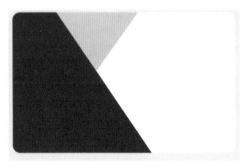

图 3.127 绘制图形

步骤 06 以同样的方法再绘制 1 个绿色（R: 34, G: 150，B: 27）图形，如图 3.128 所示。

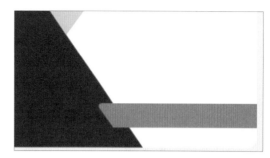

图 3.128　再次绘制图形

3.7.2　使用 CorelDRAW 输入文字信息

步骤 01 单击工具箱中的【文本工具】**字** 按钮，输入文字，如图 3.129 所示。

步骤 02 单击工具箱中的【矩形工具】□，绘制 1 个灰色（R: 179，G: 179，B: 179）细长矩形，如图 3.130 所示。

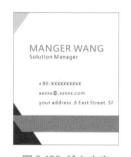

图 3.129　输入文字　　　图 3.130　绘制矩形

步骤 03 单击工具箱中的【矩形工具】□，按住 Ctrl 键绘制 1 个绿色（R: 34，G: 150，B: 27）矩形，如图 3.131 所示。

步骤 04 单击工具箱中的【形状工具】按钮，拖动矩形左上角的锚点对矩形进行调整，为其制作圆角效果，如图 3.132 所示。

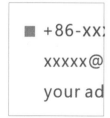
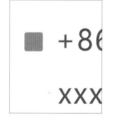

图 3.131　绘制矩形　　图 3.132　制作圆角效果

步骤 05 选中绿色矩形并按住鼠标左键向下方拖动，再按鼠标右键将其复制一份，按 Ctrl+D 组合键再复制一份。

步骤 06 单击工具箱中的【矩形工具】□，按住 Ctrl 键绘制 1 个白色矩形，并以同样的方法为其添加圆角效果，如图 3.133 所示。

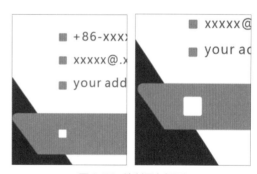

图 3.133　绘制圆角矩形

步骤 07 打开【导入文件】对话框，选择"图标 .cdr"素材，单击【导入】按钮，将素材图像放在适当的位置，如图 3.134 所示。

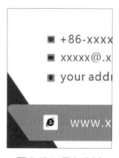

图 3.134　导入素材

步骤 08 同时选中电话图标及其下方绿色图形，单击属性栏中的【移除前面对象】按钮，将不需要的图像部分移除，制作镂空效果，如图 3.135 所示。

步骤 09 以同样的方法为其他几个图标制作镂空效果，如图 3.136 所示。

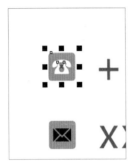

图 3.135 移除前面对象

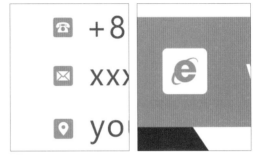

图 3.136 制作镂空效果

步骤 10 单击工具箱中的【文本工具】**字** 按钮，输入文字，如图 3.137 所示。

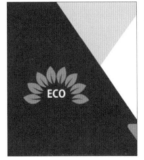
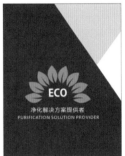

图 3.137 输入文字

3.7.3 使用 CorelDRAW 绘制背面图形

步骤 01 选中名片正面圆角矩形并按住鼠标左键向右侧拖动，再按鼠标右键将其复制一份，然后以同样的方法再绘制两个装饰图形，如图 3.138 所示。

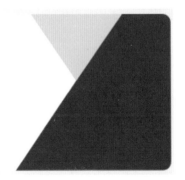

图 3.138 复制图形并绘制装饰图形

步骤 02 单击工具箱中的【贝塞尔工具】 ✏ 按钮，绘制 1 个绿色（R: 34，G: 150，B: 27）图形，如图 3.139 所示。

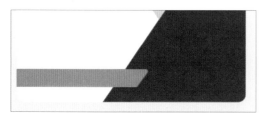

图 3.139　绘制图形

步骤 03 选中深绿色图形并按住鼠标左键向右侧拖动，再按鼠标右键将其复制一份，然后分别单击【水平镜像】 ⯆ 按钮及【垂直镜像】 ⯆ 按钮，并将图形适当移动，如图 3.140 所示。

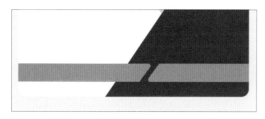

图 3.140　复制变换图形

步骤 04 打开【导入文件】对话框，选择"标志 2.cdr"素材，单击【导入】按钮，将素材图像放在适当的位置，如图 3.141 所示。

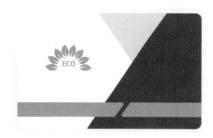

图 3.141　导入素材

步骤 05 单击工具箱中的【文本工具】 字 按钮，输入文字，这样就完成了最终效果的制作，如图 3.142 所示。

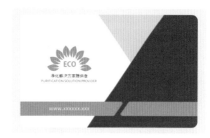

图 3.142　最终效果

3.8　环保科技名片展示设计

设计构思

　　本例讲解环保科技名片展示设计，为了更好地表现立体效果，首先绘制立体背景，再将名片放置在背景中并适当变换，制作出立在墙面的效果，通过阴影的添加，增加立体感。最终效果如图 3.143 所示。

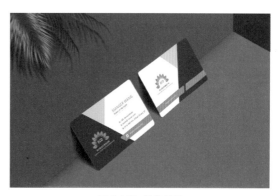

图 3.143　最终效果

源文件	第 3 章 \ 环保科技名片设计展示效果 .psd
调用素材	第 3 章 \ 环保科技名片展示设计
难易指数	★★☆☆☆

操作步骤

3.8.1 使用 Photoshop 制作展示背景

步骤 01 执行菜单栏中的【文件】|【新建】命令，在弹出的对话框中设置【宽度】为 1000 毫米，【高度】为 650 毫米，【分辨率】为 72 像素 / 英寸，新建 1 个空白画布。

步骤 02 选择工具箱中的【钢笔工具】 ，在选项栏中单击【选择工具模式】 路径 按钮，在弹出的选项中选择【形状】，将【填充】更改为绿色（R: 32，G: 87，B: 66），【描边】更改为无，绘制 1 个图形，生成 1 个【形状 1】图层，如图 3.144 所示。

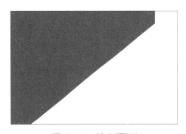

图 3.144 绘制图形

步骤 03 以同样的方法再分别绘制深绿色（R: 0，G: 49，B: 20）和浅绿色（R: 59，G: 112，B: 94）两个图形，制作出立体图形效果，如图 3.145 所示。

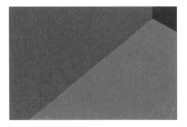

图 3.145 绘制图形

步骤 04 在画布中间位置再绘制 1 个深绿色（R: 3，G: 35，B: 16）图形，生成 1 个【形状 4】图层，如图 3.146 所示。

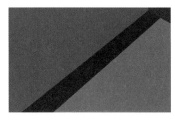

图 3.146 绘制图形

步骤 05 在【图层】面板中选中【形状 4】图层，单击面板底部的【添加图层蒙版】 按钮，为其添加图层蒙版。

步骤 06 选择工具箱中的【渐变工具】 ，编辑黑色到白色的渐变，再单击选项栏中的【线性渐变】 按钮，在画布中拖动，隐藏部分图形颜色，如图 3.147 所示。

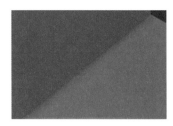

图 3.147 隐藏部分图形颜色

步骤 07 在【图层】面板中，单击面板底部的【创建新图层】 按钮，新建 1 个【图层 1】图层，并将其填充为白色。

步骤 08 选中【图层 1】图层，执行菜单栏中的【滤镜】

|【杂色】|【添加杂色】命令，在弹出的【添加杂色】对话框中，将【数量】更改为1，分别选中【高斯分布】单选按钮及【单色】复选框，完成之后单击【确定】按钮，如图 3.148 所示。

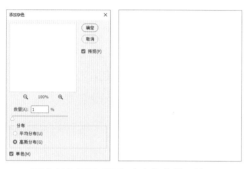

图 3.148 设置【添加杂色】参数及效果

步骤 09 在【图层】面板中选中【图层1】图层，将【图层混合】模式更改为【正片叠底】，如图 3.149 所示。

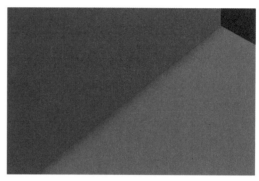

图 3.149 更改图层混合模式

3.8.2 使用 Photoshop 制作名片立体效果

步骤 01 执行菜单栏中的【文件】|【打开】命令，打开"名片正面 .jpg"文件，单击【打开】按钮，将打开的素材拖入画布中并适当缩小，其所在图层名称自动更改为【图层2】，如图 3.150 所示。

步骤 02 选中【图层 2】图层，按 Ctrl+T 组合键对图像执行【自由变换】命令，单击鼠标右键，从弹出的快捷菜单中选择【扭曲】命令，拖动变形框右侧边缘控制点将其斜切变形，完成之后按 Enter 键确认，如图 3.151 所示。

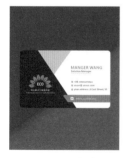

图 3.150 添加素材

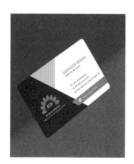

图 3.151 将图像变形

步骤 03 以同样的方法添加名片背面图像，并将其扭曲变形，如图 3.152 所示。最后将其图层分别重命名为【名片正面】和【名片背面】。

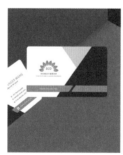
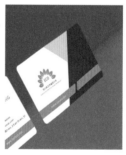

图 3.152 添加名片图像并将其变形

步骤 04 选择工具箱中的【钢笔工具】，在选项栏中单击【选择工具模式】 路径 按钮，在弹出的选项中选择【形状】，将【填充】更改为深绿色（R: 6, G: 13, B: 12），然后在名片正面图像左侧位置绘制 1 个不规则图形，生成 1 个【形状 5】图层，将其移至名片正面图层下方，如图 3.153 所示。

步骤 05 选中【形状 5】图层，执行菜单栏中的【滤镜】|【模糊】|【高斯模糊】命令，在弹出的对话框中单击【转换为智能对象】按钮，在弹出的对话框中将【半径】更改为 1，完成之后单击【确定】按钮，如图 3.154 所示。

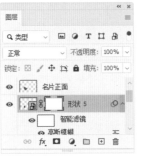

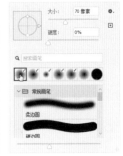

图 3.155 添加图层蒙版　　图 3.156 设置笔触

步骤 08 将前景色更改为黑色，在图像中部分区域进行涂抹，将部分颜色隐藏。

步骤 09 以同样的方法为右侧图像添加阴影效果，如图 3.157 所示。

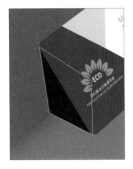

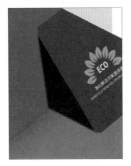

图 3.153 绘制图形　　图 3.154 添加高斯模糊效果

步骤 06 在【图层】面板中选中【形状 5】图层，单击面板底部【添加图层蒙版】 按钮，为其添加图层蒙版，如图 3.155 所示。

步骤 07 选择工具箱中的【画笔工具】，在画布中单击鼠标右键，在弹出的面板中选择 1 种圆角笔触，将【大小】更改为 70 像素，【硬度】更改为 %，如图 3.156 所示。

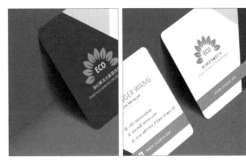

图 3.157 添加阴影效果

3.8.3 使用 Photoshop 制作边缘质感

步骤 01 选择工具箱中的【钢笔工具】，在选项栏中单击【选择工具模式】 路径 按钮，在弹出的选项中选择【形状】，将【填充】更改为无，【描边】更改为白色，【描边宽度】为 1，然后沿名片正面图像边缘绘制线段，生成 1 个【形状 6】图层，如图 3.158 所示。

步骤 02 在【图层】面板中选中【形状 6】图层，将图层混合模式更改为【叠加】，【不透明度】更改为 50%，如图 3.159 所示。

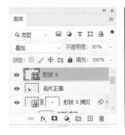

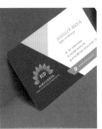

图 3.159 更改图层混合模式

步骤 03 在【图层】面板中选中【形状 6】图层，将其拖至面板底部的【创建新图层】按钮上，新建 1 个【形状 6 拷贝】图层。

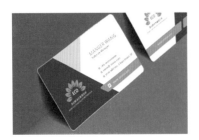

图 3.158 绘制线段

步骤 04 在图像中将其移至名片背面图像相对边缘的位置，为其添加边缘质感效果，如图 3.160 所示。

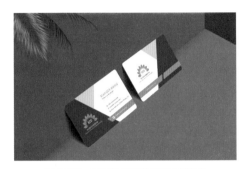

图 3.160　为图像添加边缘质感效果

步骤 05 执行菜单栏中的【文件】|【打开】命令，打开"绿叶 .png"文件，单击【打开】按钮，将打开的素材拖入画布中左上角并适当缩小，如图 3.161 所示。

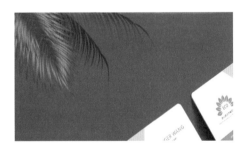

图 3.161　添加素材

步骤 06 在【图层】面板中选中【绿叶】图层，单击面板底部的【添加图层样式】 fx 按钮，在菜单中选择【投影】命令。

步骤 07 在弹出的【图层样式】对话框中，将【混合模式】更改为【正片叠底】，【颜色】更改为黑色，【不透明度】更改为 50%，撤选【使用全局光】复选框，【角度】更改为 45 度，【距离】更改为 40 像素，【大小】更改为 5 像素，完成之后单击【确定】按钮，这样就完成了最终效果的制作，如图 3.162 所示。

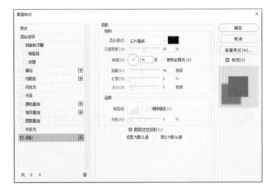

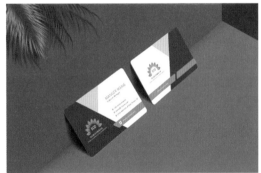

图 3.162　最终效果

3.9　课后习题

3.9.1　习题 1——科技名片平面设计

设计构思

本例在制作过程中，以多种彩色图形为装饰，通过简洁的信息图标与直观的文字相结合，使整个名片呈现出不错的视觉效果，最终效果如图 3.163 所示。

源文件	第 3 章 \ 科技名片平面设计 .cdr
调用素材	第 3 章 \ 科技名片平面设计
难易指数	★ ★ ☆ ☆ ☆

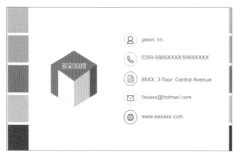
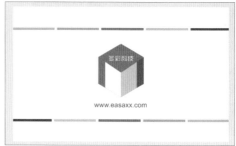

图 3.163 最终效果

3.9.2 习题 2——科技名片展示设计

设计构思

本例在制作过程中，以直观的透视角度，将名片进行叠加，产生一种厚度视觉效果，最终效果如图 3.164 所示。

源文件	第 3 章 \ 科技名片展示设计 .psd
调用素材	第 3 章 \ 科技名片展示设计
难易指数	★ ★ ☆ ☆ ☆

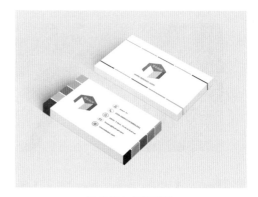

图 3.164 最终效果

3.9.3 习题 3——社交名片平面设计

设计构思

本例中的名片采用竖版的设计形式，以直观的文字信息及二维码图像，完美表现出社交名片的特征，最终效果如图 3.165 所示。

源文件	第 3 章 \ 社交名片平面设计 .cdr
调用素材	第 3 章 \ 社交名片平面设计
难易指数	★ ☆ ☆ ☆ ☆

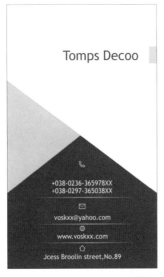
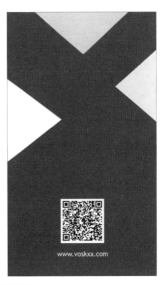

图 3.165　最终效果

3.9.4　习题 4——社交名片展示设计

设计构思

　　由于本例中的名片为竖版，所以在制作过程中要注意名片的透视效果，最终效果如图 3.166 所示。

源文件	第 3 章 \ 社交名片展示设计 .psd
调用素材	第 3 章 \ 社交名片展示设计
难易指数	★ ☆ ☆ ☆ ☆

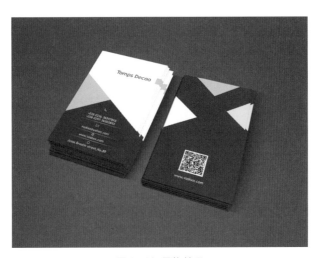

图 3.166　最终效果

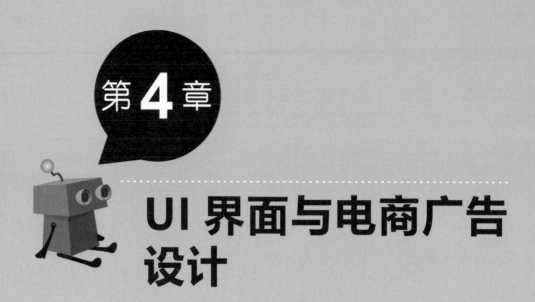

第4章

UI 界面与电商广告设计

本章介绍

　　本章讲解 UI 界面与电商广告设计。出色的 UI 图标与界面设计可以增强人机交互的趣味性，同时也能提升用户的体验感。而电商类广告设计的重点在于如何通过简单明了的商品信息和文字信息来吸引顾客的注意。本章通过列举信息应用图标设计、音乐播放界面设计以及优惠大促直通车设计等实例，向读者展示了科技 UI 图标与界面设计及电商类广告设计的方法。通过学习本章内容，读者可以掌握这些设计方法。

要点索引

　　◎ 学会信息应用图标设计

　　◎ 掌握音乐播放界面设计技巧

　　◎ 学会美妆类 banner 设计

　　◎ 学习优惠大促直通车设计

　　◎ 掌握惊喜礼遇广告图设计

4.1　信息应用图标设计

📖 **设计构思**

　　本例在设计过程中，以漂亮的黄色作为图标主体色调，通过绘制信息对话图形元素并为其添加立体质感效果完成整体图标的设计，在制作过程中需要注意图层样式的细节设置，最终效果如图 4.1 所示。

源文件	第 4 章 \ 信息应用图标设计轮廓效果 .cdr、信息应用图标设计整体效果 .psd
调用素材	第 4 章 \ 信息应用图标设计
难易指数	★ ★ ☆ ☆ ☆

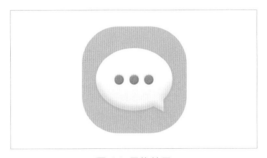

图 4.1　最终效果

📖 **操作步骤**

4.1.1　使用 CorelDRAW 制作图标轮廓

步骤 01 单击工具箱中的【矩形工具】□，按住 Ctrl 键绘制 1 个黄色（R: 253，G: 209，B: 42）矩形，如图 4.2 所示。

步骤 02 单击工具箱中的【形状工具】↖ 按钮，拖动矩形左上角的锚点对矩形进行调整，为其制作圆角效果，如图 4.3 所示。

步骤 03 选中图标，单击工具箱中的【阴影工具】◻ 按钮，在属性栏中单击左上角的 预设... ▾ 按钮，在弹出的选项中选择【小型辉光】，将【阴影不透明度】更改为 50，【阴影羽化】更改为 5，【阴影颜色】更改为白色，效果如图 4.4 所示。

图 4.2　绘制矩形

图 4.3　制作圆角效果

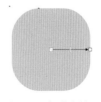

图 4.4　添加发光效果

4.1.2 使用 Photoshop 制作图标质感效果

步骤 01 执行菜单栏中的【文件】|【打开】命令，打开"信息应用图标设计轮廓效果 .png"文件，单击【打开】按钮。

步骤 02 在【图层】面板中选中【图层 1】图层，将其拖至面板底部的【创建新图层】按钮上，复制 1 个【图层 1 拷贝】图层，如图 4.5 所示。

步骤 03 选中【图层 1 拷贝】图层，执行菜单栏中的【图层】|【新建】|【图层背景】命令，并将【背景】图层填充为白色，如图 4.6 所示。然后将圆角矩形适当缩小。

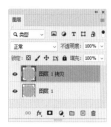

图 4.5 复制图层　　图 4.6 新建图层背景

步骤 04 选择工具箱中的【椭圆工具】，在选项栏中将【填充】更改为白色，【描边】更改为无，然后在图标位置绘制 1 个椭圆图形，生成 1 个【椭圆 1】图层，如图 4.7 所示。

步骤 05 选择工具箱中的【钢笔工具】，在选项栏中单击【选择工具模式】按钮，在弹出的选项中选择【形状】，将【填充】更改为白色，【描边】更改为无；再单击【路径操作】按钮，在弹出的选项中选择【合并形状】，在椭圆右下角的位置绘制 1 个三角形，如图 4.8 所示。

步骤 06 在【图层】面板中选中【椭圆 1】图层，单击面板底部的【添加图层样式】按钮，在菜单中选择【渐变叠加】命令。

图 4.7 绘制椭圆　　　图 4.8 绘制图形

步骤 07 在弹出的【图层样式】对话框中，将【混合模式】更改为【正常】，【渐变】更改为浅黄色（R: 250，G: 247，B: 241）到白色，【缩放】更改为 50%，如图 4.9 所示。

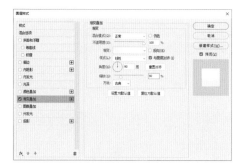

图 4.9 设置【渐变叠加】参数

步骤 08 选中【斜面和浮雕】复选框，将【大小】更改为 35 像素，【软化】更改为 3 像素，撤选【使用全局光】复选框，【角度】更改为 90 度，【高光模式】更改为【正常】，【不透明度】更改为 30%，【阴影模式】更改为【正片叠底】，【颜色】更改为黄色（R: 253，G: 209，B: 42），【不透明度】更改为 50%，如图 4.10 所示。

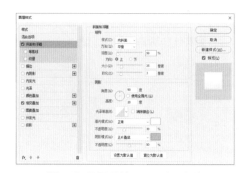

图 4.10 设置【斜面和浮雕】参数

步骤 09 选中【投影】复选框,将【混合模式】更改为【叠加】,【颜色】更改为黑色,【不透明度】更改为 50%,撤选【使用全局光】复选框,【角度】更改为 90 度,【距离】更改为 6 像素,【大小】更改为 20 像素,完成之后单击【确定】按钮,如图 4.11 所示。

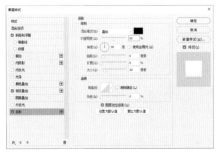

图 4.11 设置【投影】参数及效果

4.1.3 使用 Photoshop 绘制标识图形

步骤 01 选择工具箱中的【椭圆工具】○,在选项栏中将【填充】更改为深黄色(R: 237,G: 154,B: 26),【描边】更改为无,按住 Shift 键绘制 1 个正圆图形,生成 1 个【椭圆 2】图层,如图 4.12 所示。

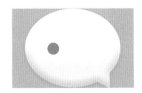

图 4.12 绘制椭圆

步骤 02 在【图层】面板中选中【椭圆 2】图层,单击面板底部的【添加图层样式】fx 按钮,在菜单中选择【斜面和浮雕】命令。

步骤 03 在弹出的【图层样式】对话框中,将【样式】更改为【枕状浮雕】,【深度】更改为 50%,【大小】更改为 20 像素,【软化】更改为 5 像素,撤选【使用全局光】复选框,【角度】更改为 90 度,【不透明度】更改为 30%,【阴影模式】更改为【正片叠底】,【颜色】更改为黄色(R: 253,G: 209,B: 42),【不透明度】更改为 50%,如图 4.13 所示。

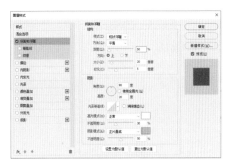

图 4.13 设置【斜面和浮雕】参数

步骤 04 选中【内阴影】复选框,将【混合模式】更改为【叠加】,【颜色】更改为黑色,【不透明度】更改为 50%,撤选【使用全局光】复选框,【角度】更改为 -20 度,【距离】更改为 5 像素,【大小】更改为 8 像素,完成之后单击【确定】按钮,如图 4.14 所示。

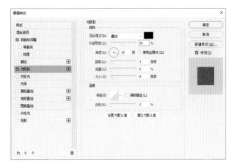

图 4.14 设置【内阴影】参数

步骤 **05** 选中【椭圆 2】图层，在画布中按住 Alt+Shift 组合键向右侧拖动将图形复制两份，这样就完成了最终效果的制作，如图 4.15 所示。

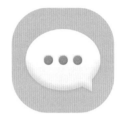

图 4.15　最终效果

4.2　音乐播放界面设计

设计构思

本例中的界面设计以漂亮的播放器控件为主视觉，通过绘制正圆并导入素材图像模拟出光盘图像效果，将简洁的控件与直观文字信息相结合，整体界面视觉效果十分出色，最终效果如图 4.16 所示。

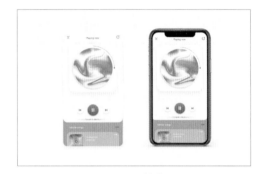

图 4.16　最终效果

源文件	第 4 章 \ 音乐播放界面设计背景效果 .cdr、音乐播放界面设计整体效果 .psd
调用素材	第 4 章 \ 音乐播放界面设计
难易指数	★ ★ ★ ☆ ☆

操作步骤

4.2.1　使用 CorelDRAW 绘制界面背景

步骤 **01** 选择工具箱中的【矩形工具】□，绘制 1 个浅蓝色（R: 139，G: 167，B: 159）矩形，如图 4.17 所示。

步骤 **02** 单击工具箱中的【形状工具】按钮，拖动矩形左上角的锚点对矩形进行调整，为其制作圆角效果，如图 4.18 所示。

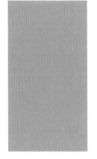
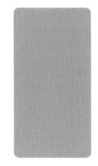

图 4.17　绘制浅蓝色矩形　　图 4.18　制作圆角效果

步骤 03 选中圆角矩形，按 Ctrl+C 组合键复制，按 Ctrl+V 组合键粘贴，然后将粘贴的圆角矩形颜色更改为浅灰色（R: 245，G: 247，B: 250）并向上移动，如图 4.19 所示。

步骤 04 选中圆角矩形并单击鼠标右键，在弹出的快捷菜单中选择【Power Clip 内部】命令，在其下方图形上单击，将部分图像隐藏，如图 4.20 所示。

图 4.19　复制并粘贴图形　　图 4.20　隐藏部分图像

步骤 05 单击工具箱中的【矩形工具】□，绘制 1 个白色矩形，如图 4.21 所示。

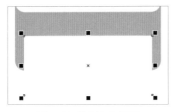

图 4.21　绘制白色矩形

步骤 06 单击工具箱中的【形状工具】按钮，拖动矩形左上角的锚点对矩形进行调整，为其制作圆角效果，如图 4.22 所示。

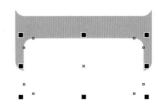

图 4.22　制作圆角效果

步骤 07 选中圆角矩形，单击工具箱中的【透明度工具】按钮，将【合并模式】更改为【柔光】，【透明度】更改为 30%，如图 4.23 所示。

步骤 08 选中圆角矩形并单击鼠标右键，在弹出的快捷菜单中选择【Power Clip 内部】命令，在其下方图形上单击，将部分图像隐藏，如图 4.24 所示。

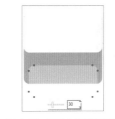
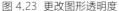
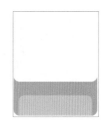

图 4.23　更改图形透明度　　图 4.24　隐藏部分图像

4.2.2　使用 Photoshop 绘制界面图形元素

步骤 01 执行菜单栏中的【文件】|【打开】命令，打开"音乐播放界面设计背景效果 .jpg"文件，单击【打开】按钮。

步骤 02 选择工具箱中的【矩形工具】，在选项栏中将【填充】更改为灰色（R: 232，G: 236，B: 250），【描边】更改为无，然后在背景中按住 Shift 键绘制 1 个矩形，并适当拖动边角控制点，为矩形添加圆角效果，生成 1 个【矩形 1】图层，如图 4.25 所示。

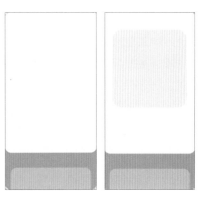

图 4.25　绘制矩形

步骤 03 在【图层】面板中选中【矩形 1】图层，将其拖至面板底部的【创建新图层】⊞按钮上，复制 1 个【矩形 1 拷贝】图层。

步骤 04 选中【矩形 1 拷贝】图层，将其图形【填充】更改为白色并向上稍微移动，如图 4.26 所示。

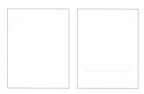

图 4.26 复制图形

步骤 05 选择工具箱中的【椭圆工具】○，在选项栏中将【填充】更改为黑色，【描边】更改为无，然后在圆角矩形位置按住 Shift 键绘制 1 个正圆图形，生成 1 个【椭圆 1】图层，如图 4.27 所示。

图 4.27 绘制椭圆

步骤 06 在【图层】面板中选中【椭圆 1】图层，

将其拖至面板底部的【创建新图层】⊞按钮上，复制 1 个【椭圆 1 拷贝】图层，并将【椭圆 1 拷贝】图层暂时隐藏。

步骤 07 在【图层】面板中选中【椭圆 1】图层，单击面板底部的【添加图层样式】fx 按钮，在菜单中选择【描边】命令。

步骤 08 在弹出的【图层样式】对话框中，将【大小】更改为 30 像素，【位置】更改为【外部】，【填充类型】更改为【渐变】，【渐变】更改为浅绿色（R: 219，G: 228，B: 228）到浅绿色（R: 250，G: 253，B: 254），【角度】更改为 55 度，完成之后单击【确定】按钮，如图 4.28 所示。

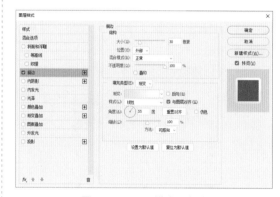

图 4.28 设置【描边】参数

4.2.3 使用 Photoshop 添加界面图像元素

步骤 01 执行菜单栏中的【文件】|【打开】命令，打开"彩色流光 .jpg"文件，单击【打开】按钮，将打开的素材拖入画布中并适当缩小，并移至【椭圆 1 拷贝】图层下方，其所在图层名称自动更改为【图层 2】，如图 4.29 所示。

步骤 02 选中【图层 2】图层，执行菜单栏中的【图层】|【创建剪贴蒙版】命令，为当前图层创建剪贴蒙版，将部分图像隐藏，如图 4.30 所示。

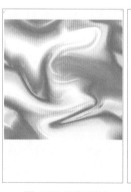 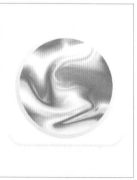

图 4.29 添加素材　　图 4.30 创建剪贴蒙版

步骤 03 选中【椭圆 1 拷贝】图层，在属性栏中将【填充】更改为无，【描边】更改为橙色（R: 229，G: 55，B: 0），【描边宽度】更改为 2，效果如图 4.31 所示。

步骤 04 选择工具箱中的【直接选择工具】▷，选中橙色正圆部分锚点并删除，如图 4.32 所示。

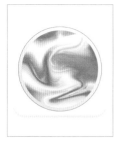
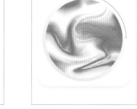

图 4.31 更改填充及描边　　图 4.32 删除锚点

步骤 05 选择工具箱中的【椭圆工具】◯，在选项栏中将【填充】更改为橙色（R: 229，G: 55，B: 0），【描边】更改为无，在线段右下角的位置按住 Shift 键绘制 1 个正圆，如图 4.33 所示。

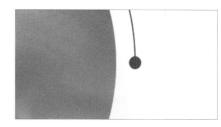

图 4.33 绘制正圆

步骤 06 在【图层】面板中选中【矩形 1】图层，单击面板底部的【添加图层样式】_fx_ 按钮，在菜单中选择【投影】命令。

步骤 07 在弹出的【图层样式】对话框中，将【混合模式】更改为【正常】，【颜色】更改为灰色（R: 212，G: 217，B: 234），【不透明度】更改为 50%，撤选【使用全局光】复选框，【角度】更改为 90 度，【距离】更改为 20 像素，【大小】更改为 60 像素，完成之后单击【确定】按钮，如图 4.34 所示。

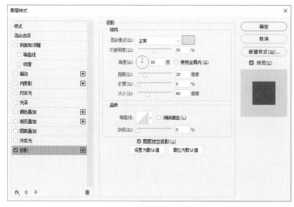
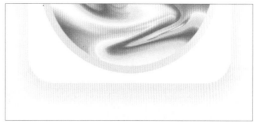

图 4.34 设置【投影】参数及效果

4.2.4 使用 Photoshop 绘制小控件

步骤 01 选择工具箱中的【钢笔工具】✐，在选项栏中单击【选择工具模式】 路径 ▽ 按钮，在弹出的选项中选择【形状】，将【填充】更改为无，【描边】更改为深灰色（R: 80，G: 92，B: 88），【描边宽度】为 5，然后在左上角的位置绘制 1 条折线，如图 4.35 所示。

步骤 02 在折线底部再绘制 1 条稍短的小线段，如图 4.36 所示。

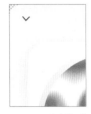

图 4.35 绘制折线

图 4.36 绘制线段

步骤 03 利用绘制正圆及线段的方法，在右侧位置制作 1 个分享按钮，如图 4.37 所示。

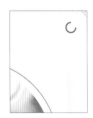

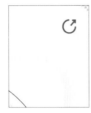

图 4.37 制作分享按钮

步骤 04 选择工具箱中的【椭圆工具】，在选项栏中将【填充】更改为白色，【描边】更改为无，然后在界面靠下方的位置按住 Shift 键绘制 1 个正圆，生成 1 个【椭圆 4】图层，如图 4.38 所示。

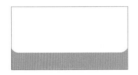

图 4.38 绘制正圆

步骤 05 选中【椭圆 4】图层，在画布中按住 Alt+Shift 组合键向左侧拖动复制图形，生成 1 个【椭圆 4 拷贝】图层，然后按 Ctrl+T 组合键对图像执行【自由变换】命令，再按住 Alt+Shift 组合键将图形等比缩小，完成之后按 Enter 键确认，如图 4.39 所示。

步骤 06 选中【椭圆 4 拷贝】图层，在画布中按住 Alt+Shift 组合键向右侧拖动复制图形，如图 4.40 所示。

图 4.39 复制并缩小图形 　 图 4.40 复制图形

步骤 07 在【图层】面板中选中【椭圆 4】图层，单击面板底部的【添加图层样式】 _fx_ 按钮，在菜单中选择【渐变叠加】命令。

步骤 08 在弹出的【图层样式】对话框中，将【混合模式】更改为【正常】，【渐变】更改为橙色（R: 255，G: 75，B: 0）到橙色（R: 255，G: 138，B: 43），如图 4.41 所示。

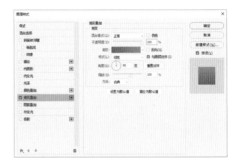

图 4.41 设置【渐变叠加】参数

步骤 09 选中【投影】复选框，将【混合模式】更改为【正常】，【颜色】更改为橙色（R: 255，G: 78，B: 6），【不透明度】更改为 50%，撤选【使用全局光】复选框，【角度】更改为 90 度，【距离】更改为 7 像素，【大小】更改为 20 像素，完成之后单击【确定】按钮，如图 4.42 所示。

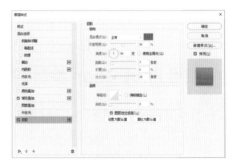

图 4.42 设置【投影】参数

步骤⑩ 在【椭圆 4】图层名称上单击鼠标右键，从弹出的快捷菜单中选择【拷贝图层样式】命令，再在【椭圆 4 拷贝】图层名称上单击鼠标右键，从弹出的快捷菜单中选择【粘贴图层样式】命令。

步骤⑪ 双击【椭圆 4 拷贝】图层样式名称，在弹出的对话框【图层样式】中，撤选【渐变叠加】复选框，选中【投影】复选框，将【不透明度】更改为 15%，撤选【使用全局光】复选框，【角度】更改为 90 度，【距离】更改为 10 像素，【大小】更改为 15 像素，完成之后单击【确定】按钮，如图 4.43 所示。

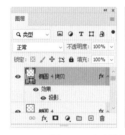

图 4.43　复制并粘贴图层样式

步骤⑫ 在【椭圆 4 拷贝】图层名称上单击鼠标右键，从弹出的快捷菜单中选择【拷贝图层样式】命令，再在【椭圆 4 拷贝 2】图层名称上单击鼠标右键，从弹出的快捷菜单中选择【粘贴图层样式】命令，如图 4.44 所示。

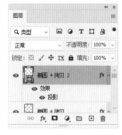

图 4.44　复制并粘贴图层样式

步骤⑬ 选择工具箱中的【矩形工具】，在选项栏中将【填充】更改为白色，【描边】更改为无，然后在正圆位置绘制 1 个小矩形，生成 1 个【矩形 2】图层，如图 4.45 所示。

步骤⑭ 选中【矩形 2】图层，在画布中按住 Alt+Shift 组合键向右侧拖动复制图形，如图 4.46 所示。

图 4.45　绘制矩形　　　图 4.46　复制矩形

步骤⑮ 选择工具箱中的【矩形工具】，在选项栏中将【填充】更改为橙色（R: 255，G: 107，B: 22），【描边】更改为无，然后在左侧正圆的位置绘制 1 个小矩形，生成 1 个【矩形 3】图层，如图 4.47 所示。

步骤⑯ 选择工具箱中的【钢笔工具】，在选项栏中单击【选择工具模式】路径 按钮，在弹出的选项中选择【形状】，将【填充】更改为橙色（R: 255，G: 107，B: 22），【描边】更改为无，然后在小矩形右侧的位置绘制 1 个三角形，生成 1 个【形状 5】图层，如图 4.48 所示。

图 4.47　绘制矩形　　　图 4.48　绘制三角形

步骤⑰ 同时选中【矩形 3】和【形状 5】图层，在画布中按住 Alt+Shift 组合键向右侧拖动复制图形，然后按 Ctrl+T 组合键对图像执行【自由变换】命令，单击鼠标右键，从弹出的快捷菜单中选择【水平翻转】命令，完成之后按 Enter 键确认，如图 4.49 所示。

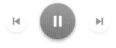

图 4.49　复制并变换图形

4.2.5 使用 Photoshop 为界面添加更多细节

步骤 01 选择工具箱中的【矩形工具】▭，在选项栏中将【填充】更改为黑色，【描边】更改为无，在画布中左下角的位置绘制 1 个矩形，并适当拖动边角控制点，为矩形添加圆角效果，生成 1 个【矩形 4】图层，如图 4.50 所示。

步骤 02 执行菜单栏中的【文件】|【打开】命令，打开"彩光 .jpg"文件，单击【打开】按钮，将打开的素材拖入画布中左下角的位置并等比缩小，其所在图层名称自动更改为【图层 3】，如图 4.51 所示。

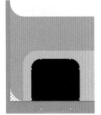
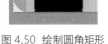
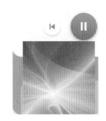

图 4.50 绘制圆角矩形　　图 4.51 添加素材

步骤 03 选中【图层 3】图层，执行菜单栏中的【图层】|【创建剪贴蒙版】命令，为当前图层创建剪贴蒙版，将部分图像隐藏，如图 4.52 所示。

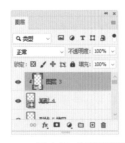

图 4.52 创建剪贴蒙版隐藏部分图像

步骤 04 选择工具箱中的【椭圆工具】◯，在选项栏中将【填充】更改为橙色（R: 255，G: 107，B: 22），【描边】更改为无，然后在左下角的位置按住 Shift 键绘制 1 个正

圆图形，生成一个【椭圆 5】图层，如图 4.53 所示。

步骤 05 在【图层】面板中选中【椭圆 5】图层，将其拖至面板底部的【创建新图层】按钮上，复制 1 个【椭圆 5 拷贝】图层，如图 4.54 所示。

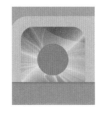
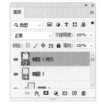

图 4.53 绘制正圆　　图 4.54 复制图层

步骤 06 在【图层】面板中选中【椭圆 5】图层，将图层【不透明度】更改为 30%，并将【椭圆 5 拷贝】图层中的图像适当缩小，如图 4.55 所示。

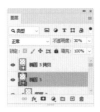
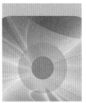

图 4.55 更改图层不透明度

步骤 07 选择工具箱中的【钢笔工具】⌀，在选项栏中单击【选择工具模式】｜路径 ⌄｜按钮，在弹出的选项中选择【形状】，将【填充】更改为白色，【描边】更改为无，绘制 1 个三角形，生成 1 个【形状 6】图层，如图 4.56 所示。

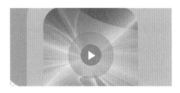

图 4.56 绘制图形

步骤 08 选择工具箱中的【椭圆工具】⬭，在选项栏中将【填充】更改为白色，【描边】更改为无，然后在界面底部图形右上角的位置按住 Shift 键绘制 1 个正圆图形，生成一个【椭圆 6】图层，如图 4.57 所示。

步骤 09 选中【椭圆 6】图层，在画布中按住 Alt+Shift 组合键向左侧拖动复制图形，然后分别更改复制生成的正圆所在图层的不透明度，如图 4.58 所示。

图 4.57 绘制正圆　　图 4.58 复制正圆

步骤 10 选择工具箱中的【矩形工具】▭，在选项栏中将【填充】更改为黑色，【描边】更改为无，然后在界面底部右上角的位置绘制 1 个矩形，并适当拖动边角控制点为矩形添加圆角效果，生成一个【矩形 5】图层，如图 4.59 所示。

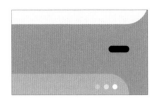

图 4.59 绘制矩形

4.2.6 使用 Photoshop 输入文字信息

步骤 01 选择工具箱中的【横排文字工具】T，在界面中合适的位置输入文字，如图 4.63 所示。

步骤 11 在【图层】面板中选中【矩形 5】图层，将图层混合模式更改为【叠加】，【不透明度】更改为 40%，如图 4.60 所示。

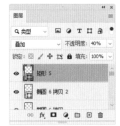 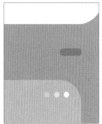

图 4.60 更改图层混合模式和不透明度

步骤 12 选择工具箱中的【直线工具】╱，在选项栏中将【填充】更改为黑色，【描边】更改为无，然后在刚才绘制的播放控制按钮顶部按住 Shift 键绘制 1 条水平线段，生成 1 个【直线 1】图层，如图 4.61 所示。

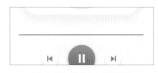

图 4.61 绘制水平线段

步骤 13 在【图层】面板中选中【直线 1】图层，将图层混合模式更改为【叠加】，如图 4.62 所示。

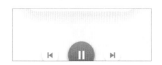

图 4.62 更改图层混合模式

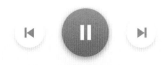

This is a dynamic electronic music

图 4.63 输入文字

步骤02 在【图层】面板中选中【歌词】图层，单击面板底部的【添加图层样式】*fx* 按钮，在菜单中选择【渐变叠加】命令。

步骤03 在弹出的【图层样式】对话框中，将【混合模式】更改为【正常】，【渐变】更改为透明到灰色（R: 80，G: 92，B: 88）再到透明，【角度】更改为 0 度，完成之后单击【确定】按钮，如图 4.64 所示。

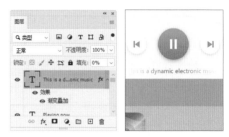

图 4.65 更改图层填充

步骤05 选择工具箱中的【横排文字工具】**T**，在界面中合适的位置再次输入文字，这样就完成了最终效果的制作，如图 4.66 所示。

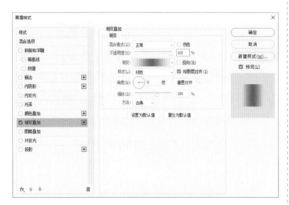

图 4.64 设置【渐变叠加】参数

步骤04 在【图层】面板中选中文字所在的图层，将【填充】更改为 0%，如图 4.65 所示。

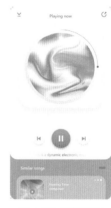

图 4.66 最终效果

4.3 优惠大促直通车设计

设计构思

本例在制作过程中，以漂亮的立体图形为背景，通过制作花纹边框表现出直通车轮廓，再导入素材图像并绘制优惠图形图像元素，然后添加文字信息完成整个直通车的设计，最终效果如图 4.67 所示。

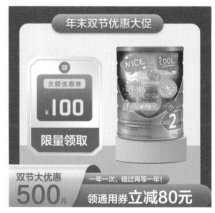

图 4.67 最终效果

源文件	第 4 章 \ 优惠大促直通车设计背景效果 .cdr、优惠大促直通车设计整体效果 .psd
调用素材	第 4 章 \ 优惠大促直通车设计
难易指数	★ ★ ★ ☆ ☆

操作步骤

4.3.1 使用 CorelDRAW 绘制背景图形

步骤 **01** 选择工具箱中的【矩形工具】▢，绘制 1 个矩形，设置【填充】为红色（R: 176，G: 31，B: 28），【轮廓】为无，如图 4.68 所示。

图 4.68　绘制矩形

步骤 **02** 打开【导入文件】对话框，选择"祥云 .png" 素材，单击【导入】按钮，将素材图像放在矩形右侧的位置，如图 4.69 所示。

步骤 **03** 选中祥云图像，单击工具箱中的【透明度工具】▨按钮，在属性栏中将【合并模式】更改为【柔光】，如图 4.70 所示。

图 4.69　导入素材　　　　图 4.70　更改合并模式

步骤 **04** 选中图像并单击鼠标右键，在弹出的快捷菜单中选择【Power Clip 内部】命令，

在其下方图形上单击，将部分图像隐藏，如图 4.71 所示。

步骤 **05** 选中图像并单击鼠标右键，在弹出的快捷菜单中选择【编辑 Power Clip】命令，调整图像位置及大小，完成之后单击左上角的【完成】✓ 完成 按钮，如图 4.72 所示。

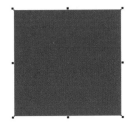 

图 4.71　隐藏部分图像　　　图 4.72　调整图像

步骤 **06** 单击工具箱中的【矩形工具】▢按钮，绘制 1 个矩形，设置【填充】为黄色（R: 253，G: 241，B: 219），【轮廓】为无，如图 4.73 所示。

步骤 **07** 单击工具箱中的【形状工具】✎ 按钮，拖动矩形左上角的锚点对矩形进行调整，为其制作圆角效果，如图 4.74 所示。

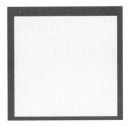 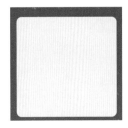

图 4.73　绘制矩形　　　　图 4.74　制作圆角效果

步骤 08 单击工具箱中的【矩形工具】□，绘制 1 个黄色（R: 255，G: 191，B: 128）矩形，如图 4.75 所示。

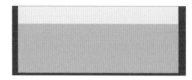

图 4.75 绘制矩形

4.3.2 使用 CorelDRAW 绘制立体图形

步骤 01 单击工具箱中的【椭圆形工具】○ 按钮，绘制 1 个黄色（R: 254，G: 209，B: 168）椭圆，如图 4.76 所示。

步骤 02 选中椭圆并按住鼠标左键向下方拖动，再按鼠标右键将其复制一份，如图 4.77 所示。

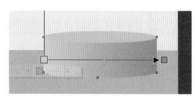

图 4.79 填充线性渐变

步骤 05 单击工具箱中的【贝塞尔工具】↗ 按钮，绘制 1 个黑色图形。选中黑色图形并单击鼠标右键，在弹出的快捷菜单中选择【顺序】|【向后一层】命令，如图 4.80 所示。

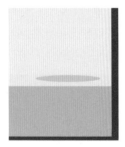 

图 4.76 绘制椭圆　　　图 4.77 复制椭圆

步骤 03 单击工具箱中的【贝塞尔工具】↗ 按钮，在两个椭圆之间位置绘制 1 个白色图形，如图 4.78 所示。

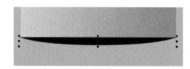

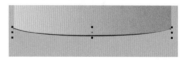

图 4.80 绘制图形并更改顺序

步骤 06 选中图形，执行菜单栏中的【位图】|【转换为位图】命令。

步骤 07 执行菜单栏中的【效果】|【模糊】|【高斯式模糊】命令，在弹出的对话框中将【半径】更改为 2.0 像素，如图 4.81 所示。

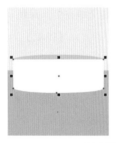 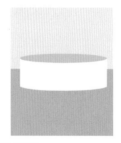

图 4.78 绘制图形

步骤 04 单击工具箱中的【交互式填充工具】◇ 按钮，再单击属性栏中的【渐变填充】▨ 按钮，在图形上拖动，填充黄色（R: 255，G: 220，B: 185）到黄色（R: 249，G: 150，B: 77）的线性渐变，如图 4.79 所示。

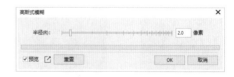

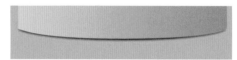

图 4.81 添加高斯式模糊效果

4.3.3　使用 Photoshop 制作主视觉

步骤 01　执行菜单栏中的【文件】|【打开】命令，
打开"优惠大促直通车设计背景效果.jpg、
奶粉.png"文件，单击【打开】按钮，
将打开的奶粉素材拖入画布中并适当缩
小，如图 4.82 所示。

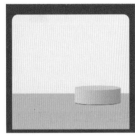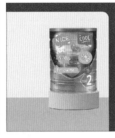

图 4.82　打开及添加素材

步骤 02　选择工具箱中的【钢笔工具】🖋️，在选项
栏中单击【选择工具模式】路径 ⌄ 按钮，
在弹出的选项中选择【形状】，将【填充】
更改为黑色，【描边】更改为无，然后在
奶粉素材图像底部绘制 1 个图形，生成 1
个【形状 1】图层，并将其移至奶粉素材
图像所在图层的下方，如图 4.83 所示。

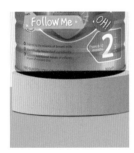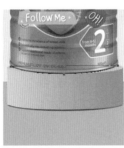

图 4.83　绘制图形

步骤 03　选中【形状 1】图层，执行菜单栏中的【滤
镜】|【模糊】|【高斯模糊】命令，在弹
出的对话框中单击【转换为智能对象】按
钮，在出现的对话框中将【半径】更改为
3 像素，完成之后单击【确定】按钮，如
图 4.84 所示。

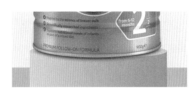

图 4.84　添加高斯模糊效果

步骤 04　选择工具箱中的【矩形工具】▭，在选
项栏中将【填充】更改为红色（R: 244, G:
72, B: 43），【描边】更改为无，然后
在画布靠顶部的位置绘制 1 个矩形并适当
拖动边角控制点，为矩形添加圆角效果，
生成 1 个【矩形 1】图层，如图 4.85 所示。

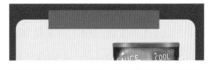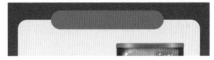

图 4.85　绘制圆角矩形

步骤 05　在【图层】面板中选中【矩形 1】图层，
单击面板底部的【添加图层样式】𝑓𝑥 按钮，
在菜单中选择【渐变叠加】命令。

步骤 06　在弹出的【图层样式】对话框中，将【混
合模式】更改为【叠加】，【渐变】更改
为黑色到白色，如图 4.86 所示。

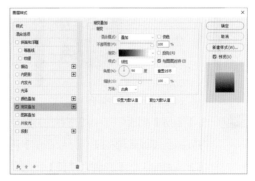

图 4.86　设置【渐变叠加】参数

步骤 07 选中【内阴影】复选框，将【混合模式】更改为【叠加】，【颜色】更改为白色，【不透明度】更改为 50%，撤选【使用全局光】复选框，【角度】更改为 90 度，【距离】更改为 5 像素，【阻塞】更改为 6%【大小】更改为 15 像素，如图 4.87 所示。

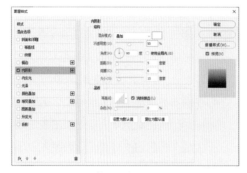

图 4.87 设置【内阴影】参数

步骤 08 选中【投影】复选框，将【混合模式】更改为【正常】，【颜色】更改为红色（R:

175，G：32，B：28），【不透明度】更改为 50%，撤选【使用全局光】复选框，【角度】更改为 90 度，【距离】更改为 3 像素，【大小】更改为 10 像素，完成之后单击【确定】按钮，如图 4.88 所示。

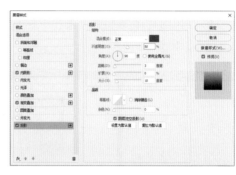

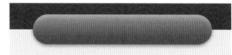

图 4.88 设置【投影】参数及效果

4.3.4 使用 Photoshop 制作主视觉图文

步骤 01 选择工具箱中的【钢笔工具】，在选项栏中单击【选择工具模式】 路径 按钮，在弹出的选项中选择【形状】，将【填充】更改为白色，【描边】更改为无，然后绘制 1 个图形，生成 1 个【形状 2】图层，如图 4.89 所示。

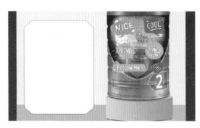

图 4.89 绘制图形

步骤 02 在【图层】面板中选中【形状 2】图层，将其拖至面板底部的【创建新图层】按钮上，复制 1 个【形状 2 拷贝】图层，并将【形状 2 拷贝】图层暂时隐藏。

步骤 03 在【图层】面板中选中【形状 2】图层，单击面板底部的【添加图层样式】按钮，在菜单中选择【渐变叠加】命令。

步骤 04 在弹出的【图层样式】对话框中，将【混合模式】更改为【正常】，【渐变】更改为黄色（R：250，G：211，B：158）到白色再到黄色（R：250，G：211，B：158），【角度】更改为 50 度，如图 4.90 所示。

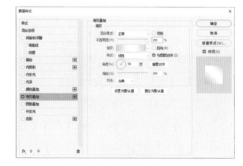

图 4.90 设置渐变叠加

步骤 05 在【图层】面板中选中【形状 2 拷贝】图层，将【填充】更改为无，【描边】更改为白色，【描边宽度】更改为 3，然后按 Ctrl+T 组合键对图形执行【自由变换】命令，并按 Alt+Shift 组合键将图形等比缩小，完成之后按 Enter 键确认，如图 4.91 所示。

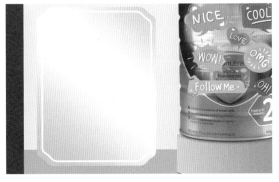

图 4.91 缩小图形

步骤 06 在【形状 2】图层名称上单击鼠标右键，

从弹出的快捷菜单中选择【拷贝图层样式】命令，再在【形状 2 拷贝】图层名称上单击鼠标右键，从弹出的快捷菜单中选择【粘贴图层样式】命令。

步骤 07 双击【形状 2 拷贝】图层样式名称，在弹出的对话框中将【渐变叠加】的【角度】更改为 –50 度，如图 4.92 所示。

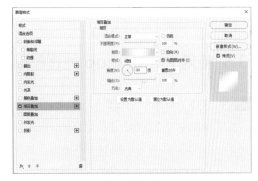

图 4.92 设置【渐变叠加】参数

步骤 08 选中【投影】复选框，将【混合模式】更改为【正常】，【颜色】更改为红色（R: 175，G: 32，B: 28），【不透明度】更改为 50%，撤选【使用全局光】复选框，【角度】更改为 90 度，【距离】更改为 1 像素，【大小】更改为 1 像素，完成之后单击【确定】按钮，如图 4.93 所示。

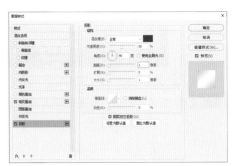 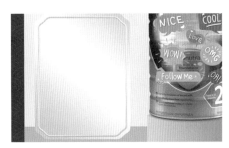

图 4.93 设置【投影】参数

步骤 09 选择工具箱中的【矩形工具】，在选项栏中将【填充】更改为红色（R: 236，G: 14，B: 9），【描边】更改为无，然后在图形底部的位置绘制 1 个矩形，将生成 1 个【矩形 2】图层，在【图层】面板中，将其向下移至【形状 2 拷贝】图层下方，如图 4.94 所示。

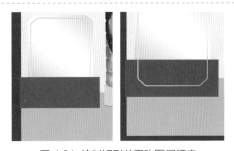

图 4.94 绘制矩形并更改图层顺序

步骤⑩ 在【图层】面板中选中【矩形2】图层，单击面板底部【添加图层蒙版】 ■ 按钮，为其添加图层蒙版。

步骤⑪ 按住 Ctrl 键单击【形状2 拷贝】图层缩览图，将图形载入选区，如图4.95所示。

步骤⑫ 执行菜单栏中【选择】|【反选】命令，将选区填充为黑色，隐藏不需要的图像，完成之后按 Ctrl+D 组合键取消选区，如图4.96所示。

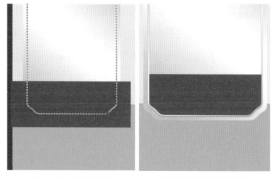

图 4.95 载入选区　　　图 4.96 隐藏图形

4.3.5 使用 Photoshop 处理图形细节

步骤① 选择工具箱中的【矩形工具】 □，在选项栏中将【填充】更改为红色（R: 236，G: 14，B: 9），绘制1个矩形，并适当拖动边角控制点为矩形添加圆角效果，生成一个【矩形3】图层，如图4.97所示。

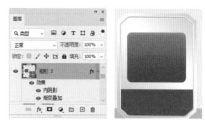

图 4.98 复制并粘贴图层样式

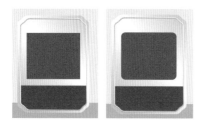

图 4.97 绘制矩形

步骤② 在【矩形1】图层名称上单击鼠标右键，从弹出的快捷菜单中选择【拷贝图层样式】命令，再在【矩形3】图层名称上单击鼠标右键，从弹出的快捷菜单中选择【粘贴图层样式】命令，然后将【矩形3】图层中的投影图层样式删除，如图4.98所示。

步骤③ 选择工具箱中的【矩形工具】 □，在选项栏中将【填充】更改为红色（R: 236，G: 14，B: 9），【描边】更改为无，绘制1个矩形并适当拖动边角控制点，为矩形添加圆角效果，生成一个【矩形4】图层，如图4.99所示。

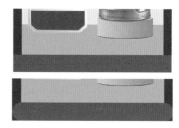

图 4.99 绘制矩形

步骤④ 在【矩形3】图层名称上单击鼠标右键，从弹出的快捷菜单中选择【拷贝图层样式】命令，再在【矩形4】图层名称上单击鼠标右键，从弹出的快捷菜单中选择【粘贴图层样式】命令，如图4.100所示。

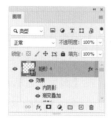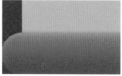

图 4.100 粘贴图层样式

步骤 05 选择工具箱中的【矩形工具】▢，在选项栏中将【填充】更改为红色（R: 245，G: 93，B: 40），【描边】更改为无，绘制 1 个矩形，并适当拖动边角控制点，为矩形添加圆角效果，生成一个【矩形 5】图层，如图 4.101 所示。

步骤 06 在【矩形 5】图层名称上单击鼠标右键，从弹出的快捷菜单中选择【粘贴图层样式】命令，如图 4.102 所示。

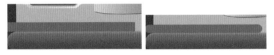

图 4.101　绘制矩形

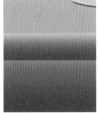

图 4.102　粘贴图层样式

步骤 07 双击【矩形 5】图层样式，在弹出的【图层样式】对话框中选中【内阴影】复选框，将【距离】更改为 2 像素，【大小】更改为 6 像素，完成之后单击【确定】按钮，如图 4.103 所示。

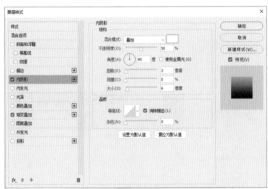

图 4.103　设置【内阴影】参数及效果

步骤 08 选择工具箱中的【钢笔工具】✐，在选项栏中单击【选择工具模式】 路径 ∨ 按钮，在弹出的选项中选择【形状】，将【填充】更改为白色，【描边】更改为无，绘制 1 个图形，生成 1 个【形状 3】图层，如图 4.104 所示。

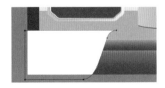

图 4.104　绘制图形

步骤 09 在【图层】面板中选中【形状 3】图层，单击面板底部的【添加图层样式】fx 按钮，在菜单中选择【渐变叠加】命令。

步骤 10 在弹出的【图层样式】对话框中，将【混合模式】更改为【正常】，【渐变】更改为黄色（R: 200，G: 139，B: 85）系渐变，如图 4.105 所示。

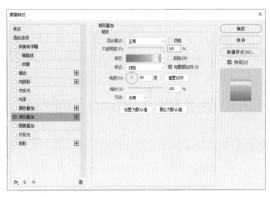

图 4.105　设置【渐变叠加】参数

步骤 **11** 选中【内阴影】复选框，将【混合模式】更改为【叠加】，【颜色】更改为白色，【不透明度】更改为 80%，撤选【使用全局光】复选框，【角度】更改为 90 度，【距离】更改为 10 像素，【大小】更改为 8 像素，如图 4.106 所示。

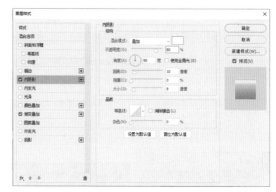

图 4.106 设置【内阴影】参数

步骤 **12** 选中【投影】复选框，将【混合模式】更改为【柔光】，【颜色】更改为黑色，【不透明度】更改为 100%，撤选【使用全局光】复选框，【角度】更改为 90 度，【距离】更改为 10 像素，【大小】更改为 20 像素，完成之后单击【确定】按钮，如图 4.107 所示。

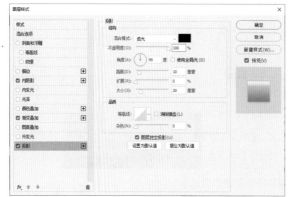

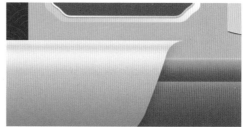

图 4.107 设置【投影】参数及效果

步骤 **13** 选择工具箱中的【钢笔工具】 ，在选项栏中单击【选择工具模式】 路径 按钮，在弹出的选项中选择【形状】，将【填充】更改为深黄色（R: 128，G: 90，B: 35），【描边】更改为无，绘制 1 个图形，生成 1 个【形状 4】图层，如图 4.108 所示。

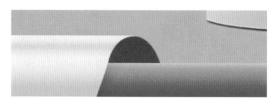

图 4.108 绘制图形

4.3.6 使用 Photoshop 添加细节元素

步骤 **01** 选择工具箱中的【横排文字工具】 ，在图像中输入文字，如图 4.109 所示。

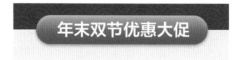

图 4.109 输入文字

步骤 02 在【图层】面板中选中文字所在的图层，单击面板底部的【添加图层样式】*fx* 按钮，在菜单中选择【渐变叠加】命令。

步骤 03 在弹出的【图层样式】对话框中，将【混合模式】更改为【正常】，【渐变】更改为黄色（R: 251，G: 228，B: 145）到白色，如图 4.110 所示。

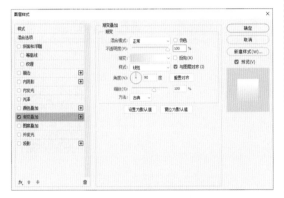

图 4.110　设置【渐变叠加】参数

步骤 04 选中【投影】复选框，将【混合模式】更改为【正常】，【颜色】更改为红色（R: 183，G: 3，B: 0），【不透明度】更改为100%，撤选【使用全局光】复选框，【角度】更改为 90 度，【距离】更改为 3 像素，【大小】更改为 3 像素，完成之后单击【确定】按钮，如图 4.111 所示。

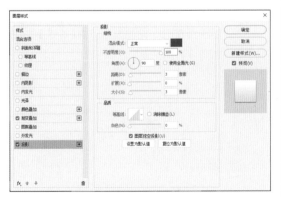

图 4.111　设置【投影】参数

步骤 05 选择工具箱中的【矩形工具】，在选项栏中将【填充】更改为黄色（R: 251，

G: 228，B: 145），【描边】更改为无，在画布中绘制 1 个矩形并适当拖动边角控制点，为矩形添加圆角效果，生成一个【矩形 6】图层，如图 4.112 所示。

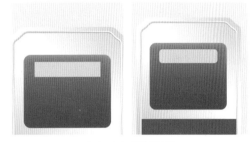

图 4.112　绘制图形

步骤 06 选择工具箱中的【椭圆工具】，在选项栏中将【填充】更改为红色（R: 254，G: 63，B: 93），【描边】更改为无，在刚才绘制的图形顶部的位置按住 Shift 键绘制 1 个正圆图形，生成 1 个【椭圆 1】图层，如图 4.113 所示。

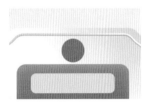

图 4.113　绘制正圆

步骤 07 选择工具箱中的【横排文字工具】*T*，在图像中输入文字，这样就完成了最终效果的制作，如图 4.114 所示。

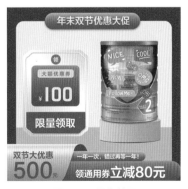

图 4.114　最终效果

4.4 惊喜礼遇广告图设计

设计构思

　　本例在设计过程中，首先打开炫彩背景图像，然后绘制礼盒图像并添加商品素材图像作为广告图背景，最后为广告图添加直观醒目的文字信息即可完成整体的设计，最终效果如图 4.115 所示。

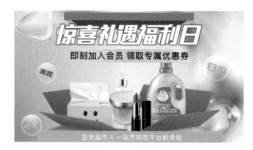

图 4.115 最终效果

源文件	第 4 章 \ 惊喜礼遇广告图设计背景效果 .psd、惊喜礼遇广告图设计整体效果 .cdr
调用素材	第 4 章 \ 惊喜礼遇广告图设计
难易指数	★★★☆☆

操作步骤

4.4.1 使用 Photoshop 绘制礼盒图像

步骤01 执行菜单栏中的【文件】|【打开】命令，打开 "炫彩背景 .jpg" 文件，单击【打开】按钮。

步骤02 选择工具箱中的【钢笔工具】，在选项栏中单击【选择工具模式】 路径 按钮，在弹出的选项中选择【形状】，将【填充】更改为白色，【描边】更改为无，绘制 1 个四边形，生成 1 个【形状 1】图层，如图 4.116 所示。

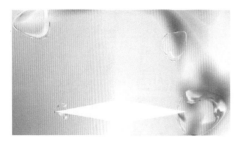

图 4.116 绘制四边形

步骤03 在【图层】面板中选中【形状 1】图层，

单击面板底部的【添加图层样式】 按钮，在菜单中选择【渐变叠加】命令。

步骤04 在弹出的【图层样式】对话框中，将【混合模式】更改为【正常】，【渐变】更改为紫色（R: 161，G: 122，B: 249）到紫色（R: 111，G: 71，B: 245），【角度】更改为 80 度，完成之后单击【确定】按钮，如图 4.117 所示。

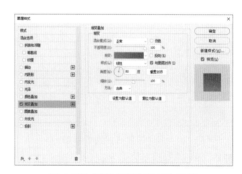

图 4.117 设置【渐变叠加】参数

步骤 05 以同样的方法再绘制数个四边形，使其组合成打开的盒子图像效果，如图 4.118 所示。

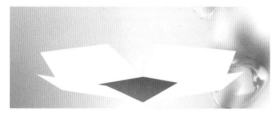

图 4.118　绘制图形

步骤 06 在【形状 1】图层名称上单击鼠标右键，从弹出的快捷菜单中选择【拷贝图层样式】命令，再在【形状 2】图层名称上单击鼠标右键，从弹出的快捷菜单中选择【粘贴图层样式】命令。

步骤 07 以同样的方法分别选中其他几个图形所在的图层，并在其图层名称上单击鼠标右键，从弹出的快捷菜单中选择【粘贴图层样式】命令，效果如图 4.119 所示。

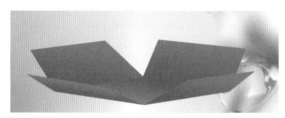

图 4.119　复制并粘贴图层样式

> **技巧**：为了使打开的盒子图像看起来更加真实，可在粘贴图层样式之后再打开【图层样式】对话框对渐变叠加图层样式参数进行调整。

步骤 08 选择工具箱中的【钢笔工具】，在选项栏中单击【选择工具模式】 路径 按钮，在弹出的选项中选择【形状】，将【填充】更改为无，【描边】更改为浅紫色（R: 255，G: 158，B: 255），【描边宽度】为 3，沿刚才绘制的图形边缘绘制线段，制作出厚度效果，如图 4.120 所示。

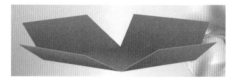

图 4.120　绘制线段

步骤 09 以同样的方法在上方图形边缘的位置再绘制 1 条【描边宽度】为 2 的线段，如图 4.121 所示。

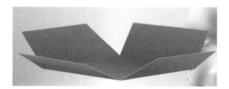

图 4.121　再次绘制线段

4.4.2　使用 Photoshop 添加阴影效果

步骤 01 在图像底部再绘制 1 个深紫色（R: 22，G: 9，B: 65）图形，如图 4.122 所示。

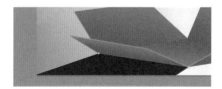

图 4.122　绘制图形

步骤 02 选中【形状 9】图层，执行菜单栏中的【滤镜】|【模糊】|【高斯模糊】命令，在弹

出的对话框中单击【转换为智能对象】按钮，在出现的对话框中将【半径】更改为 2 像素，完成之后单击【确定】按钮，如图 4.123 所示。

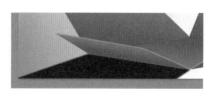

图 4.123　添加高斯模糊效果

步骤 03 在【图层】面板中选中【形状 9】图层，单击面板底部【添加图层蒙版】 ▣ 按钮，为其添加图层蒙版，如图 4.124 所示。

步骤 04 选择工具箱中的【渐变工具】 ▣ ，编辑黑色到白色的渐变，单击选项栏中的【线性渐变】 ▣ 按钮，在画布中拖动，将部分图像颜色隐藏，如图 4.125 所示。

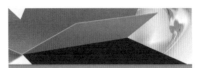

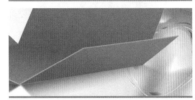

图 4.126 隐藏部分图像颜色

步骤 06 执行菜单栏中的【文件】|【打开】命令，打开"商品 .psd"文件，单击【打开】按钮，将打开的素材拖入画布中并适当缩小，如图 4.127 所示。

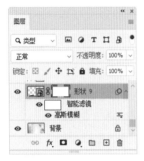

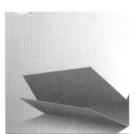

图 4.124 添加蒙版　　图 4.125 隐藏部分图像颜色

步骤 05 以同样的方法在右侧相对的位置再次绘制图形并添加高斯模糊效果，同时隐藏部分图像颜色，效果如图 4.126 所示。

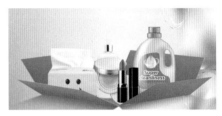

图 4.127 添加素材

提示：在添加素材图像的时候，需要注意素材图像所在的图层顺序。

4.4.3 使用 Photoshop 绘制礼盒盖子

步骤 01 选择工具箱中的【矩形工具】 ▢ ，在选项栏中将【填充】更改为紫色（R: 67，G: 28，B: 167），【描边】更改为无，在画布顶部的位置绘制 1 个矩形，生成 1 个【矩形 1】图层，如图 4.128 所示。

步骤 02 选中【矩形 1】图层，按 Ctrl+T 组合键对图像执行【自由变换】命令，单击鼠标右键，从弹出的快捷菜单中选择【透视】命令，拖动变形框控制点将其透视变形，完成之后按 Enter 键确认，如图 4.129 所示。

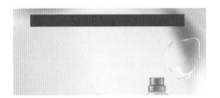

图 4.128 绘制矩形

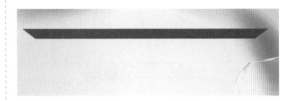

图 4.129 将图形变形

步骤 03 以同样的方法再次绘制矩形并自由变换，制作出一个礼盒盖子的图像，如图 4.130 所示。

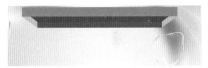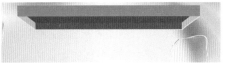

图 4.130 制作礼盒盖子图像

> **提示:** 在绘制图形的过程中,需要随时更改图层顺序,避免图层顺序不对而造成所绘制的图形无法显示立体效果。

4.4.4 使用 Photoshop 制作气泡

步骤01 选择工具箱中的【椭圆工具】,在选项栏中将【填充】更改为白色,【描边】更改为无,在画布中合适的位置按住 Shift 键绘制 1 个正圆图形,生成 1 个【椭圆 1】图层,如图 4.131 所示。

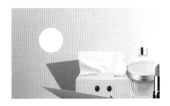

图 4.131 绘制正圆

步骤02 在【图层】面板中选中【椭圆 1】图层,单击面板底部的【添加图层样式】*fx* 按钮,在菜单中选择【内发光】命令。

步骤03 在弹出的【图层样式】对话框中,将【混合模式】更改为【叠加】,【不透明度】更改为 70%,【颜色】更改为紫色(R: 255,G: 216,B: 239),【大小】更改为 20 像素,如图 4.132 所示。

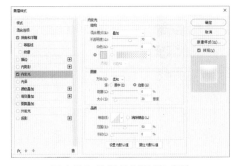

图 4.132 设置【内发光】参数

步骤04 选中【斜面和浮雕】复选框,将【大小】更改为 100 像素,撤选【使用全局光】复选框,【角度】更改为 90 度,【高光模式】下的【不透明度】更改为 100%,【阴影模式】的颜色更改为白色,完成之后单击【确定】按钮,如图 4.133 所示。

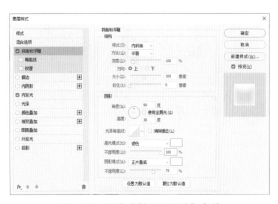

图 4.133 设置【斜面和浮雕】参数

步骤05 在【图层】面板中选中【椭圆 1】图层,将图层【填充】更改为 0%,如图 4.134 所示。

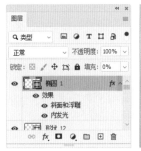

图 4.134 更改图层填充

步骤 06 在【图层】面板中选中【椭圆 1】图层，在图像中按住 Alt 键拖动复制图像，然后按 Ctrl+T 组合键对复制生成的图像执行【自由变换】命令，再按住 Alt+Shift 组合键将图形等比缩小，完成之后按 Enter 键确认，如图 4.135 所示。

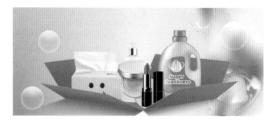

图 4.135 复制图像

4.4.5 使用 CorelDRAW 为广告图添加文字信息

步骤 01 打开【导入文件】对话框，选择"惊喜礼遇广告图设计背景效果 .jpg"素材，单击【导入】按钮，将素材图像放在适当的位置，如图 4.136 所示。

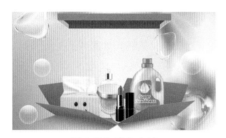

图 4.136 导入素材

步骤 02 单击工具箱中的【矩形工具】 □，绘制 1 个绿色（R: 109，G: 195，B: 58）矩形，如图 4.137 所示。

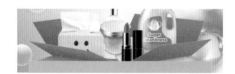

图 4.137 绘制矩形

步骤 03 使用【文本工具】**字** 输入文字，然后双击顶部的文字，将光标移至文字顶部中间控制点向右侧拖动，将其斜切变形，如图 4.138 所示。

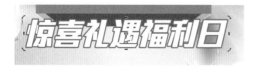

图 4.138 将文字斜切变形

步骤 04 单击工具箱中的【形状工具】 按钮，拖动文字部分锚点，将其适当变形，如图 4.139 所示。

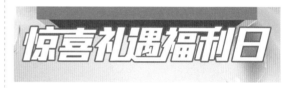

图 4.139 将文字变形

步骤 05 单击工具箱中的【矩形工具】 □ 按钮，绘制 1 个矩形，设置【填充】为绿色（R: 133，G: 238，B: 207），【轮廓】为白色，【轮廓宽度】为 2，如图 4.140 所示。

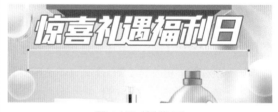

图 4.140 绘制矩形

步骤 06 选中矩形，单击工具箱中的【透明度工具】 按钮，在矩形上拖动，降低矩形左右两端的透明度，如图 4.141 所示。

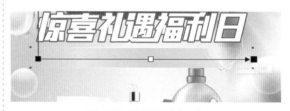

图 4.141 降低矩形透明度

步骤 **07**　单击工具箱中的【文本工具】**字**按钮，输入文字，这样就完成了最终效果的制作，如图 4.142 所示。

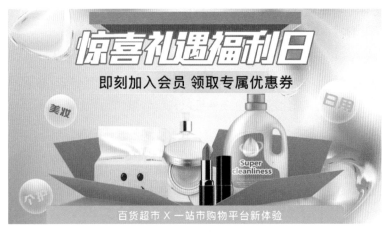

图 4.142　最终效果

4.5　课后习题

4.5.1　习题 1——社交应用图标设计

设计构思

　　本例以漂亮的蓝紫色为图标主色调，首先绘制小心形为图标添加装饰元素，然后绘制大心形制作出图标主要特征图像，最后对图标进行修饰即可完成最终效果的制作，最终效果如图 4.143 所示。

源文件	第 4 章 \ 社交应用图标设计轮廓效果 .cdr、社交应用图标设计整体效果 .psd
调用素材	第 4 章 \ 社交应用图标设计
难易指数	★ ★ ★ ☆ ☆

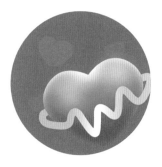

图 4.143　最终效果

4.5.2 习题 2——美妆类 banner 设计

设计构思

　　本例在设计过程中，以漂亮的粉色作为主体色系，通过添加模特素材图像与美妆类产品图像相结合，使整个 banner 具有很强的主题特征，最终效果如图 4.144 所示。

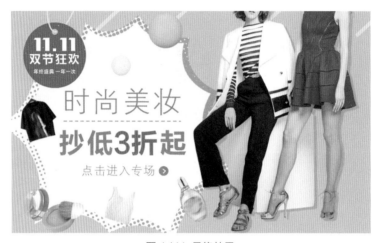

图 4.144　最终效果

源文件	第 4 章 \ 美妆类 banner 设计背景效果 .psd、美妆类 banner 设计整体效果 .cdr
调用素材	第 4 章 \ 美妆类 banner 设计
难易指数	★ ★ ★ ☆ ☆

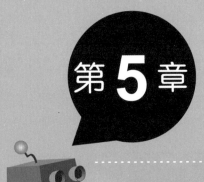

第 5 章

美学系艺术插画设计

本章介绍

　　本章讲解美学系艺术插画设计。在讲解过程中，我们以插画设计思路为基础，通过对精选实例的细致讲解，完整地描述了插画设计的流程。本章列举了中秋节主题插画设计、太空智力探索插画设计等实例，读者可通过实际操作学习这些实例，从而掌握不同风格的艺术插画设计知识。

要点索引

◎ 学会中秋节主题插画设计

◎ 学习太空智力探索插画设计

◎ 掌握开学季主题插画设计技巧

5.1 太空智力探索插画设计

设计构思

　　本例在设计过程中，选取太空图像作为背景，通过添加地球及宇航员元素图像制作出完美的太空主题，最后添加星星元素及文字信息完成最终效果的制作，最终效果如图 5.1 所示。

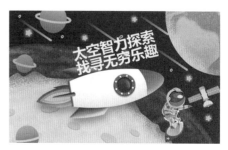

图 5.1 最终效果

源文件	第 5 章 \ 太空智力探索插画设计整体效果 .cdr、太空智力探索插画设计背景效果 .psd
调用素材	第 5 章 \ 太空智力探索插画设计
难易指数	★ ★ ★ ☆ ☆

操作步骤

5.1.1 使用 Photoshop 制作插画背景

步骤 01 执行菜单栏中的【文件】|【新建】命令，在弹出的对话框中设置【宽度】为 1000 像素，【高度】为 620 像素，【分辨率】为 72 像素 / 英寸，新建 1 个空白画布。

步骤 02 在【图层】面板中，单击面板底部的【创建新图层】按钮，新建 1 个【图层 1】图层，并将图层填充白色。

步骤 03 在【图层】面板中选中【图层 1】图层，单击面板底部的【添加图层样式】按钮，在菜单中选择【渐变叠加】命令。

步骤 04 在弹出的【图层样式】对话框中，将【混合模式】更改为【正常】，【渐变】更改为蓝色（R: 5，G: 23，B: 68）到蓝色（R: 17，G: 41，B: 100），【角度】更改为 −30 度，完成之后单击【确定】按钮，如图 5.2 所示。

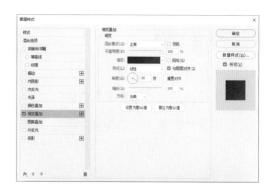

图 5.2 设置【渐变叠加】参数及效果

步骤 05 执行菜单栏中的【文件】|【打开】命令，打开"地球 .psd、地球 2.psd"文件，单击【打开】按钮，将打开的素材拖入画布中并适当缩小，如图 5.3 所示。

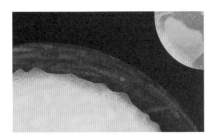

图 5.3　添加素材

步骤 06 选择工具箱中的【钢笔工具】 ，在选项栏中单击【选择工具模式】 路径 按钮，在弹出的选项中选择【形状】，将【填

充】更改为黄色（R: 243，G: 208，B: 98），【描边】更改为无，在地球图像位置绘制 1 个图形，生成 1 个【形状 1】图层，如图 5.4 所示。

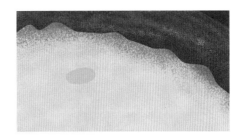

图 5.4　绘制图形

步骤 07 在【图层】面板中选中【形状 1】图层，单击面板底部的【添加图层样式】 按钮，在菜单中选择【投影】命令。

步骤 08 在弹出的【图层样式】对话框中，将【混合模式】更改为【正常】，【颜色】更改为深黄色（R: 232，G: 183，B: 53），【不透明度】更改为 100%，撤选【使用全局光】复选框，【角度】更改为 80 度，【距离】更改为 6 像素，完成之后单击【确定】按钮，如图 5.5 所示。

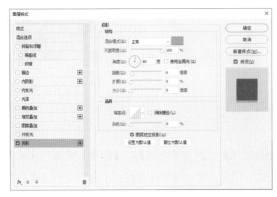
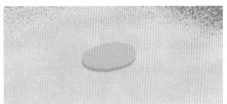

图 5.5　设置【投影】参数及效果

步骤 09 将【形状 1】图层复制一份，生成【形状 1 拷贝】图层。在【形状 1】图层名称上单击鼠标右键，从弹出的快捷菜单中选择【拷贝图层样式】命令，再在【形状 1 拷贝】图层名称上单击鼠标右键，从弹出的快捷菜单中选择【粘贴图层样式】命令，如图 5.6 所示。

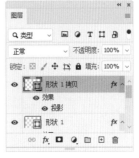

图 5.6　复制图层

步骤 **10** 将复制图层中的图像向左侧稍微移动，按 Ctrl+T 组合键对其执行【自由变换】命令，再按住 Alt+Shift 组合键将图形等比缩小并适当旋转，完成之后按 Enter 键确认，如图 5.7 所示。

步骤 **11** 以同样的方法将图形再复制数份并适当缩放及旋转，如图 5.8 所示。

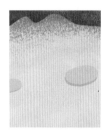

图 5.7 移动并缩小图形

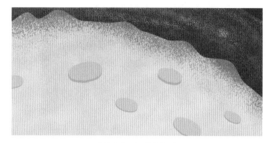

图 5.8 复制图形

5.1.2 使用 Photoshop 处理插画素材

步骤 **01** 执行菜单栏中的【文件】|【打开】命令，打开"火箭 .psd"文件，单击【打开】按钮，将打开的素材拖入画布中位置并适当缩小，如图 5.9 所示。

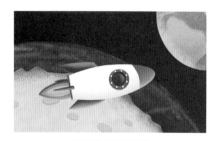

图 5.9 添加素材

步骤 **02** 在【图层】面板中选中【火箭】图层，单击面板底部的【添加图层样式】*fx* 按钮，在菜单中选择【投影】命令。

步骤 **03** 在弹出的【图层样式】对话框中，将【混合模式】更改为【正常】，【颜色】更改为深黄色（R: 114，G: 83，B: 23），【不透明度】更改为 60%，撤选【使用全局光】复选框，【角度】更改为 87 度，【距离】更改为 20 像素，【大小】更改为 35 像素，完成之后单击【确定】按钮，如图 5.10 所示。

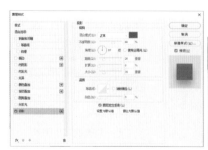
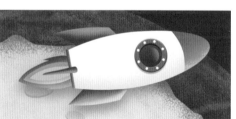

图 5.10 设置【投影】参数及效果

步骤 04 选择工具箱中的【椭圆工具】 ◯，在选项栏中将【填充】更改为白色，【描边】更改为无，在画面中左下角的位置按住 Shift 键绘制一个正圆图形，将生成一个【椭圆 1】图层，如图 5.11 所示。

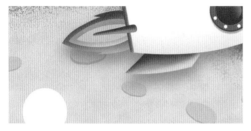

图 5.11　绘制正圆

步骤 05 在【图层】面板中选中【椭圆 1】图层，单击面板底部的【添加图层样式】*fx* 按钮，在菜单中选择【渐变叠加】命令。

步骤 06 在弹出的【图层样式】对话框中，将【混合模式】更改为【正常】，【渐变】更改为蓝色（R: 122，G: 176，B: 225）到蓝色（R: 36，G: 97，B: 153），【角度】更改为 −80 度，如图 5.12 所示。

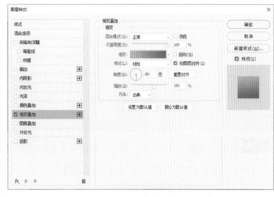

图 5.12　设置【渐变叠加】参数

5.1.3　使用 Photoshop 绘制插画元素

步骤 01 选择工具箱中的【椭圆工具】 ◯，在选项栏中将【填充】更改为无，【描边】更改为蓝色（R: 159，G: 205，B: 249），【描边宽度】为 10，在刚才绘制的正圆位置绘制 1 个椭圆，生成 1 个【椭圆 2】图层，如图 5.13 所示。

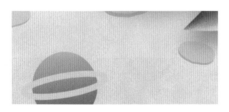

图 5.13　绘制椭圆

步骤 02 在【图层】面板中选中【椭圆 2】图层，单击面板底部的【添加图层蒙版】 ▣ 按钮，为其添加图层蒙版，如图 5.14 所示。

步骤 03 选择工具箱中的【画笔工具】 ✎，在画布中单击鼠标右键，在弹出的面板中选择 1 种圆角笔触，将【大小】更改为 20 像素，

【硬度】更改为 100%，如图 5.15 所示。

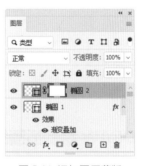

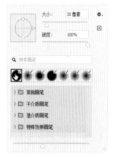

图 5.14　添加图层蒙版　　图 5.15　设置笔触

步骤 04 在蓝色椭圆上部分区域进行涂抹，隐藏部分图形，如图 5.16 所示。

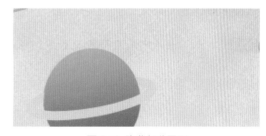

图 5.16　隐藏部分图形

步骤 05 在【图层】面板中同时选中【椭圆1】和【椭圆2】图层，按 Ctrl+G 组合键进行编组，将组名称重命名为【星球】，如图 5.17 所示。

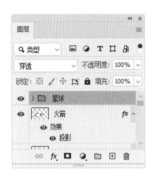

图 5.17 将图层编组

步骤 06 在【图层】面板中选中【星球】组，将其拖至面板底部的【创建新图层】按钮上，复制两个拷贝组，如图 5.18 所示。

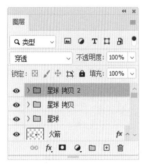

图 5.18 复制组

步骤 07 将复制生成的星球图像移至不同位置并更改其颜色，如图 5.19 所示。

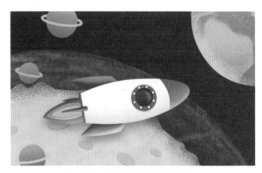

图 5.19 移动图像并更改颜色

步骤 08 执行菜单栏中的【文件】|【打开】命令，打开"卫星 .psd、宇航员 .psd"文件，单击【打开】按钮，将打开的素材拖入画布中适当位置并缩小，如图 5.20 所示。

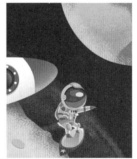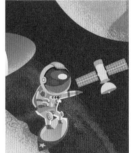

图 5.20 添加素材

5.1.4 使用 CorelDRAW 绘制插画细节元素

步骤 01 打开【导入文件】对话框，选择"太空智力探索插画设计背景效果 .jpg"素材，单击【导入】按钮，将素材图像放在合适的位置。

步骤 02 单击工具箱中的【贝塞尔工具】按钮，绘制 1 个黄色（R: 244，G: 212，B: 105）星形，如图 5.21 所示。

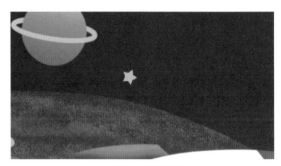

图 5.21 绘制星形

步骤 03 选中星形，单击工具箱中的【阴影工具】按钮，为其添加白色阴影效果，如图 5.22 所示。

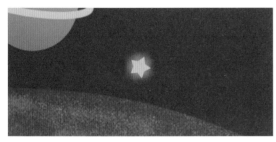

图 5.22 添加白色阴影

步骤 04 选中星形并按住鼠标左键拖动，再按鼠标右键将其复制一份；以同样的方法将星形再复制数份，如图 5.23 所示。

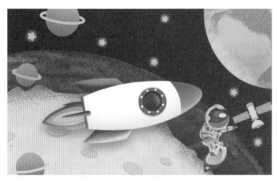

图 5.23 复制星形

步骤 05 单击工具箱中的【贝塞尔工具】按钮，绘制 1 个稍小的图形，设置【填充】为无，【轮廓色】为蓝色（R: 162，G: 205，B: 248），【轮廓宽度】为 4，如图 5.24 所示。

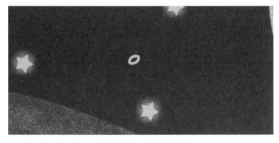

图 5.24 绘制图形

步骤 06 以刚才复制星形的方法将蓝色图形再复制数份，如图 5.25 所示。

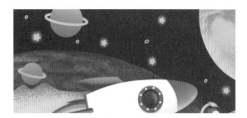

图 5.25 复制图形

步骤 07 单击工具箱中的【贝塞尔工具】按钮，绘制 1 条线段，设置【轮廓色】为蓝色（R: 162，G: 205，B: 248），【轮廓宽度】为 10，单击【线条端头】右侧的【圆形端头】图标，完成之后单击 OK 按钮，如图 5.26 所示。

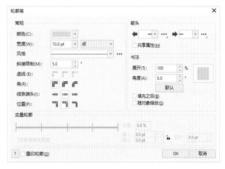

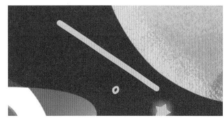

图 5.26 绘制线段

步骤 08 选中线段，单击工具箱中的【透明度工具】按钮，在线段上拖动，降低其透明度，如图 5.27 所示。

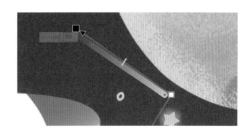

图 5.27 降低线段透明度

步骤 09 选中线段并按住鼠标左键向上方拖动，再按鼠标右键将其复制一份；以同样的方法将线段再复制数份，如图 5.28 所示。

步骤 10 单击工具箱中的【文本工具】字 按钮，输入文字，这样就完成了最终效果的制作，如图 5.29 所示。

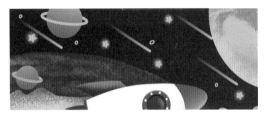

图 5.28 复制线段

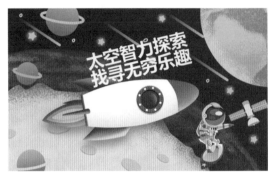

图 5.29 最终效果

5.2 开学季主题插画设计

📖 设计构思

本例在设计过程中，以漂亮的学习用具元素作为主视觉图像，通过蓝色与黄色图形相结合，使整个插画的视觉效果十分醒目，同时可爱装饰元素的添加使插画变得更加活泼、生动，最终效果如图 5.30 所示。

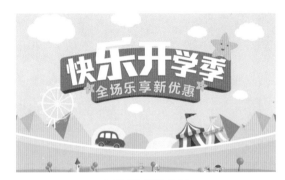

图 5.30 最终效果

源文件	第 5 章 \ 开学季主题插画设计背景效果 .psd、开学季主题插画设计整体效果 .cdr
调用素材	第 5 章 \ 开学季主题插画设计
难易指数	★ ★ ★ ☆ ☆

📖 操作步骤

5.2.1 使用 Photoshop 制作主题背景

步骤 01 执行菜单栏中的【文件】|【新建】命令，在弹出的对话框中设置【宽度】为 1000 像素，【高度】为 600 像素，【分辨率】为 72 像素 / 英寸，新建 1 个空白画布，并将其填充为蓝色（R: 144，G: 223，B: 254）。

步骤 02 选择工具箱中的【钢笔工具】 ，在选项栏中单击【选择工具模式】 路径 按钮，在弹出的选项中选择【形状】，将【填充】更改为黄色（R: 247，G: 217，B: 183），【描边】更改为无，绘制 1 个不规则图形，生成 1 个【形状 1】图层，如图 5.31 所示。

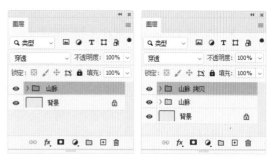

图 5.33 将图层编组　　图 5.34 复制组

步骤 06 选中【山脉 拷贝】图层，按 Ctrl+T 组合键对复制生成的图形执行【自由变换】命令，单击鼠标右键，从弹出的快捷菜单中选择【水平翻转】命令，完成之后按 Enter 键确认，如图 5.35 所示。

图 5.31 绘制图形

步骤 03 以同样的方法再绘制数个颜色不同的图形，如图 5.32 所示。

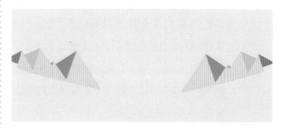

图 5.35 变换图形

步骤 07 选择工具箱中的【椭圆工具】 ，在选项栏中将【填充】更改为蓝色（R: 199，G: 255，B: 250），【描边】更改为无，绘制 1 个椭圆图形；以同样的方法再绘制数个不同大小的椭圆图形，如图 5.36 所示。

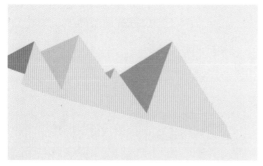

图 5.32 绘制图形

步骤 04 在图【层面】板中，同时选中除【背景】层之外的所有图层，按 Ctrl+G 组合键编组，将组名称重命名为【山脉】，如图 5.33 所示。

步骤 05 在【图层】面板中选中【山脉】组，将其拖至面板底部的【创建新图层】 按钮上，复制 1 个【山脉 拷贝】组，如图 5.34 所示。

图 5.36 绘制椭圆

5.2.2 使用 Photoshop 处理素材图像

步骤01 执行菜单栏中的【文件】|【打开】命令，打开"车和帐篷 .psd"文件，单击【打开】按钮，将打开的车和帐篷素材拖入画布中并适当缩小，如图 5.37 所示。

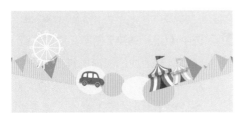

图 5.37 添加素材

步骤02 选择工具箱中的【钢笔工具】 ，在选项栏中单击【选择工具模式】 路径 按钮，在弹出的选项中选择【形状】，将【填充】更改为白色，【描边】更改为无，绘制 1 个白色图形，生成 1 个【形状 6】图层，如图 5.38 所示。

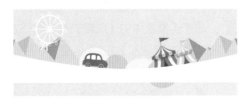

图 5.38 绘制图形

步骤03 选中【形状 6】图层，在画布中按住 Alt+Shift 组合键向下方拖动复制图形，并将复制的图形更改为其他颜色，如图 5.39 所示。

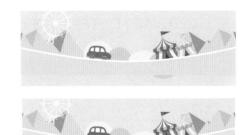

图 5.39 复制图形并更改颜色

> 提示：为复制生成的图形更改颜色时可更改为偏绿的颜色。

步骤04 执行菜单栏中的【文件】|【打开】命令，打开"车和帐篷 .psd、草地 .psd"文件，单击【打开】按钮，将打开的素材分别拖入画布不同位置并适当缩小，如图 5.40 所示。

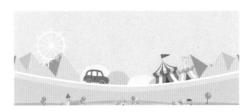

图 5.40 添加素材

5.2.3 使用 CorelDRAW 添加插画元素

步骤01 打开【导入文件】对话框，选择"开学季主题插画设计背景效果 .jpg"素材，单击【导入】按钮，将素材图像放在合适的位置。

步骤02 单击工具箱中的【贝塞尔工具】 按钮，在背景中间的位置绘制 1 个红色（R: 255，G: 94，B: 94）图形，如图 5.41 所示。

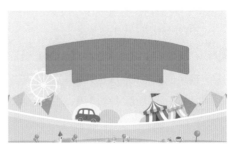

图 5.41 绘制图形

步骤 **03** 以同样的方法再绘制 1 个红色（R: 192，G: 20，B: 58）图形，如图 5.42 所示。

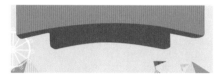

图 5.42 绘制图形

步骤 **04** 选中图形并单击鼠标右键，在弹出的快捷菜单中选择【顺序】|【向后一层】命令，如图 5.43 所示。

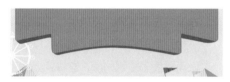

图 5.43 更改顺序

步骤 **05** 单击工具箱中的【文本工具】**字** 按钮，输入文字，如图 5.44 所示。

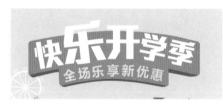

图 5.44 输入文字

步骤 **06** 选中白色文字，单击工具箱中的【阴影工具】按钮，在图像上拖动为其添加阴影效果，然后在选项栏中将【阴影颜色】更改为黑色，【合并模式】更改为叠加，【阴影不透明度】更改为 60%，【阴影羽化】更改为 5%，如图 5.45 所示。

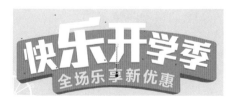

图 5.45 添加阴影效果

步骤 **07** 以同样的方法为黄色文字添加阴影效果，如图 5.46 所示。

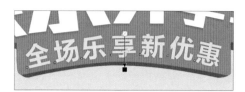

图 5.46 添加阴影效果

步骤 **08** 单击工具箱中的【贝塞尔工具】按钮，绘制 1 个白色云朵图形，如图 5.47 所示。

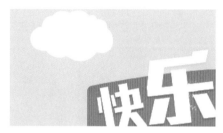

图 5.47 绘制白色云朵图形

步骤 **09** 选中白色云朵图形并按住鼠标左键向右侧拖动，再按鼠标右键将其复制一份；以同样的方法将图形再复制数份，如图 5.48 所示。

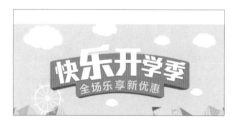

图 5.48 复制图形

步骤 **10** 单击工具箱中的【矩形工具】，在云朵顶部绘制 1 个矩形，如图 5.49 所示。

步骤 **11** 同时选中两个图形，单击属性栏中的【移除前面对象】按钮，将不需要的图像部分移除。

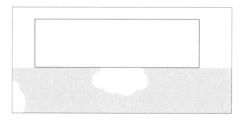

图 5.49 绘制矩形

5.2.4 使用 CorelDRAW 绘制细节图像

步骤 01 单击工具箱中的【贝塞尔工具】按钮，绘制 1 个黄色（R: 255，G: 217，B: 28）星形，如图 5.50 所示。

步骤 02 单击工具箱中的【椭圆形工具】按钮，按住 Ctrl 键绘制 1 个深黄色（R: 204，G: 82，B: 54）正圆，如图 5.51 所示。

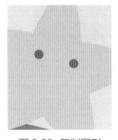 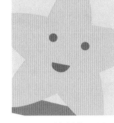

图 5.52 复制图形　　　图 5.53 绘制半圆图形

 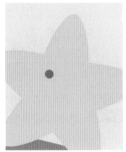

图 5.50 绘制星形　　　图 5.51 绘制正圆

步骤 03 选中正圆并按住鼠标左键向右侧拖动，再按鼠标右键将其复制一份，如图 5.52 所示。

步骤 04 单击工具箱中的【贝塞尔工具】按钮，绘制 1 个深黄色（R: 204，G: 82，B: 54）半圆图形，如图 5.53 所示。

步骤 05 同时选中刚才绘制的几个图形并按住鼠标左键向左侧拖动，再按鼠标右键将其复制一份，同时将图形等比缩小；以同样的方法再将图形复制一份，这样就完成了最终效果的制作，如图 5.54 所示。

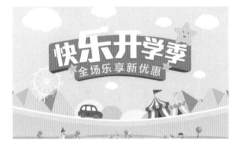

图 5.54 最终效果

5.3　中秋节主题插画设计

设计构思

本例以漂亮的中秋节元素作为插画主视觉，通过添加小兔子素材及绘制月亮图像，完美表现出中秋节浓厚的气氛，最后添加相关艺术文字，最终效果如图 5.55 所示。

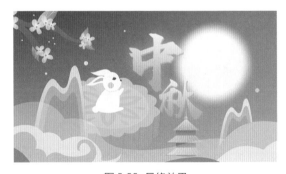

图 5.55 最终效果

源文件	第 5 章 \ 中秋节主题插画设计背景效果 .cdr、中秋节主题插画设计整体效果 .psd
调用素材	第 5 章 \ 中秋节主题插画设计
难易指数	★ ★ ★ ☆ ☆

 操作步骤

5.3.1 使用 CorelDRAW 绘制主题背景

步骤 01 单击工具箱中的【矩形工具】□，绘制 1
个矩形。

步骤 02 单击工具箱中的【交互式填充工具】
按钮，再单击属性栏中的【渐变填充】
按钮，在图形上拖动，填充蓝色（R:
64，G: 57，B: 97）到橙色（R: 232，G:
174，B: 101）的线性渐变，如图 5.56 所示。

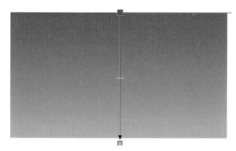

图 5.56　绘制矩形并填充渐变

步骤 03 单击工具箱中的【椭圆形工具】○ 按钮，
按住 Ctrl 键绘制 1 个黄色（R: 254，G:
250，B: 176）正圆，如图 5.57 所示。

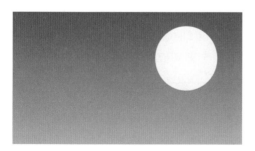

图 5.57　绘制正圆

步骤 04 选中图形，执行菜单栏中的【位图】|【转
换为位图】命令。

步骤 05 执行菜单栏中的【效果】|【模糊】|【高
斯式模糊】命令，在弹出的对话框中将【半
径】更改为 10，效果如图 5.58 所示。

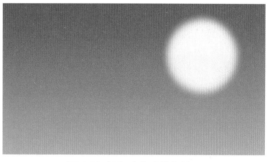

图 5.58　添加高斯式模糊效果

步骤 06 打开【导入文件】对话框，选择“月饼 .png、
小兔子 .png、塔 .png”素材，单击【导
入】按钮，将素材图像放在适当的位置并
稍微缩放，如图 5.59 所示。

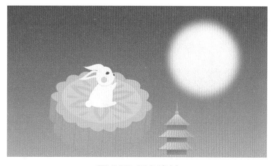

图 5.59　导入素材

技巧： 在导入素材图像时，可将素材图像依次
单个导入，也可同时选中所有素材图像一次性
导入。

5.3.2 使用 CorelDRAW 绘制装饰图形

步骤 01 单击工具箱中的【贝塞尔工具】 按钮，绘制 1 个图形，单击工具箱中的【交互式填充工具】 按钮，再单击属性栏中的【渐变填充】 按钮，在图形上拖动填充黄色（R: 255，G: 234，B: 112）到绿色（R: 132，G: 168，B: 109）的线性渐变，如图 5.60 所示。

步骤 02 选中图形，按 Ctrl+C 组合键复制，按 Ctrl+V 组合键粘贴，然后将粘贴的图形颜色更改为绿色（R: 116，G: 181，B: 114）并等比缩小，如图 5.61 所示。

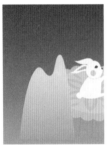 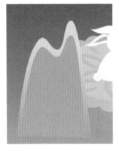

图 5.60 绘制图形并填充渐变　图 5.61 复制并粘贴图形

步骤 03 以同样的方法将图形再复制一份，同时更改颜色并等比缩小，如图 5.62 所示。

步骤 04 同时选中 3 个图形并按住鼠标左键向右侧拖动，再按鼠标右键将其复制一份，然后将复制的图形等比缩小，如图 5.63 所示。

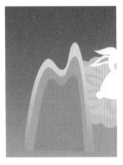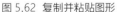 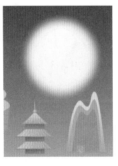

图 5.62 复制并粘贴图形　　图 5.63 复制图形

步骤 05 单击工具箱中的【贝塞尔工具】 按钮，在图像底部的位置绘制 1 个白色图形，如图 5.64 所示。

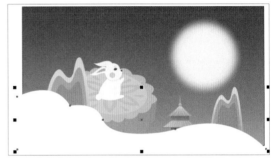

图 5.64 绘制图形

技巧：在绘制图形时，无须沿边缘绘制，可稍微绘制的大一些，使其超出背景图像，在后期可利用【Power Clip 内部】命令将不需要的部分隐藏。

步骤 06 选中图形，单击工具箱中的【透明度工具】 按钮，在属性栏中将【透明度】更改为 70，如图 5.65 所示。

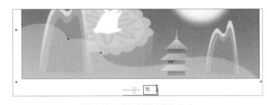

图 5.65 更改图形透明度

步骤 07 单击工具箱中的【贝塞尔工具】 按钮，再绘制数个类似的不同颜色的图形，如图 5.66 所示。

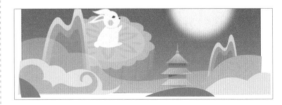

图 5.66 再次绘制图形

步骤 08　单击工具箱中的【矩形工具】□，绘制 1
个与背景图像相同大小的矩形，设置【填
充】为无，【轮廓】为无。选中所有超出
背景的图形，单击鼠标右键，在弹出的快
捷菜单中选择【Power Clip 内部】命令，
在其下方背景上单击，将部分图像隐藏，
如图 5.67 所示。

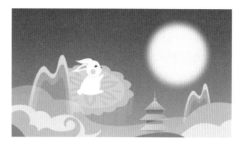

图 5.67　隐藏部分图像

5.3.3　使用 CorelDRAW 添加装饰元素

步骤 01　打开【导入文件】对话框，选择"花朵.cdr"
素材，单击【导入】按钮，将素材图像放
在背景左上角的位置，如图 5.68 所示。

步骤 02　选中花朵素材图像并单击鼠标右键，在弹
出的快捷菜单中选择【Power Clip 内部】
命令，在其下方背景图像上单击，将部分
图像隐藏，如图 5.69 所示。

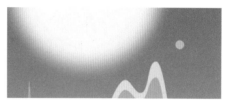

图 5.70　绘制正圆

步骤 04　选中正圆并按住鼠标左键向左侧拖动，再
按鼠标右键将其复制一份，然后将复制的
图形等比缩小，并将其【颜色】更改为黄
色（R: 251，G: 232，B: 181）以同样的
方法将图形再复制数份，如图 5.71 所示。

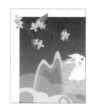
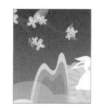

图 5.68　导入素材　　　　图 5.69　隐藏部分图像

步骤 03　单击工具箱中的【椭圆形工具】○ 按钮，
按住 Ctrl 键绘制 1 个黄色（R: 245，G:
205，B: 81）正圆，如图 5.70 所示。

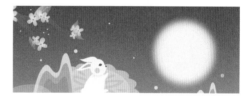

图 5.71　复制图形

5.3.4　使用 Photoshop 制作插画主视觉

步骤 01　执行菜单栏中的【文件】|【打开】命令，
打开"中秋节主题插画设计背景效果.jpg"
文件，单击【打开】按钮。

步骤 02　选择工具箱中的【横排文字工具】**T**，在
图像中输入文字，如图 5.72 所示。

步骤 03　在【图层】面板中选中【中】图层，单击
面板底部的【添加图层样式】*fx* 按钮，
在菜单中选择【渐变叠加】命令。

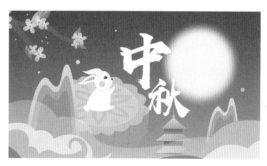

图 5.72　输入文字

步骤 04 在弹出的【图层样式】对话框中，将【混合模式】更改为【正常】，【渐变】更改为橙色（R: 255，G: 156，B: 0）到黄色（R: 255，G: 245，B: 180），如图 5.73 所示。

步骤 05 选中【外发光】复选框，将【混合模式】更改为【正常】，【不透明度】更改为 30%，【颜色】更改为橙色（R: 250，G: 194，B: 60），【大小】更改为 50 像素，如图 5.74 所示。

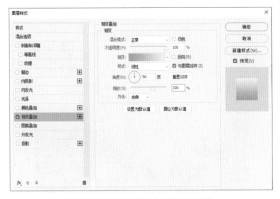

图 5.73 设置【渐变叠加】参数

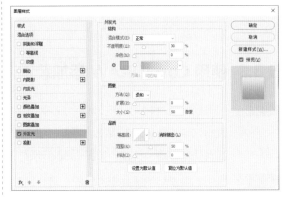

图 5.74 设置【外发光】参数

步骤 06 选中【投影】复选框，将【混合模式】更改为【正常】，【颜色】更改为橙色（R: 246，G: 156，B: 44），【不透明度】更改为 100%，撤选【使用全局光】复选框，【角度】更改为 130 度，【距离】更改为 5 像素，【大小】更改为 0 像素，完成之后单击【确定】按钮，如图 5.75 所示。

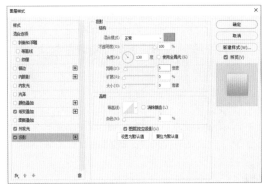
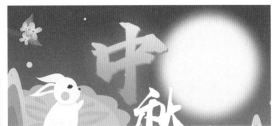

图 5.75 设置【投影】参数及效果

步骤 07 在【中】图层名称上单击鼠标右键，从弹出的快捷菜单中选择【拷贝图层样式】命令，再在【秋】图层名称上单击鼠标右键，从弹出的快捷菜单中选择【粘贴图层样式】命令，如图 5.76 所示。

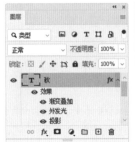
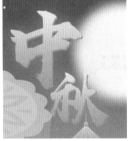

图 5.76 粘贴图层样式

5.3.5　使用 Photoshop 调整插画颜色

步骤 01　在【图层】面板中，单击面板底部的【创建新图层】▣按钮，新建1个【图层1】图层，并将图层填充为白色，图层混合模式更改为【柔光】，如图 5.77 所示。

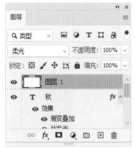 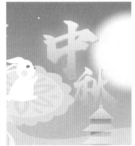

图 5.77　新建图层并更改图层混合模式

步骤 02　在【图层】面板中选中【图层1】图层，单击面板底部【添加图层蒙版】▣ 按钮，为其添加图层蒙版，如图 5.78 所示。

步骤 03　选择工具箱中的【渐变工具】▣，编辑白色到黑色的渐变，如图 5.79 所示。

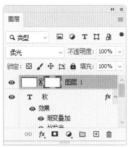 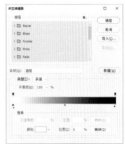

图 5.78　新建图层　　　　　图 5.79　设置渐变

步骤 04　单击选项栏中的【径向渐变】▣按钮，在画布中拖动，将部分颜色隐藏，这样就完成了最终效果的制作，如图 5.80 所示。

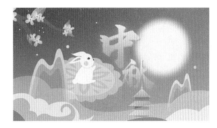

图 5.80　最终效果

5.4　课后习题

5.4.1　习题 1——夏日沙滩插画设计

设计构思

本例以漂亮的夏日沙滩元素为主题，将大海、沙滩、蓝天等元素相结合，同时添加沙滩元素图像完成整个插画的设计，最终效果如图 5.81 所示。

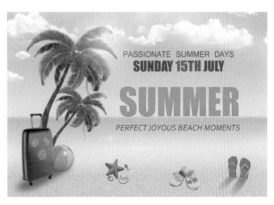

图 5.81　最终效果

源文件	第 5 章 \ 夏日沙滩插画背景设计 .cdr、夏日沙滩插画设计 .psd
调用素材	第 5 章 \ 夏日沙滩插画设计
难易指数	★★★☆☆

5.4.2 习题 2——卡通月色插画设计

设计构思

　　本例在制作过程中，以蓝色作为背景色，通过添加星星、月亮及云朵图像，构成整个插画主体视觉，最终效果如图 5.82 所示。

源文件	第 5 章 \ 卡通月色插画背景设计 .cdr、卡通月色插画设计 .psd
调用素材	第 5 章 \ 卡通月色插画设计
难易指数	★★★☆☆

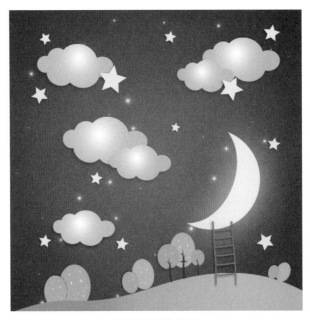

图 5.82　最终效果

5.4.3 习题 3——快乐家园插画设计

设计构思

　　本例在设计过程中，以漂亮的卡通风格为主题，将清新的背景与整个场景相结合，同时主题文字也增强了整个插画的设计感，最终效果如图 5.83 所示。

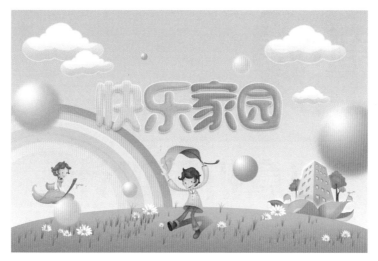

图 5.83　最终效果

源文件	第 5 章 \ 快乐家园插画背景设计 .cdr、快乐家园插画设计 .psd
调用素材	第 5 章 \ 快乐家园插画设计
难易指数	★ ★ ★ ☆ ☆

第 6 章

创意折页设计

本章介绍

本章讲解创意折页设计。折页是指折起来的页面，是一种十分常见的宣传物料。折页主要有垂直交叉折、平行折、混合折等折叠形式，其中平行折是最常见的一种。它可以在有限的页面空间上展示出更多的内容，同时也非常方便阅读。本章主要讲解的是三折页设计，比如化妆品折页、企业文件折页、果饮折页、手机折页、旅行文化折页等。通过学习这些实例，读者可以掌握多种不同风格的折页设计。

要点索引

◎ 学习性感化妆品折页设计

◎ 学会企业文化三折页设计

◎ 掌握夏日果饮折页设计手法

◎ 了解手机折页设计思路

◎ 学习旅行文化折页设计思路

6.1　性感化妆品折页设计

设计构思

本例在设计过程中，采用烈焰红唇作为主题视觉素材，并将其与口红商品图像相结合，使整个折页表现出很强的主题性，同时也完美地突出产品的特点，最终效果如图 6.1 所示。

源文件	第 6 章 \ 性感化妆品折页平面设计 .cdr、性感化妆品折页展示设计 .psd
调用素材	第 6 章 \ 性感化妆品折页设计
难易指数	★ ★ ★ ☆ ☆

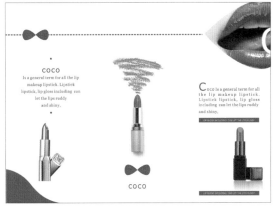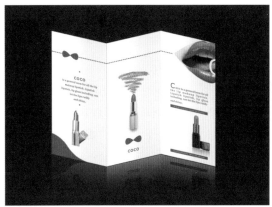

图 6.1　最终效果

操作步骤

6.1.1　使用 CorelDRAW 绘制平面主图形

步骤 01　单击工具箱中的【矩形工具】□按钮，绘制 1 个【宽度】为 285mm，【高度】为 210mm 的矩形，设置【填充】为白色，【轮廓】为无。

步骤 02　先将标尺零点设置在矩形左上角，在左侧标尺位置按住鼠标左键向右侧拖动，创建一条辅助线，在属性栏【对象位置】的 X（水平）文本框中输入 95，如图 6.2 所示。

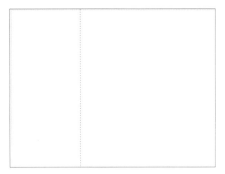

图 6.2　创建辅助线

步骤 03 以同样的方法再次创建一条辅助线，在属性栏【对象位置】的 X（水平）文本框中输入 190，如图 6.3 所示。

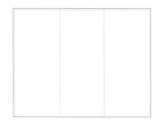

图 6.3 再次创建辅助线

步骤 04 选择工具箱中的【2 点线工具】，绘制 1 条线段，设置【轮廓】为红色（R: 194, G: 29, B: 29），【宽度】为 1，在【轮廓笔】面板中，将【样式】更改为一种虚线，如图 6.4 所示。

步骤 05 选择工具箱中的【贝塞尔工具】，绘制 1 个不规则图形，设置【填充】为红色（R: 194，G: 29，B: 29），【轮廓】为无，如图 6.5 所示。

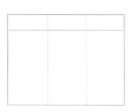 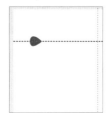

图 6.4 绘制线段　　　　图 6.5 绘制图形

步骤 06 选中图形并按住鼠标左键向右侧移动，再按下鼠标右键将其复制，单击属性栏中的【水平镜像】按钮，将其水平镜像，如图 6.6 所示。

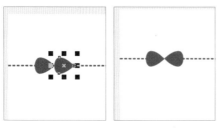

图 6.6 复制图形

步骤 07 选中右侧刚镜像的图形并按住鼠标左键，向右侧移动同时按下鼠标右键将其复制，然后将复制的图形等比放大，如图 6.7 所示。

步骤 08 执行菜单栏中的【文件】|【导入】命令，选择"红唇 .jpg"文件，单击【导入】按钮，在页面中单击导入素材，如图 6.8 所示。

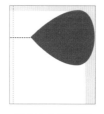 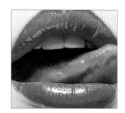

图 6.7 复制图形　　　　图 6.8 导入素材

步骤 09 选中图像，执行菜单栏中的【对象】|【PowerClip】|【置于图文框内部】命令，将图形放置到红色图形内部。

步骤 10 同时选中图像及图形，执行菜单栏中的【对象】|【PowerClip】|【置于图文框内部】命令，将图形放置到红色图形内部，如图 6.9 所示。

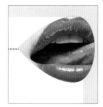 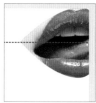

图 6.9 置于图文框内部

步骤 11 选择工具箱中的【形状工具】，拖动红色虚线，缩短其长度，如图 6.10 所示。

步骤 12 选择工具箱中的【文本工具】，添加文字，如图 6.11 所示。

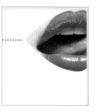 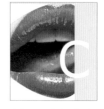

图 6.10 缩短长度　　　　图 6.11 添加文字

步骤 **13**　选中字母，执行菜单栏中的【对象】|
【PowerClip】|【置于图文框内部】命令，
将图形放置到下方图形内部，如图 6.12 所示。

步骤 **14**　选择工具箱中的【文本工具】**字**，在折页
左上角的位置添加文字，如图 6.13 所示。

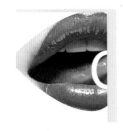 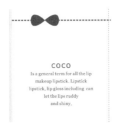

图 6.12　置于图文框内部　　　图 6.13　添加文字

步骤 **15**　选择工具箱中的【椭圆形工具】○，按
住 Ctrl 键绘制 1 个正圆，设置【填充】
为红色（R：194，G：29，B：29），【轮
廓】为无，如图 6.14 所示。

步骤 **16**　选中正圆并按住鼠标左键向下方移动，再
按下鼠标右键将其复制，如图 6.15 所示。

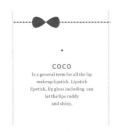 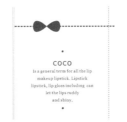

图 6.14　绘制正圆　　　　　图 6.15　复制图形

步骤 **17**　执行菜单栏中的【文件】|【导入】命令，
选择"口红 .png"文件，单击【导入】

按钮，在页面中文字下方单击导入素材，
如图 6.16 所示。

步骤 **18**　选择工具箱中的【贝塞尔工具】✎，在图
形左下角的位置绘制 1 个不规则图形，设
置【填充】为红色（R：194，G：29，B：
29），【轮廓】为无，如图 6.17 所示。

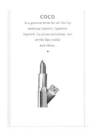 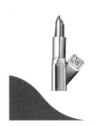

图 6.16　导入素材　　　　　图 6.17　绘制图形

步骤 **19**　执行菜单栏中的【文件】|【导入】命令，
选择"口红 2.png"文件，单击【导入】
按钮，在页面中间位置单击导入素材，如
图 6.18 所示。

步骤 **20**　同时选中左上角两个红色图形并按住鼠标
左键，向右下角移动至口红 2 图像下方，
再按下鼠标右键将其复制，如图 6.19 所示。

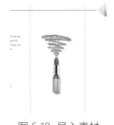 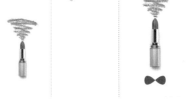

图 6.18　导入素材　　　　　图 6.19　复制图形

6.1.2　使用 CorelDRAW 添加细节信息

步骤 **01**　选择工具箱中的【文本工具】**字**，添加
文字，如图 6.20 所示。

步骤 **02**　执行菜单栏中的【文件】|【导入】命令，
选择"口红 3.png"文件，单击【导入】
按钮，在页面右下角的位置单击导入素
材，如图 6.21 所示。

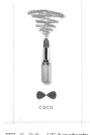 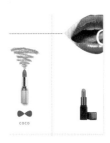

图 6.20　添加文字　　　　　图 6.21　导入素材

步骤 03 选中右下角口红图像并按住鼠标左键向下方移动，再按下右键将其复制，单击属性栏中的【垂直镜像】 按钮，将图像垂直镜像，如图 6.22 所示。

步骤 04 选中下方的图像，选择工具箱中的【透明度工具】，在图像上拖动降低透明度，如图 6.23 所示。

步骤 05 执行菜单栏中的【对象】|【PowerClip】|【置于图文框内部】命令，将图形放置到矩形内部。

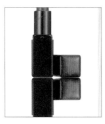

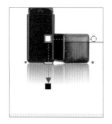

图 6.22 复制图像　　　图 6.23 降低透明度

步骤 06 选择工具箱中的【文本工具】字，在右下角素材图像上方添加文字。

步骤 07 选择工具箱中的【矩形工具】□，在刚才添加文字的下方绘制 1 个矩形，设置【填充】为红色（R: 194，G: 29，B: 29），【轮廓】为无，如图 6.24 所示。

步骤 08 选中矩形并按住鼠标左键向下方移动，再按下鼠标右键将其复制，如图 6.25 所示。

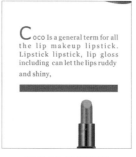
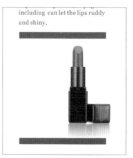

图 6.24 绘制矩形　　　图 6.25 复制图形

步骤 09 选择工具箱中的【文本工具】字，添加文字，如图 6.26 所示。

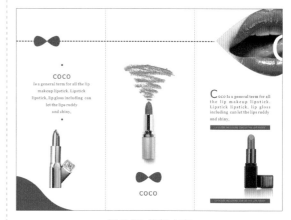

图 6.26 添加文字

步骤 10 选择工具箱中的【2 点线工具】，在折页的参考线底部位置绘制 1 条线段，设置【轮廓】为黑色，【宽度】为 0.5，如图 6.27 所示。

步骤 11 选中线段并按住鼠标左键向右侧移动，再按下鼠标右键将其复制，如图 6.28 所示。

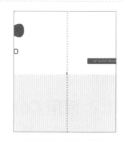

图 6.27 绘制线段　　　图 6.28 复制线段

6.1.3 使用 Photoshop 制作折页展示轮廓

步骤 01 执行菜单栏中的【文件】|【新建】命令，在弹出的对话框中设置【宽度】为 120 毫米，【高度】为 88 毫米，【分辨率】为 300 像素 / 英寸，新建 1 个空白画布，并将画布填充为深红色（R: 44，G: 3，B: 17）。

步骤 02 执行菜单栏中的【文件】|【打开】命令，选择"性感化妆品折页平面.jpg"文件，单击【打开】按钮，将打开的素材拖入画布中并适当缩小，并更改图层名称为【图层1】，如图 6.29 所示。

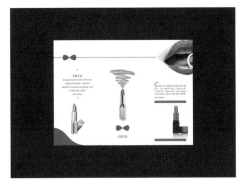

图 6.29 添加素材

步骤 03 选择工具箱中的【矩形选框工具】[_]，在图像左侧区域绘制 1 个矩形选区，以选中左侧图像，如图 6.30 所示。

步骤 04 执行菜单栏中的【图层】|【新建】|【通过剪切的图层】命令，将生成的图层名称更改为【左侧】，如图 6.31 所示。

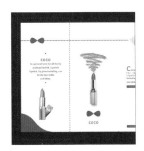 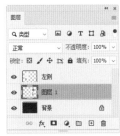

图 6.30 绘制选区　　图 6.31 通过剪切的图层

提示：在绘制选区时，需要注意参照图像底部标记图像进行绘制。

步骤 05 以同样的方法在图像右侧位置绘制选区，并执行菜单栏中的【图层】|【新建】|【通过剪切的图层】命令，将生成的图层名称更改为【右侧】，再将【图层 1】图层名称更改为【中间】，如图 6.32 所示。

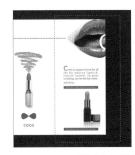 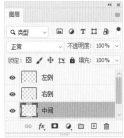

图 6.32 通过剪切的图层

步骤 06 选择工具箱中的【矩形选框工具】[_]，在图像底部绘制 1 个矩形选区，以选中不需要的标记图像，如图 6.33 所示。

步骤 07 在【图层】面板中，同时选中除【背景】层之外的 3 个图层，单击面板上方的【锁定透明像素】图 按钮，将透明像素锁定，如图 6.34 所示。

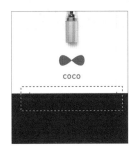 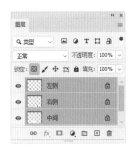

图 6.33 绘制选区　　图 6.34 锁定透明像素

步骤 08 将画布中的选区图像分别填充为白色，完成之后按 Ctrl+D 组合键取消选区，如图 6.35 所示。

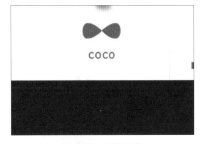

图 6.35 填充颜色

提示：在填充颜色时，每次只能选择其中 1 个图层进行填充，而锁定透明像素时可以同时选中图层进行锁定。

6.1.4 使用 Photoshop 制作折页立体视觉效果

步骤 01 选中【左侧】图层，按 Ctrl+T 组合键对图像执行【自由变换】命令，单击鼠标右键，从弹出的快捷菜单中选择【斜切】命令，拖动变形框控制点将图像变形，完成之后按 Enter 键确认。

步骤 02 以同样的方法分别选中其他两个图层，在画布中将图像变形，如图 6.36 所示。

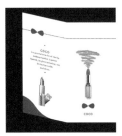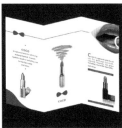

图 6.36 将图像变形

步骤 03 在【图层】面板中选中【左侧】图层，将其拖至面板底部的【创建新图层】🗐按钮上，复制 1 个【左侧 拷贝】图层。

步骤 04 选中【左侧】图层，按 Ctrl+T 组合键对图像执行【自由变换】命令，单击鼠标右键，从弹出的快捷菜单中选择【垂直翻转】命令，将图像向下垂直移动，如图 6.37 所示。

步骤 05 在变形框上单击鼠标右键，从弹出的快捷菜单中选择【斜切】命令，拖动变形框控制点将图像变形，完成之后按 Enter 键确认，如图 6.38 所示。

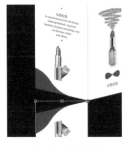

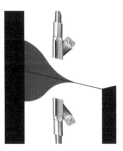

图 6.37 翻转图像　　　图 6.38 将图像变形

步骤 06 在【图层】面板中选中【左侧】图层，单击面板底部的【添加图层蒙版】◘ 按钮，为其添加图层蒙版。

步骤 07 选择工具箱中的【渐变工具】▦，编辑黑色到白色的渐变，单击选项栏中的【线性渐变】▦ 按钮，在图像上拖动，将部分图像隐藏以制作倒影效果，如图 6.39 所示。

步骤 08 以同样的方法分别将其他两个图层复制，并将原图层中的图像变形后添加图层蒙版制作倒影效果，如图 6.40 所示。

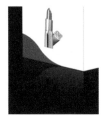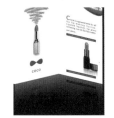

图 6.39 隐藏图像　　　图 6.40 制作倒影效果

步骤 09 在【图层】面板中选中【左侧 拷贝】图层，单击面板底部的【添加图层样式】ƒx 按钮，在菜单中选择【渐变叠加】命令。

步骤 10 在弹出的【图层样式】对话框中，将【混合模式】更改为【正片叠底】，【不透明度】更改为 5%，【渐变】更改为白色到黑色，【角度】更改为 0 度，【缩放】更改为 50%，完成之后单击【确定】按钮，如图 6.41 所示。

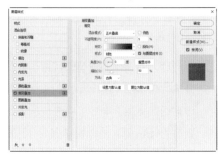

图 6.41 设置【渐变叠加】参数

步骤 ⑪ 在【左侧 拷贝】图层名称上单击鼠标右键，从弹出的快捷菜单中选择【拷贝图层样式】命令，同时选中【右侧 拷贝】和【中间 拷贝】图层并单击鼠标右键，从弹出的快捷菜单中选择【粘贴图层样式】命令，如图 6.42 所示。

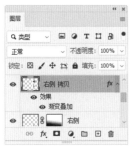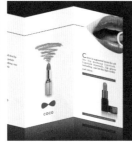

图 6.42　粘贴图层样式

步骤 ⑫ 选择工具箱中的【钢笔工具】，在选项栏中单击【选择工具模式】 路径 按钮，在弹出的选项中选择【形状】，将【填充】更改为黑色，【描边】更改为无，然后在图像右侧位置绘制 1 个不规则图形，生成一个【形状 1】图层，将【形状 1】移至【背景】图层上方，如图 6.43 所示。

步骤 ⑬ 执行菜单栏中的【滤镜】|【模糊】|【高斯模糊】命令，在弹出的对话框中单击【栅格化】按钮。

步骤 ⑭ 在弹出的对话框中将【半径】更改为 3 像素，如图 6.44 所示。

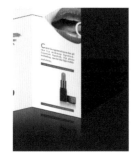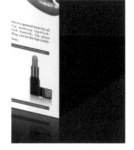

图 6.43　绘制图形　　图 6.44　添加高斯模糊效果

步骤 ⑮ 在【图层】面板中选中【形状 1】图层，

单击面板底部的【添加图层蒙版】按钮，为其添加图层蒙版，如图 6.45 所示。

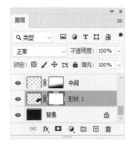

图 6.45　添加图层蒙版

步骤 ⑯ 选择工具箱中的【画笔工具】，在画布中单击鼠标右键，在弹出的面板中选择 1 种圆角笔触，将【大小】更改为 200 像素，【硬度】更改为 0%，如图 6.46 所示。

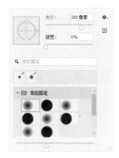

图 6.46　设置笔触

步骤 ⑰ 将前景色更改为黑色，在图像上部分区域进行涂抹将其隐藏，制作出投影效果，这样就完成了最终效果的制作，如图 6.47 所示。

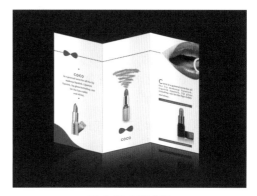

图 6.47　最终效果

6.2 企业文化三折页设计

设计构思

　　本例在设计过程中，采用三折页形式，通过三折页将想要表现的图文信息进行分区处理，以不规则图形完美突出素材图像，同时图标及文字的合理组合，令整个折页的设计感更强，最终效果如图 6.48 所示。

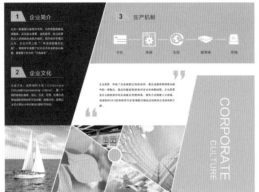
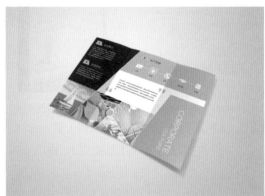

图 6.48　最终效果

源文件	第 6 章 \ 企业文化三折页平面设计 .cdr、企业文化三折页展示设计 .psd
调用素材	第 6 章 \ 企业文化三折页设计
难易指数	★ ★ ★ ☆ ☆

操作步骤

6.2.1 使用 CorelDRAW 绘制平面主题图像

步骤 01　单击工具箱中的【矩形工具】□按钮，绘制 1 个【宽度】为 285 像素，【高度】为 210 像素的矩形，设置【填充】为白色，【轮廓】为无。

步骤 02　先将标尺零点设置在矩形左上角，在左侧标尺位置按住鼠标左键向右侧拖动，创建一条辅助线，在属性栏【对象位置】的 X(水平) 文本框中输入 95，如图 6.49 所示。

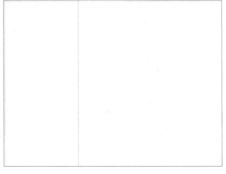

图 6.49　创建辅助线

步骤 03 以同样的方法再次创建一条辅助线，在属性栏【对象位置】的 X(水平) 文本框中输入 190，如图 6.50 所示。

图 6.50　再次创建辅助线

提示：在创建参考线之前需要将标尺 0 点位置定位在矩形左上角位置。

步骤 04 选中矩形，按 Ctrl+C 组合键复制，按 Ctrl+V 组合键粘贴，然后将粘贴的矩形更改为灰色（R: 179，G: 179，B: 179）并缩小高度，如图 6.51 所示。

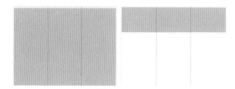

图 6.51　复制图形

步骤 05 再按 Ctrl+V 组合键粘贴，将粘贴的矩形更改为深蓝色（R: 29，G: 40，B: 44），如图 6.52 所示。

步骤 06 选择工具箱中的【贝塞尔工具】，绘制 1 个不规则图形，如图 6.53 所示。

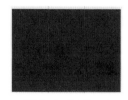 

图 6.52　绘制矩形　　　图 6.53　绘制图形

步骤 07 同时选中不规则图形和深蓝色矩形，单击属性栏中的【修剪】按钮，对图形进行修剪，再将不需要的图形删除，如图 6.54 所示。

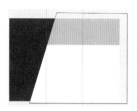 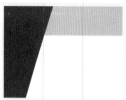

图 6.54　修剪图形

步骤 08 同时选中两个深蓝色图形及下方灰色图形，单击属性栏中的【修剪】按钮，对图形进行修剪。

步骤 09 选择工具箱中的【形状工具】，拖动深蓝色图形节点，将其与其下方灰色图形保持一定间隙，如图 6.55 所示。

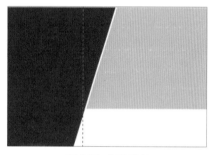

图 6.55　拖动节点

步骤 10 选中白色矩形，按 Ctrl+C 组合键复制，按 Ctrl+V 组合键粘贴，然后将粘贴的矩形设置【填充】为任意明显的颜色，【轮廓】为无，如图 6.56 所示。

步骤 11 选择工具箱中的【2 点线工具】，绘制 1 条倾斜线段，设置【轮廓】为黑色，【宽度】为 1，如图 6.57 所示。

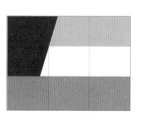 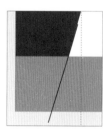

图 6.56　复制图形　　　图 6.57　绘制线段

步骤 12 选中线段，执行菜单栏中的【对象】|【将轮廓转换为对象】命令。

步骤 13 同时选中线段及其下方图形，单击属性栏中的【修剪】按钮，对图形进行修剪，再将不需要的线段删除，如图 6.58 所示。

步骤 14 选择工具箱中的【2 点线工具】，绘制 1 条倾斜线段，设置【轮廓】为黑色，【宽度】为 1，如图 6.59 所示。

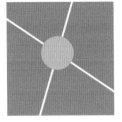

图 6.61 绘制正圆

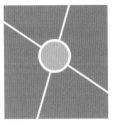

图 6.62 修剪图形

步骤 18 选择工具箱中的【贝塞尔工具】，绘制 1 个不规则图形，设置【填充】为橙色（R: 255，G: 195，B: 0），【轮廓】为无，如图 6.63 所示。

步骤 19 选择工具箱中的【2 点线工具】，绘制 1 条倾斜线段，设置【轮廓】为黑色，【宽度】为 1，如图 6.64 所示。

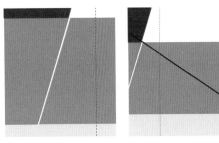

图 6.58 修剪图形　　　图 6.59 绘制线段

步骤 15 以同样的方法将线段转换为轮廓并修剪图形，如图 6.60 所示。

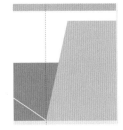

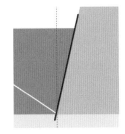

图 6.63 绘制图形　　　图 6.64 绘制线段

步骤 20 以同样的方法将线段转换为轮廓并修剪图形，如图 6.65 所示。

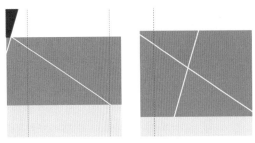

图 6.60 修剪图形

步骤 16 选择工具箱中的【椭圆形工具】，按住 Ctrl 键绘制 1 个正圆，设置【填充】为黄色（R: 255，G: 195，B: 0），【轮廓】为无，如图 6.61 所示。

步骤 17 同时选中正圆及其下方图形，单击属性栏中的【修剪】按钮，对图形进行修剪，再将正圆等比缩小，如图 6.62 所示。

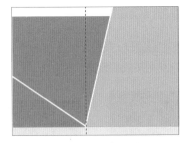

图 6.65 修剪图形

提示：为了避免辅助线影响版式，可执行菜单栏中的【视图】|【辅助线】命令，将其前方对号取消。

6.2.2 使用 CorelDRAW 处理平面素材图文

步骤 01 在经过修剪的图形上单击鼠标右键，从弹出的快捷菜单中选择【拆分曲线】命令。

步骤 **02** 执行菜单栏中的【文件】|【导入】命令，选择"图像 .jpg"文件，单击【导入】按钮，在页面中单击导入素材，如图 6.66 所示。

步骤 **03** 选中图像，执行菜单栏中的【对象】|【PowerClip】|【置于图文框内部】命令，将图形放置到下方图形内部，如图 6.67 所示。

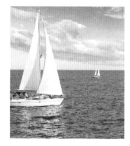 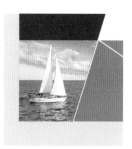

图 6.66 导入素材　　　　图 6.67 置于图文框内部

步骤 **04** 执行菜单栏中的【文件】|【导入】命令，选择"图像 2.jpg、图像 3.jpg、图像 4.jpg、图像 5.jpg"文件，单击【导入】按钮，在页面中单击导入素材，并将图像置于图文框内部，如图 6.68 所示。

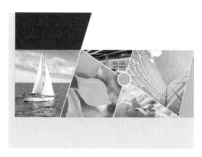

图 6.68 添加素材并置于图文框内部

步骤 **05** 选择工具箱中的【矩形工具】□，绘制 1 个矩形，设置【填充】为黄色（R: 255，G: 195，B: 0），【轮廓】为无，如图 6.69 所示。

步骤 **06** 单击鼠标右键，从弹出的快捷菜单中选择【转换为曲线】命令，选择工具箱中的【形状工具】，拖动节点将其变形，如图 6.70 所示。

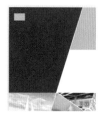 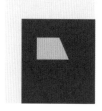

图 6.69 绘制矩形　　　　图 6.70 将图形变形

步骤 **07** 选中图形并按住鼠标左键向下方移动，再按下鼠标右键将其复制，如图 6.71 所示。

步骤 **08** 选择工具箱中的【2 点线工具】／，绘制 1 条线段，设置【轮廓】为黄色（R: 255，G: 195，B: 0），【宽度】为 0.2，如图 6.72 所示。

图 6.71 复制图形　　　　图 6.72 绘制线段

步骤 **09** 选中线段并按住鼠标左键向下方移动，再按下鼠标右键将其复制，如图 6.73 所示。

步骤 **10** 选择工具箱中的【文本工具】字，添加文字，如图 6.74 所示。

 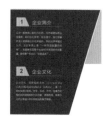

图 6.73 复制线段　　　　图 6.74 添加文字

提示：添加文字之后可适当调整文字与图形之间的间距。

步骤 **11** 同时选中左上角不规则图形及线段，按住鼠标左键向右侧移动，再按下鼠标右键将其复制，并更改文字信息及颜色，如图 6.75 所示。

步骤 ⑫ 执行菜单栏中的【文件】|【打开】命令，选择"图标.cdr"文件，单击【打开】按钮，将打开的文件拖入当前页面中并适当缩小，如图 6.76 所示。

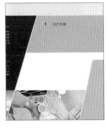 

图 6.75 复制图形　　　　图 6.76 添加素材

步骤 ⑬ 选择工具箱中的【2 点线工具】，在图标之间绘制 1 条线段，设置【轮廓】为白色，【宽度】为 0.5，如图 6.77 所示。

步骤 ⑭ 选中线段并按住鼠标左键向右侧移动，再按下鼠标右键将其复制，如图 6.78 所示。

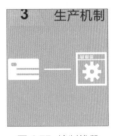 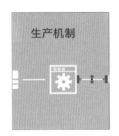

图 6.77 绘制线段　　　　图 6.78 复制线段

步骤 ⑮ 按 Ctrl+D 组合键将线段复制多份，如图 6.79 所示。

步骤 ⑯ 选择工具箱中的【文本工具】字，添加文字，如图 6.80 所示。

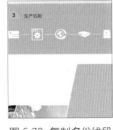 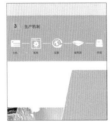

图 6.79 复制多份线段　　　图 6.80 添加文字

步骤 ⑰ 在图标下方区域再次添加文字，如图 6.81 所示。

步骤 ⑱ 选择工具箱中的【矩形工具】□，按住 Ctrl 键绘制 1 个矩形，设置【填充】为黄色（R: 255，G: 195，B: 0），【轮廓】为无，如图 6.82 所示。

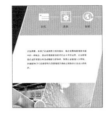 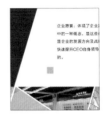

图 6.81 添加文字　　　　图 6.82 绘制矩形

步骤 ⑲ 选择工具箱中的【贝塞尔工具】，在矩形顶部绘制 1 个不规则图形，设置【填充】为黄色（R: 255，G: 195，B: 0），【轮廓】为无，如图 6.83 所示。

步骤 ⑳ 同时选中两个图形，单击属性栏中的【焊接】按钮将两个图形合并，按住鼠标左键向右侧移动，再按下鼠标右键将其复制，如图 6.84 所示。

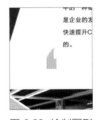 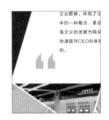

图 6.83 绘制图形　　　　图 6.84 复制图形

步骤 ㉑ 选中两个图形并按住鼠标左键向右上角移动，再按下鼠标右键将其复制，如图 6.85 所示。

步骤 ㉒ 分别单击属性栏中的【水平镜像】按钮及【垂直镜像】按钮，将图形镜像，如图 6.86 所示。

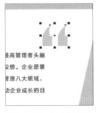 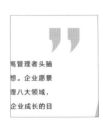

图 6.85 复制图形　　　　图 6.86 将图形镜像

步骤 23 选择工具箱中的【文本工具】**字**，添加文字，如图 6.87 所示。

步骤 24 选择工具箱中的【2 点线工具】，在折页的参考线底部位置绘制 1 条线段，设置【轮廓】为黑色，【宽度】为 0.5，如图 6.88 所示。

步骤 25 选中线段并按住鼠标左键向右侧移动，再按下鼠标右键将其复制，如图 6.89 所示。

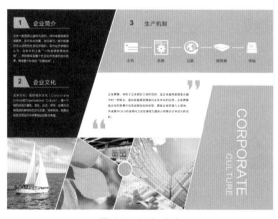

图 6.87 添加文字

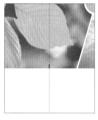

图 6.88 绘制线段

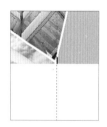

图 6.89 复制线段

提示：执行菜单栏中的【查看】|【辅助线】命令，将其前方对号显示即可重新调出辅助线。

6.2.3 使用 Photoshop 制作展示主图像

步骤 01 执行菜单栏中的【文件】|【新建】命令，在弹出的对话框中设置【宽度】为 350 毫米，【高度】为 250 毫米，【分辨率】为 72 像素 / 英寸，新建 1 个空白画布。

步骤 02 选择工具箱中的【渐变工具】，编辑灰色（R: 249, G: 249, B: 249）到灰色（R: 170, G: 175，B: 178）的椭圆形渐变，在画布中拖动填充渐变，如图 6.90 所示。

步骤 03 执行菜单栏中的【文件】|【打开】命令，选择"企业文化三折页平面 .jpg"文件，单击【打开】按钮，将打开的素材拖入画布中并适当缩小，其图层名称自动更改为【图层 1】，如图 6.91 所示。

步骤 04 选中【图层 1】图层，按 Ctrl+T 组合键对图像执行【自由变换】命令，单击鼠标右键，从弹出的快捷菜单中选择【扭曲】命令，拖动变形框控制点将图像变形，完成之后按 Enter 键确认，如图 6.92 所示。

图 6.90 填充椭圆形渐变

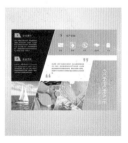

图 6.91 添加素材

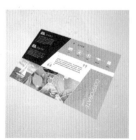

图 6.92 将图像变形

步骤 05 选择工具箱中的【钢笔工具】 ⌀ ，沿折页图像底部边缘绘制 1 个不规则路径，如图 6.93 所示。

步骤 06 按 Ctrl+Enter 组合键将路径转换为选区，选中【图层 1】图层，按 Delete 键将选区中的图像删除，完成之后按 Ctrl+D 组合键取消选区，如图 6.94 所示。

提示：在绘制路径之前可适当降低当前图层不透明度，这样方便观察图像的透视角度与背景的关系。

步骤 07 以同样的方法在图像顶部绘制路径，将路径转换为选区后删除部分图像，如图 6.95 所示。

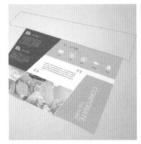
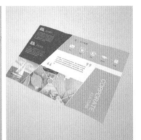

图 6.95 删除部分图像

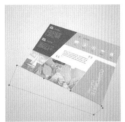
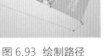
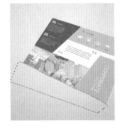

图 6.93 绘制路径　　　　图 6.94 删除图像

6.2.4 使用 Photoshop 制作阴影及投影

步骤 01 选择工具箱中的【钢笔工具】 ⌀ ，在选项栏中单击【选择工具模式】 路径 ∨ 按钮，在弹出的选项中选择【形状】，将【填充】更改为黑色，【描边】更改为无，然后在折页左侧位置绘制 1 个不规则图形，生成一个【形状 1】图层，如图 6.96 所示。

步骤 02 选中【形状 1】图层，执行菜单栏中的【图层】|【创建剪贴蒙版】命令，为当前图层创建剪贴蒙版，隐藏部分图像，如图 6.97 所示。

单击面板底部的【添加图层样式】 fx 按钮，在菜单中选择【渐变叠加】命令。

步骤 04 在弹出的【图层样式】对话框中，将【混合模式】更改为【正片叠底】，【不透明度】更改为 20%，【渐变】更改为白色到黑色，【角度】更改为 -30 度，【缩放】更改为 50%，完成之后单击【确定】按钮，如图 6.98 所示。

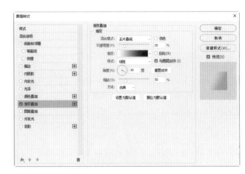

图 6.98 设置【渐变叠加】参数

步骤 05 选中【形状 1】图层，将图层【填充】更改为 0%，如图 6.99 所示。

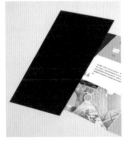
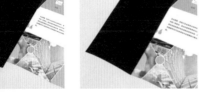

图 6.96 绘制图形　　　　图 6.97 创建剪贴蒙版

步骤 03 在【图层】面板中选中【形状 1】图层，

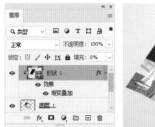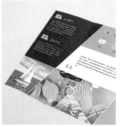

图 6.99 更改图层填充

步骤 06 在【图层】面板中选中【形状 1】图层，将其拖至面板底部的【创建新图层】 按钮上，复制 1 个【形状 1 拷贝】图层，并将其图层的【不透明度】更改为 100%，如图 6.100 所示。

步骤 07 选择工具箱中的【直接选择工具】，拖动图形锚点，将其稍微变形，如图 6.101 所示。

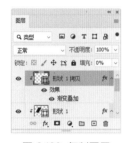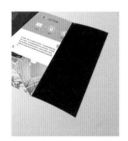

图 6.100 复制图层　　图 6.101 将图形变形

步骤 08 在【图层】面板中选中【形状 1 拷贝】图层，单击面板底部的【添加图层样式】 按钮，在菜单中选择【渐变叠加】命令。

步骤 09 在弹出的【图层样式】对话框中，将【混合模式】更改为【正片叠底】，【不透明度】更改为 15%，【渐变】更改为黑色到白色，【角度】更改为 –30 度，【缩放】更改为 50%，完成之后单击【确定】按钮，如图 6.102 所示。

步骤 10 选择工具箱中的【钢笔工具】，在选项栏中单击【选择工具模式】 路径 按钮，在弹出的选项中选择【形状】，将【填充】更改为黑色，【描边】更改为无。

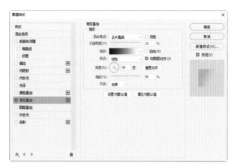

图 6.102 设置【渐变叠加】参数

步骤 11 在折页位置绘制 1 个不规则图形，生成 1 个【形状 2】图层，将其移至【背景】图层上方，如图 6.103 所示。

步骤 12 执行菜单栏中的【滤镜】|【模糊】|【高斯模糊】命令，在弹出的对话框中单击【栅格化】按钮，在弹出的对话框中将【半径】更改为 3 像素，完成之后单击【确定】按钮。同时修改【形状 2】图层的【不透明度】为 40%，如图 6.104 所示。

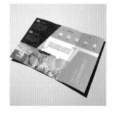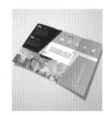

图 6.103 绘制图形　　图 6.104 添加高斯模糊效果

步骤 13 在【图层】面板中选中【形状 2】图层，单击面板底部的【添加图层蒙版】 按钮，为其添加图层蒙版，如图 6.105 所示。

步骤 14 选择工具箱中的【画笔工具】，在画布中单击鼠标右键，在弹出的面板中选择 1 种圆角笔触，将【大小】更改为 100 像素，【硬度】更改为 0%，如图 6.106 所示。

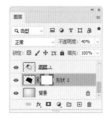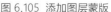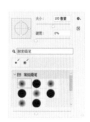

图 6.105 添加图层蒙版　　图 6.106 设置笔触

步骤 15 将前景色更改为黑色，在图像上部分区域
进行涂抹将其隐藏，这样就完成了最终效
果的制作，如图 6.107 所示。

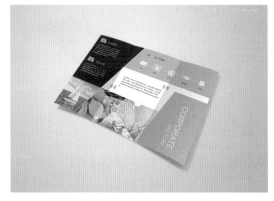

图 6.107　最终效果

6.3　夏日果饮折页设计

设计构思

　　本例在制作过程中，以果饮素材图像为主体视觉，通过绘制图形与文字信息相结合，完整
地表现出折页的主题性及特征，最终效果如图 6.108 所示。

源文件	第 6 章 \ 夏日果饮折页平面设计 .cdr、夏日果饮折页展示设计 .psd
调用素材	第 6 章 \ 夏日果饮折页设计
难易指数	★ ★ ★ ☆ ☆

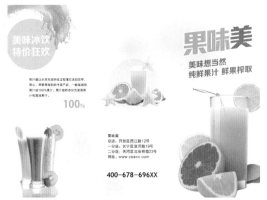
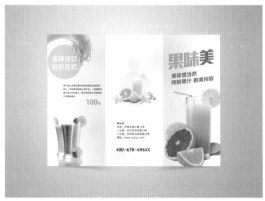

图 6.108　最终效果

操作步骤

6.3.1　使用 CorelDRAW 制作平面主视角图像

步骤 01　单击工具箱中的【矩形工具】□按钮，绘制 1 个【宽度】为 285 像素，【高度】为 210 像素的矩形，设置【填充】为白色，【轮廓】为无。

步骤 02　选择工具箱中的【椭圆形工具】○，按住 Ctrl 键绘制 1 个正圆，设置【填充】为蓝色（R: 93，G: 198，B: 240），【轮廓】为无，如图 6.109 所示。

图 6.109　绘制正圆

步骤 03　选中图形，选择工具箱中的【透明度工具】▩，分别单击属性栏中的【渐变透明度】及【椭圆形渐变透明度】▩按钮，在图像上拖动，降低其透明度，如图 6.110 所示。

步骤 04　以同样的方法绘制多个相似图形，如图 6.111 所示。

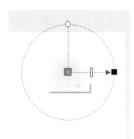

图 6.110　降低透明度　　图 6.111　绘制图形

步骤 05　先将标尺零点设置在矩形左上角，在左侧标尺位置按住鼠标左键向右侧拖动，创建一条辅助线，在属性栏【对象位置】的 X（水平）文本框中输入 95。

步骤 06　以同样的方法再次创建一条辅助线，在属性栏【对象位置】的 X（水平）文本框中输入 190，如图 6.112 所示。

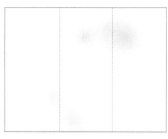

图 6.112　创建辅助线

步骤 07　执行菜单栏中的【文件】|【导入】命令，选择"图像 .png"文件，单击【导入】按钮，在图像右下角位置单击导入素材并适当缩小，如图 6.113 所示。

步骤 08　选中图像，执行菜单栏中的【对象】|【PowerClip】|【置于图文框内部】命令，将图形放置到矩形内部，如图 6.114 所示。

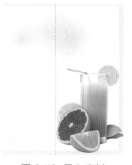

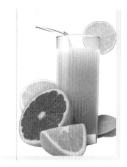

图 6.113　导入素材　　图 6.114　置于图文框内部

6.3.2 使用 CorelDRAW 制作主题艺术字

步骤01 选择工具箱中的【义本工具】**字**，添加文字，按 Ctrl+C 组合键复制，如图 6.115 所示。

步骤02 在文字上双击，拖动右侧控制点将其斜切变形，如图 6.116 所示。

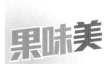

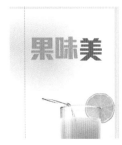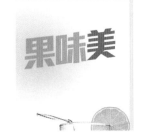

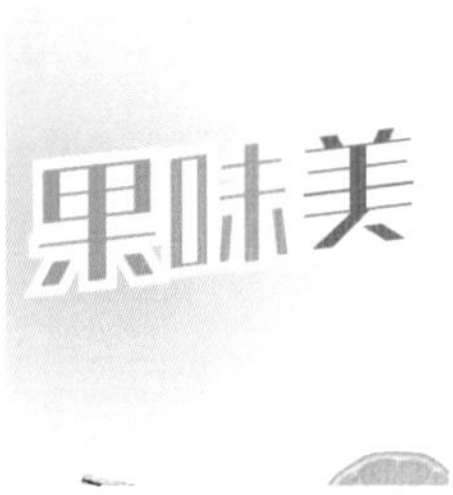

图 6.117 添加轮廓 图 6.118 粘贴文字

步骤05 选择工具箱中的【文本工具】**字**，添加文字，如图 6.119 所示。

步骤06 在文字上双击，拖动右侧控制点将其斜切变形，如图 6.120 所示。

图 6.115 添加文字 图 6.116 将文字斜切变形

步骤03 选中 3 个文字，在【轮廓笔】面板中，将【宽度】更改为 2，【颜色】更改为白色，效果如图 6.117 所示。

步骤04 按 Ctrl+V 组合键粘贴文字，如图 6.118 所示。

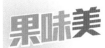

图 6.119 添加文字 图 6.120 将文字斜切变形

6.3.3 使用 CorelDRAW 绘制装饰图像

步骤01 选择工具箱中的【椭圆形工具】○，按住 Ctrl 键在图形中间位置绘制 1 个正圆，设置【填充】为绿色（R: 135，G: 181，B: 11），【轮廓】为无，如图 6.121 所示。

步骤02 选中正圆，选择工具箱中的【透明度工具】▦，将【透明度】更改为 80%，如图 6.122 所示。

步骤03 执行菜单栏中的【文件】|【导入】命令，选择"图像 2.png"文件，单击【导入】按钮，在正圆位置单击导入素材并适当缩小，如图 6.123 所示。

步骤04 选择工具箱中的【文本工具】**字**，添加文字，按 Ctrl+C 组合键复制，如图 6.124 所示。

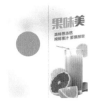

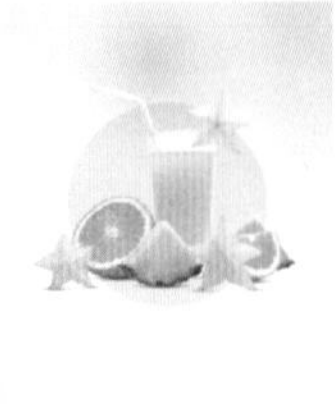

图 6.121 绘制正圆 图 6.122 降低透明度

图 6.123 导入素材 图 6.124 添加文字

步骤 05 执行菜单栏中的【文件】|【导入】命令，选择"图像 3.png、图像 4.jpg"文件，单击【导入】按钮，分别在图形左上角和左下角单击导入素材并适当缩小，如图 6.125 所示。

步骤 08 选中正圆，选择工具箱中的【透明度工具】■，将【透明度】更改为 50%，如图 6.128 所示。

步骤 09 选择工具箱中的【文本工具】**字**，添加文字，如图 6.129 所示。

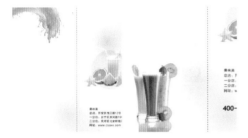

图 6.125　导入素材

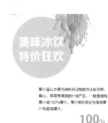

图 6.128　降低透明度　　　图 6.129　添加文字

步骤 06 选中图像 4，选择工具箱中的【透明度工具】■，在属性栏中将【合并模式】更改为【如果更暗】，如图 6.126 所示。

步骤 07 选择工具箱中的【椭圆形工具】○，按住 Ctrl 键在上方素材图像位置绘制 1 个正圆，设置【填充】为绿色（R: 135，G: 181，B: 11），【轮廓】为无，如图 6.127 所示。

步骤 10 选择工具箱中的【2 点线工具】╱，在折页的参考线底部位置绘制 1 条线段，设置【轮廓】为黑色，【宽度】为 0.2，如图 6.130 所示。

步骤 11 选中线段并按住鼠标左键向右侧移动，再按下鼠标右键将其复制，如图 6.131 所示。

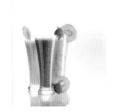

图 6.126　更改合并模式　　　图 6.127　绘制正圆

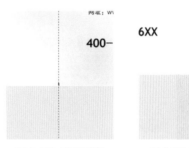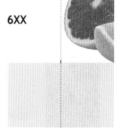

图 6.130　绘制线段　　　图 6.131　复制线段

6.3.4　使用 Photoshop 制作折页展示主图像

步骤 01 执行菜单栏中的【文件】|【新建】命令，在弹出的对话框中设置【宽度】为 350 毫米，【高度】为 250 毫米，【分辨率】为 72 像素 / 英寸，新建 1 个空白画布。

步骤 02 选择工具箱中的【渐变工具】■，编辑灰色（R: 248，G: 248，B: 251）到灰色（R: 200，G: 207，B: 216）的椭圆形渐变，在画布中拖动填充渐变，如图 6.132 所示。

图 6.132　填充椭圆形渐变

步骤 03 执行菜单栏中的【文件】|【打开】命令，选择"夏日果饮折页平面.jpg"文件，单击【打开】按钮，将打开的素材拖入画布中并适当缩小，其图层名称为【图层 1】，如图 6.133 所示。

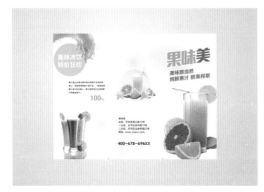

图 6.133　添加素材

步骤 04 选择工具箱中的【矩形工具】▭，在选项栏中将【填充】更改为黑色，【描边】更改为无，在图像左侧绘制 1 个矩形，生成一个【矩形 1】图层，如图 6.134 所示。

步骤 05 选中【矩形 1】图层，将图层【不透明度】更改为 10%，效果如图 6.135 所示。

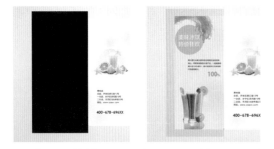

图 6.134　绘制矩形　　　图 6.135　更改图层不透明度

步骤 06 在【图层】面板中选中【矩形 1】图层，单击面板底部的【添加图层蒙版】▢ 按钮，为其添加图层蒙版，如图 6.136 所示。

步骤 07 选择工具箱中的【渐变工具】▭，编辑黑色到白色的渐变，单击选项栏中的【线性渐变】▭ 按钮，在图形上拖动，将部分图像隐藏，如图 6.137 所示。

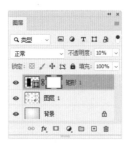 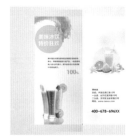

图 6.136　添加图层蒙版　　图 6.137　隐藏部分图像

步骤 08 选中【矩形 1】图层，执行菜单栏中的【图层】|【创建剪贴蒙版】命令，为当前图层创建剪贴蒙版隐藏部分图像，如图 6.138 所示。

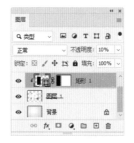 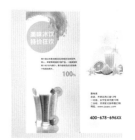

图 6.138　创建剪贴蒙版

步骤 09 在【图层】面板中选中【矩形 1】图层，将其拖至面板底部的【创建新图层】▣ 按钮上，复制 1 个【矩形 1 拷贝】图层，如图 6.139 所示。

步骤 10 选中【矩形 1 拷贝】图层，在画布中将图形向右侧平移，按 Ctrl+T 组合键对图像执行【自由变换】命令，单击鼠标右键，从弹出的快捷菜单中选择【水平翻转】命令，完成之后按 Enter 键确认，将图形与右侧折痕对齐，如图 6.140 所示。

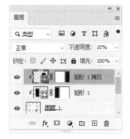 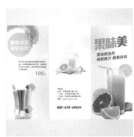

图 6.139　复制图层　　　图 6.140　翻转图像

步骤 ⑪ 选择工具箱中的【矩形选框工具】，在图像底部左侧标记图像位置绘制 1 个矩形选区；按住 Shift 键在右侧标记图像位置绘制 1 个选区，如图 6.141 所示。

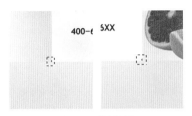

图 6.141　绘制选区

步骤 ⑫ 在【图层】面板中选中【图层 1】图层，单击面板上方的【锁定透明像素】按钮，将透明像素锁定，如图 6.142 所示。

步骤 ⑬ 选中【图层 1】图层，执行菜单栏中的【编辑】|【填充】命令，在弹出的对话框中选择【内容】为【内容识别】，将不需要的标记图像去除，如图 6.143 所示。

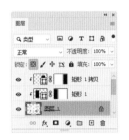
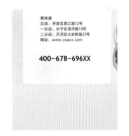

图 6.142　锁定透明像素　　图 6.143　隐藏图像

6.3.5　使用 Photoshop 制作折页展示阴影

步骤 ① 选择工具箱中的【钢笔工具】，在选项栏中单击【选择工具模式】 路径 按钮，在弹出的选项中选择【形状】，将【填充】更改为黑色，【描边】更改为无，然后在折页左下角的位置绘制 1 个不规则图形，生成 1 个【形状 1】图层，并将其移至【背景】图层上方，如图 6.144 所示。

步骤 ② 执行菜单栏中的【滤镜】|【模糊】|【高斯模糊】命令，在弹出的对话框中单击【栅格化】按钮，在弹出的对话框中将【半径】更改为 2 像素，如图 6.145 所示。

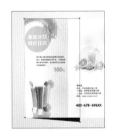

图 6.144　绘制图形　　图 6.145　添加高斯模糊效果

步骤 ③ 在【图层】面板中选中【形状 1】图层，单击面板底部的【添加图层蒙版】按钮，为其添加图层蒙版，如图 6.146 所示。

步骤 ④ 选择工具箱中的【画笔工具】，在画布中单击鼠标右键，在弹出的面板中选择 1 种圆角笔触，将【大小】更改为 100 像素，【硬度】更改为 0%，如图 6.147 所示。

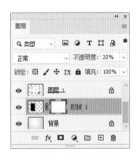
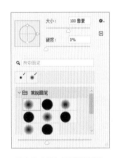

图 6.146　添加图层蒙版　　图 6.147　设置笔触

步骤 ⑤ 将前景色更改为黑色，在图像上部分区域进行涂抹将其隐藏，如图 6.148 所示。

步骤 ⑥ 在【图层】面板中选中【形状 1】图层，将其拖至面板底部的【创建新图层】按钮上，复制 1 个【形状 1 拷贝】图层，如图 6.149 所示。

提示：在隐藏图像时可适当降低画笔不透明度，这样经过隐藏的图像后的阴影效果更加自然。

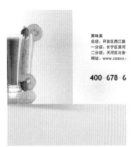

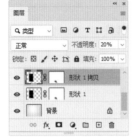

图 6.148 隐藏图像　　　图 6.149 复制图层

步骤 07 选中【矩形 1 拷贝】图层，在画布中将图像向右侧平移，再按 Ctrl+T 组合键对其执行【自由变换】命令，单击鼠标右键，从弹出的快捷菜单中选择【水平垂直翻

转】命令，完成之后按 Enter 键确认，如图 6.150 所示。

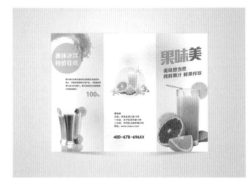

图 6.150　复制图像

6.4 课后习题

6.4.1 习题 1——旅行文化折页设计

设计构思

本例在制作过程中，以合成的素材图像作为主题视觉，通过绘制虚线图像，将折页中信息进行区域化分开，整个折页的特征十分明显，最终效果如图 6.151 所示。

源文件	第 6 章 \ 旅行文化折页平面设计 .cdr、旅行文化折页展示设计 .psd
调用素材	第 6 章 \ 旅行文化折页设计
难易指数	★ ★ ★ ★ ☆

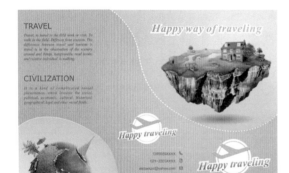

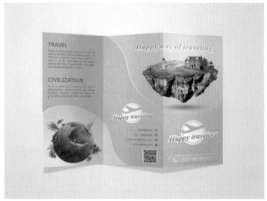

图 6.151　最终效果

6.4.2　习题 2——手机折页设计

设计构思

　　本例以漂亮的时尚图形作为主视觉，将图形与手机素材图像相结合，整个折页视觉效果相当出色，同时富有极强的主题意味，最终效果如图 6.152 所示。

源文件	第 6 章 \ 手机折页平面设计 .cdr、手机折页展示设计 .psd
调用素材	第 6 章 \ 手机折页设计
难易指数	★ ★ ★ ☆ ☆

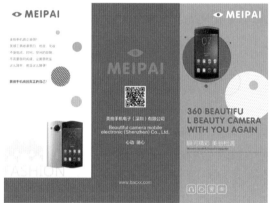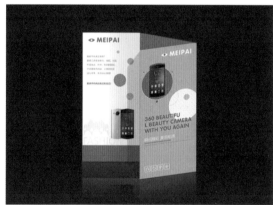

图 6.152　最终效果

第**7**章

网红抖音页面与
灵动网页设计

本章介绍

　　本章讲解网红抖音页面与灵动网页设计。作为当下流行的网红抖音类应用，很多读者都对它比较熟悉。随着设计趋势的演变，网页设计正朝着简洁、美观、大方的方向发展。本章的重点是如何在众多此类页面中设计出更加吸引用户的页面。本章列举了抖音拼团页面设计、社交小红书 KOL 页面设计、商品售后页面设计、智能产品主页设计、时装主题网页设计等实例，全面介绍了多种不同类型的抖音页面设计和灵动网页设计的相关知识。通过学习本章内容，读者可以掌握网红抖音类页面设计和灵动网页设计的技巧。

要点索引

◎ 了解抖音拼团页面设计知识

◎ 学会社交小红书 KOL 页面设计技巧

◎ 掌握商品售后页面设计知识

◎ 学会智能产品主页设计

◎ 学习时装主题网页设计

◎ 掌握超跑网页设计知识

7.1 抖音拼团页面设计

设计构思

　　本例在设计过程中，以简洁大气的背景作为整个页面的主视觉，通过绘制图形并输入文字信息完成整个页面的设计，需要注意背景颜色与素材元素颜色相匹配，最终效果如图 7.1 所示。

源文件	第 7 章 \ 抖音拼团页面设计背景效果 .psd、抖音拼团页面设计最终效果 .cdr
调用素材	第 7 章 \ 抖音拼团页面设计
难易指数	★ ★ ☆ ☆ ☆

操作步骤

7.1.1 使用 Photoshop 制作主题背景

步骤 01 执行菜单栏中的【文件】|【新建】命令，在弹出的对话框中设置【宽度】为 1080像素，【高度】为 1920 像素，【分辨率】为 72 像素 / 英寸，新建 1 个空白画布，并将画布填充为白色。

步骤 02 在【图层】面板中，单击面板底部的【创建新图层】⊞按钮，新建 1 个【图层 1】图层，并将图层填充为白色。

步骤 03 在【图层】面板中选中【图层 1】图层，单击面板底部的【添加图层样式】fx按钮，在菜单中选择【渐变叠加】命令。

步骤 04 在弹出的【图层样式】对话框中，将【混合模式】更改为【正常】，【渐变】更改为黄色（R: 254，G: 219，B: 195）到红色（R: 255，G: 116，B: 139），【样式】更改为【径向】，【角度】更改为 –115 度，【缩放】更改为 150%，完成之后单击【确定】按钮，如图 7.2 所示。

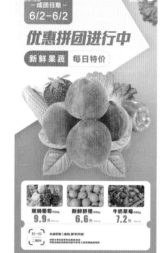

图 7.1　最终效果

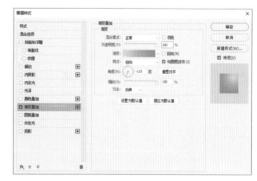

图 7.2　设置【渐变叠加】参数

步骤 05 选择工具箱中的【钢笔工具】，在选项栏中单击【选择工具模式】 路径 按钮，在弹出的选项中选择【形状】，将【填充】更改为白色，【描边】更改为无，绘制 1 个图形，生成 1 个【形状 1】图层，如图 7.3 所示。

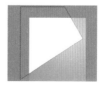

图 7.3　绘制图形

步骤 06 在【图层】面板中选中【形状 1】图层，单击面板底部的【添加图层样式】*fx* 按钮，在菜单中选择【渐变叠加】命令。

步骤 07 在弹出的【图层样式】对话框中，将【混合模式】更改为【正常】，【渐变】更改为白色到红色（R: 255，G: 237，B: 241），如图 7.4 所示。

步骤 08 勾选【内阴影】复选框，将【混合模式】更改为正常，【颜色】更改为白色，【不透明度】更改为 100，取消【使用全局光】复选框，【角度】更改为 0，【距离】更改为 5，【大小】更改为 5，如图 7.5 所示。

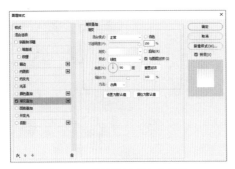

图 7.4 设置【渐变叠加】参数

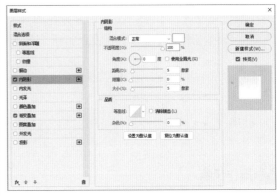

图 7.5 设置【内阴影】参数

步骤 09 选中【投影】复选框，将【混合模式】更改为【叠加】，【颜色】更改为深灰色（R: 26，G: 30，B: 29），【不透明度】更改为 80%，撤选【使用全局光】复选框，将【角度】更改为 180 度，【距离】更改为 20 像素，【大小】更改为 60 像素，完成之后单击【确定】按钮，如图 7.6 所示。

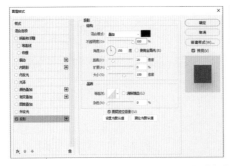
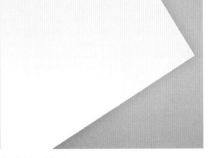

图 7.6 设置【投影】参数及效果

7.1.2 使用 Photoshop 添加背景素材图像

步骤 01 执行菜单栏中的【文件】|【打开】命令，打开"水果和蔬菜 .png、生菜 .png"文件，单击【打开】按钮，将打开的素材拖入画布中并适当缩小，如图 7.7 所示。

步骤 02 在【图层】面板中选中【水果和蔬菜】图层，单击面板底部的【添加图层样式】*fx* 按钮，在菜单中选择【投影】命令。

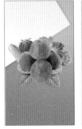
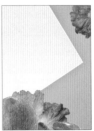

图 7.7 添加素材

步骤 03 在弹出的【图层样式】对话框中，将【混合模式】更改为【叠加】，【颜色】更改为深灰色（R: 26，G: 30，B: 29），【不透明度】更改为 100%，撤选【使用全局光】复选框，【角度】更改为 100 度，【距离】更改为 20 像素，【大小】更改为 150 像素，完成之后单击【确定】按钮，如图 7.8 所示。

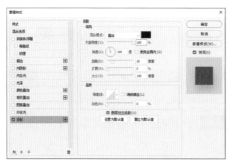 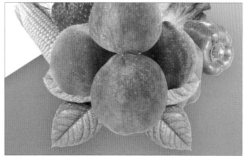

图 7.8　设置【投影】参数及效果

步骤 04 在【水果和蔬菜】图层名称上单击鼠标右键，从弹出的快捷菜单中选择【拷贝图层样式】命令，再在【生菜】图层名称上单击鼠标右键，从弹出的快捷菜单中选择【粘贴图层样式】命令，如图 7.9 所示。

步骤 05 双击【生菜】图层样式名称，在弹出的【图层样式】对话框中将【距离】更改为 5 像素，【大小】更改为 10 像素，完成之后单击【确定】按钮，如图 7.10 所示。

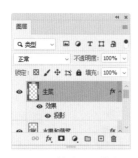

图 7.9　粘贴图层样式

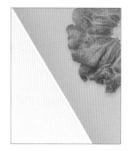

图 7.10　更改【投影】参数后效果

7.1.3　使用 CorelDRAW 添加页面图文元素

步骤 01 打开【导入文件】对话框，选择"抖音拼团页面设计背景效果 .jpg"素材，单击【导入】按钮，将素材图像放在合适的位置，如图 7.11 所示。

步骤 02 单击工具箱中的【矩形工具】□，沿上边缘绘制 1 个矩形，如图 7.12 所示。

步骤 03 单击工具箱中的【矩形工具】□，在左侧位置绘制 1 个小矩形。

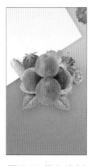 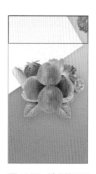

图 7.11　导入素材　　图 7.12　绘制矩形

步骤 04 单击工具箱中的【交互式填充工具】◈ 按钮，单击属性栏中的【渐变填充】■ 按钮，在图形上拖动，填充红色（R: 255，G: 123，B: 144）到红色（R: 255，G: 58，B: 82）的线性渐变，如图 7.13 所示。

步骤 05 选中红色渐变矩形并单击鼠标右键，在弹出的快捷菜单中选择【Power Clip 内部】命令，在其下方图形上单击，将部分图像隐藏，如图 7.14 所示。

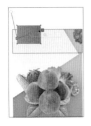 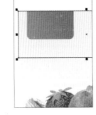

图 7.13 填充线性渐变　　图 7.14 隐藏部分图像

步骤 06 选中黑色矩形框，将其【轮廓】更改为无，如图 7.15 所示。

步骤 07 单击工具箱中的【矩形工具】□，绘制 1 个矩形，设置【轮廓色】为红色（R: 255，G: 58，B: 82），【轮廓宽度】为 0.5，如图 7.16 所示。

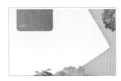 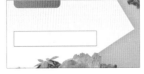

图 7.15 取消轮廓　　图 7.16 绘制矩形

步骤 08 单击工具箱中的【形状工具】 按钮，拖动矩形左上角的锚点进行调整，为其制作圆角效果，如图 7.17 所示。

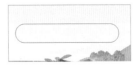

图 7.17 制作圆角效果

步骤 09 选中圆角矩形，按 Ctrl+C 组合键复制，按 Ctrl+V 组合键粘贴。

步骤 10 将粘贴的图形【填充】更改为红色（R: 255，G: 58，B: 82），如图 7.18 所示。

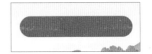

图 7.18 复制并粘贴图形

步骤 11 单击工具箱中的【矩形工具】□，绘制 1 个矩形，如图 7.19 所示。

步骤 12 同时选中两个图形，单击属性栏中的【移除前面对象】 按钮，将不需要的图像部分移除，如图 7.20 所示。

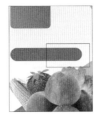 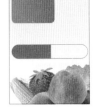

图 7.19 绘制矩形　　图 7.20 移除前面对象

7.1.4 使用 CorelDRAW 添加界面文字信息

步骤 01 单击工具箱中的【文本工具】字 按钮，输入文字，如图 7.21 所示。

步骤 02 双击文字，将光标移至顶部中间控制点并拖动，将文字斜切变形，如图 7.22 所示。

 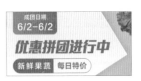

图 7.21 输入文字　　图 7.22 将文字斜切变形

步骤 03 单击工具箱中的【矩形工具】□，绘制 1 个细小的白色矩形，如图 7.23 所示。

步骤 04 选中细小的白色矩形，按住鼠标左键向右侧拖动，再按鼠标右键将其复制一份，如图 7.24 所示。

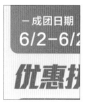 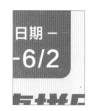

图 7.23 绘制矩形　　　　图 7.24 复制矩形

步骤 05 单击工具箱中的【矩形工具】□，绘制 1 个白色矩形，如图 7.25 所示。

步骤 06 单击工具箱中的【形状工具】↖ 按钮，拖动矩形左上角的锚点进行调整，为其制作圆角效果，如图 7.26 所示。

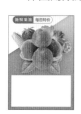 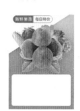

图 7.25 绘制矩形　　　　图 7.26 制作圆角效果

步骤 07 单击工具箱中的【椭圆形工具】○ 按钮，按住 Ctrl 键绘制 1 个黑色正圆，如图 7.27 所示。

步骤 08 选中黑色正圆并按住鼠标左键向右侧拖动，再按鼠标右键将其复制一份，如图 7.28 所示。

 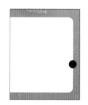

图 7.27 绘制正圆　　　　图 7.28 复制图形

步骤 09 同时选中两个黑色圆形和白色圆角矩形，单击属性栏中的【移除前面对象】□ 按钮，将不需要的图像部分移除，如图 7.29 所示。

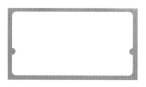

图 7.29 移除前面对象

步骤 10 单击工具箱中的【贝塞尔工具】✐ 按钮，绘制 1 条水平线段，设置【轮廓色】为黑色，【轮廓宽度】为 1，并在属性栏中将线条样式更改为一种虚线样式，如图 7.30 所示。

步骤 11 选中虚线，将其转换为对象，然后同时选中线条和圆角矩形，单击属性栏中的【移除前面对象】□ 按钮，将不需要的图像部分移除，如图 7.31 所示。

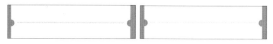

图 7.30 绘制虚线　　　　图 7.31 移除前面对象

步骤 12 单击工具箱中的【矩形工具】□，绘制 1 个黑色矩形，如图 7.32 所示。

步骤 13 单击工具箱中的【形状工具】↖ 按钮，拖动矩形左上角的锚点进行调整，为其制作圆角效果，如图 7.33 所示。

 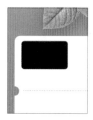

图 7.32 绘制矩形　　　　图 7.33 制作圆角效果

步骤 14 选中圆角矩形并按住鼠标左键向右侧拖动，再按鼠标右键将其复制一份，然后按 Ctrl+D 组合键再复制一份，如图 7.34 所示。

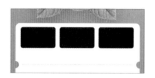

图 7.34 复制图形

7.1.5 使用 CorelDRAW 添加页面素材图像

步骤01 打开【导入文件】对话框，选择"葡萄.jpg"素材，单击【导入】按钮，将素材图像放在左侧矩形的位置，如图 7.35 所示。

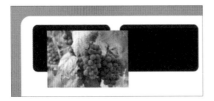

图 7.35 导入素材

步骤02 单击鼠标右键，在弹出的快捷菜单中选择【Power Clip 内部】命令，在其下方图形上单击，将部分图像隐藏，如图 7.36 所示。

步骤03 单击鼠标右键，在弹出的快捷菜单中选择【编辑 Power Clip】命令，调整图像位置及大小，完成之后单击左上角的【完成】√ 完成 按钮，如图 7.37 所示。

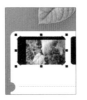

图 7.36 隐藏部分图像　　图 7.37 调整图像

步骤04 打开【导入文件】对话框，选择"橙子.jpg、草莓.jpg"素材，单击【导入】按钮，将素材图像放在中间矩形及右侧矩形的位置。

步骤05 以同样的方法分别将部分素材图像隐藏，如图 7.38 所示。

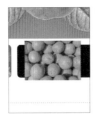 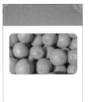 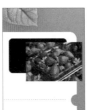 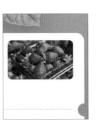

图 7.38 导入素材并隐藏部分图像

步骤06 同时选中 3 个圆角图形，将其填充颜色更改为无，如图 7.39 所示。

图 7.39 更改填充颜色

步骤07 单击工具箱中的【文本工具】**字** 按钮，输入文字，如图 7.40 所示。

步骤08 单击工具箱中的【贝塞尔工具】 按钮，绘制 1 条倾斜线段，设置【轮廓色】为灰色 R: 128，G: 128，B: 128），【轮廓宽度】为 1，如图 7.41 所示。

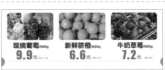 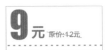

图 7.40 输入文字　　图 7.41 绘制线段

步骤09 选中线段并按住鼠标左键向右侧拖动，再按鼠标右键将其复制一份；以同样的方法将线段再复制一份，如图 7.42 所示。

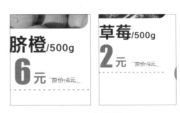

图 7.42 复制线段

7.1.6　使用 CorelDRAW 添加界面细节元素

步骤 01　单击工具箱中的【矩形工具】□按钮，绘制 1 个矩形，设置【填充】为无，【轮廓色】为黑色，【轮廓宽度】为 0.5。

步骤 02　单击工具箱中的【形状工具】按钮，拖动矩形左上角的锚点进行调整，为其制作圆角效果，如图 7.43 所示。

步骤 03　打开【导入文件】对话框，选择"二维码 .png"素材，单击【导入】按钮，将素材图像放在矩形位置并缩小，如图 7.44 所示。

步骤 05　打开【导入文件】对话框，选择"状态栏 .png"素材，单击【导入】按钮，将素材图像放在界面顶部位置并缩小，这样就完成了最终效果的制作，如图 7.46 所示。

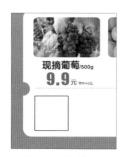
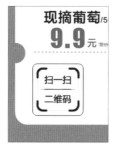

图 7.43　绘制矩形　　图 7.44　导入素材

步骤 04　单击工具箱中的【文本工具】字按钮，输入文字，如图 7.45 所示。

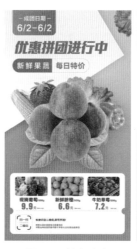
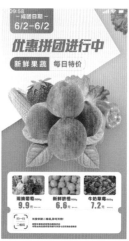

图 7.45　输入文字　　　图 7.46　最终效果

7.2　社交小红书 KOL 页面设计

设计构思

　　本例在设计过程中，以时尚人物模特图像作为页面主视觉，通过添加艺术化字体与时尚背景元素相结合，使整个页面充满时尚气息，最终效果如图 7.47 所示。

源文件	第 7 章 \ 社交小红书 KOL 页面设计背景效果 .psd、社交小红书 KOL 页面设计最终效果 .cdr
调用素材	第 7 章 \ 社交小红书 KOL 页面设计
难易指数	★★★☆☆

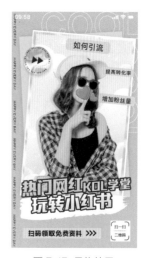

图 7.47　最终效果

操作步骤

7.2.1 使用 Photoshop 制作主题背景

步骤 01 执行菜单栏中的【文件】|【新建】命令，在弹出的对话框中设置【宽度】为 1080 像素，【高度】为 1920 像素，【分辨率】为 72 像素/英寸，新建 1 个空白画布，并将画布填充为浅绿色（R: 107，G: 240，B: 177）。

步骤 02 选择工具箱中的【矩形工具】▢，在选项栏中将【填充】更改为黄色（R: 223，G: 235，B: 29），【描边】更改为无，在图像中绘制 1 个矩形并适当旋转，将生成 1 个【矩形 1】图层，如图 7.48 所示。

图 7.48 绘制图形

步骤 03 选择工具箱中的【横排文字工具】**T**，在图像中输入文字。

步骤 04 同时选中两个文字所在的图层，将其移至【背景】图层上方，如图 7.49 所示。

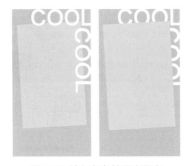

图 7.49 输入文字并更改顺序

步骤 05 在【图层】面板中选中【COOL】图层，单击面板底部的【添加图层样式】*fx* 按钮，在菜单中选择【描边】命令。

步骤 06 在弹出的【图层样式】对话框中，将【大小】更改为 3 像素，【颜色】更改为白色，完成之后单击【确定】按钮，如图 7.50 所示。

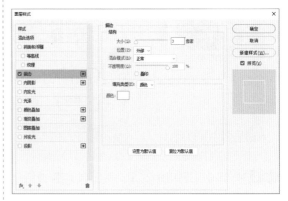

图 7.50 设置【描边】参数

步骤 07 在【图层】面板中选中【COOL】图层，将图层【填充】更改为 0%，如图 7.51 所示。

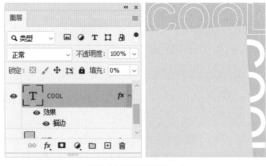

图 7.51 更改图层填充

步骤 08 在【COOL】图层名称上单击鼠标右键，从弹出的快捷菜单中选择【拷贝图层样式】命令，再在【COOL 拷贝】图层名称上单击鼠标右键，从弹出的快捷菜单中选择【粘贴图层样式】命令，如图 7.52 所示。

为黑色，【不透明度】更改为 100%，撤选【使用全局光】复选框，【角度】更改为 90 度，【距离】更改为 3 像素，【大小】更改为 40 像素，完成之后单击【确定】按钮，如图 7.53 所示。

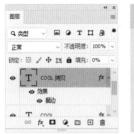 

图 7.52 粘贴图层样式

步骤 09 在【图层】面板中选中【矩形 1】图层，单击面板底部的【添加图层样式】*fx* 按钮，在菜单中选择【投影】命令。

步骤 10 在弹出的【图层样式】对话框中，将【混合模式】更改为【叠加】，【颜色】更改

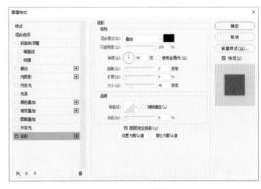

图 7.53 设置【投影】参数

7.2.2 使用 Photoshop 处理背景图像

步骤 01 在【图层】面板中选中【矩形 1】图层，将其拖至面板底部的【创建新图层】按钮上，复制 1 个【矩形 1 拷贝】图层。

步骤 02 选中【矩形 1 拷贝】图层，修改其【填充】颜色为白色，然后按 Ctrl+T 组合键对图形执行【自由变换】命令，并将图形适当旋转，完成之后按 Enter 键确认，如图 7.54 所示。

步骤 03 执行菜单栏中的【文件】|【打开】命令，打开"模特背景 2.jpg"文件，单击【打开】按钮，将打开的素材拖入画布中并适当缩小，其所在图层名称将自动更改为【图层 1】，如图 7.55 所示。

步骤 04 选中【图层 1】图层，执行菜单栏中的【图层】|【创建剪贴蒙版】命令，为当前图层创建剪贴蒙版，将部分图像隐藏，然后将【图层 1】图层的【不透明度】更改为 45%，如图 7.56 所示。

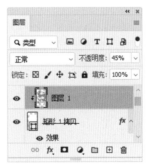 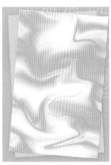

图 7.56 创建剪贴蒙版

步骤 05 执行菜单栏中的【文件】|【打开】命令，打开"模特背景 .jpg"文件，单击【打开】按钮，将打开的素材拖入画布中并适当缩小，其所在图层名称将自动更改为【图层 2】，如图 7.57 所示。

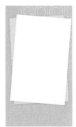 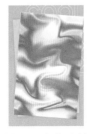

图 7.54 旋转图形　　图 7.55 添加素材

图 7.57 添加素材并创建剪贴蒙版

部】，【颜色】更改为白色，完成之后单击【确定】按钮，如图 7.58 所示。

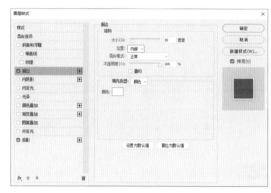

步骤 06 双击【矩形 1 拷贝】图层样式名称，在弹出的对话框中选中【描边】复选框，将【大小】更改为 10 像素，【位置】更改为【内

图 7.58 设置【描边】参数

7.2.3 使用 Photoshop 处理主题素材

步骤 01 执行菜单栏中的【文件】|【打开】命令，打开"模特 .png"文件，单击【打开】按钮，将打开的素材拖入画布中并适当缩小，如图 7.59 所示。

步骤 02 在【图层】面板中选中【模特】图层，单击面板底部的【添加图层样式】*fx* 按钮，在菜单中选择【投影】命令。

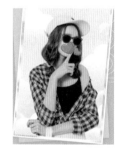

图 7.59 添加素材

步骤 03 在弹出的【图层样式】对话框中，将【混合模式】更改为【正常】，【颜色】更改为黄色（R: 223，G: 235，B: 29），【不透明度】更改为 100%，撤选【使用全局光】复选框，【角度】更改为 0 度，【距离】更改为 25 像素，【大小】更改为 0 像素，完成之后单击【确定】按钮，如图 7.60 所示。

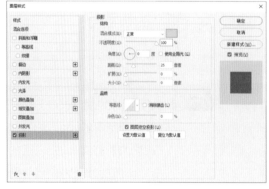
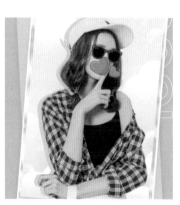

图 7.60 设置【投影】参数及效果

7.2.4 使用 CorelDRAW 添加页面图文元素

步骤 01 打开【导入文件】对话框，选择"社交小
红书 KOL 页面设计背景效果 .jpg 素材，
单击【导入】按钮，将素材图像放在合适
的位置，如图 7.61 所示。

步骤 02 单击工具箱中的【椭圆形工具】◯ 按钮，
在背景左上角位置按住 Ctrl 键绘制 1 个
白色正圆。选中正圆，按 Ctrl+C 组合键
复制，如图 7.62 所示。

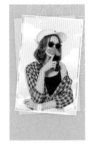
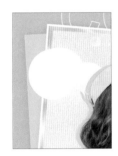

图 7.61 导入素材　　　图 7.62 绘制正圆

步骤 03 打开【导入文件】对话框，选择"\ 模特背
景 2.jpg" 素材，单击【导入】按钮，将素
材图像放在合适的位置，如图 7.63 所示。

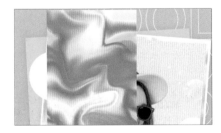

图 7.63 导入素材

步骤 04 选中"模特背景 2"图像，单击工具箱中
的【透明度工具】▨按钮，在属性栏中将
【透明度】更改为 30%，如图 7.64 所示。

步骤 05 选中图像并单击鼠标右键，在弹出的快捷
菜单中选择【Power Clip 内部】命令，
在其下方图形上单击，将部分图像隐藏，
如图 7.65 所示。

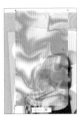
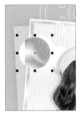

图 7.64 更改图像透明度　　图 7.65 隐藏部分图像

步骤 06 选中图像并单击鼠标右键，在弹出的快捷
菜单中选择【编辑 Power Clip】命令，
调整图像位置及大小，完成之后单击左上
角的【完成】✓ 完成 按钮，如图 7.66 所示。

步骤 07 选中圆形图像，单击工具箱中的【阴影工
具】▢按钮，在图像上拖动为其添加阴影
效果，然后在选项栏中将【阴影颜色】更
改为紫色（R: 161，G: 144，B: 189），
如图 7.67 所示。

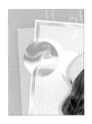
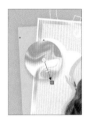

图 7.66 隐藏部分图像　　图 7.67 添加阴影效果

步骤 08 按 Ctrl+V 组合键粘贴正圆，将【填充】
更改为无，【轮廓】为默认，再将其等比
缩小，如图 7.68 所示。

步骤 09 单击工具箱中的【文本工具】**字** 按钮，
输入文字，如图 7.69 所示。

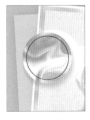
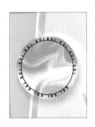

图 7.68 粘贴正圆　　　图 7.69 输入文字

步骤 ⑩ 选中正圆，将【轮廓】更改为无，如图7.70所示。

步骤 ⑪ 在文字上单击鼠标右键，在弹出的快捷菜单中选择【转换为曲线】命令，如图7.71所示。

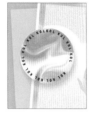

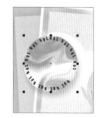

图7.70 取消轮廓　　图7.71 将文字转换为曲线

步骤 ⑫ 单击工具箱中的【贝塞尔工具】 按钮，

在正圆位置绘制1个深灰色（R: 26，G: 26，B: 26）三角形，如图7.72所示。

步骤 ⑬ 选中三角形并按住鼠标左键向右侧拖动，再按鼠标右键将其复制一份，如图7.73所示。

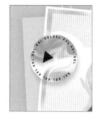
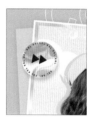

图7.72 绘制三角形　　图7.73 复制图形

7.2.5 使用 CorelDRAW 制作图文细节

步骤 ① 单击工具箱中的【矩形工具】□，绘制1个黄色（R: 255，G: 231，B: 73）矩形，如图7.74所示。

步骤 ② 单击工具箱中的【形状工具】 按钮，拖动矩形左上角的锚点进行调整，为其制作圆角效果，如图7.75所示。

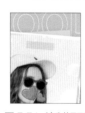
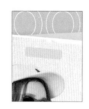

图7.74 绘制矩形　　图7.75 制作圆角效果

步骤 ③ 选中圆角矩形并按住鼠标左键向右下角拖动，再按鼠标右键将其复制一份；以同样的方法将图形再复制一份，如图7.76所示。

步骤 ④ 单击工具箱中的【文本工具】字 按钮，输入文字，如图7.77所示。

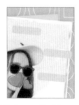
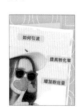

图7.76 复制图形　　图7.77 输入文字

步骤 ⑤ 打开【导入文件】对话框，选择"白色墨迹.png"素材，单击【导入】按钮，将素材图像放在合适的位置，如图7.78所示。

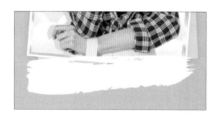

图7.78 导入素材

步骤 ⑥ 单击工具箱中的【文本工具】字 按钮，输入文字并适当旋转，如图7.79所示。

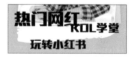
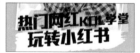

图7.79 输入文字

步骤 ⑦ 为部分文字添加渐变效果或更改部分文字的颜色，如图7.80所示。

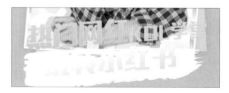

图7.80 为文字添加渐变或更改颜色

步骤 08 选中【热门网红】文字，在【轮廓笔】面板中，将【宽度】更改为3，【颜色】更改为深灰色（R: 26，G: 26，B: 26），分别单击【角】右侧的【圆角】图标及【位置】右侧【外部轮廓】图标，如图7.81所示。

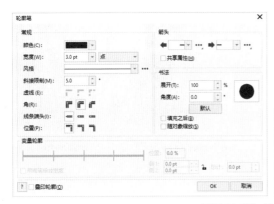

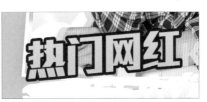

图 7.81 添加轮廓

步骤 09 以同样的方法为其他几个文字添加轮廓效果，如图7.82所示。

图 7.82 为文字添加轮廓效果

步骤 10 单击工具箱中的【矩形工具】□，绘制1个黄色（R: 255，G: 231，B: 73）矩形，如图7.83所示。

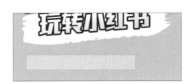

图 7.83 绘制矩形

7.2.6 使用 CorelDRAW 添加页面底部元素

步骤 01 打开【导入文件】对话框，选择"二维码.png"素材，单击【导入】按钮，将素材图像放在右下角位置，如图7.84所示。

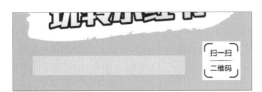

图 7.84 导入素材

步骤 02 单击工具箱中的【贝塞尔工具】按钮，绘制1个箭头图像，设置【轮廓色】为黑色，【轮廓宽度】为3，如图7.85所示。

步骤 03 选中箭头图像并按住鼠标左键向右侧拖动，再按鼠标右键将其复制一份，然后按Ctrl+D组合键再复制一份，如图7.86所示。

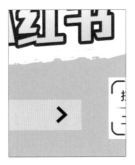

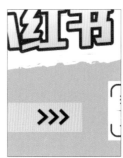

图 7.85 绘制箭头图像   图 7.86 复制箭头

步骤 04 单击工具箱中的【文本工具】**字** 按钮，输入文字，如图 7.87 所示。

步骤 05 打开【导入文件】对话框，选择"状态栏 .png"素材，单击【导入】按钮，将素材图像放在页面顶部位置，这样就完成了最终效果的制作，如图 7.88 所示。

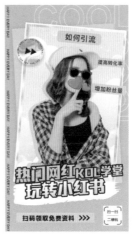

图 7.87 输入文字 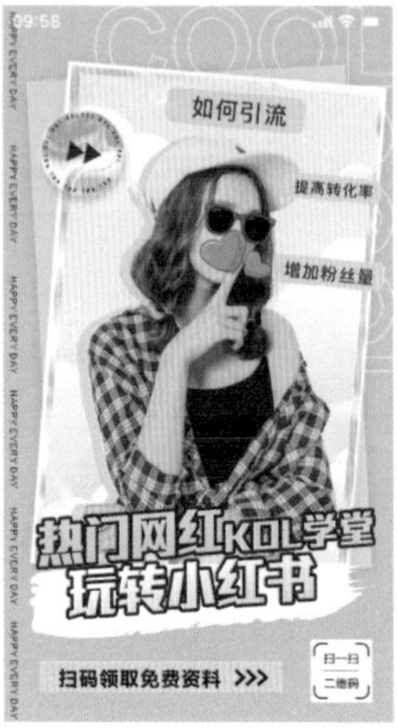　　　　图 7.88 最终效果

7.3 商品售后页面设计

设计构思

　　本例在设计过程中，以漂亮的蓝色作为页面主色调，并与红色进行搭配，形成鲜明的颜色对比，然后通过添加装饰图像元素及卷纸效果，表现出整体设计效果。最终效果如图 7.89 所示。

源文件	第 7 章 \ 商品售后页面设计背景效果 .psd、商品售后页面设计最终效果 .cdr
调用素材	第 7 章 \ 商品售后页面设计
难易指数	★ ★ ★ ★ ☆

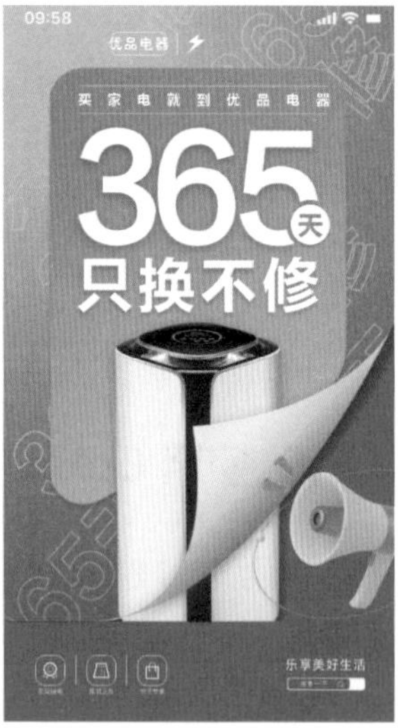

操作步骤

7.3.1 使用 Photoshop 制作主题背景

图 7.89 最终效果

步骤 01 执行菜单栏中的【文件】|【新建】命令，在弹出的对话框中设置【宽度】为 1080 像素，【高度】为 1920 像素，【分辨率】为 72 像素 / 英寸，新建 1 个空白画布，并将画布填充为红色（R: 255，G: 0，B: 50）。

步骤 02 在【图层】面板中，单击面板底部的【创建新图层】⊞按钮，新建 1 个【图层 1】图层，并将图层填充为白色。

步骤 03 在【图层】面板中选中【图层 1】图层，单击面板底部的【添加图层样式】*fx* 按钮，在菜单中选择【渐变叠加】命令。

步骤 04 在弹出的【图层样式】对话框中，将【混合模式】更改为【正常】，【渐变】更改为蓝色（R: 0, G: 202, B: 212）到蓝色（R: 0, G: 94, B: 116），【样式】更改为【径向】，【角度】更改为 −60 度，【缩放】更改为 150%，然后在画布中按住鼠标左键拖动，更改渐变起始点，完成之后单击【确定】按钮，如图 7.90 所示。

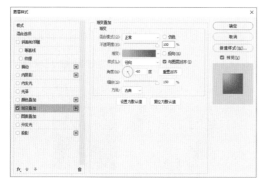

图 7.90 设置【渐变叠加】参数

步骤 05 选择工具箱中的【矩形工具】，在选项栏中将【填充】更改为红色（R: 255, G: 0, B: 50），【描边】更改为无，在画布底部绘制 1 个矩形，如图 7.91 所示。

图 7.91 绘制矩形

步骤 06 选择工具箱中的【钢笔工具】，在选项栏中单击【选择工具模式】路径 按钮，在弹出的选项中选择【形状】，将【填充】更改为黑色，【描边】更改为无，绘制 1 个图形，生成 1 个【形状】图层，如图 7.92 所示。

步骤 07 在【图层】面板中选中【图层 1】图层，单击面板底部【添加图层蒙版】按钮，为其添加图层蒙版，如图 7.93 所示。

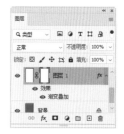

图 7.92 绘制图形 图 7.93 添加图层蒙版

步骤 08 按住 Ctrl 键单击【形状 1】图层缩览图，将图形载入选区，并填充为黑色，然后将不需要的图像隐藏，完成之后按 Ctrl+D 组合键取消选区，如图 7.94 所示。

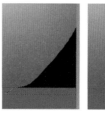

图 7.94 隐藏部分图像

步骤 09 在【图层】面板中选中【形状 1】图层，单击面板底部的【添加图层样式】按钮，在菜单中选择【内阴影】命令。

步骤 10 在弹出的【图层样式】对话框中，将【不透明度】更改为 30%，撤选【使用全局光】复选框，【角度】更改为 120 度，【距离】更改为 30 像素，【大小】更改为 40 像素，完成之后单击【确定】按钮，如图 7.95 所示。

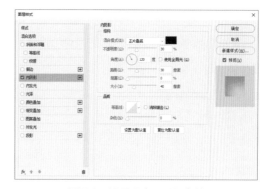

图 7.95 设置【内阴影】参数

步骤 11 在【图层】面板中选中【形状 1】图层，将图层【填充】更改为 0%，如图 7.96 所示。

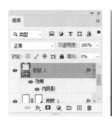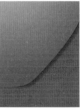

图 7.96 更改图层填充

7.3.2 使用 Photoshop 为背景添加文字元素

步骤 01 选择工具箱中的【横排文字工具】**T**，在图像中输入文字并适当旋转，如图 7.97 所示。

步骤 02 在【图层】面板中，同时选中所有文字所在的图层，按 Ctrl+G 组合键进行编组，并将组名称重命名为【文字】，如图 7.98 所示。

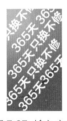 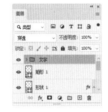

图 7.97 输入文字　　　图 7.98 将图层编组

步骤 03 在【图层】面板中选中【文字】组，单击面板底部的【添加图层样式】**fx** 按钮，在菜单中选择【描边】命令。

步骤 04 在弹出的【图层样式】对话框中将【大小】更改为 2 像素，【混合模式】更改为【叠加】，【颜色】更改为白色，完成之后单击【确定】按钮，如图 7.99 所示。

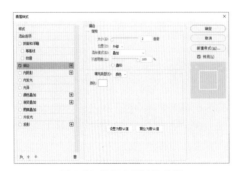

图 7.99 设置【描边】参数

步骤 05 在【图层】面板中选中【文字】组，将图层【填充】更改为 0%，如图 7.100 所示。

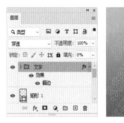

图 7.100 更改图层填充

步骤 06 选择工具箱中的【钢笔工具】，在选项栏中单击【选择工具模式】 路径 ▾ 按钮，在弹出的选项中选择【形状】，将【填充】更改为黑色，【描边】更改为无，绘制 1 个图形，生成 1 个【形状 2】图层，如图 7.101 所示。

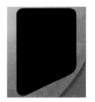

图 7.101 绘制图形

步骤 07 在【图层】面板中选中【形状 2】图层，单击面板底部的【添加图层样式】**fx** 按钮，在菜单中选择【渐变叠加】命令。

步骤 08 在弹出的【图层样式】对话框中，将【混合模式】更改为【正常】，【渐变】更改为蓝色（R: 0, G: 134, B: 161）到蓝色（R: 0, G: 185, B: 205），【角度】更改为 -60 度，如图 7.102 所示。

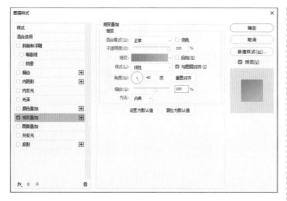

图 7.102 设置【渐变叠加】参数

改为【叠加】，【颜色】更改为白色，【阴影模式】的【不透明度】更改为 30%，如图 7.103 所示。

(步 骤 09) 选中【斜面和浮雕】复选框，将【大小】更改为 3 像素，撤选【使用全局光】复选框，【高度】更改为 30 度，【高光模式】更

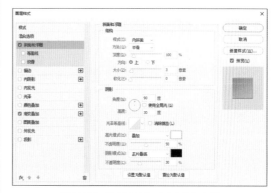

图 7.103 设置【斜面和浮雕】参数

(步 骤 10) 选中【投影】复选框，将【混合模式】更改为【正常】，【颜色】更改为深蓝色（R: 0，G: 86，B: 104），【不透明度】更改为 60%，撤选【使用全局光】复选框，【角度】更改为 90 度，【距离】更改为 10 像素，【大小】更改为 10 像素，完成之后单击【确定】按钮，如图 7.104 所示。

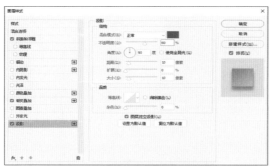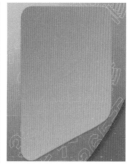

图 7.104 设置【投影】参数及效果

7.3.3 使用 Photoshop 添加素材图像

(步 骤 01) 执行菜单栏中的【文件】|【打开】命令，打开"电器 .png"文件，单击【打开】按钮，将打开的素材拖入画布中并适当缩小，并将其所在图层移至【形状 2】图层下方，如图 7.105 所示。

(步 骤 02) 在【图层】面板中选中【图层 2】图层，单击面板底部的【添加图层样式】*fx* 按钮，在菜单中选择【投影】命令。

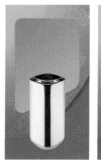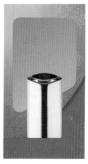

图 7.105 添加素材

步骤 03 在弹出的【图层样式】对话框中，将【混合模式】更改为【正常】，【颜色】更改为深蓝色（R: 0, G: 86, B: 104），【不透明度】更改为 60%，撤选【使用全局光】复选框，【角度】更改为 90 度，【距离】更改为 10 像素，【大小】更改为 40 像素，完成之后单击【确定】按钮，如图 7.106 所示。

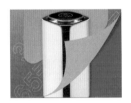

图 7.107 绘制图形

步骤 05 在【图层】面板中选中【形状 3】图层，单击面板底部的【添加图层样式】fx 按钮，在菜单中选择【渐变叠加】命令。

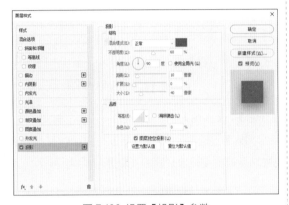

图 7.106 设置【投影】参数

步骤 04 选择工具箱中的【钢笔工具】，在选项栏中单击【选择工具模式】 路径 ∨ 按钮，在弹出的选项中选择【形状】，将【填充】更改为蓝色（R: 0, G: 185, B: 205），【描边】更改为无，绘制 1 个图形，生成 1 个【形状 3】图层，如图 7.107 所示。

步骤 06 在弹出的【图层样式】对话框中，将【混合模式】更改为【正常】，【渐变】更改为蓝色（R: 191, G: 250, B: 255）到蓝色（R: 113, G: 199, B: 212）再到蓝色（R: 0, G: 108, B: 121），【角度】更改为 −45 度，【缩放】更改为 20%，如图 7.108 所示。

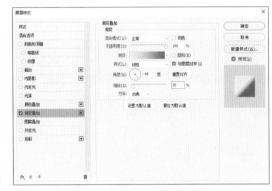

图 7.108 设置【渐变叠加】参数

步骤 07 选中【投影】复选框，将【混合模式】更改为【正常】，【渐变】更改为蓝色（R: 0, G: 86, B: 104），【不透明度】更改为 60%，撤选【使用全局光】复选框，【角度】更改为 90 度，【距离】更改为 10 像素，【大小】更改为 40 像素，完成之后单击【确定】按钮，如图 7.109 所示。

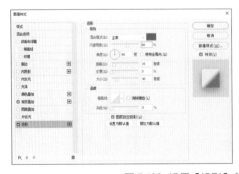
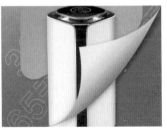

图 7.109 设置【投影】参数及效果

步骤 08　执行菜单栏中的【文件】|【打开】命令，打开"立体喇叭.png"文件，单击【打开】按钮，将打开的素材拖入画布中并适当缩小，如图 7.110 所示。

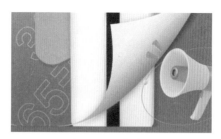

图 7.110　添加素材

7.3.4　使用 CorelDRAW 添加页面图文元素

步骤 01　打开【导入文件】对话框，选择"商品售后页面设计背景效果.jpg"素材，单击【导入】按钮，将素材图像放在合适位置，如图 7.111 所示。

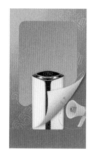

图 7.111　导入素材

步骤 02　选择工具箱中的【矩形工具】□，在选项栏中将【填充】更改为无，【描边】更改为白色，【描边宽度】为 2，然后在图像顶部绘制 1 个矩形，并适当拖动边角控制点，为矩形添加圆角效果，将生成 1 个【矩形】图层，如图 7.112 所示。

图 7.112　绘制图形

步骤 03　选中图形，执行菜单栏中的【对象】|【将轮廓转换为对象】命令，如图 7.113 所示。

步骤 04　单击工具箱中的【文本工具】字按钮，输入文字，如图 7.114 所示。

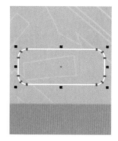

图 7.113　将轮廓转换为对象　　　图 7.114　输入文字

步骤 05　单击工具箱中的【矩形工具】□，绘制 1 个矩形，如图 7.115 所示。

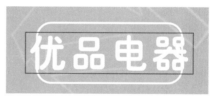

图 7.115　绘制矩形

步骤 06　同时选中两个图形，单击属性栏中的【移除前面对象】□按钮，将不需要的图像部分移除，如图 7.116 所示。

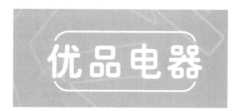

图 7.116　移除前面对象

步骤 07　单击工具箱中的【贝塞尔工具】✎按钮，在刚才绘制的图形右侧位置绘制 1 条宽度为 2pt 的白色垂直线段，如图 7.117 所示。

步骤 08 单击工具箱中的【贝塞尔工具】按钮，绘制 1 个白色闪电图形，如图 7.118 所示。

步骤 09 单击工具箱中的【文本工具】字 按钮，输入文字，如图 7.119 所示。

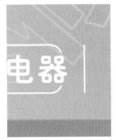

图 7.117 绘制线段

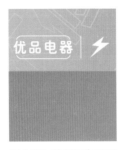
图 7.118 绘制闪电图形

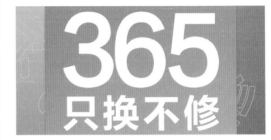
图 7.119 输入文字

7.3.5 使用 CorelDRAW 处理细节

步骤 01 单击工具箱中的【椭圆形工具】○ 按钮，按住 Ctrl 键绘制 1 个白色正圆，修剪图形，如图 7.120 所示。

步骤 02 同时选中文字及右下角正圆，单击属性栏中【修剪】按钮，修剪图形，如图 7.121 所示。

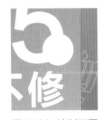
图 7.120 绘制正圆

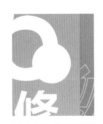
图 7.121 修剪图形

步骤 03 选中白色正圆，将其等比缩小，如图 7.122 所示。

步骤 04 单击工具箱中的【文本工具】字 按钮，输入文字，如图 7.123 所示。

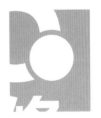
图 7.122 缩小图形

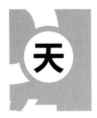
图 7.123 输入文字

步骤 05 同时选中"天"文字及其下方正圆，单击

属性栏中的【移除前面对象】按钮，将不需要的图像部分移除，如图 7.124 所示。

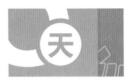
图 7.124 移除前面对象

步骤 06 选中"365"文字，单击工具箱中的【阴影工具】按钮，在图像上拖动为其添加阴影效果，并在选项栏中将【合并模式】更改为【叠加】，如图 7.125 所示。

图 7.125 添加阴影效果

步骤 07 以同样的方法为右下角镂空正圆及其下方文字添加相同的阴影效果，如图 7.126 所示。

图 7.126 添加阴影效果

步骤 08 单击工具箱中的【文本工具】**字**按钮，输入文字，如图 7.127 所示。

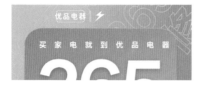

图 7.127 输入文字

步骤 09 单击工具箱中的【贝塞尔工具】按钮，绘制 1 条宽度为 1pt 的白色水平线段，如图 7.128 所示。

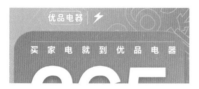

图 7.128 绘制线段

步骤 10 选中线段，单击工具箱中的【透明度工具】按钮，在属性栏中将【合并模式】更改为【叠加】，如图 7.129 所示。

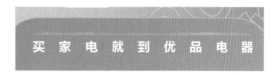

图 7.129 更改合并模式

步骤 11 选中线段并按住鼠标左键向下方拖动，再按鼠标右键将其复制一份，如图 7.130 所示。

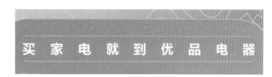

图 7.130 复制线段

7.3.6 使用 CorelDRAW 添加底部细节图像元素

步骤 01 单击工具箱中的【矩形工具】□，按住 Ctrl 键绘制 1 个正方形，设置【轮廓色】为白色，【轮廓宽度】为 2，如图 7.131 所示。

步骤 02 单击工具箱中的【形状工具】按钮，拖动矩形左上角的锚点进行调整，为其制作圆角效果，如图 7.132 所示。

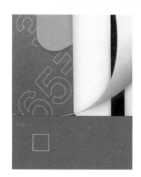

图 7.131 绘制矩形　　图 7.132 制作圆角效果

步骤 03 选中圆角矩形并按住鼠标左键向右侧拖动，再按鼠标右键将其复制一份，然后按

Ctrl+D 组合键再复制一份，如图 7.133 所示。

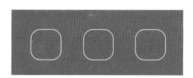

图 7.133 复制图形

步骤 04 打开【导入文件】对话框，选择"图标.png"素材，单击【导入】按钮，将素材图像放在刚才绘制的图形位置，如图 7.134 所示。

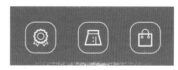

图 7.134 导入素材

步骤 05 单击工具箱中的【贝塞尔工具】按钮，在图形之间绘制 1 条垂直线段，设置【轮廓色】为白色，【轮廓宽度】为1，如图 7.135 所示。

步骤 06 选中线段并按住鼠标左键向拖动，再按鼠标右键将其复制一份，如图 7.136 所示。

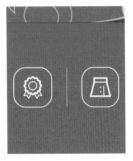 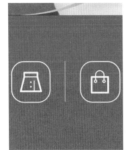

图 7.135 绘制线段　　图 7.136 复制线段

步骤 07 单击工具箱中的【文本工具】字 按钮，输入文字，如图 7.137 所示。

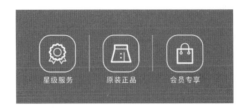

图 7.137 输入文字

步骤 08 以同样的方法在右侧位置再次输入文字，如图 7.138 所示。

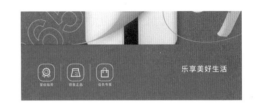

图 7.138 输入文字

7.3.7 使用 CorelDRAW 制作搜索框

步骤 01 单击工具箱中的【矩形工具】□，绘制 1 个白色矩形，如图 7.139 所示。

步骤 02 单击工具箱中的【形状工具】按钮，拖动矩形左上角的锚点进行调整，为其制作圆角效果，如图 7.140 所示。

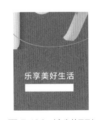 

图 7.139 绘制矩形　　图 7.140 制作圆角效果

步骤 03 选中圆角矩形，按 Ctrl+C 组合键复制，按 Ctrl+V 组合键粘贴，然后将粘贴的图形更改为黑色，再分别缩小其宽度及高度，如图 7.141 所示。

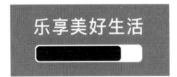

图 7.141 复制并变换图形

步骤 04 同时选中两个图形，单击属性栏中的【移除前面对象】按钮，将不需要的图像部分移除，如图 7.142 所示。

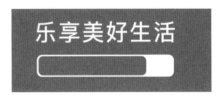

图 7.142 移除前面对象

步骤 05 单击工具箱中的【文本工具】字 按钮，输入文字。

步骤 06 打开【导入文件】对话框，选择"图标 2.cdr"素材，单击【导入】按钮，将素材图像放在刚才绘制的图形右侧位置，如图 7.143 所示。

图 7.143 输入文字及导入素材

步骤 07 打开【导入文件】对话框，选择"状态栏.png"素材，单击【导入】按钮，将素材图像放在界面顶部位置并缩小，这样就完成了最终效果的制作，如图 7.144 所示。

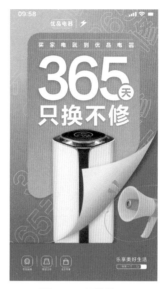

图 7.144　最终效果

7.4　时装主题网页设计

设计构思

本例在设计过程中，以漂亮的模特作为网页主视觉图像，通过绘制多个图形为网页添加装饰元素，最后输入文字信息并补充装饰元素完成最终效果的制作，最终效果如图 7.145 所示。

源文件	第 7 章\时装主题网页设计背景效果.psd、时装主题网页设计最终效果.cdr
调用素材	第 7 章\时装主题网页设计
难易指数	★★★☆☆

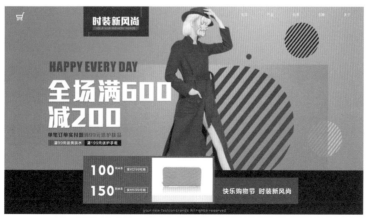

图 7.145　最终效果

■ **操作步骤**

7.4.1 使用 Photoshop 制作网页背景

步骤 01 执行菜单栏中的【文件】|【新建】命令，在弹出的对话框中设置【宽度】为 1100 毫米，【高度】为 620 毫米，【分辨率】为 72 像素 / 英寸，新建 1 个空白画布。

步骤 02 在【图层】面板中，单击面板底部的【创建新图层】按钮，新建 1 个【图层 1】图层，并将图层填充为白色。

步骤 03 在【图层】面板中选中【图层 1】图层，单击面板底部的【添加图层样式】按钮，在菜单中选择【渐变叠加】命令。

步骤 04 在弹出的【图层样式】对话框中，将【混合模式】更改为【正常】，【渐变】更改为橙色（R: 248，G: 201，B: 111）到橙色（R: 224，G: 126，B: 23），【样式】更改为【径向】，【角度】更改为 0 度，【缩放】更改为 130%，完成之后单击【确定】按钮，如图 7.146 所示。

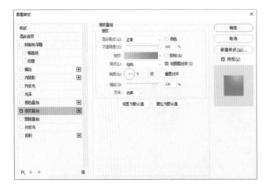

图 7.146 设置【渐变叠加】参数及效果

步骤 05 选择工具箱中的【矩形工具】，在选项栏中将【填充】更改为深蓝色（R: 8，G: 8，B: 49），【描边】更改为无，然后在画布底部绘制 1 个矩形，生成 1 个【矩形 1】图层，如图 7.147 所示。

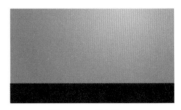

图 7.147 绘制矩形

步骤 06 以同样的方法再绘制 1 个橙色（R: 250，G: 116，B: 31）矩形，生成 1 个【矩形 2】图层，如图 7.148 所示。

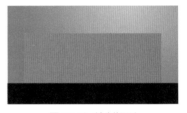

图 7.148 绘制矩形

步骤 07 在【图层】面板中选中【矩形 2】图层，将其图层【不透明度】更改为 70%，如图 7.149 所示。

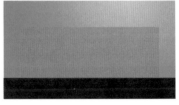

图 7.149 更改图层不透明度

步骤 08 在【图层】面板中选中【矩形 2】图层，单击面板底部的【添加图层样式】按钮，在菜单中选择【渐变叠加】命令。

> **步骤 09** 在弹出的【图层样式】对话框中，将【混合模式】更改为【正常】，【渐变】更改为橙色（R: 254，G: 212，B: 132）到橙色（R: 247，G: 120，B: 34），【样式】更改为【径向】，如图 7.150 所示。

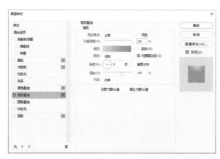
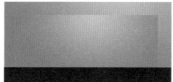

图 7.150 设置【渐变叠加】参数及效果

7.4.2 使用 Photoshop 绘制主视觉图形

> **步骤 01** 选择工具箱中的【椭圆工具】◯，在选项栏中将【填充】更改为深红色（R: 195，G: 0，B: 60），【描边】更改为无，按住 Shift 键绘制 1 个正圆图形，生成 1 个【椭圆 1】图层，如图 7.151 所示。

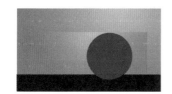

图 7.151 绘制正圆

> **步骤 02** 选择工具箱中的【矩形工具】▭，选中【椭圆 1】图层，按住 Alt 键绘制 1 个细长矩形路径，如图 7.152 所示。

> **步骤 03** 选择工具箱中的【路径选择工具】▸，选中矩形，按 Ctrl+Alt+T 组合键将其向右侧平移拖动，完成之后按 Enter 键确认，如图 7.153 所示。

图 7.152 绘制矩形路径　图 7.153 变换复制路径

> **步骤 04** 按住 Ctrl+Shift+Alt 组合键的同时按 T 键多次，将路径复制多份，如图 7.154 所示。

> **步骤 05** 选中【椭圆 1】图层，按 Ctrl+T 组合键对其执行【自由变换】命令，并将图形适当旋转，完成之后按 Enter 键确认，如图 7.155 所示。

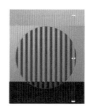
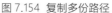
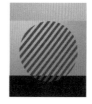

图 7.154 复制多份路径　图 7.155 旋转图形

> **步骤 06** 在【图层】面板中选中【矩形 1】图层，将其移至所有图层的上方，如图 7.156 所示。

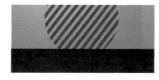

图 7.156 更改图层顺序

> **步骤 07** 选中【椭圆 1】图层，在图像中按住 Alt 键向右侧拖动，将其复制一份，生成 1 个【椭圆 1 拷贝】图层，然后按 Ctrl+T 组合键对其执行【自由变换】命令，按住

Alt+Shift 组合键将图形等比缩小，完成之后按 Enter 键确认，再将其更改为其他颜色，如图 7.157 所示。

将打开的素材拖入画布中并适当缩小，如图 7.159 所示。

步骤 08 选中【椭圆 1 拷贝】图层，在图像中按住 Alt 键拖动，将其再复制一份并更改颜色，如图 7.158 所示。

步骤 10 选择工具箱中的【椭圆工具】，在选项栏中将【填充】更改为红色（R: 195，G: 0，B: 60），【描边】更改为无，按住 Shift 键绘制 1 个正圆图形，如图 7.160 所示。

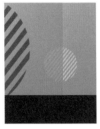

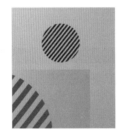

图 7.157 复制图形　　图 7.158 再次复制图形

步骤 09 执行菜单栏中的【文件】|【打开】命令，打开"模特 .png"文件，单击【打开】按钮，

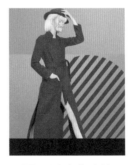
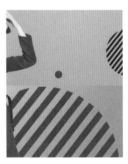

图 7.159 添加素材　　　图 7.160 绘制正圆

7.4.3 使用 CorelDRAW 绘制网页功能区图形

步骤 01 打开【导入文件】对话框，选择"时装主题网页设计背景效果 .jpg"素材，单击【导入】按钮，将素材图像放在合适的位置，如图 7.161 所示。

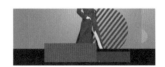

图 7.163 再次绘制矩形

提示：在底部绘制矩形时，可将矩形设置为一种与模特衣服相似的红色，不必固定某种数值。

步骤 04 单击工具箱中的【矩形工具】，绘制 1 个白色矩形，如图 7.164 所示。

步骤 05 选中矩形，按 Ctrl+C 组合键复制，按 Ctrl+V 组合键粘贴，然后将粘贴的矩形更改为浅黄色（R: 243，G: 235，B: 226）并缩小高度，如图 7.165 所示。

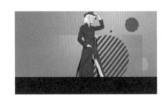

图 7.161 导入素材

步骤 02 单击工具箱中的【矩形工具】，在顶部绘制 1 个深黄色（R: 72，G: 56，B: 37）矩形，如图 7.162 所示。

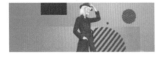

图 7.162 绘制矩形

步骤 03 单击工具箱中的【矩形工具】，在底部绘制两个红色矩形，如图 7.163 所示。

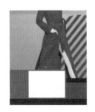
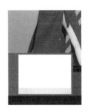

图 7.164 绘制矩形　　图 7.165 复制矩形并缩小

步骤 06 打开【导入文件】对话框，选择"钱包 .png" 素材，单击【导入】按钮，将素材图像放在合适的位置，如图 7.166 所示。

步骤 07 选中"钱包"图像，按 Ctrl+C 组合键复制，按 Ctrl+V 组合键粘贴，然后单击属性栏中的【垂直镜像】 按钮，对图像进行垂直翻转，如图 7.167 所示。

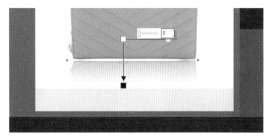

图 7.168　为图像制作倒影

步骤 09 单击工具箱中的【文本工具】**字** 按钮，输入文字，如图 7.169 所示。

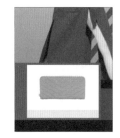 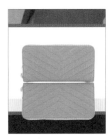

图 7.166　导入素材　　　图 7.167　复制并变换图像

步骤 08 选中翻转后的图像，单击工具箱中的【透明度工具】 按钮，在图像上拖动，降低透明度制作出倒影效果，如图 7.168 所示。

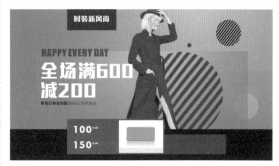

图 7.169　输入文字

7.4.4　使用 CorelDRAW 绘制装饰图形

步骤 01 单击工具箱中的【矩形工具】□，在图像顶部绘制两个红色（R: 241，G: 50，B: 45）矩形，如图 7.170 所示。

步骤 03 单击工具箱中的【文本工具】**字** 按钮，输入文字，如图 7.172 所示。

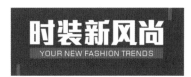

图 7.172　输入文字

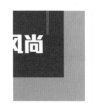

图 7.170　绘制矩形

步骤 02 以同样的方法在左上角文字底部再次绘制 1 个矩形，如图 7.171 所示。

步骤 04 单击工具箱中的【矩形工具】□，绘制 1 个红色（R: 241，G: 50，B: 45）矩形，如图 7.173 所示。

步骤 05 选中矩形，按 Ctrl+C 组合键复制，按 Ctrl+V 组合键粘贴，然后将粘贴的矩形更改为蓝色（R: 9，G: 8，B: 50）并向右侧平移，如图 7.174 所示。

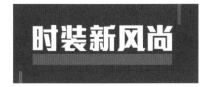

图 7.171　绘制矩形

步骤 06 单击工具箱中的【文本工具】**字** 按钮，输入文字，如图 7.175 所示。

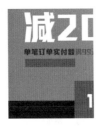

图 7.173 绘制矩形

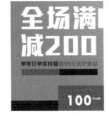

图 7.174 复制并粘贴矩形

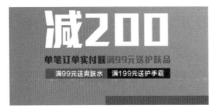

图 7.175 输入文字

步骤 07 选中"全场…"文字，单击工具箱中的【阴影工具】按钮，在图像上拖动为其添加阴影效果，然后在选项栏中将【合并模式】更改为【叠加】，【阴影不透明度】更改为 50，【阴影羽化】更改为 5，效果如图 7.176 所示。

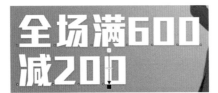

图 7.176 添加阴影效果

步骤 08 单击工具箱中的【矩形工具】按钮，绘制 1 个矩形，设置其【填充】颜色为无，【轮廓色】为白色，【轮廓宽度】为默认。

步骤 09 选中矩形并按住鼠标左键向下方拖动，再按鼠标右键将其复制一份，如图 7.177 所示。

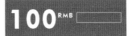

图 7.177 绘制及复制矩形

步骤 10 打开【导入文件】对话框，选择"图标.cdr"素材，单击【导入】按钮，将素材图像放在左上角位置并更改为白色，如图 7.178 所示。

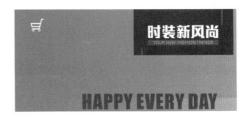

图 7.178 导入素材

步骤 11 单击工具箱中的【文本工具】字按钮，输入文字，这样就完成了最终效果的制作，如图 7.179 所示。

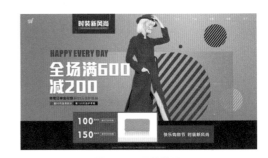

图 7.179 最终效果

7.5 智能产品主页设计

设计构思

本例在制作过程中，以漂亮的浅灰色作为背景色，导入高清智能穿戴设备图像为主页增添主视觉效果，最后输入直观文字信息并绘制装饰图形完成最终效果的制作，最终效果如图 7.180 所示。

源文件	第 7 章 \ 智能产品主页设计背景效果 .psd、智能产品主页设计最终效果 .cdr
调用素材	第 7 章 \ 智能产品主页设计
难易指数	★ ★ ★ ☆ ☆

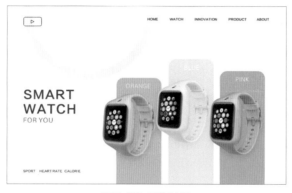

图 7.180 最终效果

操作步骤

7.5.1 使用 Photoshop 制作网页背景

步骤 01 执行菜单栏中的【文件】|【新建】命令，在弹出的对话框中设置【宽度】为 1000 毫米，【高度】为 620 毫米，【分辨率】为 72 像素 / 英寸，新建 1 个空白画布。

步骤 02 在【图层】面板中，单击面板底部的【创建新图层】⊞按钮，新建 1 个【图层 1】图层，并将图层填充为白色。

步骤 03 在【图层】面板中选中【图层 1】图层，单击面板底部的【添加图层样式】*fx* 按钮，在菜单中选择【渐变叠加】命令。

步骤 04 在弹出的【图层样式】对话框中，将【混合模式】更改为【正常】，【渐变】更改为白色到浅灰色（R: 245，G: 251，B: 250），【样式】更改为【径向】，【角度】更改为 0 度，【缩放】更改为 150%，如图 7.181 所示。

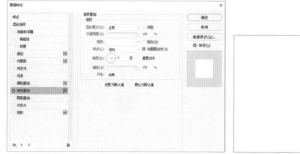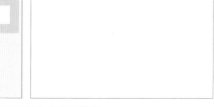

图 7.181 设置【渐变叠加】参数及效果

步 骤 05 执行菜单栏中的【文件】|【打开】命令，打开"智能手表 .png"文件，单击【打开】按钮，将打开的素材拖入画布中并适当缩小，其所在图层名称将自动更改为【图层2】，如图 7.182 所示。

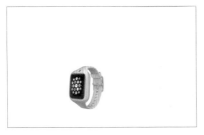

图 7.182 添加素材

步 骤 06 选中【图层 2】图层，在图像中按住 Alt 键向右侧拖动复制图像，如图 7.183 所示。

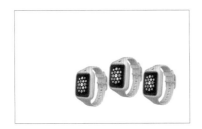

图 7.183 复制图像

步 骤 07 在【图层】面板中选中【图层 2 拷贝】图层，单击面板底部的【创建新的填充或调整图层】按钮，在弹出的菜单中选择【色相/饱和度】命令，在出现的【属性】面板中单击【此调整剪切到此图层】按钮，再将【色相】更改为 –180，【饱和度】更改为 7，如图 7.184 所示。

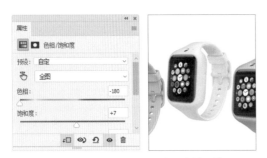

图 7.184 调整【色相 / 饱和度】参数及效果

步 骤 08 以同样的方法选中【图层 2 拷贝 2】图层，调整图像颜色，如图 7.185 所示。

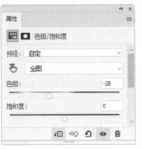
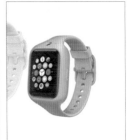

图 7.185 调整图像颜色

步 骤 09 选择工具箱中的【矩形工具】，在选项栏中将【填充】更改为浅红色（R: 246，G: 183，B: 164），【描边】更改为无，然后在画布中绘制 1 个矩形，适当拖动边角控制点，为矩形添加圆角效果，生成 1 个【矩形 1】图层，并将其移至【图层 2】图层的下方，如图 7.186 所示。

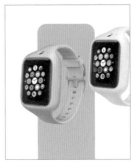

图 7.186 绘制矩形

步 骤 10 选中【矩形 1】图层，在画布中按住 Alt 键向右侧拖动复制图形，如图 7.187 所示。

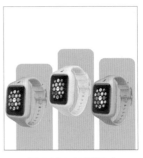

图 7.187 复制矩形

步骤 ⑪ 分别选中复制的图形并更改为不同的颜色，如图 7.188 所示。

> 技巧：在更改复制的图形颜色时，可利用【吸管工具】🖊吸取手表图像颜色。

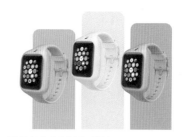

图 7.188 更改图形颜色

7.5.2 使用 Photoshop 处理素材图像

步骤 ⑴ 在【图层】面板中选中【图层 2】图层，单击面板底部的【添加图层样式】𝑓𝑥 按钮，在菜单中选择【投影】命令。

步骤 ⑵ 在弹出的【图层样式】对话框中，将【混合模式】更改为【叠加】，【颜色】更改为黑色，【不透明度】更改为 40%，撤选【使用全局光】复选框，【角度】更改为 90 度，【距离】更改为 10 像素，【大小】更改为 20 像素，完成之后单击【确定】按钮，如图 7.189 所示。

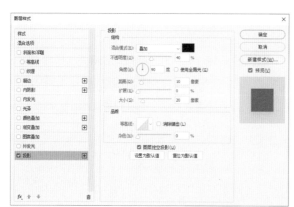
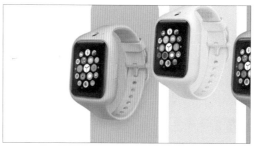

图 7.189 设置【投影】参数及效果

步骤 ⑶ 在【图层 2】图层名称上单击鼠标右键，从弹出的快捷菜单中选择【拷贝图层样式】命令，同时选中另外两个手表所在的图层并单击鼠标右键，从弹出的快捷菜单中选择【粘贴图层样式】命令，如图 7.190 所示。

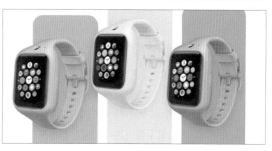

图 7.190 复制并粘贴图层样式

7.5.3 使用 CorelDRAW 绘制装饰图形

步骤 01 打开【导入文件】对话框，选择"智能产品主页设计背景效果 .jpg"素材，单击【导入】按钮，将素材图像放在合适的位置，如图 7.191 所示。

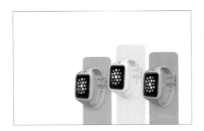

图 7.191 导入素材

步骤 02 单击工具箱中的【椭圆形工具】○ 按钮，按住 Ctrl 键绘制 1 个正圆，设置其【轮廓色】为灰色（R: 239，G: 239，B: 239），【轮廓宽度】为 30，如图 7.192 所示。

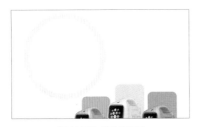

图 7.192 绘制正圆

步骤 03 选中正圆，单击属性栏中【弧形】○ 图标，制作弧形效果，如图 7.193 所示。

图 7.193 制作弧形效果

步骤 04 在【轮廓笔】面板中，单击【线条端头】右侧的【圆形端头】━━ 图标，如图 7.194 所示。

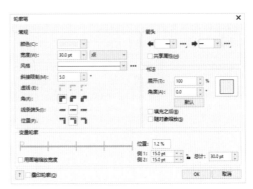

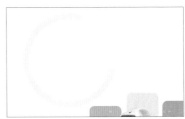

图 7.194 设置轮廓笔端头

步骤 05 选中弧形，按 Ctrl+C 组合键复制，再按 Ctrl+V 组合键粘贴。

步骤 06 将粘贴的图形更改为浅灰色（R: 248，G: 248，B: 248）并等比缩小；以同样的方法再复制 1 个图形并等比缩小，如图 7.195 所示。

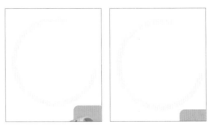

图 7.195 复制并粘贴图形

步骤 07 单击工具箱中的【矩形工具】□ 按钮，绘制 1 个矩形，如图 7.196 所示。

步骤 08 同时选中几个弧形图像并单击鼠标右键，在弹出的快捷菜单中选择【Power Clip 内部】命令，在矩形上单击，将部分图像隐藏，如图 7.197 所示。

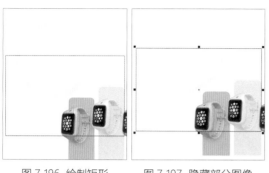

图 7.196　绘制矩形　　　图 7.197　隐藏部分图像

步骤 **09**　将矩形【轮廓】更改为无，如图 7.198 所示。

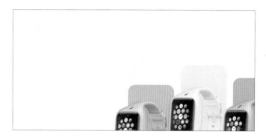

图 7.198　取消轮廓

7.5.4　使用 CorelDRAW 添加文字信息

步骤 **01**　单击工具箱中的【文本工具】**字** 按钮，输入文字，如图 7.199 所示。

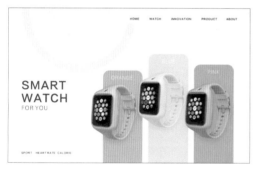

图 7.199　输入文字

步骤 **02**　单击工具箱中的【矩形工具】□，绘制 1 个蓝色（R: 168，G: 241，B: 255）矩形，如图 7.200 所示。

步骤 **03**　选中矩形并按住鼠标左键向下拖动，再按鼠标右键将其复制一份，然后按 Ctrl+D 组合键再复制一份，如图 7.201 所示。

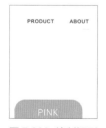

图 7.200　绘制矩形　　　图 7.201　复制矩形

步骤 **04**　单击工具箱中的【矩形工具】□按钮，绘制 1 个矩形，设置其【填充】颜色为无，

【轮廓色】为黑色，【轮廓宽度】为默认，如图 7.202 所示。

步骤 **05**　单击工具箱中的【形状工具】按钮，拖动矩形左上角的锚点进行调整，为其制作圆角效果，如图 7.203 所示。

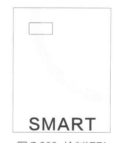
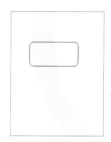

图 7.202　绘制矩形　　　图 7.203　制作圆角效果

步骤 **06**　单击工具箱中的【贝塞尔工具】按钮，绘制 1 个小三角形，设置【轮廓色】为黑色，【轮廓宽度】为默认，这样就完成了最终效果的制作，如图 7.204 所示。

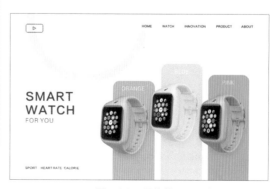

图 7.204　最终效果

7.6 超跑网页设计

设计构思

　　本例在设计过程中，将漂亮的深蓝色背景与深黄色主体色相结合，使整个网页呈现出一种高级的视觉感受，同时添加高清跑车素材图像并输入直观文字信息完成整个网页的设计，最终效果如图 7.205 所示。

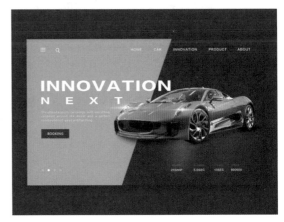

图 7.205　最终效果

源文件	第 7 章 \ 超跑网页设计背景效果 .psd、超跑网页设计最终效果 .cdr
调用素材	第 7 章 \ 超跑网页设计
难易指数	★ ★ ★ ☆ ☆

操作步骤

7.6.1 使用 Photoshop 制作网页背景

步骤 01 执行菜单栏中的【文件】|【新建】命令，在弹出的对话框中设置【宽度】为 800 像素，【高度】为 600 像素，【分辨率】为 72 像素 / 英寸，新建 1 个空白画布，并将画布填充为深蓝色（R: 43，G: 43，B: 53）。

步骤 02 选择工具箱中的【矩形工具】▢，在选项栏中将【填充】更改为橙色（R: 252，G: 152，B: 28），【描边】更改为无，在画布中绘制 1 个矩形，如图 7.206 所示。

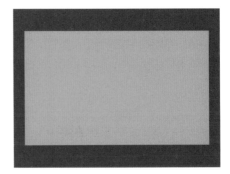

图 7.206　绘制矩形

步骤 03 在【图层】面板中选中【矩形 1】图层，单击面板底部的【添加图层样式】*fx* 按钮，在菜单中选择【投影】命令。

步骤 04 在弹出的【图层样式】对话框中，将【混合模式】更改为【正片叠底】，【颜色】更改为黑色，【不透明度】更改为30%，撤选【使用全局光】复选框，【角度】更改为90度，【距离】更改为5像素，【大小】更改为30像素，完成之后单击【确定】按钮，如图7.207所示。

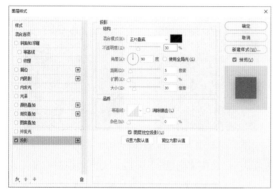

图 7.207 设置【投影】参数

步骤 05 选择工具箱中的【钢笔工具】，在选项栏中单击【选择工具模式】 路径 按钮，在弹出的选项中选择【形状】，将【填充】更改为深灰色（R: 40, G: 42, B: 54），【描边】更改为无，绘制1个不规则图形，

生成1个【形状1】图层，如图7.208所示。

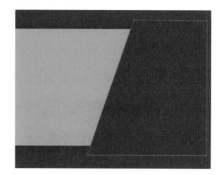

图 7.208 绘制不规则图形

步骤 06 选中【形状1】图层，执行菜单栏中的【图层】|【创建剪贴蒙版】命令，为当前图层创建剪贴蒙版，将部分图形隐藏，如图7.209所示。

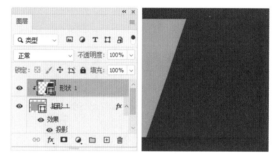

图 7.209 创建剪贴蒙版

7.6.2 使用 Photoshop 处理主视觉素材

步骤 01 执行菜单栏中的【文件】|【打开】命令，打开"跑车 .png、炫光 .png"文件，单击【打开】按钮，将打开的素材拖入画布中并适当缩小，如图7.210所示。

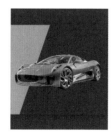 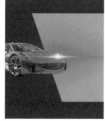

图 7.210 添加素材

步骤 02 在【图层】面板中选中【图层 2】图层，将图层混合模式更改为【滤色】，如图7.211所示。

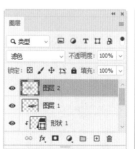 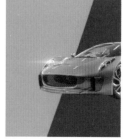

图 7.211 更改图层混合模式

步骤 03 选中【图层 2】图层，在画布中按住 Alt 键将图像拖至左侧车灯位置，按 Ctrl+T 组合键对其执行【自由变换】命令，再按住 Alt+Shift 组合键将图像等比缩小，完成之后按 Enter 键确认，如图 7.212 所示。

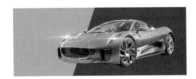

图 7.212 复制并变换图像

步骤 04 选择工具箱中的【钢笔工具】，在选项栏中单击【选择工具模式】 路径 按钮，在弹出的选项中选择【形状】，将【填充】更改为黑色，【描边】更改为无，绘制 1 个图形，生成 1 个【形状 2】图层，并将其移至【图层 1】图层的下方，如图 7.213 所示。

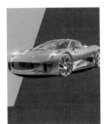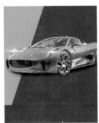

图 7.213 绘制图形

步骤 05 选中【形状 2】图层，执行菜单栏中的【滤镜】|【模糊】|【高斯模糊】命令，在弹出的对话框中单击【转换为智能对象】按钮，在出现的对话框中将【半径】更改为 5 像素，完成之后单击【确定】按钮，如图 7.214 所示。

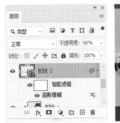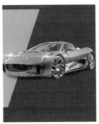

图 7.214 添加高斯模糊效果

步骤 06 选择工具箱中的【椭圆工具】，在选项栏中将【填充】更改为黑色，【描边】更改为无，在车轮位置绘制 1 个椭圆，生成 1 个【椭圆 1】图层，并将其移至【图层 1】图层的下方，如图 7.215 所示。

步骤 07 选中【椭圆 1】图层，以同样的方法为其添加高斯模糊效果，如图 7.216 所示。

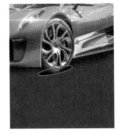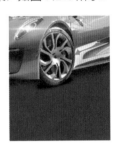

图 7.215 绘制椭圆　　图 7.216 添加高斯模糊效果

步骤 08 选中【椭圆 1】图层，执行菜单栏中的【滤镜】|【模糊】|【动感模糊】命令，在弹出的【动感模糊】对话框中将【角度】更改为 0 度，【距离】更改为 30 像素，完成之后单击【确定】按钮，如图 7.217 所示。

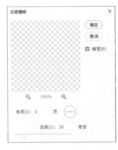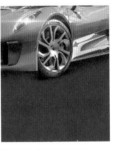

图 7.217 设置【动感模糊】参数及效果

步骤 09 选中【椭圆 1】图层，在画布中按住 Alt 键将其拖至右侧车轮位置，如图 7.218 所示。

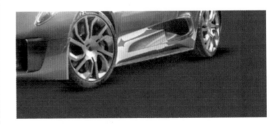

图 7.218 复制图像

7.6.3 使用 Photoshop 调整素材细节

步骤 01 选择工具箱中的【钢笔工具】🖊️，在选项栏中单击【选择工具模式】 [路径 ▾] 按钮，在弹出的选项中选择【形状】，将【填充】更改为橙色（R: 252，G: 152，B: 28），【描边】更改为无，在适当位置绘制 1 个不规则图形，生成 1 个【形状 3】图层，如图 7.219 所示。

步骤 02 选中【形状 3】图层，执行菜单栏中的【滤镜】|【模糊】|【高斯模糊】命令，在弹出的对话框中单击【转换为智能对象】按钮，在出现的对话框中将【半径】更改为 25 像素，完成之后单击【确定】按钮，如图 7.220 所示。

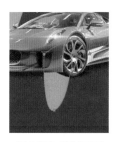 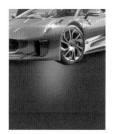

图 7.219 绘制图形　　图 7.220 添加高斯模糊效果

步骤 03 在【图层】面板中选中【形状 3】图层，将图层【不透明度】更改为 50%，如图 7.221 所示。

步骤 04 以同样的方法在右侧位置再次绘制 1 个类似图形，为其添加高斯模糊效果并降低图层不透明度，以制作倒影效果，如图 7.222 所示。

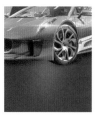 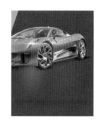

图 7.221 降低图层不透明度　图 7.222 制作倒影效果

步骤 05 在【图层】面板中选中【图层 1】图层，单击面板底部的【添加图层样式】🔳 按钮，在菜单中选择【渐变叠加】命令。

步骤 06 在弹出的【图层样式】对话框中，将【混合模式】更改为【叠加】，【不透明度】更改为 60%，【渐变】更改为黑色到透明，完成之后单击【确定】按钮，如图 7.223 所示。

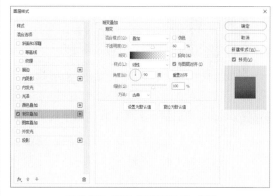

图 7.223 设置【渐变叠加】参数

7.6.4 使用 CorelDRAW 添加网页图文信息

步骤 01 打开【导入文件】对话框，选择"超跑网页设计背景效果 .jpg"素材，单击【导入】按钮，将素材图像放在合适的位置，如图 7.224 所示。

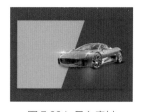

图 7.224 导入素材

步骤 02 单击工具箱中的【矩形工具】□，绘制 1 个白色矩形，如图 7.225 所示。

步骤 03 选中矩形并按住鼠标左键向下拖动，再按鼠标右键将其复制一份，然后按 Ctrl+D 组合键再复制一份，如图 7.226 所示。

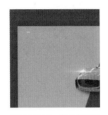
图 7.225 绘制矩形

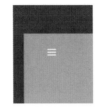
图 7.226 复制矩形

步骤 04 单击工具箱中的【椭圆形工具】○ 按钮，按住 Ctrl 键绘制 1 个正圆，设置其填充颜色为无，设置【轮廓色】为白色，【轮廓宽度】为 1.5，如图 7.227 所示。

步骤 05 单击工具箱中的【矩形工具】□，绘制 1 个白色小矩形并适当旋转，如图 7.228 所示。

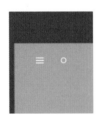
图 7.227 绘制正圆

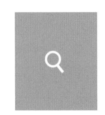
图 7.228 绘制小矩形

步骤 06 单击工具箱中的【形状工具】 按钮，拖动矩形左上角的锚点进行调整，为其制作圆角效果，如图 7.229 所示。

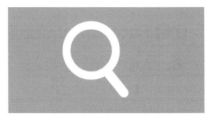
图 7.229 制作圆角效果

步骤 07 单击工具箱中的【文本工具】字 按钮，输入文字，如图 7.230 所示。

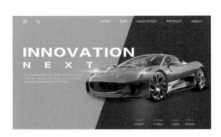
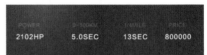
图 7.230 输入文字

步骤 08 单击工具箱中的【矩形工具】□，绘制 1 个深灰色（R: 51，G: 51，B: 51）矩形，如图 7.231 所示。

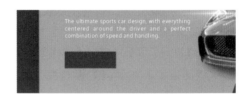
图 7.231 绘制矩形

7.6.5 使用 CorelDRAW 添加网页细节元素

步骤 01 单击工具箱中的【椭圆形工具】○ 按钮，按住 Ctrl 键绘制 1 个白色正圆，如图 7.232 所示。

步骤 02 选中白色正圆并按住鼠标左键向右侧拖动，再按鼠标右键将其复制一份，然后按 Ctrl+D 组合键再复制一份，如图 7.233 所示。

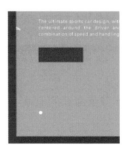
图 7.232 绘制正圆

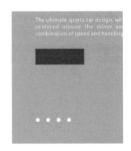
图 7.233 复制正圆

步骤 03 同时选中 3 个正圆，单击工具箱中的【透明度工具】▨按钮，将【透明度】更改为 70，如图 7.234 所示。

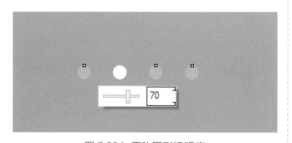

图 7.234　更改图形透明度

步骤 04 以同样的方法在其他位置添加相关文字信息，这样就完成了最终效果的制作，如图 7.235 所示。

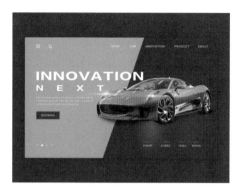

图 7.235　最终效果

7.7 课后习题

7.7.1 习题 1——直播购页面设计

📗 **设计构思**

本例在设计过程中，以漂亮的红色作为主色系，通过添加模特图像作为整个页面主视觉，同时格子放射背景的制作为整个页面增添了富有冲击力的视觉效果，最终效果如图 7.236 所示。

源文件	第 7 章 \ 直播购页面设计背景效果 .cdr、直播购页面设计最终效果 .psd
调用素材	第 7 章 \ 直播购页面设计
难易指数	★★★★☆

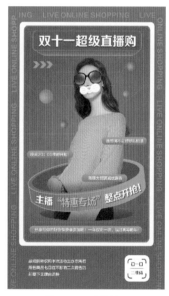

图 7.236　最终效果

7.7.2 习题 2——情人节主题网页设计

📗 **设计构思**

本例在设计过程中，以漂亮的情人节元素作为网页主视觉，比如添加戒指素材元素、红酒与玫瑰图像元素等，同时在配色上采用浪漫的浅红色系作为网页主色调，整个网页呈现极佳的观赏性，最终效果如图 7.237 所示。

源文件	源文件：第 7 章\情人节主题网页设计背景效果 .psd、情人节主题网页设计最终效果 .cdr
调用素材	第 7 章\情人节主题网页设计
难易指数	★ ★ ★ ☆ ☆

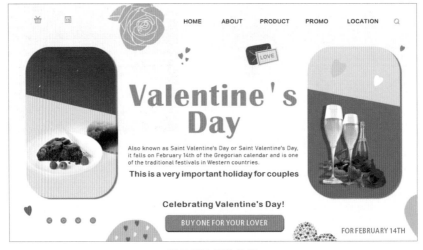

图 7.237 最终效果

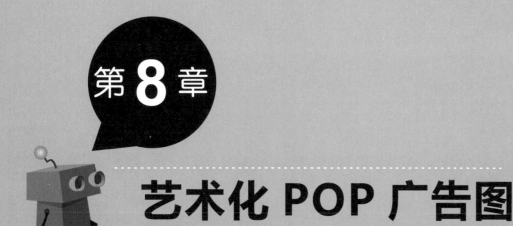

第8章

艺术化 POP 广告图设计

本章介绍

本章讲解艺术化 POP 广告图设计。POP 广告图与海报有一些相似之处，但也存在一些不同。本章的设计重点是向读者展示如何通过精美的图像与文字相结合，制作出艺术化的视觉图像效果。本章列举了世界杯海鲜主题 POP 设计、环保日主题 POP 设计、生活节 POP 设计等实例，以讲解艺术化 POP 广告图的设计知识。通过学习本章内容，读者可以掌握艺术化 POP 广告图设计的方法与技巧。

要点索引

- ◎ 学会世界杯海鲜主题 POP 设计
- ◎ 学习环保日主题 POP 设计
- ◎ 掌握生活节 POP 设计技巧
- ◎ 学会美食主题 POP 设计

8.1 世界杯海鲜主题 POP 设计

设计构思

本例在设计过程中，将漂亮的海鲜素材图像与足球图像及直观文字信息相结合，使整个 POP 的设计具有很强的主题特征，最终效果如图 8.1 所示。

源文件	第 8 章 \ 生活节 POP 设计背景效果 .psd、生活节 POP 设计最终效果 .cdr
调用素材	第 8 章 \ 世界杯海鲜主题 POP 设计
难易指数	★ ★ ★ ☆ ☆

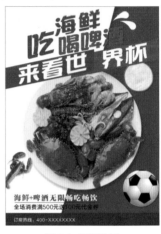

图 8.1 最终效果

操作步骤

8.1.1 使用 Photoshop 制作双色背景

步骤 01 执行菜单栏中的【文件】|【新建】命令，在弹出的对话框中设置【宽度】为 65 毫米，【高度】为 90 毫米，【分辨率】为 300 像素 / 英寸，新建 1 个空白画布。

步骤 02 选择工具箱中的【钢笔工具】，在选项栏中单击【选择工具模式】 路径 按钮，在弹出的选项中选择【形状】，将【填充】更改为红色（R: 203，G: 34，B: 11），【描边】更改为无，在画布靠右侧位置绘制 1 个图形，生成 1 个【形状 1】图层，如图 8.2 所示。

步骤 03 在【图层】面板中选中【形状 1】图层，单击面板底部的【添加图层样式】按钮，在菜单中选择【内阴影】命令。

步骤 04 在弹出【图层样式】的对话框中，将【混合模式】更改为【正片叠底】，【颜色】更改为黑色，【不透明度】更改为 30%，撤选【使用全局光】复选框，【角度】更改为－180 度，【距离】更改为 10 像素，【大小】更改为 20 像素，如图 8.3 所示。

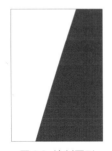

图 8.2 绘制图形

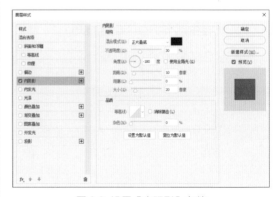

图 8.3 设置【内阴影】参数

8.1.2　使用 Photoshop 添加主视觉图像

步骤 01　执行菜单栏中的【文件】|【打开】命令，
打开"海鲜 .png、龙虾 .png、啤酒 .png、
足球 .png"文件，单击【打开】按钮，
将打开的素材拖入画布中并适当缩小，如
图 8.4 所示。

提示：添加素材图像之后，素材图像所在图层
将自动重命名，此时手动更改与素材相同的对
应名称即可。

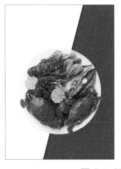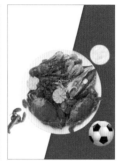

图 8.4　添加素材

步骤 02　在【图层】面板中选中【海鲜】图层，单击面板底部的【添加图层样式】*fx* 按钮，在菜单中选择【投
影】命令。

步骤 03　在弹出的【图层样式】对话框中，将【混合模式】更改为【正片叠底】，【颜色】更改为黑色，
【不透明度】更改为 25%，撤选【使用全局光】复选框，【角度】更改为 120 度，【距离】更
改为 15 像素，【大小】更改为 10 像素，完成之后单击【确定】按钮，如图 8.5 所示。

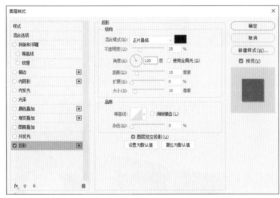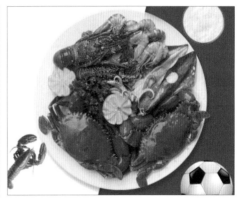

图 8.5　设置【投影】参数及效果

步骤 04　在【海鲜】图层名称上单击鼠标右键，从
弹出的快捷菜单中选择【拷贝图层样式】
命令，在【龙虾】图层名称上单击鼠标右
键，从弹出的快捷菜单中选择【粘贴图层
样式】命令。

步骤 05　双击【龙虾】图层样式名称，在弹出的【图
层样式】对话框中将【大小】更改为 5 像素，
将【距离】更改为 5 像素，完成之后单击【确
定】按钮，如图 8.6 所示。

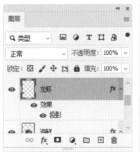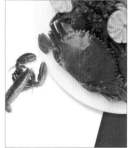

图 8.6　粘贴图层样式并更改参数

步骤 06 在【龙虾】图层名称上单击鼠标右键，从弹出的快捷菜单中选择【拷贝图层样式】命令，同时选中【足球】及【啤酒】图层并单击鼠标右键，从弹出的快捷菜单中选择【粘贴图层样式】命令，如图 8.7 所示。

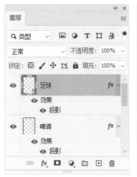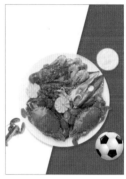

图 8.7 粘贴图层样式

8.1.3 使用 CorelDRAW 添加图文信息

步骤 01 打开【导入文件】对话框，选择"世界杯海鲜主题 POP 设计背景效果 .jpg"素材，单击【导入】按钮，将素材图像放在合适的位置并稍微放大，如图 8.8 所示。

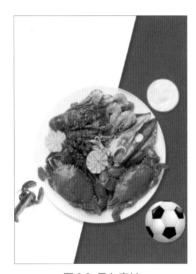

图 8.8 导入素材

> 提示：导入素材图像之后在确保图像不失真的情况下，可将其适当放大。

步骤 02 单击工具箱中的【矩形工具】□，绘制 1 个红色（R: 203，G: 34，B: 11）矩形，如图 8.9 所示。

步骤 03 双击矩形，将光标移至左侧中间控制点并拖动，将其斜切变形，如图 8.10 所示。

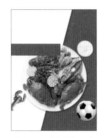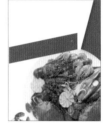

图 8.9 绘制矩形　　　图 8.10 将矩形斜切变形

步骤 04 选中矩形，按 Ctrl+C 组合键复制，按 Ctrl+V 组合键粘贴，然后将粘贴的矩形更改为蓝色（R: 0，G: 73，B: 173）并向右侧移动，如图 8.11 所示。

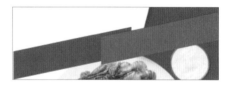

图 8.11 复制并粘贴图形

步骤 05 选中矩形并单击鼠标右键，在弹出的快捷菜单中选择【顺序】|【向后一层】命令，如图 8.12 所示。

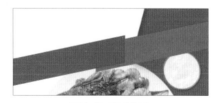

图 8.12 更改顺序

步骤 06　单击工具箱中的【文本工具】**字** 按钮，输入文字，如图 8.13 所示。

步骤 07　双击文字，将光标移至左侧中间控制点并拖动，将文字斜切变形，如图 8.14 所示。

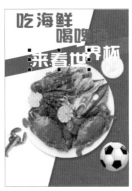
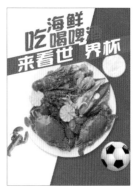

图 8.13　输入文字　　　　图 8.14　将文字斜切变形

8.1.4　使用 CorelDRAW 添加细节元素

步骤 01　单击工具箱中的【贝塞尔工具】按钮，在文字右上角位置绘制两个白色水滴图形，如图 8.15 所示。

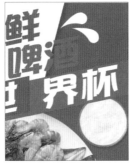

图 8.15　绘制水滴图形

步骤 02　单击工具箱中的【矩形工具】□，绘制 1 个灰色（R: 51，G: 51，B: 51）矩形，如图 8.16 所示。

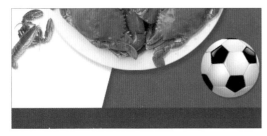

图 8.16　绘制矩形

步骤 03　单击工具箱中的【文本工具】**字** 按钮，输入文字，如图 8.17 所示。

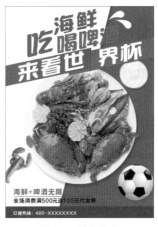

图 8.17　输入文字

步骤 04　选中部分文字，将其更改为白色，这样就完成了最终效果的制作，如图 8.18 所示。

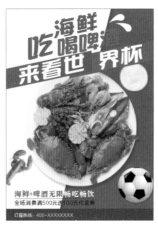

图 8.18　最终效果

8.2 环保日主题 POP 设计

设计构思

　　本例在设计过程中，以漂亮的森林图像为主视觉，通过绘制水壶和水滴图像制作出漂亮的浇水效果，在配色方面将绿色与原木色进行搭配，使整个 POP 的视觉效果非常出色，最终效果如图 8.19 所示。

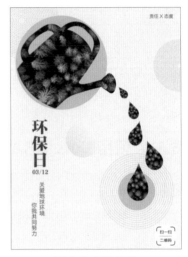

源文件	第 8 章 \ 环保日主题 POP 设计平面效果 .cdr、环保日主题 POP 设计最终效果 .psd
调用素材	第 8 章 \ 环保日主题 POP 设计
难易指数	★ ★ ★ ☆ ☆

操作步骤

图 8.19　最终效果

8.2.1　使用 CorelDRAW 制作 POP 背景

步骤 01 选择工具箱中的【矩形工具】□，绘制 1 个矩形，设置【填充】为白色，【轮廓】为默认，如图 8.20 所示。

步骤 02 打开【导入文件】对话框，选择"背景 .jpg"素材，单击【导入】按钮，将素材图像放在合适的位置，如图 8.21 所示。

图 8.20　绘制矩形　　　图 8.21　导入素材

步骤 03 选中图像并单击鼠标右键，在弹出的快捷菜单中选择【Power Clip 内部】命令，在其下方图形上单击，将部分图像隐藏，如图 8.22 所示。

步骤 04 选中背景图像并单击鼠标右键，在弹出的快捷菜单中选择【编辑 Power Clip】命令，调整图像位置及大小，完成之后单击左上角的【完成】√ 完成 按钮，如图 8.23 所示。

图 8.22　隐藏部分图像　　　图 8.23　调整图像

步骤 05 将矩形轮廓更改为无，如图 8.24 所示。

步骤 06 单击工具箱中的【椭圆形工具】○ 按钮，按住 Ctrl 键绘制 1 个正圆，设置【轮廓色】为绿色（R: 170，G: 208，B: 135），【轮廓宽度】为默认，如图 8.25 所示。

中外侧正圆并向内侧正圆上拖动，创建混合效果，在属性栏中将【调和对象】更改为 20，如图 8.26 所示。

　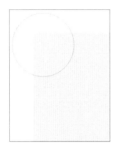

图 8.24　取消轮廓颜色　　　图 8.25　绘制正圆

步骤 07 选中正圆，按 Ctrl+C 组合键复制，按 Ctrl+V 组合键粘贴，并将粘贴的正圆等比缩小。

步骤 08 单击工具箱中的【调和工具】按钮，选

8.2.2　使用 CorelDRAW 绘制圆形

步骤 01 选中调和后的图像，按住鼠标左键并向右下角拖动，再按鼠标右键将其复制一份，然后将复制的图像等比缩小；以同样的方法将图像再复制一份，如图 8.27 所示。

步骤 02 选中右下角图像，在属性栏中将【调和对象】更改为 15，如图 8.28 所示。

　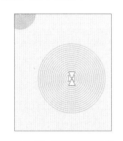

图 8.27　复制图像　　　图 8.28　更改调和对象

步骤 03 同时选中顶部两个超出背景的图像，单击鼠标右键，在弹出的快捷菜单中选择【拆分混合 X 对象】命令；选中中间部分的图形，单击工具箱中的【透明度工具】按钮，在图像上拖动，降低其透明度，如图 8.29 所示。

步骤 04 单击鼠标右键，在弹出的快捷菜单中选择【Power Clip 内部】命令，在其下方图像上单击，将部分图像隐藏，如图 8.30 所示。

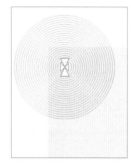

图 8.26　创建调和

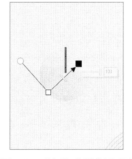　

图 8.29　降低部分图像透明度　图 8.30　隐藏部分图像

步骤 05 单击工具箱中的【椭圆形工具】按钮，按住 Ctrl 键绘制 1 个绿色（R: 170，G: 208，B: 135）正圆，如图 8.31 所示。

步骤 06 选中正圆并按住鼠标左键向右下角拖动，再按鼠标右键将其复制一份，然后将复制生成的正圆等比缩小，如图 8.32 所示。

　　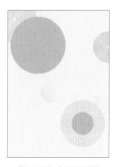

图 8.31　绘制正圆　　　图 8.32　复制正圆

8.2.3 使用 Photoshop 制作主视觉图像

步骤 01 执行菜单栏中的【文件】|【打开】命令，打开"环保日主题 POP 设计平面效果 .jpg、水壶 .png、森林 .jpg"文件，单击【打开】按钮，将水壶及森林素材图像移至左上角的位置，如图 8.33 所示。

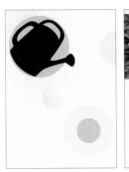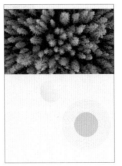

图 8.33 打开及添加素材

步骤 02 选中【图层 1】图层，执行菜单栏中的【图层】|【创建剪贴蒙版】命令，为当前图层创建剪贴蒙版，将部分图像隐藏，如图 8.34 所示。

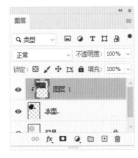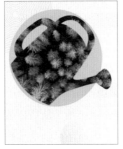

图 8.34 创建剪贴蒙版

步骤 03 在【图层】面板中选中【水壶】图层，单击面板底部的【添加图层样式】*fx* 按钮，在菜单中选择【内发光】命令。

步骤 04 在弹出的【图层样式】对话框中，将【混合模式】更改为【叠加】，【不透明度】更改为 60%，【颜色】更改为黑色，【大

小】更改为 20 像素，完成之后单击【确定】按钮，如图 8.35 所示。

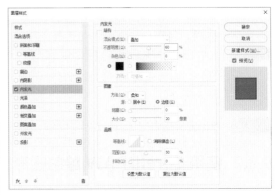

图 8.35 设置【内发光】参数

步骤 05 选择工具箱中的【钢笔工具】，在选项栏中单击【选择工具模式】 路径 按钮，在弹出的选项中选择【形状】，将【填充】更改为黑色，【描边】更改为无，绘制 1 个水滴图形，生成 1 个【形状 1】图层，如图 8.36 所示。

步骤 06 执行菜单栏中的【文件】|【打开】命令，打开"森林 .jpg"文件，单击【打开】按钮，将森林素材图像移至水滴图像位置，其所在图层名称将自动更改为【图层 2】，如图 8.37 所示。

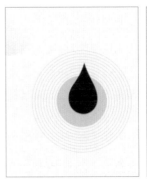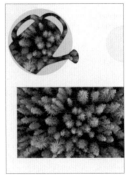

图 8.36 绘制图形　　图 8.37 添加素材

步骤 07 选中【图层 2】图层，执行菜单栏中的【图层】|【创建剪贴蒙版】命令，为当前图层创建剪贴蒙版，将部分图像隐藏，如图 8.38 所示。

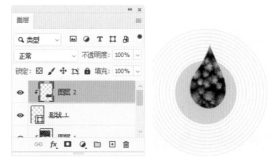

图 8.38　创建剪贴蒙版

8.2.4　使用 Photoshop 制作细节图像

步骤 01 在【图层】面板中，同时选中【形状 1】及【图层 2】图层，按 Ctrl+G 组合键进行编组，并将组名称重命名为【水滴】。选中【水滴】组，将其拖至面板底部的【创建新图层】按钮上，复制 1 个【水滴 拷贝】组，如图 8.39 所示。

步骤 02 选中【水滴 拷贝】组，在画布中将其向上方移动，再按 Ctrl+T 组合键对其执行【自由变换】命令，按住 Alt+Shift 组合键将图像等比缩小并适当旋转完成之后按 Enter 键确认，如图 8.40 所示。

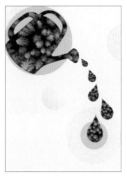
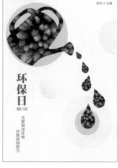

图 8.41　复制图像　　　　图 8.42　输入文字

步骤 05 执行菜单栏中的【文件】|【打开】命令，打开 "二维码 .png" 文件，单击【打开】按钮，将打开的素材图像移至画布右下角的位置，这样就完成了最终效果的制作，如图 8.43 所示。

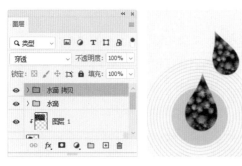

图 8.39　将图层编组并复制组　　图 8.40　旋转图像

步骤 03 以同样的方法将图像再复制数份，如图 8.41 所示。

步骤 04 选择工具箱中的【横排文字工具】**T**，在图像中输入文字，如图 8.42 所示。

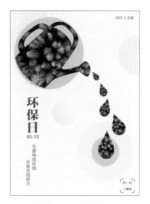

图 8.43　最终效果

8.3 生活节 POP 设计

设计构思

　　本例在设计过程中，选用立体化促销元素图像搭配艺术化装饰图形，使整个 POP 呈现很强的艺术色彩，同时带来极佳的视觉效果，最终效果如图 8.44 所示。

源文件	第 8 章 \ 生活节 POP 设计背景效果 .psd、生活节 POP 设计最终效果 .cdr
调用素材	第 8 章 \ 生活节 POP 设计
难易指数	★★★☆☆

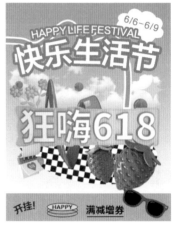

图 8.44 最终效果

操作步骤

8.3.1 使用 Photoshop 制作主题背景

步骤 01 执行菜单栏中的【文件】|【新建】命令，在弹出的对话框中设置【宽度】为 70 毫米，【高度】为 90 毫米，【分辨率】为 300 像素 / 英寸，新建 1 个空白画布。

步骤 02 在【图层】面板中，单击面板底部的【创建新图层】⊞按钮，新建 1 个【图层 1】图层，将其填充为白色。

步骤 03 在【图层】面板中选中【图层 1】图层，单击面板底部的【添加图层样式】*fx* 按钮，在菜单中选择【渐变叠加】命令。

步骤 04 在弹出的【图层样式】对话框中的将【混合模式】更改为【正常】，【渐变】更改为白色到蓝色（R: 63，G: 170，B: 238），如图 8.45 所示。

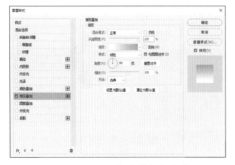

图 8.45 设置【渐变叠加】参数

步骤 05 执行菜单栏中的【文件】|【打开】命令，打开"云 .png、云 2.png"文件，单击【打开】按钮，将打开的素材拖入画布中并适当缩小，如图 8.46 所示。

图 8.46 添加素材

步骤 06 在【图层】面板中选中【图层 3】图层，单击面板底部【添加图层蒙版】□按钮，为其添加图层蒙版，如图 8.47 所示。

步骤 07 选择工具箱中的【渐变工具】█，编辑黑色到白色的渐变，单击选项栏中的【线性渐变】█按钮，在画布中拖动，将部分图形隐藏，如图 8.48 所示。

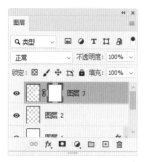

图 8.47　添加图层蒙版

图 8.48　隐藏部分图像

8.3.2　使用 Photoshop 绘制格子图形

步骤 01 选择工具箱中的【矩形工具】▢，在选项栏中将【填充】更改为黑色，【描边】更改为无，在适当的位置按住 Shift 键绘制 1 个小正方形，生成 1 个【矩形 1】图层，如图 8.51 所示。

步骤 02 选择工具箱中的【路径选择工具】▶，选中正方形，按 Ctrl+Alt+T 组合键将图形向右侧平移拖动，如图 8.52 所示。

图 8.51　绘制正方形

图 8.52　变换复制

步骤 03 按住 Ctrl+Alt+Shift 组合键的同时按 T 键多次，将图形复制多份，如图 8.53 所示。

步骤 08 以同样的方法为【图层 2】图层添加图层蒙版，并将部分图像隐藏，如图 8.49 所示。

图 8.49　再次隐藏部分图像

步骤 09 选择工具箱中的【椭圆工具】◯，在选项栏中将【填充】更改为白色，【描边】更改为无，绘制 1 个椭圆图形，生成 1 个【椭圆 1】图层，如图 8.50 所示。

图 8.50　绘制椭圆

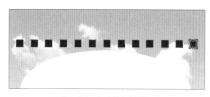

图 8.53　复制多份图形

步骤 04 选中【矩形 1】图层，在画布中按住 Alt 键向下拖动，将图形再复制多份，如图 8.54 所示。

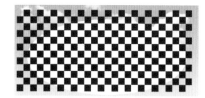

图 8.54　复制多份图形

步骤 05 选中【矩形 1】图层，执行菜单栏中的【图层】|【创建剪贴蒙版】命令，为当前图层创建剪贴蒙版，将部分图形隐藏，如图 8.55 所示。

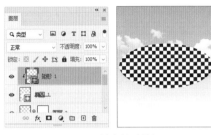

图 8.55　创建剪贴蒙版

步骤 06　在【图层】面板中，同时选中【矩形1】及【椭圆1】图层，按 Ctrl+G 组合键进行编组，并将组名称重命名为【格子图像】，如图 8.56 所示。

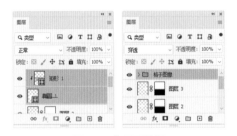

图 8.56　将图层编组

步骤 07　选中【格子图像】组，按 Ctrl+T 组合键对其执行【自由变换】命令，将其适当旋转，完成之后按 Enter 键确认，如图 8.57 所示。

步骤 08　执行菜单栏中的【文件】|【打开】命令，打开"促销元素 .psd"文件，单击【打开】按钮，将打开的素材拖入画布中并适当缩小，如图 8.58 所示。

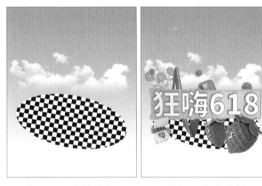

图 8.57　旋转图像　　图 8.58　添加素材

8.3.3　使用 CorelDRAW 添加主视觉图像

步骤 01　打开【导入文件】对话框，选择"生活节 POP 设计平面效果 .jpg"素材，单击【导入】按钮，将素材图像放在合适的位置，如图 8.59 所示。

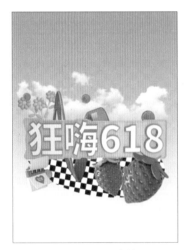

图 8.59　导入素材

步骤 02　单击工具箱中的【贝塞尔工具】按钮，在图像中绘制 1 条曲线，设置【轮廓色】为紫色（R: 255，G: 155，B: 243），【轮廓宽度】为 5，如图 8.60 所示。

步骤 03　选中曲线，执行菜单栏中的【对象】|【将轮廓转换为对象】命令，将轮廓转换为对象，如图 8.61 所示。

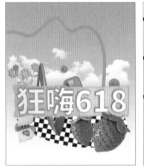 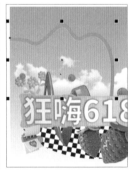

图 8.60　绘制曲线　　图 8.61　将轮廓转换为对象

步骤 04 选中刚才绘制的曲线，在【轮廓笔】面板中，将【颜色】更改为白色，【宽度】更改为 2，单击【位置】右侧【外部轮廓】▔▏图标，如图 8.62 所示。

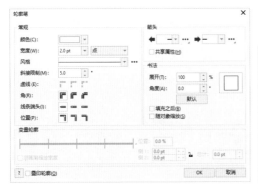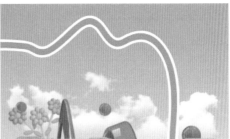

图 8.62 设置【轮廓】参数及效果

步骤 05 单击工具箱中的【形状工具】⬗ 按钮，同时选中曲线右下角的两个节点向上方拖动，将图形稍微变形，如图 8.63 所示。

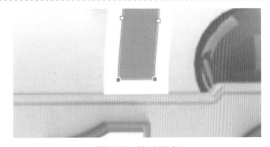

图 8.63 拖动节点

8.3.4 使用 CorelDRAW 添加主体文字

步骤 01 单击工具箱中的【贝塞尔工具】⬗ 按钮，绘制 1 条线段，如图 8.64 所示。

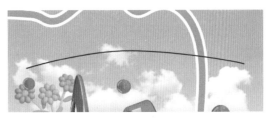

图 8.64 绘制线段

步骤 02 单击工具箱中的【文本工具】字 按钮，在路径上单击输入文字，完成之后取消轮廓，如图 8.65 所示。

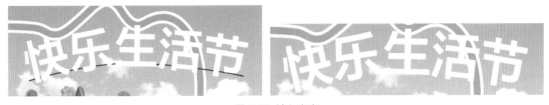

图 8.65 输入文字

步骤 03 选中文字，执行菜单栏中的【对象】|【转换为曲线】命令。

步骤 04 在【轮廓笔】面板中，将【颜色】更改为蓝色（R: 31，G: 138，B: 239），【宽度】更改为 3，分别单击【角】右侧的【圆角】▢图标及【位置】右侧【外部轮廓】▔图标，如图 8.66 所示。

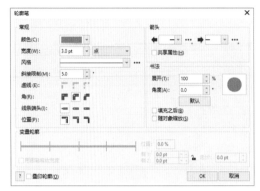
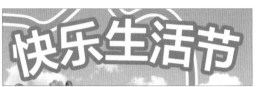

图 8.66 添加【轮廓】参数及效果

步骤 05 以同样的方法再次绘制路径并输入文字，将文字转换为曲线后添加轮廓，如图 8.67 所示。

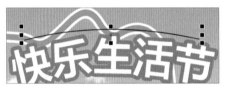
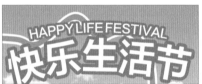

图 8.67 输入文字并添加轮廓

提示：输入文字之后，可根据文字及图形位置关系调整移动文字。

步骤 06 单击工具箱中的【贝塞尔工具】✐ 按钮，在文字顶部位置绘制 1 个白色云朵图像，如图 8.68 所示。

步骤 07 选中云朵图像并单击鼠标右键，在弹出的快捷菜单中选择【顺序】|【向后一层】命令，如图 8.69 所示。

提示：在更改顺序时，可执行多次【向后一层】命令，每执行一次，图形均向后移动一层。

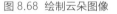
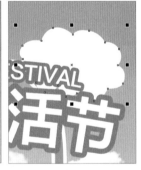

图 8.68 绘制云朵图像　　图 8.69 更改顺序

步骤 08 单击工具箱中的【文本工具】字 按钮，输入文字，如图 8.70 所示。

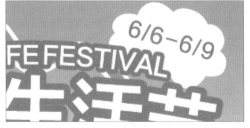

图 8.70 输入文字

8.3.5 使用 CorelDRAW 添加星形装饰

步骤 01 单击工具箱中的【矩形工具】□，按住 Ctrl 键绘制一个黄色（R: 255，G: 229，B: 110）正方形，如图 8.71 所示。

步骤 02 选中正方形，在选项栏中的【旋转角度】中输入 45，将其旋转，如图 8.72 所示。

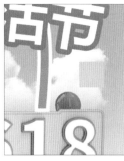 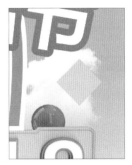

图 8.71 绘制正方形　　图 8.72 旋转图形

步骤 03 单击工具箱中的【变形工具】✍，在黄色正方形上拖动，将其变形，如图 8.73 所示。

步骤 04 选中黄色图形并按住鼠标左键向左侧拖动，再按鼠标右键将其复制一份，然后将复制的图形等比缩小，如图 8.74 所示。

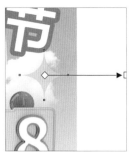 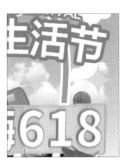

图 8.73 将图形变形　　图 8.74 复制图形并缩小

步骤 05 单击工具箱中的【矩形工具】□，绘制 1 个蓝色（R: 68，G: 182，B: 255）矩形，如图 8.75 所示。

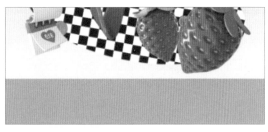

图 8.75 绘制矩形

步骤 06 单击工具箱中的【椭圆形工具】○ 按钮，绘制 1 个椭圆，设置其填充颜色为无，设置【轮廓色】为黑色，【轮廓宽度】为 0.5，如图 8.76 所示。

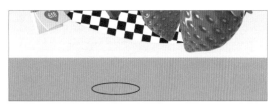

图 8.76 绘制椭圆

步骤 07 选中椭圆并按住鼠标左键向上方拖动，再按鼠标右键将其复制一份，然后按 Ctrl+D 组合键再复制一份，如图 8.77 所示。

步骤 08 选中最上方的椭圆，将其【填充】更改为黄色（R: 253，G: 236，B: 2），如图 8.78 所示。

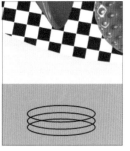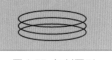 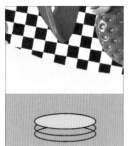

图 8.77 复制图形　　图 8.78 更改颜色

8.3.6 使用 CorelDRAW 添加细节信息

步骤 01 单击工具箱中的【贝塞尔工具】 按钮，绘制 1 个弧形线段，如图 8.79 所示。

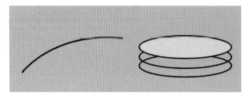

图 8.79 绘制弧形线段

步骤 02 单击工具箱中的【文本工具】字 按钮，在线段上单击输入文字，再将轮廓取消，如图 8.80 所示。

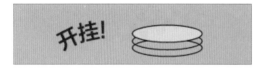

图 8.80 输入文字

> 提示：取消轮廓时，需要注意是将轮廓颜色更改为无，而不是删除轮廓。

步骤 03 单击工具箱中的【文本工具】字 按钮，输入文字，如图 8.81 所示。

图 8.81 输入文字

步骤 04 单击工具箱中的【矩形工具】□，在部分文字底部绘制 1 个黑色细长矩形，如图 8.82 所示。

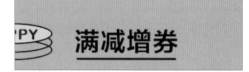

图 8.82 绘制矩形

步骤 05 打开【导入文件】对话框，选择"眼镜 .png"素材，单击【导入】按钮，将素材图像放在右下角的位置，这样就完成了最终效果的制作，如图 8.83 所示。

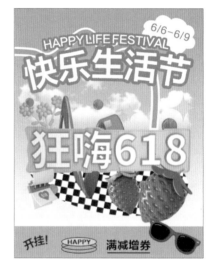

图 8.83 最终效果

8.4 美食主题 POP 设计

设计构思

本例在设计过程中，首先绘制艺术化主题背景图像，然后添加高清美食图像表现出整个 POP 的主题视觉效果，最后通过绘制图形并添加直观文字信息完成最终效果的制作，最终效果如图 8.84 所示。

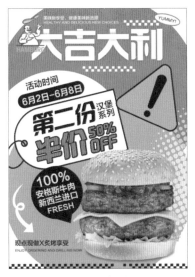

图 8.84　最终效果

源文件	第 8 章 \ 美食主题 POP 设计背景效果 .cdr、美食主题 POP 设计最终效果 .psd
调用素材	第 8 章 \ 美食主题 POP 设计
难易指数	★ ★ ★ ☆ ☆

操作步骤

8.4.1　使用 CorelDRAW 绘制背景图形

步骤 ① 选择工具箱中的【矩形工具】□，绘制 1 个矩形，设置【填充】为白色，【轮廓】为黄色（R: 255，G: 224，B: 112），如图 8.85 所示。

步骤 ② 单击工具箱中的【椭圆形工具】○按钮，按住 Ctrl 键绘制 1 个橙色（R: 255，G: 94，B: 0）正圆。

步骤 ③ 以同样的方法再分别绘制 1 个白色及橙色（R: 245，G: 182，B: 47）正圆，如图 8.86 所示。

图 8.85　绘制矩形

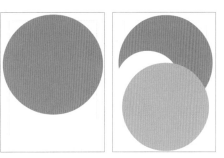

图 8.86　绘制正圆

步骤 04 选中所有正圆图形并单击鼠标右键，在弹出的菜单中选择【Power Clip 内部】命令，在其下方矩形上单击，将部分图形隐藏，如图 8.87 所示。

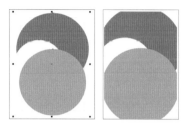

图 8.87 隐藏部分图形

8.4.2 使用 CorelDRAW 制作圆点图像

步骤 01 单击工具箱中的【椭圆形工具】○ 按钮，按住 Ctrl 键绘制 1 个正圆，单击工具箱中的【交互式填充工具】◇ 按钮，再单击属性栏中的【渐变填充】 按钮，在图形上拖动填充黑色到白色的椭圆形渐变，如图 8.88 所示。

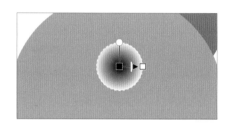

图 8.88 绘制图形并填充渐变

步骤 02 选中正圆，执行菜单栏中的【位图】|【转换为位图】命令。

步骤 03 执行菜单栏中的【效果】|【颜色转换】|【半色调】命令，在弹出的对话框中将【青】更改为 359，【品红】更改为 359，【黄】更改为 359，【最大点半径】更改为 10，完成之后单击 OK 按钮，如图 8.89 所示。

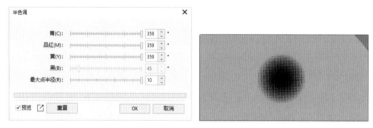

图 8.89 设置【半色调】参数及效果

步骤 04 在图像上单击鼠标右键，在弹出的快捷菜单中选择【轮廓描摹】|【高质量图像】命令，在弹出的对话框中单击 OK 按钮，如图 8.90 所示。

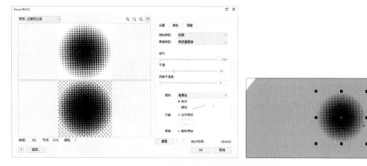

图 8.90 对图像进行描摹

步骤 05　选中原有位图将其删除，如图 8.91 所示。

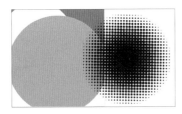

图 8.91　删除原有位图

步骤 06　选中矢量圆点图像，将其适当旋转并更改为白色，如图 8.92 所示。

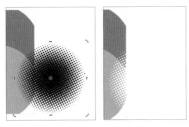

图 8.92　更改图像颜色

步骤 07　在图像上单击鼠标右键，在弹出的快捷菜单中选择【全部取消组合】命令，再单击属性栏中的【焊接】✄按钮，将图形焊接，如图 8.93 所示。

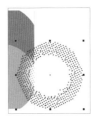
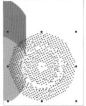

图 8.93　将图像焊接

步骤 08　选中焊接后的图形，单击工具箱中的【透明度工具】▨按钮，将其【透明度】更改为 30%，如图 8.94 所示。

步骤 09　单击鼠标右键，在弹出的快捷菜单中选择【Power Clip 内部】命令，在其下方图形上单击，将部分图像隐藏，如图 8.95 所示。

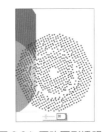
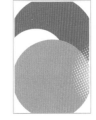

图 8.94　更改图形透明度　　图 8.95　隐藏部分图像

8.4.3　使用 Photoshop 制作 POP 主视觉

步骤 01　执行菜单栏中的【文件】|【打开】命令，打开"美食主题 POP 设计平面效果 .jpg 汉堡 .png"文件，单击【打开】按钮，将汉堡图像添加至平面效果图像中并等比缩小，如图 8.96 所示。

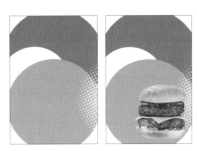

图 8.96　打开及添加素材

步骤 02　选择工具箱中的【椭圆工具】◯，在选项栏中将【填充】更改为橙色（R: 150，G: 79，B: 4），【描边】更改为无，然后在汉堡图像底部绘制 1 个椭圆图形，生成 1 个【椭圆 1】图层，如图 8.97 所示。

步骤 03　选中【椭圆 1】图层，执行菜单栏中的【滤镜】|【模糊】|【高斯模糊】命令，在弹出的话框中单击【转换为智能对象】按钮，在出现的对话框中将【半径】更改为 4 像素，完成之后单击【确定】按钮，如图 8.98 所示。

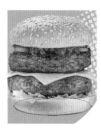 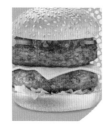

图 8.97 绘制椭圆　　图 8.98 添加高斯模糊效果

步骤 04 选择工具箱中的【矩形工具】▭，在选项栏中将【填充】更改为白色，【描边】更改为深灰色（R: 26，G: 30，B: 29），【描边宽度】为 5 像素，在图像适当位置绘制 1 个矩形，并适当拖动边角控制点，为矩形添加圆角效果，生成 1 个【矩形 1】图层，如图 8.99 所示。

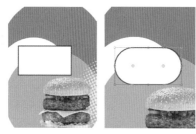

图 8.99 绘制圆角矩形

步骤 05 选择工具箱中的【矩形工具】▭，在圆角矩形位置绘制 1 个深灰色（R: 26，G: 30，B: 29）矩形，生成 1 个【矩形 2】图层，

并将其移至【矩形 1】图层的下方，如图 8.100 所示。

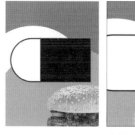 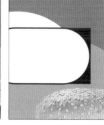

图 8.100 绘制矩形

步骤 06 选中【矩形 1】图层，按 Ctrl+E 组合键将其与【矩形 2】图层合并，如图 8.101 所示。

步骤 07 选择工具箱中的【椭圆工具】◯，选中【矩形 1】图层，在图形左侧顶端位置按住 Alt 键同时按下 Shift 键绘制 1 个正圆路径，将部分图形减去，如图 8.102 所示。

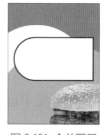 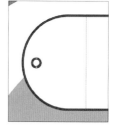

图 8.101 合并图层　　图 8.102 绘制正圆

8.4.4 使用 Photoshop 添加文字信息

步骤 01 选择工具箱中的【横排文字工具】T，在图像中输入文字，如图 8.103 所示。

步骤 02 选择工具箱中的【直接选择工具】▷，选中【矩形 1】图层中图形右侧锚点向左侧拖动，将图形宽度缩小，如图 8.104 所示。

提示：输入文字后，可根据需要利用【直接选择工具】▷拖动图形锚点，使图形宽度及高度关系与文字相协调。

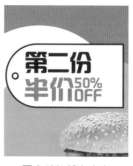 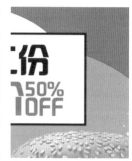

图 8.103 输入文字　　图 8.104 拖动锚点

步骤 03 在【图层】面板中选中【半价】图层，单击面板底部的【添加图层样式】 *fx* 按钮，在菜单中选择【描边】命令。

步骤 04 在弹出的【图层样式】对话框中，将【大小】更改为 4 像素，【颜色】更改深灰色（R: 26，G: 30，B: 29），完成之后单击【确定】按钮，如图 8.105 所示。

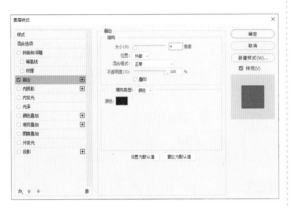

图 8.105　设置【描边】参数

步骤 05 在【半价】图层名称上单击鼠标右键，从弹出的快捷菜单中选择【拷贝图层样式】命令，同时选中【50%】及【OFF】图层单击鼠标右键，从弹出的快捷菜单中选择【粘贴图层样式】命令，如图 8.106 所示。

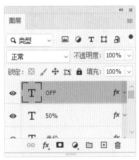

图 8.106　复制并粘贴图层样式

步骤 06 选择工具箱中的【横排文字工具】 **T**，在图像中输入文字。

步骤 07 选中几个文字所在的图层，按 Ctrl+T 组合键对其执行【自由变换】命令，单击鼠标右键，从弹出的快捷菜单中选择【斜切】命令，拖动变形框右侧边缘控制点将其斜切变形，完成之后按 Enter 键确认，如图 8.107 所示。

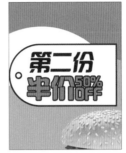 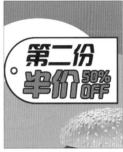

图 8.107　将文字斜切变形

步骤 08 选择工具箱中的【横排文字工具】 **T**，在图像中输入文字，如图 8.108 所示。

步骤 09 在【图层】面板中，同时选中包括矩形 1 在内的所有与矩形 1 相关的文字，按 Ctrl+G 组合键进行编组，并将组名称重命名为【半价标签】。

步骤 10 选中【半价标签】组，按 Ctrl+T 组合键对其执行【自由变换】命令，将图像适当旋转，完成之后按 Enter 键确认，如图 8.109 所示。

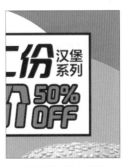 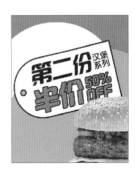

图 8.108　输入文字　　图 8.109　将图像适当旋转

8.4.5 使用 Photoshop 添加细节元素

步骤 01 选择工具箱中的【椭圆工具】◯，在选项栏中将【填充】更改为无，【描边】更改为深灰色（R: 26，G: 30，B: 29），【描边宽度】为 5，在图形左侧位置按住鼠标绘制 1 个椭圆图形，生成一个【椭圆 2】图层，如图 8.110 所示。

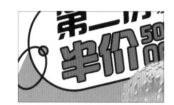

图 8.110 绘制椭圆

步骤 02 在【图层】面板中选中【椭圆 2】图层，单击面板底部【添加图层蒙版】▢ 按钮，为其添加图层蒙版，如图 8.111 所示。

步骤 03 选择工具箱中的【画笔工具】✐，在画布中单击鼠标右键，在弹出的面板中选择 1 种圆角笔触，将【大小】更改为 50 像素，【硬度】更改为 100%，如图 8.112 所示。

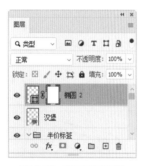

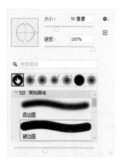

图 8.111 添加图层蒙版　　　图 8.112 设置笔触

步骤 04 按住 Ctrl 键单击【矩形 1】图层缩览图，将其载入选区，如图 8.113 所示。

步骤 05 将前景色更改为黑色，在图像右下角的位置进行涂抹，将部分圆环图像隐藏，完成之后按 Ctrl+D 组合键取消选区，如图 8.114 所示。

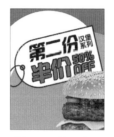

图 8.113 载入选区　　　图 8.114 隐藏部分图像

步骤 06 选择工具箱中的【矩形工具】▢，在选项栏中将【填充】更改为深灰色（R: 26，G: 30，B: 29），【描边】更改为无，然后在图像中绘制 1 个矩形，并适当拖动边角控制点，为矩形添加圆角效果，生成 1 个【矩形 2】图层，如图 8.115 所示。

步骤 07 选中【矩形 2】图层，按 Ctrl+T 组合键对其执行【自由变换】命令，将图形适当旋转，完成之后按 Enter 键确认，如图 8.116 所示。

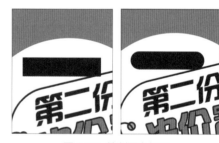

图 8.115 绘制圆角矩形

步骤 08 选择工具箱中的【横排文字工具】T，在图像中输入文字，如图 8.117 所示。

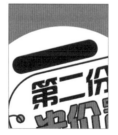

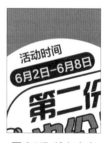

图 8.116 旋转图形　　　图 8.117 输入文字

提示：将圆角矩形旋转之后，可利用【直接选择工具】↳，同时拖动圆角矩形部分锚点，增加图形长度或宽度。

8.4.6 使用 Photoshop 制作 POP 标签

步骤 01 选择工具箱中的【椭圆工具】◯，在选项栏中将【填充】更改为黑色，【描边】更改为无，在合适的位置按住 Shift 键绘制 1 个正圆图形，生成 1 个【椭圆 3】图层，如图 8.118 所示。

步骤 02 选择工具箱中的【添加锚点工具】⌀，在正圆右下角的位置单击添加两个锚点，如图 8.119 所示。

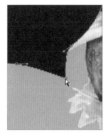 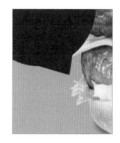

图 8.120 拖动锚点　　图 8.121 将图形变换为直角

步骤 06 选择工具箱中的【横排文字工具】**T**，在图像中输入文字，如图 8.123 所示。

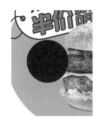 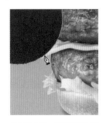

图 8.118 绘制正圆　　图 8.119 添加锚点

步骤 03 选择工具箱中的【直接选择工具】↳，选中中间锚点向右下角方向拖动，如图 8.120 所示。

步骤 04 选择工具箱中的【转换点工具】⌐，分别单击部分锚点，将图形变换为直角，如图 8.121 所示。

步骤 05 选择工具箱中的【钢笔工具】⌀，在选项栏中单击【选择工具模式】 `路径 ⌄` 按钮，在弹出的选项中选择【形状】，将【填充】更改为无，【描边】更改为无，然后在图形左侧位置绘制 1 个图形，生成 1 个【形状 1】图层，如图 8.122 所示。

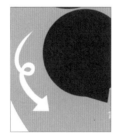 

图 8.122 绘制图形　　图 8.123 输入文字

步骤 07 以同样的方法在左下角位置再次输入文字，如图 8.124 所示。

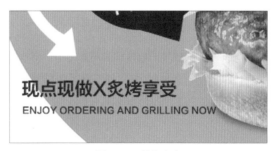

图 8.124 输入文字

8.4.7 使用 Photoshop 制作 POP 装饰图形

步骤 01 选择工具箱中的【钢笔工具】⌀，在选项栏中单击【选择工具模式】 `路径 ⌄` 按钮，在弹出的选项中选择【形状】，将【填充】更改为橙色（R: 244，G: 182，B: 47），【描边】更改为深灰色（R: 26，G: 30，B: 29），【描边宽度】为 5，绘制 1 个三角形，生成 1 个【形状 2】图层，如图 8.125 所示。

步骤 02 在三角形位置再次绘制 1 个深灰色的（R:
26，G: 30，B: 29）不规则图形，如图 8.126
所示。

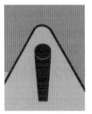
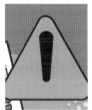

图 8.127 绘制正圆

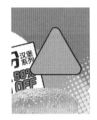

图 8.125 绘制三角形　　　图 8.126 绘制不规则图形

步骤 03 选择工具箱中的【椭圆工具】○，在图
形顶部位置按住 Shift 键绘制 1 个正圆；
以同样的方法在图形底部位置再次绘制 1
个稍小的正圆，如图 8.127 所示。

步骤 04 选择工具箱中的【椭圆工具】○，按住
Shift 键绘制 1 个深灰色（R: 26，G: 30，B:
29）正圆，如图 8.128 所示。

步骤 05 同时选中两个图形所在的图层，按
Ctrl+T 组合键对其执行【自由变换】命
令，将图形适当旋转，完成之后按 Enter
键确认，如图 8.129 所示。

图 8.128 绘制正圆　　　图 8.129 将图形适当旋转

8.4.8 使用 Photoshop 添加主文字信息

步骤 01 选择工具箱中的【横排文字工具】T，在
图像中输入文字，如图 8.130 所示。

步骤 02 在【图层】面板中选中【大吉大利】图层，
单击面板底部的【添加图层样式】fx 按钮，
在菜单中选择【投影】命令。

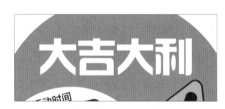

图 8.130 输入文字

步骤 03 在弹出的【图层样式】对话框中，将【混合模式】更改为【叠加】，【颜色】更改为深灰色（R:
26，G: 30，B: 29），【不透明度】更改为 80%，撤选【使用全局光】复选框，【角度】更改为 90 度，
【距离】更改为 2 像素，【大小】更改为 10 像素，完成之后单击【确定】按钮，如图 8.131 所示。

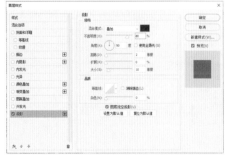
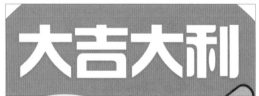

图 8.131 设置【投影】参数及效果

步骤 04 选择工具箱中的【矩形工具】▢，在选项栏中将【填充】更改为黑色，【描边】更改为无，在"大"字顶部位置绘制 1 个矩形，生成 1 个【矩形 3】图层，如图 8.132 所示。

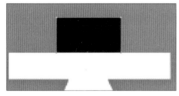

图 8.132　绘制矩形

步骤 05 选中【矩形 3】图层，执行菜单栏中的【图层】|【创建剪贴蒙版】命令，为当前图层创建剪贴蒙版，将部分图形隐藏；再单击面板底部的【添加图层蒙版】◻ 按钮，为其添加图层蒙版，如图 8.133 所示。

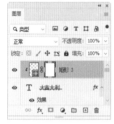

图 8.133　创建剪贴蒙版并添加图层蒙版

步骤 06 选择工具箱中的【渐变工具】▢，编辑黑色到白色的渐变，单击选项栏中的【线性渐变】▢ 按钮，在矩形上拖动，将部分图形隐藏，如图 8.134 所示。

步骤 07 在【图层】面板中选中【矩形 3】图层，将图层【不透明度】更改为 60%，如图 8.135 所示。

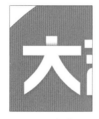
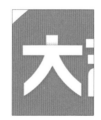

图 8.134　隐藏图形　　图 8.135　降低图层不透明度

步骤 08 以同样的方法分别在其他几个文字位置制作阴影效果，如图 8.136 所示。

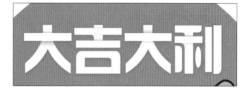

图 8.136　制作阴影效果

步骤 09 执行菜单栏中的【文件】|【打开】命令，打开"标志 .png"文件，单击【打开】按钮，将打开的素材拖入画布中左上角的位置并等比缩小，如图 8.137 所示。

步骤 10 选择工具箱中的【椭圆工具】◯，在选项栏中将【填充】更改为白色，【描边】更改为橙色（R: 254，G: 94，B: 0），【描边宽度】更改为 3，在画布的右上角位置绘制 1 个椭圆图形，生成 1 个【椭圆 5】图层，如图 8.138 所示。

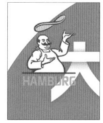

图 8.137　导入素材　　图 8.138　绘制椭圆

步骤 11 选中刚才绘制的椭圆所在的图层，按 Ctrl+T 组合键对其执行【自由变换】命令，将图形适当旋转，完成之后按 Enter 键确认。

步骤 12 选择工具箱中的【横排文字工具】▮，在图像中输入文字，如图 8.139 所示。

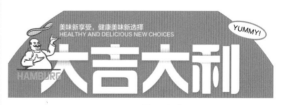

图 8.139　输入文字

8.4.9 使用 Photoshop 添加方格图形

步骤 01 选择工具箱中的【矩形工具】，在选项栏中将【填充】更改为白色，【描边】更改为无，在合适的位置按住 Shift 键绘制 1 个小正方形，生成 1 个【矩形 12】图层，如图 8.140 所示。

步骤 02 选择工具箱中的【路径选择工具】，选中正方形，按 Ctrl+Alt+T 组合键将其向右侧平移拖动，如图 8.141 所示。

图 8.140 绘制正方形

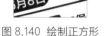

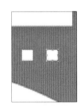
图 8.141 变换复制

步骤 03 按住 Ctrl+Alt+Shift 组合键的同时按 T 键多次，将图形复制多份，如图 8.142 所示。

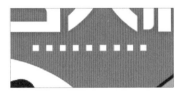
图 8.142 复制多份图形

步骤 04 选中【矩形 12】图层，在画布中按住 Alt 键向下拖动，将图形再复制一份，如图 8.143 所示。

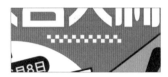
图 8.143 复制图形

步骤 05 以同样的方法将图形再复制数份，这样就完成了最终效果的制作，如图 8.144 所示。

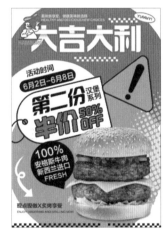
图 8.144 最终效果

8.5 课后习题

8.5.1 习题 1——大嘴吃货 POP 设计

设计构思

本例在设计过程中，以大嘴形象为主体视觉，通过绘制大嘴巴图像与艺术文字相结合，完美表现出 POP 的特征，最终效果如图 8.145 所示。

源文件	第 8 章 \ 大嘴吃货 POP 背景设计 .psd、大嘴吃货 POP 设计 .cdr
调用素材	第 8 章 \ 大嘴吃货 POP 设计
难易指数	★★★★☆

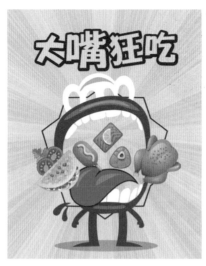

图 8.145　最终效果

8.5.2　习题 2——爱神主题招贴设计

📗 **设计构思**

　　本例以爱情为主题，将心形图像与水晶立体字相结合，同时添加装饰元素，整个招贴的视觉效果相当出色，最终效果如图 8.146 所示。

源文件	第 8 章 \ 爱神主题招贴背景设计 .psd、爱神主题招贴设计 .cdr
调用素材	第 8 章 \ 爱神主题招贴设计
难易指数	★ ★ ★ ★ ☆

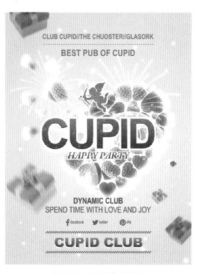

图 8.146　最终效果

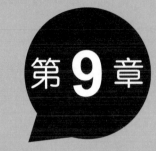

第9章

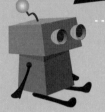

流行版式封面装帧设计

本章介绍

　　本章讲解流行版式封面装帧设计。封面装帧设计的重点在于如何通过直观的图像或简洁的文字信息即可向读者传递最有效的信息。一款出色的封面设计不仅要让读者理解其所传达的主题，还需要展现出卓越的视觉效果。本章列举了农业科技画册封面设计、文艺小说封面设计、益智书籍封面设计等案例。通过学习本章内容，读者可以掌握不同类型流行版式封面装帧设计的方法。

要点索引

　　◎ 学会农业科技画册封面设计

　　◎ 学习文艺小说封面设计

　　◎ 掌握益智书籍封面设计

　　◎ 学会人物游记封面设计

9.1　农业科技画册封面设计

设计构思

本例在设计过程中，以漂亮的农业田园图像作为封面主视觉，通过绘制绿色矩形并添加详情文字信息即可完成整个封面效果设计，最终效果如图 9.1 所示。

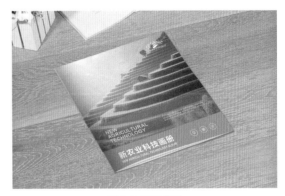

图 9.1　最终效果

源文件	第 9 章 \ 农业科技画册封面设计平面效果 .cdr、农业科技画册封面设计立体效果 .psd
调用素材	第 9 章 \ 农业科技画册封面设计
难易指数	★ ★ ★ ☆ ☆

操作步骤

9.1.1　使用 CorelDRAW 处理正面素材图像

步骤 01 选择工具箱中的【矩形工具】□，绘制 1 个【宽度】为 300mm，【高度】为 150mm 的灰色（R: 242，G: 242，B: 247）矩形，如图 9.2 所示。

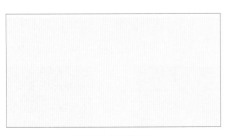

图 9.2　绘制矩形

步骤 02 创建一条垂直参考线，将矩形从中间平分，如图 9.3 所示。

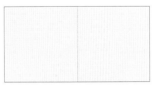

图 9.3　将矩形平分

步骤 03 打开【导入文件】对话框，选择"梯田 .jpg"素材，单击【导入】按钮，将素材图像放在合适的位置，如图 9.4 所示。

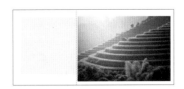

图 9.4　导入素材

步骤 04 选中梯田图像，单击鼠标右键，在弹出的快捷菜单中选择【Power Clip 内部】命令，在其下方图形上单击，将部分图像隐藏，如图 9.5 所示。

步骤 05 单击鼠标右键，在弹出的快捷菜单中选择【编辑 Power Clip】命令，调整图像位置及大小，完成之后单击左上角的【完成】√完成 按钮，如图 9.6 所示。

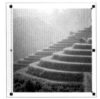 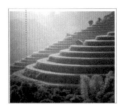

图 9.5 隐藏部分图像　　　图 9.6 调整图像

步骤 06 单击工具箱中的【矩形工具】□，绘制 1 个绿色（R: 94，G: 153，B: 35）矩形，如图 9.7 所示。

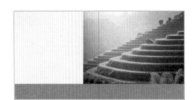

图 9.7 绘制矩形

步骤 07 选中矩形，按 Ctrl+C 组合键复制，按 Ctrl+V 组合键粘贴。

步骤 08 将粘贴的矩形向上方移动，再适当增加其高度，然后单击工具箱中的【透明度工具】▒按钮，在属性栏中将【透明度】更改为 50，如图 9.8 所示。

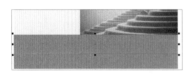

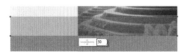

图 9.8 复制图形并更改透明度

步骤 09 打开【导入文件】对话框，选择"插图 .png"素材，单击【导入】按钮，将素材图像放在合适的位置并缩小，如图 9.9 所示。

步骤 10 选中插图图像，单击工具箱中的【透明度工具】▒按钮，在属性栏中将【透明度】更改为 80，如图 9.10 所示。

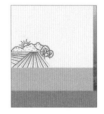 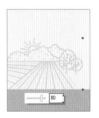

图 9.9 导入素材　　　图 9.10 更改图像透明度

步骤 11 单击工具箱中的【文本工具】字 按钮，输入文字，如图 9.11 所示。

步骤 12 打开【导入文件】对话框，选择"标志 .png"素材，单击【导入】按钮，将素材图像放在右上角位置并缩小，如图 9.12 所示。

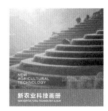 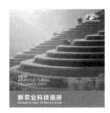

图 9.11 输入文字　　　图 9.12 导入素材

步骤 13 单击工具箱中的【椭圆形工具】○ 按钮，按住 Ctrl 键绘制 1 个正圆，设置【轮廓色】为白色，【轮廓宽度】为 1，如图 9.13 所示。

步骤 14 选中正圆并按住鼠标左键向右侧拖动，再按鼠标右键将其复制一份，然后按 Ctrl+D 组合键再复制一份，如图 9.14 所示。

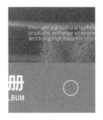 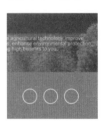

图 9.13 绘制正圆　　　图 9.14 复制正圆

9.1.2 使用 CoreIDRAW 添加细节元素

步骤01 打开【导入文件】对话框，选择"图标.cdr"素材，单击【导入】按钮，将素材图像放在正圆位置并缩小，如图 9.15 所示。

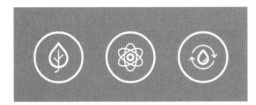

图 9.15　导入素材

步骤02 单击工具箱中的【文本工具】**字** 按钮，输入文字，如图 9.16 所示。

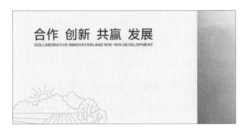

图 9.16　输入文字

步骤03 打开【导入文件】对话框，选择"二维码.png"素材，单击【导入】按钮，将素材图像放在右下角位置并缩小，如图 9.17 所示。

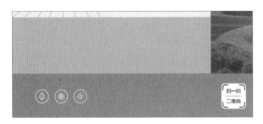

图 9.17　导入素材

步骤04 单击工具箱中的【矩形工具】□，按住 Ctrl 键绘制 1 个白色矩形，如图 9.18 所示。

步骤05 单击工具箱中的【形状工具】按钮，拖动矩形左上角的锚点进行调整，为其制作圆角效果，如图 9.19 所示。

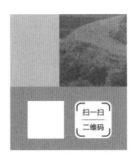
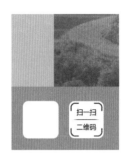

图 9.18　绘制矩形　　　图 9.19　制作圆角效果

步骤06 打开【导入文件】对话框，选择"标志 2.png"素材，单击【导入】按钮，将素材图像放在刚才绘制的图形位置并缩小，如图 9.20 所示。

图 9.20　导入素材

步骤07 单击工具箱中的【文本工具】**字** 按钮，输入文字，如图 9.21 所示。

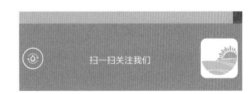

图 9.21　输入文字

步骤08 单击工具箱中的【椭圆形工具】○ 按钮，按住 Ctrl 键绘制 1 个黑色正圆，如图 9.22 所示。

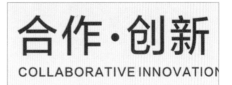

图 9.22　绘制正圆

步骤 09 选中正圆并按住鼠标左键向右侧拖动，再按鼠标右键将其复制一份，然后按 Ctrl+D 组合键再复制一份，如图 9.23 所示。

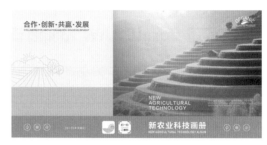

图 9.23 复制图形

9.1.3 使用 Photoshop 制作封面展示视角

步骤 01 执行菜单栏中的【文件】|【打开】命令，打开"木纹 .jpg、农业科技画册封面设计平面效果 .jpg"文件，单击【打开】按钮。

步骤 02 将平面素材添加至木纹背景中，如图 9.24 所示。

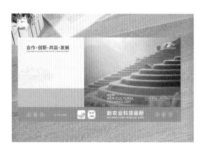

图 9.24 添加素材

步骤 03 选择工具箱中的【矩形选框工具】[::]，在封底图像位置绘制 1 个矩形选区，按 Delete 键将图像删除，完成之后按 Ctrl+D 组合键取消选区，并将其所在的图层名称更改为【封面效果】，如图 9.25 所示。

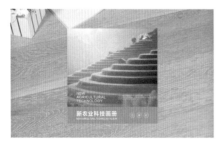

图 9.25 删除部分图像

步骤 04 选中【封面效果】图层，按 Ctrl+T 组合键对其执行【自由变换】命令，单击鼠标右键，从弹出的快捷菜单中选择【扭曲】命令，拖动变形框右侧边缘控制点将其斜切变形，完成之后按 Enter 键确认，如图 9.26 所示。

步骤 05 选择工具箱中的【钢笔工具】，将【填充】更改为灰色（R: 231，G: 231，B: 231），【描边】更改为无，在杂志图像底部绘制 1 个图形，生成 1 个【形状 1】图层，如图 9.27 所示。

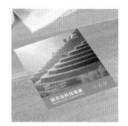 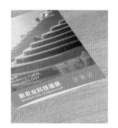

图 9.26 将图像变形　　图 9.27 绘制图形

步骤 06 在【图层】面板中选中【形状 1】图层，将其拖至面板底部的【创建新图层】按钮上，复制 1 个【形状 1 拷贝】图层，如图 9.28 所示。

步骤 07 选中【形状 1 拷贝】图层，将图形【填充】更改为灰色（R: 202，G: 202，B: 202），再按 Ctrl+T 组合键对复制的图形执行【自由变换】命令，将其适当缩小，完成之后按 Enter 键确认，如图 9.29 所示。

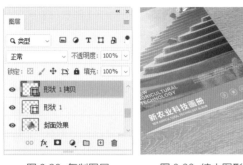

步骤 08　以同样的方法将图层再复制一份并更改颜色后等比缩小，如图 9.30 所示。

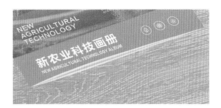

图 9.28　复制图层　　　图 9.29　缩小图形　　　　　图 9.30　复制并变换图形

9.1.4　使用 Photoshop 添加质感效果

步骤 01　选择工具箱中的【钢笔工具】 ，将【填充】更改为黑色，【描边】更改为无，在杂志图像靠左侧区域绘制 1 个图形，生成 1 个【形状 2】图层，如图 9.31 所示。

步骤 02　选中【形状 2】图层，执行菜单栏中的【滤镜】|【模糊】|【高斯模糊】命令，打开【高斯模糊】对话框，将【半径】更改为 25 像素，效果如图 9.32 所示。

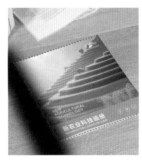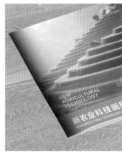

图 9.33　载入选区　　　图 9.34　隐藏图像

步骤 05　在【图层】面板中选中【形状 2】图层，将图层【不透明度】更改为 40%，如图 9.35 所示。

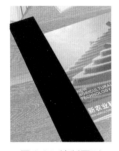

图 9.31　绘制图形　　　图 9.32　添加高斯模糊效果

步骤 03　在【图层】面板中选中【形状 2】图层，单击面板底部【添加矢量蒙版】 按钮，按住 Ctrl 键单击【封面效果】图层缩览图，将图形载入选区，执行菜单栏中【选择】|【反选】命令，如图 9.33 所示。

步骤 04　将选区填充为黑色，将部分黑色图像隐藏，完成之后按 Ctrl+D 组合键取消选区，如图 9.34 所示。

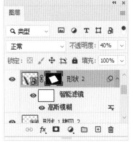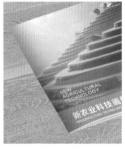

图 9.35　更改图层不透明度

步骤 06　选择工具箱中的【钢笔工具】 ，将【填充】更改为无，【描边】更改为白色，【描边宽度】为 1，沿杂志左侧边缘绘制 1 条白色线段，生成 1 个【形状 3】图层，如图 9.36 所示。

步骤 07 选中【形状 3】图层，执行菜单栏中的【滤镜】|【模糊】|【高斯模糊】命令，在弹出的对话框中单击【栅格化】按钮，然后在弹出的对话框中将【半径】更改为 1 像素，完成之后单击【确定】按钮，如图 9.37 所示。

步骤 08 在【图层】面板中选中【形状 3】图层，将图层混合模式更改为【叠加】，如图 9.38 所示。

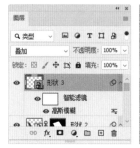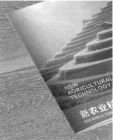

图 9.38 更改图层混合模式

步骤 09 在【图层】面板中选中【封面效果】图层，单击面板底部的【添加图层样式】fx 按钮，在菜单中选择【投影】命令。

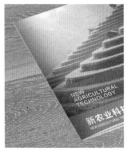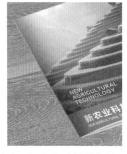

图 9.36 绘制线段　　图 9.37 添加高斯模糊效果

步骤 10 在弹出的【图层样式】对话框中，将【混合模式】更改为【正常】，【颜色】更改为黑色，【不透明度】更改为 50%，撤选【使用全局光】复选框，【角度】更改为 125 度，【距离】更改为 5 像素，【大小】更改为 5 像素，完成之后单击【确定】按钮，这样就完成了最终效果的制作，如图 9.39 所示。

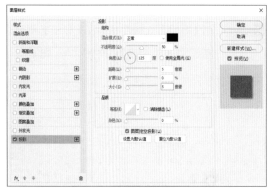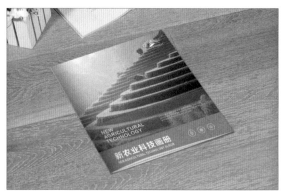

图 9.39 最终效果

9.2　文艺小说封面设计

设计构思

　　本例在设计过程中，采用文艺主人公背影照片作为封面主视觉图像，通过搭配简单的装饰图形及直观的文字信息即可完成整个封面设计，最终效果如图 9.40 所示。

源文件	第 9 章＼文艺小说封面设计平面效果 .cdr、文艺小说封面设计展示效果 .psd
调用素材	第 9 章＼文艺小说封面设计
难易指数	★ ★ ★ ☆ ☆

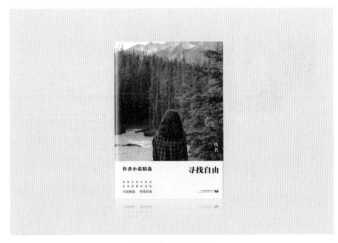

图 9.40 最终效果

操作步骤

9.2.1 使用 CorelDRAW 制作主视觉

步骤 01 选择工具箱中的【矩形工具】□，绘制 1 个【宽度】为 420mm，【高度】为 297mm 的矩形，将其填充为灰色（R: 247，G: 247，B: 247），如图 9.41 所示。

步骤 02 在矩形中间创建 1 条参考线，如图 9.42 所示。

图 9.41 绘制矩形　　　图 9.42 创建参考线

步骤 03 打开【导入文件】对话框，选择"图像 .jpg"素材，单击【导入】按钮，将素材图像放在合适的位置，如图 9.43 所示。

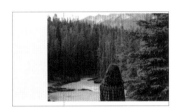

图 9.43 导入素材

步骤 04 单击鼠标右键，在弹出的快捷菜单中选择【Power Clip 内部】命令，在其下方图形上单击，将部分图像隐藏，如图 9.44 所示。

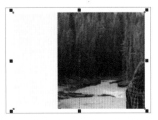

图 9.44 隐藏部分图像

步骤 05 单击鼠标右键，在弹出的快捷菜单中选择
【编辑 Power Clip】命令，调整图像位
置及大小，完成之后单击左上角的【完成】
✓ 完成 按钮，如图 9.45 所示。

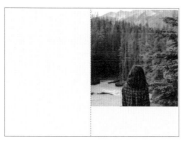

图 9.45 调整图像

步骤 06 单击工具箱中的【矩形工具】□，绘制 1
个白色及黑色矩形，如图 9.46 所示。

图 9.46 绘制矩形

步骤 07 打开【导入文件】对话框，选择"图像
2.jpg"素材，单击【导入】按钮，将素
材图像放在合适的位置，如图 9.47 所示。

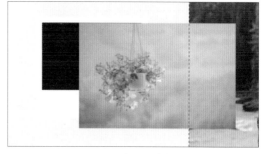

图 9.47 导入素材

步骤 08 单击鼠标右键，在弹出的快捷菜单中选择
【Power Clip 内部】命令，在其下方图
形上单击，将部分图像隐藏，如图 9.48
所示。

步骤 09 单击鼠标右键，在弹出的快捷菜单中选择
【编辑 Power Clip】命令，调整图像位
置及大小，完成之后单击左上角的【完成】
✓ 完成 按钮，如图 9.49 所示。

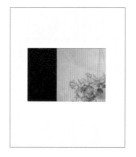
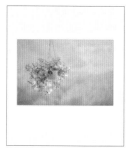

图 9.48 隐藏部分图像　　　　图 9.49 调整图像

9.2.2 使用 CorelDRAW 添加文字信息

步骤 01 单击工具箱中的【文本工具】字 按钮，
输入文字，如图 9.50 所示。

步骤 02 单击工具箱中的【矩形工具】□，绘制 1
个细长白色矩形，如图 9.51 所示。

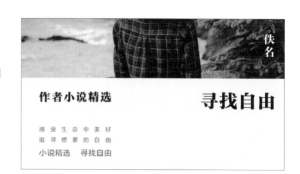

图 9.50 输入文字

步骤 03 单击工具箱中的【文本工具】**字** 按钮，输入文字，如图 9.52 所示。

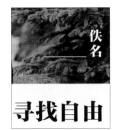 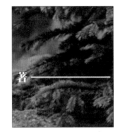

图 9.51　绘制矩形　　　图 9.52　输入文字

步骤 04 打开【导入文件】对话框，选择"标志.png"素材，单击【导入】按钮，将素材图像放在右下角位置，如图 9.53 所示。

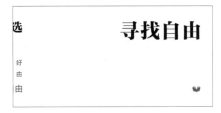

图 9.53　导入素材

步骤 05 单击工具箱中的【文本工具】**字** 按钮，输入文字，如图 9.54 所示。

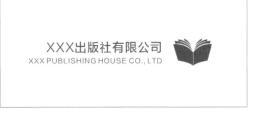

图 9.54　输入文字

步骤 06 同时选中图文并按住鼠标左键向左侧拖动至封底位置，再按鼠标右键将其复制一份，如图 9.55 所示。

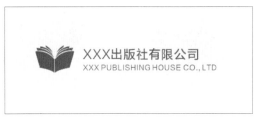

图 9.55　复制图文

9.2.3　使用 Photoshop 制作立体图像

步骤 01 执行菜单栏中的【文件】|【新建】命令，在弹出的对话框中设置【宽度】为 1000 像素，【高度】为 700 像素，【分辨率】为 72 像素/英寸，新建 1 个空白画布，并将画布填充为灰色（R: 230，G: 230，B: 230）。

步骤 02 将平面素材添加至背景中，其所在的图层名称将自动更改为【图层 1】，如图 9.56 所示。

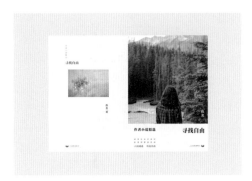

图 9.56　添加图像

步骤 03 选择工具箱中的【矩形选框工具】，在封底图像位置绘制 1 个矩形选区，按 Delete 键将图像删除，完成之后按 Ctrl+D 组合键取消选区，如图 9.57 所示。

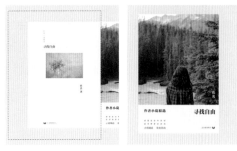

图 9.57　删除图像

步骤 04 选择工具箱中的【矩形工具】□，在选项栏中将【填充】更改为白色，【描边】更改为无，在封面图像靠左侧位置绘制1个矩形，生成1个【矩形1】图层，如图9.58所示。

步骤 05 选中【矩形1】图层，执行菜单栏中的【滤镜】|【模糊】|【高斯模糊】命令，在弹出的对话框中单击【转换为智能对象】按钮，然后在弹出的对话框中将【半径】更改为2像素，完成之后单击【确定】按钮，如图9.59所示。

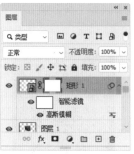
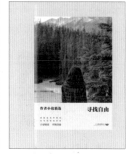

图 9.60 添加图层蒙版　　图 9.61 隐藏部分图像

提示：在【图层】面板中，为形状图层添加图层蒙版时，面板底部的 ◻ 按钮名称为【添加矢量蒙版】；为普通图层添加图层蒙版时，面板底部的 ◻ 按钮名称为【添加图层蒙版】。

步骤 08 按住 Ctrl 键单击【图层1】图层缩览图，将图形载入选区。执行菜单栏中【选择】|【反选】命令，将选区填充为黑色，隐藏部分图像，完成之后按 Ctrl+D 组合键取消选区，如图9.62所示。

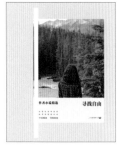
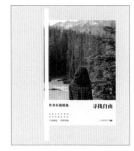

图 9.58 绘制矩形　　图 9.59 添加高斯模糊效果

步骤 06 在【图层】面板中选中【矩形1】图层，单击面板底部【添加图层蒙版】◻ 按钮，如图9.60所示。

步骤 07 选择工具箱中的【渐变工具】▨，编辑黑色到白色的渐变，单击选项栏中的【线性渐变】▨ 按钮，在画布中拖动将部分图形颜色隐藏，如图9.61所示。

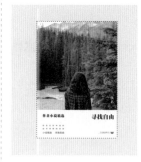
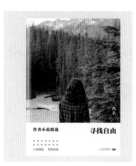

图 9.62 隐藏图像

9.2.4 使用 Photoshop 添加边缘质感

步骤 01 选择工具箱中的【矩形工具】□，在选项栏中将【填充】更改为深灰色（R: 74，G: 79，B: 49），【描边】更改为无，在封面图像靠右侧边缘位置绘制1个矩形，生成1个【矩形2】图层，如图9.63所示。

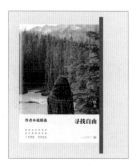

图 9.63 绘制矩形

步骤02 选中【矩形2】图层，执行菜单栏中的【滤镜】|【模糊】|【高斯模糊】命令，在弹出的对话框中单击【转换为智能对象】按钮，然后在弹出的对话框中将【半径】更改为1像素，完成之后单击【确定】按钮，如图9.64所示。

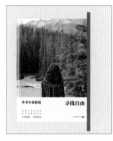

图9.64 添加高斯模糊效果

步骤03 按住Ctrl键单击【图层1】图层缩览图，将图像载入选区。执行菜单栏中【选择】|【反选】命令，将选区填充为黑色，隐藏部分图像，完成之后按Ctrl+D组合键取消选区，如图9.65所示。

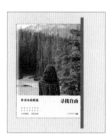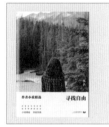

图9.65 隐藏图像

步骤04 在【图层】面板中选中【矩形2】图层，将图层【不透明度】更改为30%，如图9.66所示。

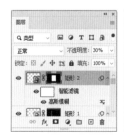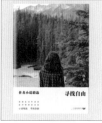

图9.66 更改图层不透明度

步骤05 在【图层】面板中，同时选中除【背影】层之外的所有图层，按Ctrl+G组合键进行编组，并将组名称重命名为【封面】。

步骤06 在【图层】面板中选中【封面】组，将其拖至面板底部的【创建新图层】按钮上，复制1个【封面 拷贝】组，将其名称更改为【封面倒影】。按Ctrl+E组合键将组合并后移至【封面】组下方，如图9.67所示。

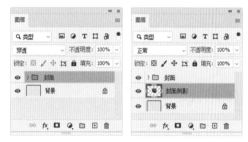

图9.67 将图层编组及合并组

步骤07 选中【封面倒影】图层，在画布中按Ctrl+T组合键对图形执行【自由变换】命令，单击鼠标右键，从弹出的快捷菜单中选择【垂直翻转】命令，完成之后按Enter键确认，再将其向下垂直移动并与原图像底部对齐，如图9.68所示。

步骤08 选中【封面倒影】图层，执行菜单栏中的【滤镜】|【模糊】|【高斯模糊】命令，在弹出的对话框中将【半径】更改为1像素，完成之后单击【确定】按钮，如图9.69所示。

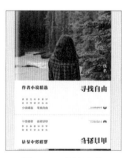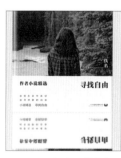

图9.68 变换图像　　图9.69 添加高斯模糊效果

步骤 09 在【图层】面板中选中【封面倒影】图层，单击面板底部的【添加图层蒙版】 按钮。

步骤 10 选择工具箱中的【渐变工具】 ，编辑黑色到白色的渐变，单击选项栏中的【线性渐变】 按钮，在画布中拖动，将部分图像隐藏，制作出倒影效果，这样就完成了最终效果的制作，如图 9.70 所示。

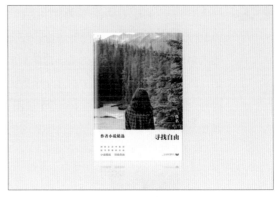

图 9.70 最终效果

9.3 益智书籍封面设计

设计构思

本例在设计过程中，以漂亮的矢量图像元素作为封面主视觉，通过添加笔迹素材图像并与直观文字信息相结合，具有很好的视觉效果，最终效果如图 9.71 所示。

源文件	第 9 章 \ 益智书籍封面设计平面效果 .cdr、益智书籍封面设计展示效果 .psd
调用素材	第 9 章 \ 益智书籍封面设计
难易指数	★ ★ ★ ☆ ☆

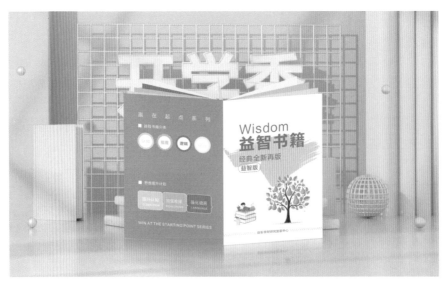

图 9.71 最终效果

操作步骤

9.3.1 使用 CorelDRAW 制作正面图像

步骤 01 选择工具箱中的【矩形工具】□，绘制 1 个【宽度】为 420mm，【高度】为 297mm 的矩形，并将其填充为白色，如图 9.72 所示。

步骤 02 选中矩形，按 Ctrl+C 组合键复制，按 Ctrl+V 组合键粘贴。

步骤 03 将粘贴的矩形更改为红色（R: 242，G: 155，B: 148），再将其宽度缩小并向左侧平移，如图 9.73 所示。

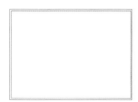 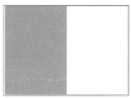

图 9.72 绘制矩形　　图 9.73 复制及变换图形

步骤 04 打开【导入文件】对话框，选择"笔迹 .png、书籍 .png、树 .png"素材，单击【导入】按钮，将素材图像放在合适的位置，如图 9.74 所示。

步骤 05 选中"笔迹 .png"图像，单击工具箱中的【透明度工具】▨按钮，在属性栏中将【透明度】更改为 70%，如图 9.75 所示。

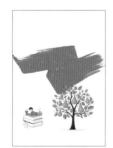 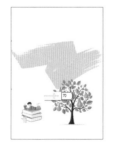

图 9.74 导入素材　　图 9.75 更改图像透明度

步骤 06 单击工具箱中的【文本工具】**字** 按钮，输入文字，如图 9.76 所示。

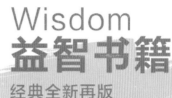

图 9.76 输入文字

步骤 07 单击工具箱中的【矩形工具】□，绘制 1 个矩形，设置【轮廓色】为红色（R: 221，G: 88，B: 69），【轮廓宽度】为 1，如图 9.77 所示。

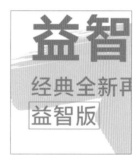

图 9.77 绘制矩形

步骤 08 单击工具箱中的【形状工具】↖按钮，拖动矩形左上角的锚点进行调整，为其制作圆角效果，如图 9.78 所示。

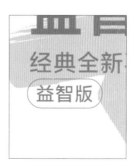

图 9.78 制作圆角效果

9.3.2 使用 CorelDRAW 添加细节元素

步骤 01 单击工具箱中的【贝塞尔工具】✒️按钮，绘制 1 条灰色（R: 153，G: 153，B: 153），【轮廓宽度】为 1 的倾斜线段，如图 9.79 所示。

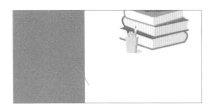

图 9.79 绘制倾斜线段

步骤 02 选中线段并按住鼠标左键向右侧拖动至边缘位置，再按鼠标右键将其复制一份，如图 9.80 所示。

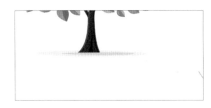

图 9.80 复制线段

步骤 03 单击工具箱中的【调和工具】🕊️按钮，选中左侧线段并向右侧线段上拖动，创建调合效果，并在属性栏中将【调和对象】更改为 50，如图 9.81 所示。

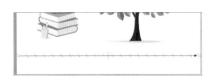

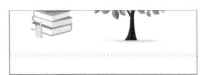

图 9.81 创建调和对象

步骤 04 选中线段并单击鼠标右键，在弹出的快捷菜单中选择【拆分混合】命令，如图 9.82 所示。

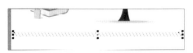

图 9.82 拆分混合

步骤 05 单击工具箱中的【文本工具】**字**按钮，输入文字，如图 9.83 所示。

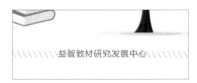

图 9.83 输入文字

步骤 06 单击工具箱中的【矩形工具】▢按钮，绘制 1 个矩形，如图 9.84 所示。

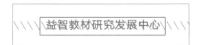

图 9.84 绘制矩形

步骤 07 同时选中两个图形，单击属性栏中的【移除前面对象】⬚按钮，将不需要的图像部分移除，如图 9.85 所示。

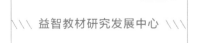

图 9.85 移除前面对象

步骤 08 单击工具箱中的【椭圆形工具】⭕按钮，按住 Ctrl 键绘制 1 个白色正圆，设置【轮廓色】为蓝色（R: 159，G: 216，B: 246），【轮廓宽度】为 10，如图 9.86 所示。

图 9.86 绘制正圆

步骤 09 选中正圆并按住鼠标左键向右侧拖动，再按鼠标右键将其复制一份，然后按 Ctrl+D 组合键再复制两份，并将其【轮廓】更改为不同的颜色，如图 9.87 所示。

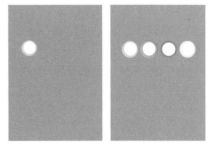

图 9.87　复制图形

9.3.3　使用 CorelDRAW 制作功能图像

步骤 01 单击工具箱中的【矩形工具】□，绘制 1 个蓝色（R: 159，G: 216，B: 246）矩形，设置【轮廓色】为白色，【轮廓宽度】为 2，如图 9.88 所示。

步骤 02 单击工具箱中的【形状工具】按钮，拖动矩形左上角的锚点进行调整，为其制作圆角效果，如图 9.89 所示。

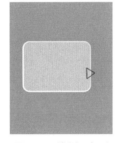
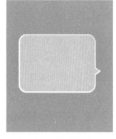

图 9.90　绘制三角形　　　　图 9.91　焊接图形

步骤 06 选中绿色图形并单击鼠标右键，在弹出的快捷菜单中选择【顺序】【向后一层】命令，如图 9.93 所示。

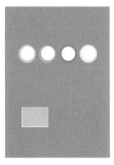
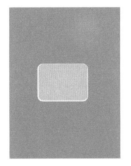

图 9.88　绘制矩形　　　　图 9.89　制作圆角效果

步骤 03 单击工具箱中的【贝塞尔工具】按钮，在圆角矩形右侧位置绘制 1 个三角形，如图 9.90 所示。

步骤 04 同时选中两个图形，单击属性栏中的【焊接】按钮，将图形焊接，如图 9.91 所示。

步骤 05 选中图形并按住鼠标左键向右侧拖动，再按鼠标右键将其复制一份，然后按 Ctrl+D 组合键再复制一份，并将其更改为不同的颜色，如图 9.92 所示。

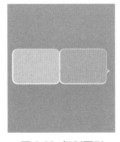
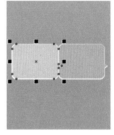

图 9.92　复制图形　　　　图 9.93　更改顺序

步骤 07 以同样的方法将图形再复制一份并更改顺序，如图 9.94 所示。

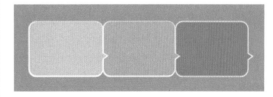

图 9.94　复制图形并更改顺序

提示：复制图形之后，可同时选中 3 个图形左右适当平移，使其与上方正圆图形对齐。

步骤08 单击工具箱中的【矩形工具】□，按住 Ctrl 键绘制 1 个白色正方形，如图 9.95 所示。

步骤09 选中正方形并按住鼠标左键向下方拖动，再按鼠标右键将其复制一份，如图 9.96 所示。

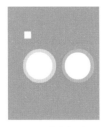

图 9.95 绘制正方形

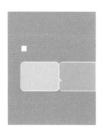

图 9.96 复制图形

步骤10 单击工具箱中的【文本工具】字 按钮，输入文字。

步骤11 选中最大的矩形，将其【轮廓】更改为无，如图 9.97 所示。

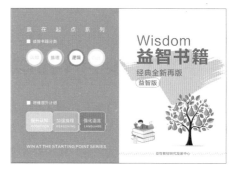

图 9.97 输入文字并取消轮廓

9.3.4 使用 Photoshop 制作封面立体效果

步骤01 执行菜单栏中的【文件】|【打开】命令，打开"益智书籍封面设计 .jpg、背景 .jpg"文件，单击【打开】按钮，将打开的封面平面素材拖入背景图像中并适当缩小，封面所在的图层名称将自动更改为【图层 1】，如图 9.98 所示。

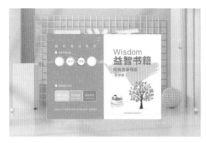

图 9.98 添加素材

步骤02 选择工具箱中的【矩形选框工具】[：]，在封面右侧位置绘制 1 个矩形选区，如图 9.99 所示。

步骤03 按 Ctrl+T 组合键对图像执行【自由变换】命令，单击鼠标右键，从弹出的快捷菜单中选择【斜切】命令，拖动变形框控制点将图像变形，完成之后按 Enter 键确认，如图 9.100 所示。

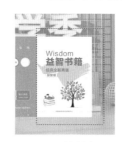
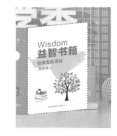

图 9.99 绘制选区　　　图 9.100 将图像变形

步骤04 以同样的方法在左侧绘制 1 个矩形选区，并将图像变形，如图 9.101 所示。

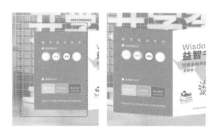

图 9.101 将图像变形

提示：对图像进行变形时，可在封面图像顶部创建 1 条水平参考线，这样经过斜切变形后的封面与封底图像变形角度相同。

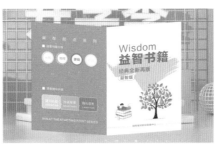

步骤 05 选择工具箱中的【矩形选框工具】 ，在封面左侧位置绘制 1 个矩形选区，如图 9.102 所示。

步骤 06 执行菜单栏中的【图层】|【新建】|【通过剪切的图层】命令，将生成的图层名称更改为【封底】，并将【图层 1】图层名称更改为【封面】，如图 9.103 所示。

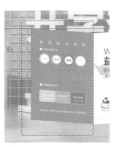

图 9.102　绘制选区

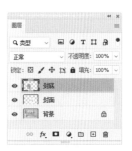

图 9.103　通过剪切的图层

9.3.5　使用 Photoshop 制作封面倒影效果

步骤 01 在【图层】面板中，同时选中【封底】和【封面】图层，将其拖至面板底部的【创建新图层】 按钮上，复制一份拷贝图层，如图 9.104 所示。

步骤 02 选中【封底 拷贝】图层，按 Ctrl+T 组合键对其执行【自由变换】命令，单击鼠标右键，从弹出的快捷菜单中选择【垂直翻转】命令，向下垂直移动，再单击鼠标右键，从弹出的快捷菜单中选择【斜切】命令，拖动变形框控制点将图像变形，完成之后按 Enter 键确认，如图 9.105 所示。

提示：在变形框取消之前按住 Ctrl+Shift 组合键在边缘拖动同样可以将图像斜切变形。

步骤 03 以同样的方法选中【封面 拷贝】图层，将图像变形，如图 9.106 所示。

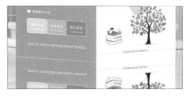

图 9.106　将图像变形

步骤 04 在【图层】面板中选中【封底 拷贝】图层，单击面板底部的【添加图层蒙版】 按钮，为其添加图层蒙版，如图 9.107 所示。

步骤 05 选择工具箱中的【渐变工具】 ，编辑黑色到白色的渐变，单击选项栏中的【线性渐变】 按钮，在图像上拖动，将部分图像隐藏以制作倒影效果，如图 9.108 所示。

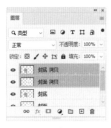

图 9.104　复制图层

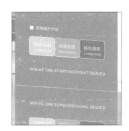

图 9.105　将图像变形

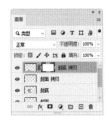
图 9.107 添加图层蒙版

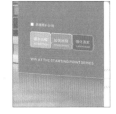
图 9.108 隐藏图像

步骤 06 以同样的方法为【封面 拷贝】图层添加图层蒙版，为图像制作倒影效果，如图 9.109 所示。

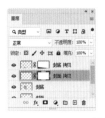
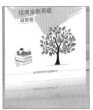
图 9.109 制作倒影效果

步骤 07 选中【封底 拷贝】图层，执行菜单栏中的【滤镜】|【模糊】|【高斯模糊】命令，在弹出的对话框中将【半径】更改为 2 像素，完成之后单击【确定】按钮，如图 9.110 所示。

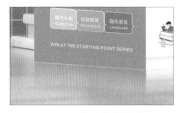
图 9.110 添加高斯模糊效果

步骤 08 选中【封面 拷贝】图层，按 Ctrl+F 组合键为其添加高斯模糊效果，如图 9.111 所示。

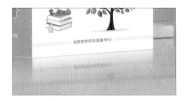
图 9.111 添加高斯模糊效果

步骤 09 在【图层】面板中选中【封底】图层，单击面板底部的【添加图层样式】fx 按钮，在菜单中选择【渐变叠加】命令。

步骤 10 在弹出的【图层样式】对话框中，将【混合模式】更改为【叠加】，【不透明度】更改为 10%，【渐变】更改为透明到黑色，【角度】更改为 0 度，【缩放】更改为 50%，完成之后单击【确定】按钮，如图 9.112 所示。

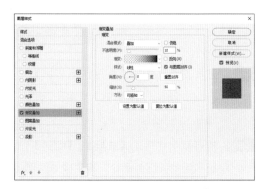
图 9.112 设置【渐变叠加】参数

步骤 11 选择工具箱中的【钢笔工具】 ⬦ ，在选项栏中单击【选择工具模式】 路径 ⌄ 按钮，在弹出的选项中选择【形状】，将【填充】更改为蓝色（R: 154，G: 213，B: 245），【描边】更改为无，在封底图像顶部位置绘制 1 个不规则图形，生成 1 个【形状 1】图层，并将其移至【背景】图层的上方，如图 9.113 所示。

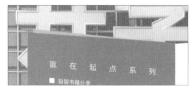
图 9.113 绘制图形

步骤 12 以同样的方法再次绘制数个相似的不同颜色图形，如图 9.114 所示。

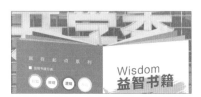
图 9.114 绘制多个图形

9.3.6　使用 Photoshop 添加阴影效果

步骤 01　选择工具箱中的【椭圆工具】 ，在选项栏中将【填充】更改为深绿色（R: 38，G: 78，B: 42），【描边】更改为无，在封面底部绘制 1 个椭圆图形，生成 1 个【椭圆 1】图层，并将其移至【背景】图层的上方，如图 9.115 所示。

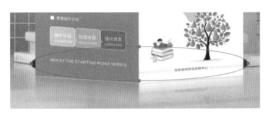

图 9.115　绘制椭圆

步骤 02　执行菜单栏中的【滤镜】|【模糊】|【高斯模糊】命令，在弹出的对话框中单击【转换为智能对象】按钮，在弹出的对话框中将【半径】更改为 50 像素，完成之后单击【确定】按钮，这样就完成了最终效果的制作，如图 9.116 所示。

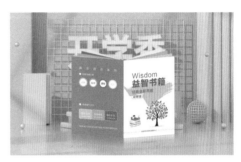

图 9.116　最终效果

9.4　人物游记封面设计

设计构思

　　本例在设计过程中，以漂亮的风景图像作为封面主图，将图像与艺术化变形文字相结合，通过使用浅绿色的颜色搭配，使整个封面具有出色的视觉效果，在制作展示效果时，将平面图像进行扭曲变形打造出立体视觉效果，最终效果如图 9.117 所示。

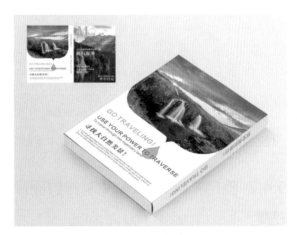

图 9.117　最终效果

源文件	第 9 章 \ 人物游记封面设计平面效果 .cdr、人物游记封面设计展示效果 .psd
调用素材	第 9 章 \ 人物游记封面设计
难易指数	★★★★☆

███ **操作步骤**

9.4.1 使用 CorelDRAW 制作封面正面图像

步骤 **01** 选择工具箱中的【矩形工具】□，绘制 1 个【宽度】为 380mm，【高度】为 240mm 的矩形，如图 9.118 所示。

步骤 **02** 选择工具箱中的【矩形工具】□，绘制 1 个【宽度】为 178mm，【高度】为 240mm 的灰色（R: 230，G: 230，B: 230）矩形，并将其向右侧平移与下方矩形边缘对齐，如图 9.119 所示。

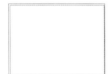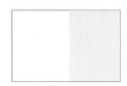

图 9.118　绘制矩形　　　图 9.119　绘制矩形

步骤 **03** 选中矩形并按住鼠标左键向左侧拖动，再按鼠标右键将其复制一份，如图 9.120 所示。

步骤 **04** 在两个矩形之间创建参考线，预留出书脊空间，如图 9.121 所示。

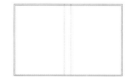

图 9.120　复制图形　　　图 9.121　参建参考线

步骤 **05** 打开【导入文件】对话框，选择"湖泊.jpg"素材，单击【导入】按钮，将素材图像放在右侧位置，如图 9.122 所示。

步骤 **06** 单击鼠标右键，在弹出的快捷菜单中选择【Power Clip 内部】命令，在其下方图形上单击，将部分图像隐藏，如图 9.123 所示。

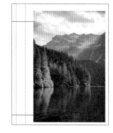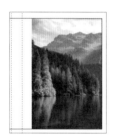

图 9.122　导入素材　　　图 9.123　隐藏部分图像

步骤 **07** 选中素材图像，将其【填充】颜色更改为无，如图 9.124 所示。

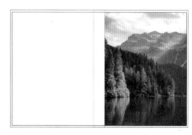

图 9.124　取消填充颜色

提示：此处取消填充颜色实际上取消的是其下方矩形颜色，对素材图像本身不会产生影响。

9.4.2 使用 CorelDRAW 制作封面背面图像

步骤 **01** 单击工具箱中的【矩形工具】□，绘制 1 个灰色（R: 230，G: 230，B: 230）矩形，如图 9.125 所示。

步骤 **02** 单击工具箱中的【形状工具】，按钮，拖动矩形左上角的锚点进行调整，为其制作圆角效果，如图 9.126 所示。

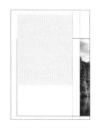

图 9.125　绘制矩形　　　图 9.126　制作圆角效果

步骤 03 单击工具箱中的【矩形工具】□，绘制 1 个矩形框，如图 9.127 所示。

步骤 04 同时选中两个图形，单击属性栏中的【移除前面对象】按钮，将不需要的图像部分移除，如图 9.128 所示。

图 9.127 绘制矩形框　　　图 9.128 移除前面对象

步骤 05 打开【导入文件】对话框，选择"瀑布 .jpg"素材，单击【导入】按钮，将素材图像放在合适的位置，如图 9.129 所示。

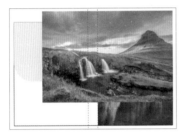

图 9.129 导入素材

步骤 06 单击鼠标右键，在弹出的快捷菜单中选择【Power Clip 内部】命令，在其下方图形上单击，将部分图像隐藏，如图 9.130 所示。

步骤 07 单击鼠标右键，在弹出的快捷菜单中选择【编辑 Power Clip】命令，调整图像位置及大小，完成之后单击左上角的【完成】 √ 完成 按钮，如图 9.131 所示。

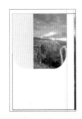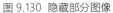　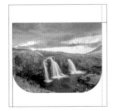

图 9.130 隐藏部分图像　　　图 9.131 调整图像

步骤 08 单击工具箱中的【贝塞尔工具】按钮，绘制 1 个水滴图形，如图 9.132 所示。

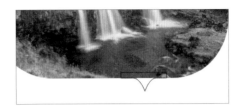

图 9.132 绘制水滴图形

步骤 09 同时选中水滴图形及其下方素材图像，单击属性栏中的【焊接】按钮，将图像焊接，如图 9.133 所示。

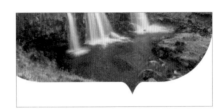

图 9.133 焊接图像

步骤 10 单击工具箱中的【贝塞尔工具】按钮，在图像下方位置绘制 1 个绿色（R: 112，G: 189，B: 36）水滴图形，如图 9.134 所示。

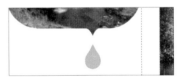

图 9.134 绘制图形

步骤 11 单击工具箱中的【文本工具】字 按钮，输入文字，并适当调整不同的颜色和大小，排列出封面文字效果，如图 9.135 所示。

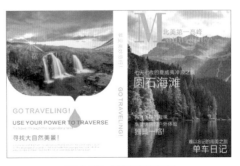

图 9.135 添加封面文字

9.4.3 使用 Photoshop 制作封面立体轮廓

步骤 01 执行菜单栏中的【文件】|【新建】命令，在弹出的对话框中设置【宽度】为 20 厘米，【高度】为 15 厘米，【分辨率】为 150 像素 / 英寸，【颜色模式】为 RGB 颜色，新建 1 个空白画布。

步骤 02 在【图层】面板中，单击面板底部的【创建新图层】⊞按钮，新建 1 个【图层 1】图层，并将图层填充为白色。

步骤 03 在【图层】面板中选中【图层 1】图层，单击面板底部的【添加图层样式】*fx* 按钮，在菜单中选择【渐变叠加】命令。

步骤 04 在弹出的【图层样式】对话框中，将【混合模式】更改为【正常】，【渐变】更改为灰色（R: 224，G: 224，B: 224）到灰色（R: 246，G: 246，B: 246），【角度】更改为 35 度，完成之后单击【确定】按钮，如图 9.136 所示。

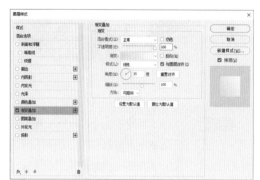

图 9.136 设置【渐变叠加】参数及效果

步骤 05 执行菜单栏中的【文件】|【打开】命令，打开"人物游记封面设计平面效果 .jpg"文件，单击【打开】按钮，将打开的素材拖入画布中并适当缩小，图像所在图层的名称将自动更改为【图层 2】，如图 9.137 所示。

步骤 06 选择工具箱中的【矩形选框工具】⬚，在左侧位置绘制一个矩形选区，以选中封底，如图 9.138 所示。

步骤 07 执行菜单栏中的【图层】|【通过剪切的图层】命令，将生成的图层名称更改为【封底】，原来的图层名称更改为【封面】，如图 9.139 所示。

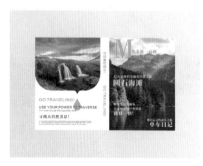

图 9.137 添加素材图像

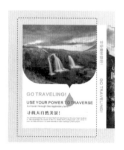

图 9.138 绘制选区

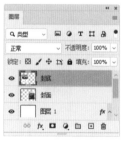

图 9.139 重命名图层

步骤 08 选中【封底】图层，在画布中按 Ctrl+T 组合键对图像执行【自由变换】命令，单击鼠标右键，从弹出的快捷菜单中选择【扭曲】命令，将图形扭曲变形，完成之后按 Enter 键确认，如图 9.140 所示。

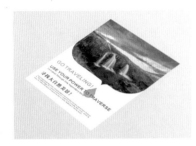

图 9.140 将图像变形

步骤 09 选择工具箱中的【矩形选框工具】，在书脊位置绘制 1 个矩形选区以选中书脊区域图像，如图 9.141 所示。

步骤 10 选中【封面】图层，执行菜单栏中的【图层】|【通过剪切的图层】命令，将生成的图层名称更改为【书脊】，如图 9.142 所示。

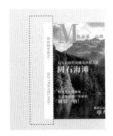
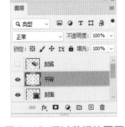

图 9.141 绘制选区   图 9.142 通过剪切的图层

提示：为了方便观察绘制选区效果，可先将【封底】图层暂时隐藏。

步骤 11 选中【书脊】图层，按 Ctrl+T 组合键对图像执行【自由变换】命令，单击鼠标右键，从弹出的快捷菜单中选择【变形】命令，将图形扭曲变形，完成之后按 Enter 键确认，如图 9.143 所示。

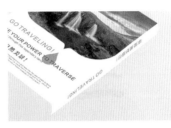

图 9.143 将图像变形

步骤 12 在【图层】面板中选中【封底】图层，将其拖至面板底部的【创建新图层】按钮上，复制 1 个【封底 拷贝】图层，如图 9.144 所示。

步骤 13 在【图层】面板中选中【封底】图层，单击面板上方的【锁定透明像素】按钮，将当前图层中的透明像素锁定，在画布中将图像填充为深黄色（R: 125, G: 65, B: 10），再次单击该按钮解除锁定，并适当向下方移动，如图 9.145 所示。

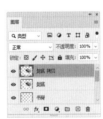
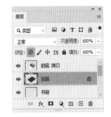

图 9.144 复制图层   图 9.145 填充颜色

9.4.4 使用 Photoshop 制作封面立体细节

步骤 01 在【图层】面板中选中【封底】图层，单击面板底部的【添加图层蒙版】按钮，为其添加图层蒙版，如图 9.146 所示。

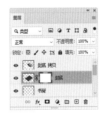

图 9.146 添加图层蒙版

步骤 02 选择工具箱中的【画笔工具】 ，在画布中单击鼠标右键，在弹出的面板中选择1种圆角笔触，将【大小】更改为150像素，【硬度】更改为0%，如图9.147所示。

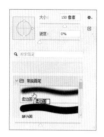

图 9.147 设置笔触

步骤 03 将前景色更改为黑色，在图像上部分区域进行涂抹将其隐藏，如图9.148所示。

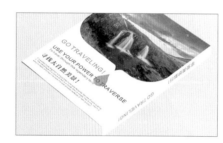

图 9.148 隐藏图像

步骤 04 选择工具箱中的【钢笔工具】 ，在选项栏中单击【选择工具模式】 路径 按钮，在弹出的选项中选择【形状】，将【填充】更改为深黄色（R: 125，G: 65，B: 10），【描边】更改为无，在书脊图像底部位置绘制1个不规则图形，生成1个【形状1】图层，并将其移至【书脊】图层的下方，如图9.149所示。

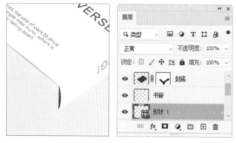

图 9.149 绘制图形

步骤 05 在【图层】面板中选中【形状1】图层，单击面板底部的【添加图层样式】 按钮，在菜单中选择【渐变叠加】命令，在弹出的【图层样式】对话框中，将【渐变】更改为黑色到白色，【角度】更改为180度，【缩放】更改为115%，完成之后单击【确定】按钮，如图9.150所示。

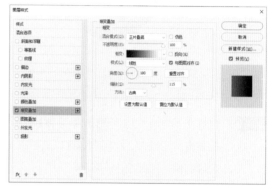

图 9.150 设置【渐变叠加】参数

步骤 06 选择工具箱中的【钢笔工具】 ，在选项栏中单击【选择工具模式】 路径 按钮，在弹出的选项中选择【形状】，将【填充】更改为灰色（R: 220，G: 215，B: 202），【描边】更改为无，在封底底部位置绘制1个不规则图形，生成1个【形状2】图层，并将其移至【书脊】图层的下方，如图9.151所示。

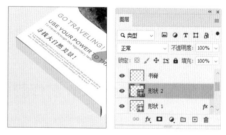

图 9.151 绘制图形

步骤 07 在【图层】面板中选中【形状2】图层，将其拖至面板底部的【创建新图层】 按钮上，复制1个【形状2拷贝】图层，如图9.152所示。

步骤 08 选中【形状 2】图层，在画布中将图形颜色更改为深黄色（R: 125，G: 65，B: 10），再将其向左下角方向移动，如图 9.153 所示。

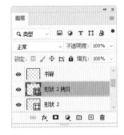

图 9.152 复制图层并更改图形颜色

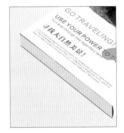

图 9.153 移动图形

步骤 09 在【图层】面板中选中【形状 2】图层，单击面板底部的【添加图层蒙版】按钮，为其添加图层蒙版，如图 9.154 所示。

步骤 10 选择工具箱中的【画笔工具】，在画布中单击鼠标右键，在弹出的面板中选择 1 种圆角笔触，将【大小】更改为 150 像素，【硬度】更改为 0%，如图 9.155 所示。

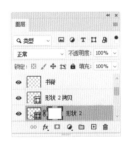

图 9.154 添加图层蒙版

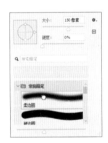

图 9.155 设置笔触

步骤 11 将前景色更改为黑色，在图像上部分区域进行涂抹将其隐藏，如图 9.156 所示。

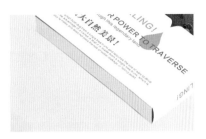

图 9.156 隐藏图像

步骤 12 在【图层】面板中选中【形状 2 拷贝】图层，将其拖至面板底部的【创建新图层】按钮上，复制 1 个【形状 2 拷贝 2】图层，如图 9.157 所示。

步骤 13 选择工具箱中的【直接选择工具】，选中【形状 2 拷贝 2】图层中的图形 2 端锚点并向外侧拖动增加图形长度，将其图形颜色更改为白色，如图 9.158 所示。

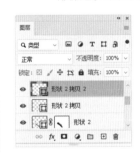

图 9.157 复制图层

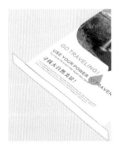

图 9.158 将图形变形

9.4.5 使用 Photoshop 制作封面纸张质感

步骤 01 选中【形状 2 拷贝 2】图层，执行菜单栏中的【滤镜】|【杂色】|【添加杂色】命令，在弹出的【添加杂色】对话框中单击【栅格化】按钮，分别选中【平均分布】单选按钮及【单色】复选框，将【数量】更改为 8%，完成之后单击【确定】按钮，如图 9.159 所示。

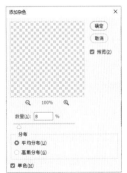
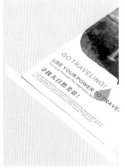

图 9.159 设置【添加杂色】参数及效果

步骤 02 选中【形状 2 拷贝 2】图层，执行菜单栏中的【滤镜】|【模糊】|【动感模糊】命令，在弹出的【动感模糊】对话框中，将【角度】更改为－40 度，【距离】更改为 50 像素，设置完成之后单击【确定】按钮，如图 9.160 所示。

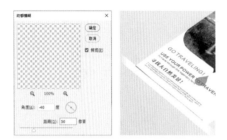

图 9.160 设置动感模糊

步骤 03 在【图层】面板中选中【形状 2 拷贝 2】图层，将图层混合模式设置为【划分】，如图 9.161 所示。

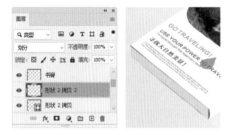

图 9.161 设置图层混合模式

步骤 04 在【图层】面板中选中【形状 2 拷贝 2】图层，单击面板底部的【添加图层蒙版】按钮，为其添加图层蒙版，如图 9.162 所示。

步骤 05 按住 Ctrl 键单击【形状 2 拷贝】图层缩览图，将其载入选区，执行菜单栏中的【选择】|【反选】命令，将选区反选并填充为黑色隐藏部分图像，完成之后按 Ctrl+D 组合键取消选区，如图 9.163 所示。

步骤 06 在【图层】面板中选中【书脊】图层，将其拖至面板底部的【创建新图层】按钮上，复制 1 个【书脊 拷贝】图层，如图 9.164 所示。

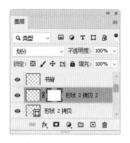 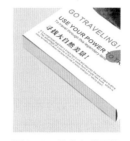

图 9.162 添加图层蒙版   图 9.163 隐藏部分图像

步骤 07 在【图层】面板中选中【书脊 拷贝】图层，单击面板上方的【锁定透明像素】按钮，将当前图层中的透明像素锁定，在画布中将图像填充为黑色，再次单击该按钮解除锁定，如图 9.165 所示。

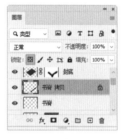 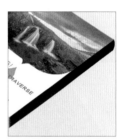

图 9.164 复制图层   图 9.165 填充颜色

步骤 08 选中【书脊 拷贝】图层，将图层【不透明度】更改为 10%，如图 9.166 所示。

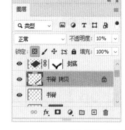 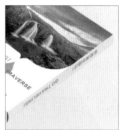

图 9.166 更改图层不透明度

步骤 09 选择工具箱中的【模糊工具】，在画布中单击鼠标右键，在弹出的面板中选择 1 种圆角笔触，将【大小】更改为 80 像素，【硬度】更改为 0%，如图 9.167 所示。

步骤 10 选中【书脊 拷贝】图层，在图像边缘进行涂抹将其模糊，再将图像向下稍微移动，如图 9.168 所示。

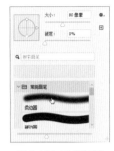

图 9.167 设置笔触

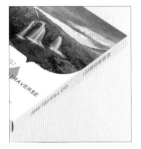

图 9.168 模糊图像

将其载入选区，执行菜单栏中的【选择】|【反选】命令，将选区反选并填充为黑色隐藏部分图像，完成之后按 Ctrl+D 组合键取消选区，如图 9.170 所示。

步骤 11 在【图层】面板中选中【书脊 拷贝】图层，单击面板底部的【添加图层蒙版】 ◧ 按钮，为其添加图层蒙版，如图 9.169 所示。

步骤 12 按住 Ctrl 键单击【书脊】图层缩览图，

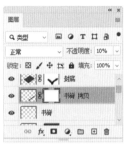

图 9.169 添加图层蒙版

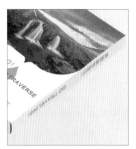

图 9.170 隐藏部分图像

9.4.6 使用 Photoshop 制作封面投影效果

步骤 01 选择工具箱中的【钢笔工具】 ，在选项栏中单击【选择工具模式】 路径 ∨ 按钮，在弹出的选项中选择【形状】，将【填充】更改为黑色，【描边】更改为无，在封底图像右侧位置绘制 1 个不规则图形，生成 1 个【形状 3】图层，并将其移至【图层 1】图层的上方，如图 9.171 所示。

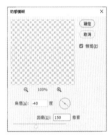

图 9.172 设置【动感模糊】参数及效果

步骤 03 在【图层】面板中选中【形状 3】图层，单击面板底部的【添加图层蒙版】 ◧ 按钮，为其添加图层蒙版，如图 9.173 所示。

步骤 04 选择工具箱中的【画笔工具】 ，在画布中单击鼠标右键，在弹出的面板中选择 1 种圆角笔触，将【大小】更改为 350 像素，【硬度】更改为 0%，如图 9.174 所示。

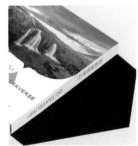

图 9.171 绘制图形

步骤 02 选中【形状 3】图层，执行菜单栏中的【滤镜】|【模糊】|【动感模糊】命令，在弹出的【动感模糊】对话框中将【角度】更改为 − 40 度，【距离】更改为 150 像素，设置完成之后单击【确定】按钮，如图 9.172 所示。

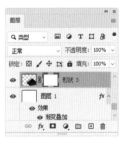
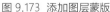

图 9.173 添加图层蒙版

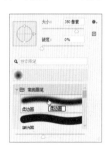

图 9.174 设置笔触

步骤 05 将前景色更改为黑色，在图像上部分区域进行涂抹将其隐藏，如图 9.175 所示。

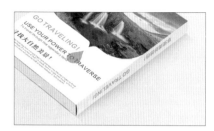

图 9.175 隐藏部分图像

步骤 06 选择工具箱中的【钢笔工具】，在选项栏中单击【选择工具模式】 路径 按钮，在弹出的选项中选择【形状】，将【填充】更改为黑色，【描边】更改为无，在封底图像底部位置绘制 1 个不规则图形，生成 1 个【形状 4】图层，并将其移至【背景】图层的上方，如图 9.176 所示。

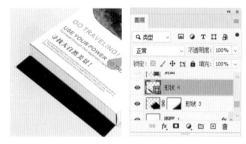

图 9.176 绘制图形

步骤 07 以同样的方法为绘制的图形添加动感模糊效果，并隐藏部分图像制作投影效果，如图 9.177 所示。

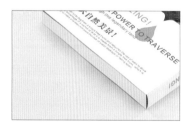

图 9.177 制作投影效果

步骤 08 单击【图层】面板底部的【创建新图层】按钮，新建 1 个【图层 2】图层，如图 9.178 所示。

步骤 09 选择工具箱中的【画笔工具】，在画布中单击鼠标右键，在弹出的面板中选择 1 种圆角笔触，将【大小】更改为 2 像素，【硬度】更改为 0%，如图 9.179 所示。

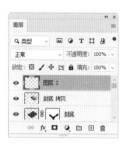 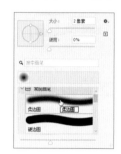

图 9.178 新建图层　　　　图 9.179 设置笔触

步骤 10 将前景色更改为深黄色（R: 125, G: 65, B: 10），选中【图层 2】图层，在封底图像左上角位置单击，然后按住 Shift 键在左下角位置再次单击，添加边缘质感，如图 9.180 所示。

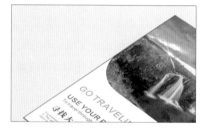

图 9.180 添加边缘质感

步骤 11 在【图层】面板中选中【图层 2】图层，将图层【不透明度】更改为 20%，如图 9.181 所示。

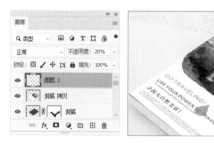

图 9.181 更改图层不透明度

步骤 12 以同样的方法在封底图像顶部边缘添加质感图像效果，如图 9.182 所示。

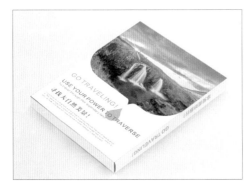

图 9.182　添加质感图像

步骤 13　执行菜单栏中的【文件】|【打开】命令，打开"人物游记封面设计平面效果 .jpg"文件，单击【打开】按钮，将打开的素材

拖入画布中左上角位置并等比缩小，这样就完成了最终效果的制作，如图 9.183 所示。

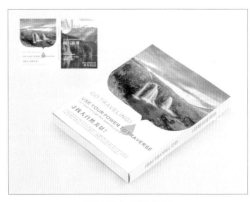

图 9.183　最终效果

9.5　课后习题

9.5.1　习题 1——标书封面设计

设计构思

本例在制作过程中，将时尚城市图像与科技化矢量图形相结合，为整个封面增添了时尚感，最终效果相当不错，最终效果如图 9.184 所示。

源文件	第 9 章 \ 标书封面平面设计 .cdr、标书封面展示设计 .psd
调用素材	第 9 章 \ 标书封面设计
难易指数	★ ★ ★ ☆ ☆

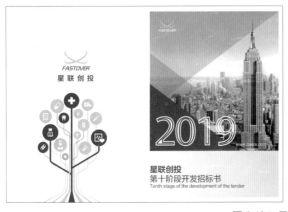

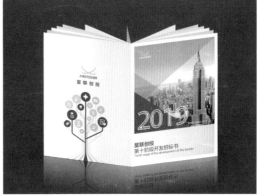

图 9.184　最终效果

9.5.2 习题 2——户外杂志封面设计

设计构思

本例中的户外杂志封面以突出户外主题为主，通过主题图像与艺术化文字效果的结合，使整个封面具有更加强烈的视觉设计效果，最终效果如图 9.185 所示。

源文件	第 9 章 \ 户外杂志封面平面设计 .cdr、户外杂志封面展示设计 .psd
调用素材	第 9 章 \ 户外杂志封面设计
难易指数	★ ★ ★ ☆ ☆

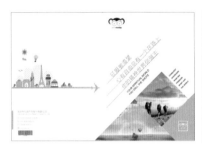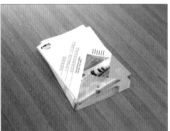

图 9.185 最终效果

9.5.3 习题 3——文艺小说封面设计

设计构思

本例的设计过程比较简单，将漂亮的素材图像与简洁的版式设计相结合，整个封面呈现一种舒适感，最终效果如图 9.186 所示。

源文件	第 9 章 \ 文艺小说封面平面设计 .cdr、文艺小说封面图像制作 .psd、文艺小说封面展示设计 .psd
调用素材	第 9 章 \ 文艺小说封面设计
难易指数	★ ★ ★ ☆ ☆

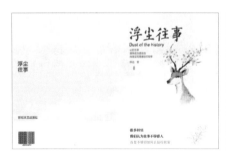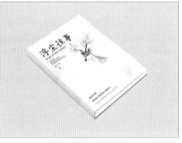

图 9.186 最终效果

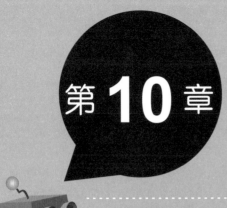

第10章

精选时代视觉海报设计

本章介绍

　　本章讲解精选的时代视觉海报设计。作为平面广告设计领域内的重要组成部分，海报设计其具有多样的风格，并且设计思路的自由度也很高。凭借天马行空的思维，可以设计出满足不同需求的海报作品。本章列举了地产海报设计、美食套餐海报设计、特惠风暴主题海报设计、夏日饮品海报设计等实例。通过学习本章内容，读者可以掌握常见海报设计的思路与方法。

要点索引

◎ 学习地产海报设计

◎ 了解美食套餐海报设计思路

◎ 学会特惠风暴主题海报设计

◎ 掌握夏日饮品海报设计

◎ 了解节日促销海报设计方法

10.1 地产海报设计

设计构思

　　本例在设计过程中，将漂亮的发光图形与直观的地产楼盘信息相结合，表现出一种十分大气的视觉效果，整个制作过程以大红色色调作为海报主题色，通过绘制位置图像使整个海报版面更加丰富，最终效果如图 10.1 所示。

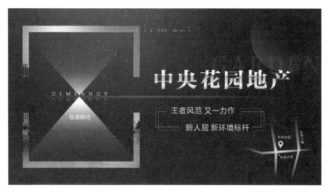

图 10.1 最终效果

源文件	第 10 章 \ 地产海报设计背景效果 .psd、地产海报设计最终效果 .cdr
调用素材	第 10 章 \ 地产海报设计
难易指数	★ ★ ★ ☆ ☆

操作步骤

10.1.1 使用 Photoshop 制作背景效果

步骤 01 执行菜单栏中的【文件】|【新建】命令，在弹出的对话框中设置【宽度】为 1000 像素，【高度】为 550 像素，【分辨率】为 72 像素 / 英寸，新建 1 个空白画布。

步骤 02 在【图层】面板中，单击面板底部的【创建新图层】 + 按钮，新建 1 个【图层 1】图层，并将图层填充为白色。

步骤 03 在【图层】面板中选中【图层 1】图层，单击面板底部的【添加图层样式】 *fx* 按钮，在菜单中选择【渐变叠加】命令。

步骤 04 在弹出的【图层样式】对话框中，将【混合模式】更改为【正常】，【渐变】更改为红色（R: 99, G: 2, B: 15）到红色（R: 86, G: 0, B: 14），【样式】更改为【径向】，【角度】更改为 0 度，完成之后单击【确定】按钮，如图 10.2 所示。

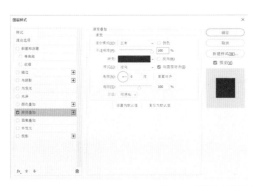

图 10.2　设置【渐变叠加】参数及效果

步骤 05 选择工具箱中的【矩形工具】⬜，在选项栏中将【填充】更改为白色，【描边】更改为无，在图像中绘制 1 个细长矩形，生成 1 个【矩形 1】图层，如图 10.3 所示。

步骤 06 在【图层】面板中选中【矩形 1】图层，单击面板底部的【添加图层样式】*fx* 按钮，在菜单中选择【渐变叠加】命令。

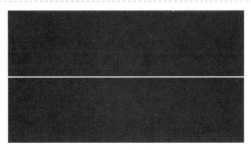

图 10.3　绘制图形

步骤 07 在弹出的【图层样式】对话框中将【混合模式】更改为【叠加】，【渐变】更改为透明到白色再到透明，【角度】更改为 0 度，完成之后单击【确定】按钮。在【图层】面板中，将【矩形 1】图层的【填充】更改为 0%，如图 10.4 所示。

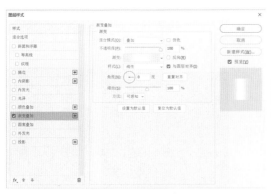

图 10.4　设置【渐变叠加】参数及效果

步骤 08 选择工具箱中的【椭圆工具】⬭，在选项栏中将【填充】更改为白色，【描边】更改为无，在背景左上角的位置绘制 1 个椭圆图形，生成 1 个【椭圆 1】图层，如图 10.5 所示。

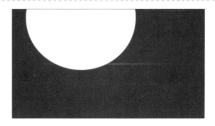

图 10.5　绘制椭圆

步骤 09 选中【椭圆 1】图层，执行菜单栏中的【滤镜】|【模糊】|【高斯模糊】命令，在弹出的对话框中单击【转换为智能对象】按钮，在出现的对话框中将【半径】更改为100 像素，完成之后单击【确定】按钮，如图 10.6 所示。

步骤 10 在图层面板中，选中【椭圆 1】图层，将其图层混合模式更改为【叠加】，如图 10.7 所示。

图 10.6 添加高斯模糊效果

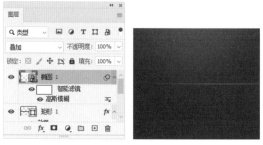

图 10.7 更改图层混合模式

10.1.2 使用 Photoshop 添加背景装饰

步骤 01 选择工具箱中的【椭圆工具】 ◯ ，在选项栏中将【填充】更改为白色，【描边】更改为无，在背景右上角的位置按住 Shift 键绘制 1 个正圆图形，生成 1 个【椭圆 2】图层，如图 10.8 所示。

图 10.9 添加图层蒙版　图 10.10 隐藏部分图形

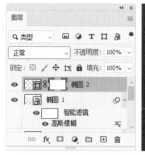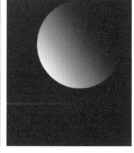

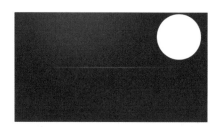

图 10.8 绘制正圆

步骤 02 在【图层】面板中选中【椭圆 2】图层，单击面板底部【添加图层蒙版】 ◲ 按钮，为其添加图层蒙版，如图 10.9 所示。

步骤 03 选择工具箱中的【渐变工具】 ▮ ，编辑黑色到白色的渐变，单击选项栏中的【线性渐变】 ▮ 按钮，在画布中拖动，将部分图形隐藏，如图 10.10 所示。

步骤 04 在【图层】面板中选中【椭圆 2】图层，将图层混合模式更改为【叠加】，效果如图 10.11 所示。

图 10.11 更改图层混合模式

步骤 05 执行菜单栏中的【文件】|【打开】命令，打开"矢量地图 .png"文件，单击【打开】按钮，将打开的素材拖入画布中并适当缩小，其所在图层的名称将自动更改为【图层 2】，如图 10.12 所示。

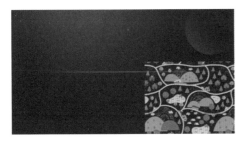

图 10.12 添加素材

步骤 06 在【图层】面板中选中【图层 2】图层，将图层混合模式更改为【柔光】，【不透明度】更改为 40%，如图 10.13 所示。

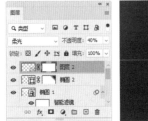

图 10.13 更改图层混合模式

步骤 07 以刚才同样的方法为【图层 2】图层添加图层蒙版，并利用【渐变工具】隐藏部分图像，如图 10.14 所示。

步骤 08 选择工具箱中的【钢笔工具】，在选项栏中单击【选择工具模式】 路径 按钮，在弹出的选项中选择【形状】，将【填充】更改为白色，【描边】更改为无，绘制 1 个图形，生成 1 个【形状】图层，如图 10.15 所示。

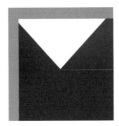

图 10.14 隐藏部分图像　图 10.15 绘制图形

步骤 09 在【图层】面板中选中【形状 1】图层，单击面板底部的【添加图层样式】 按钮，在菜单中选择【渐变叠加】命令。

步骤 10 在弹出的【图层样式】对话框中，将【混合模式】更改为【正常】，【渐变】更改为白色到白色再到白色，并将第 2 个白色色标的【不透明度】更改为 15%，第 3 个白色色标的【不透明度】更改为 0%，完成之后单击【确定】按钮，如图 10.16 所示。

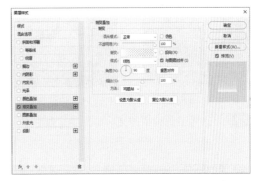

图 10.16 设置【渐变叠加】参数

步骤 11 在【图层】面板中选中【形状 1】图层，将图层【填充】更改为 0%，如图 10.17 所示。

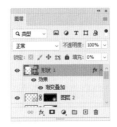
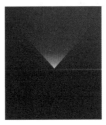

图 10.17 更改图层填充

提示：在此处设置渐变色标时，可参考以下样式进行设置。

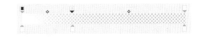

步骤 12 选中【形状 1】图层，在画布中按住 Alt+Shift 组合键向下方拖动复制图形，按 Ctrl+T 组合键对复制的图形执行【自由变换】命令，单击鼠标右键，从弹出的快捷菜单中选择【垂直翻转】命令，完成之后按 Enter 键确认，再将图形适当移动，如图 10.18 所示。

步骤 13 双击【形状 1 拷贝】图层样式名称，在弹出的对话框中选中【渐变叠加】复选框，选中【反向】复选框，完成之后单击【确定】按钮，如图 10.19 所示。

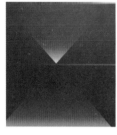 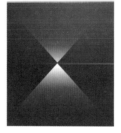

图 10.18 复制图形 　　　　图 10.19 将渐变反向

步骤 14 选择工具箱中的【横排文字工具】T，在图像中输入文字，如图 10.20 所示。

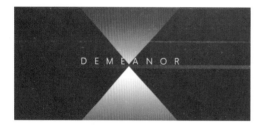

图 10.20 输入文字

步骤 15 在【图层】面板中选中【demeanor】图层，将其拖至面板底部的【创建新图层】⊞按钮上，复制 1 个【demeanor 拷贝】图层，如图 10.21 所示。

步骤 16 在【图层】面板中选中【demeanor】图层，按 Ctrl+T 组合键对复制图形执行【自由变换】命令，单击鼠标右键，从弹出的快捷菜单中选择【垂直翻转】命令，完成之后按 Enter 键确认，再将文字向下移动。

步骤 17 以同样的方法为【demeanor】图层添加图层蒙版，并利用【渐变工具】■隐藏部分图像，制作倒影效果，如图 10.22 所示。

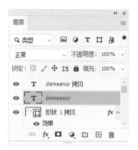 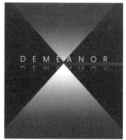

图 10.21 复制图层 　　　　图 10.22 制作倒影效果

10.1.3 使用 CorelDRAW 添加主视觉图像

步骤 01 打开【导入文件】对话框，选择"地产海报设计背景效果 .jpg"素材，单击【导入】按钮，将素材图像放在合适的位置。

步骤 02 单击工具箱中的【矩形工具】□按钮，绘制 1 个矩形，设置其填充颜色为无，设置【轮廓色】为黑色，【轮廓宽度】为 20，如图 10.23 所示。

步骤 03 选中黑色矩形，执行菜单栏中的【对象】|【将轮廓转换为对象】命令，将其转换成可编辑的矢量图，如图 10.24 所示。

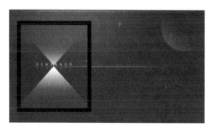 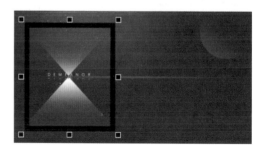

图 10.23 绘制图形 　　　　图 10.24 将轮廓转换为对象

步骤 04 单击工具箱中的【矩形工具】□按钮，绘制 1 个白色矩形，如图 10.25 所示。

步骤 05 同时选中两个图形，单击属性栏中的【移除前面对象】□按钮，将不需要的图像部分移除，如图 10.26 所示。

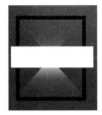
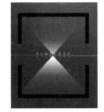

图 10.25 绘制矩形　　图 10.26 移除前面对象

步骤 06 打开【导入文件】对话框，选择"楼盘 .jpg"素材，单击【导入】按钮，将素材图像放在合适的位置，如图 10.27 所示。

步骤 07 单击鼠标右键，在弹出的快捷菜单中选择【Power Clip 内部】命令，在其下方图形上单击，将部分图像隐藏，如图 10.28 所示。

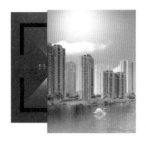
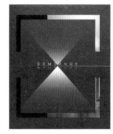

图 10.27 导入素材　　图 10.28 隐藏部分图像

步骤 08 单击鼠标右键，在弹出的快捷菜单中选择【编辑 Power Clip】命令，调整图像位置及大小，完成之后单击左上角的【完成】✓ 完成 按钮，如图 10.29 所示。

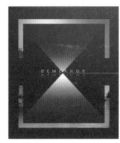
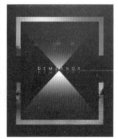

图 10.29 调整图像

10.1.4 使用 CorelDRAW 添加文字信息

步骤 01 单击工具箱中的【文本工具】字 按钮，输入文字，如图 10.30 所示。

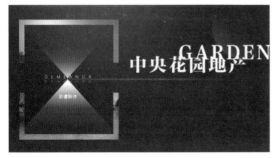

图 10.30 输入文字

步骤 02 选中英文文字，单击工具箱中的【透明度工具】▨按钮，在属性栏中将【合并模式】更改为【柔光】，【透明度】更改为 60%，如图 10.31 所示。

步骤 03 单击工具箱中的【交互式填充工具】◇按钮，再单击属性栏中的【渐变填充】▬按钮，在"中央花园地产"文字上拖动填充白色到黄色（R: 214，G: 180，B: 120）到白色再到黄色（R: 228，G: 172，B: 111)的线性渐变，如图 10.32 所示。

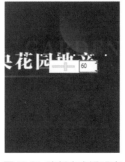
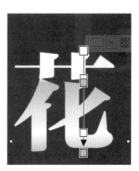

图 10.31 降低文字透明度　　图 10.32 填充渐变

步骤 04 单击工具箱中的【矩形工具】□，绘制 1 个矩形，设置【轮廓色】为黄色（R: 240，G: 222，B: 183），【轮廓宽度】为 1，如图 10.33 所示。

图 10.33 绘制矩形

步骤 05 选中矩形，执行菜单栏中的【对象】|【将轮廓转换为对象】命令，将线条图转换成可编辑的矢量图，如图 10.34 所示。

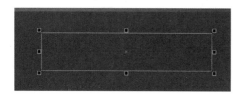

图 10.34 将轮廓转换为对象

步骤 06 单击工具箱中的【矩形工具】□，绘制 1 个白色矩形，如图 10.35 所示。

步骤 07 双击矩形，将光标移至矩形顶部中间控制点并向左侧拖动，将矩形斜切变形，如图 10.36 所示。

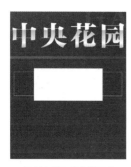

图 10.35 绘制矩形　　图 10.36 将矩形斜切变形

步骤 08 同时选中白色图形及下方矩形框，单击属性栏中的【移除前面对象】按钮，将不需要的图像部分移除，如图 10.37 所示。

步骤 09 选中矩形框，按 Ctrl+C 组合键复制，按 Ctrl+V 组合键粘贴，然后将粘贴的矩形向右下角方向稍微移动，如图 10.38 所示。

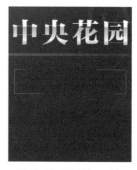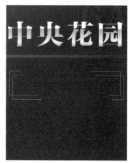

图 10.37 移除前面对象　　图 10.38 复制图形

步骤 10 单击工具箱中的【形状工具】按钮，同时选中右侧部分图形并向右侧拖动，增加左右两侧图形间距，如图 10.39 所示。

图 10.39 拖动图形

提示：由于在制作矩形框时不好把握所需要的图形大小，可在绘制图形完成之后利用【形状工具】，拖动图形节点将图形变形。

步骤 11 单击工具箱中的【文本工具】字 按钮，输入文字，如图 10.40 所示。

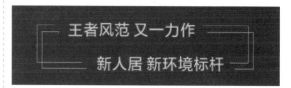

图 10.40 输入文字

10.1.5 使用 CorelDRAW 添加细节信息

步骤01 单击工具箱中的【贝塞尔工具】✐按钮，在图形右下角的位置绘制 1 条线段，设置【轮廓色】为黄色（R: 240，G: 222，B: 183），【轮廓宽度】为 8，如图 10.41 所示。

步骤02 单击工具箱中的【透明度工具】▓按钮，在图形上拖动，降低图形左右两端的透明度，如图 10.42 所示。

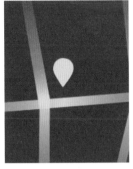 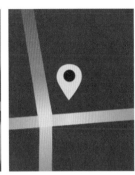

图 10.44 绘制图形　　　图 10.45 绘制黑色正圆

步骤06 同时选中两个图形，单击属性栏中的【移除前面对象】▢按钮，将不需要的图像部分移除，如图 10.46 所示。

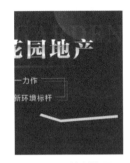 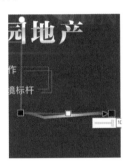

图 10.41 绘制线段　　　图 10.42 降低透明度

步骤03 以同样的方法再绘制两个图形并降低透明度，如图 10.43 所示。

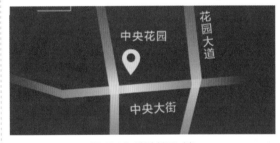

图 10.46 移除前面对象

步骤07 单击工具箱中的【文本工具】**字** 按钮，输入文字，这样就完成了最终效果的制作，如图 10.47 所示。

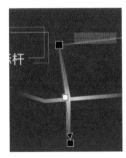 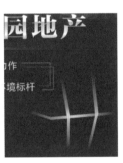

图 10.43 绘制线段并降低透明度

步骤04 单击工具箱中的【贝塞尔工具】✐按钮，绘制 1 个 黄 色（R: 240，G: 222，B: 183）水滴图形，如图 10.44 所示。

步骤05 单击工具箱中的【椭圆形工具】◯按钮，按住 Ctrl 键绘制 1 个黑色正圆，如图 10.45 所示。

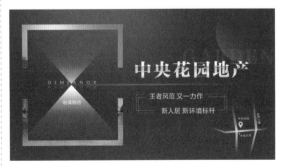

图 10.47 最终效果

10.2 美食套餐海报设计

设计构思

本例在设计过程中，以橙色作为主体色调，橙黄色可以很好地表现出食物的特性，同时添加高清素材图像使整个海报的视觉效果相当出色，最终效果如图 10.48 所示。

源文件	第 10 章 \ 美食套餐海报设计背景效果 .cdr、美食套餐海报设计最终效果 .psd
调用素材	第 10 章 \ 美食套餐海报设计
难易指数	★ ★ ★ ☆ ☆

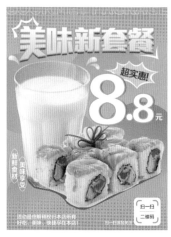

图 10.48 最终效果

操作步骤

10.2.1 使用 CorelDRAW 制作圆点图像

步骤 01 选择工具箱中的【矩形工具】□，绘制 1 个橙色（R: 254，G: 166，B: 14）矩形，如图 10.49 所示。

步骤 02 选中矩形，按 Ctrl+C 组合键复制，按 Ctrl+V 组合键粘贴，然后将粘贴的矩形高度缩小。单击工具箱中的【交互式填充工具】◆ 按钮，再单击属性栏中的【渐变填充】▇ 按钮，在图形上拖动填充灰色（R: 79，G: 79，B: 79）到白色的线性渐变，如图 10.50 所示。

步骤 03 选中图形，执行菜单栏中的【位图】|【转换为位图】命令。

步骤 04 执行菜单栏中的【效果】|【颜色转换】|【半色调】命令，在弹出的【半色调】对话框中将【青】更改为 359，【品红】更改为 359，【黄】更改为 359，【最大点半径】更改为 10，完成之后单击 OK 按钮，如图 10.51 所示。

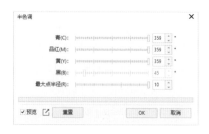

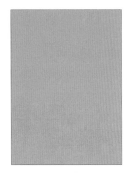
图 10.49 绘制矩形

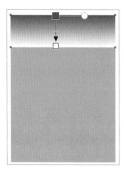
图 10.50 复制并变换矩形

图 10.51 设置【半色调】参数及效果

步骤 **05** 在黑色图像上单击鼠标右键，在弹出的快捷菜单中选择【快速描摹】，再将原来的位图图像删除。

步骤 **06** 选中使用快速描摹产生的矢量图像，将其等比放大，再单击鼠标右键，在弹出的快捷菜单中选择【全部取消组合】命令，如图 10.52 所示。

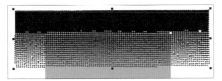

图 10.52 放大图像

步骤 **07** 选中上半部分黑色区域图像，将其删除，如图 10.53 所示。

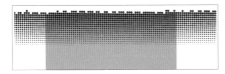

图 10.53 删除部分图像

步骤 **08** 同时选中剩余的黑色圆点图像，单击属性栏中的【焊接】🖺按钮，将图像焊接，如图 10.54 所示。

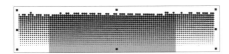

图 10.54 将图像焊接

步骤 **09** 选中背景矩形，将其颜色更改为橙色（R: 254，G: 183，B: 5）；选中圆点图像，将其颜色更改为橙色（R: 252，G: 136，B: 17），如图 10.55 所示。

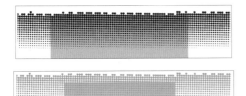

图 10.55 更改图像颜色

步骤 **10** 单击工具箱中的【形状工具】 ⬚ 按钮，选中左半部分圆点图像，按 Delete 键删除；以同样的方法将右侧部分圆点图像删除，如图 10.56 所示。

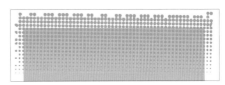

图 10.56 删除部分图像

> **提示：** 删除部分图像可以减少内存占用。

步骤 **11** 选中圆点图像并按住鼠标左键向下方拖动，再按鼠标右键将其复制一份，分别单击【水平镜像】💷 及【垂直镜像】💷 按钮，对图像进行水平翻转及垂直翻转，如图 10.57 所示。

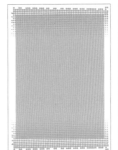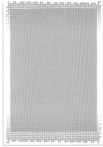

图 10.57 复制并变换图像

步骤 **12** 同时选中上下两部分圆点图像并单击鼠标右键，在弹出的快捷菜单中选择【Power Clip 内部】命令，在其下方图形上单击，将部分图像隐藏，如图 10.58 所示。

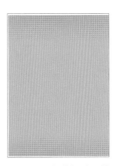

图 10.58 隐藏部分图像

10.2.2 使用 CorelDRAW 绘制正圆图形

步骤01 单击工具箱中的【椭圆形工具】○ 按钮，按住 Ctrl 键绘制 1 个橙色（R: 251，G: 153，B: 20）正圆，如图 10.59 所示。

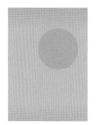

图 10.59 绘制正圆

步骤02 单击工具箱中的【透明度工具】▨ 按钮，在图形上拖动，降低图形透明度，如图 10.60 所示。

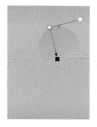

图 10.60 降低图形透明度

步骤03 选中正圆并按住鼠标左键向左侧拖动，再按鼠标右键将其复制一份；以同样的方法将正圆再复制多份，如图 10.61 所示。

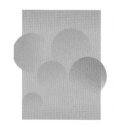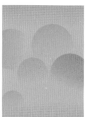

图 10.61 复制图形

10.2.3 使用 CorelDRAW 补充文字装饰

步骤01 单击工具箱中的【文本工具】字 按钮，输入文字，如图 10.62 所示。

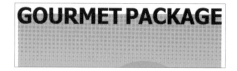

图 10.62 输入文字

步骤02 选中文字，在【轮廓笔】面板中，将【颜色】更改为黄色（R: 255，G: 255，B: 0），【宽度】更改为 1，完成之后单击 OK 按钮，如图 10.63 所示。

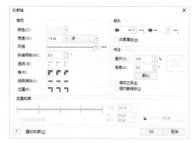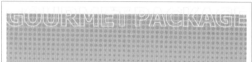

图 10.63 设置【轮廓】参数及效果

步骤 **03** 选中文字，单击工具箱中的【透明度工具】
🔲 按钮，在文字上拖动，降低文字透明度，
如图 10.64 所示。

步骤 **04** 单击鼠标右键，在弹出的快捷菜单中选择
【Power Clip 内部】命令，在其下方图
形上单击，将部分文字隐藏，如图 10.65
所示。

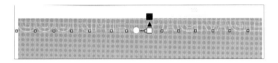

图 10.64　降低文字透明度

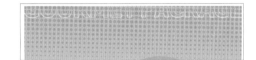

图 10.65　隐藏部分文字

10.2.4　使用 Photoshop 添加主视觉图像

步骤 **01** 执行菜单栏中的【文件】|【打开】命令，
打开 "美食套餐海报设计背景效果 .jpg、
牛奶 .png、寿司 .png" 文件，单击【打
开】按钮，将豆浆素材图像添加至海报背
景效果中，如图 10.66 所示。

步骤 **02** 选择工具箱中的【钢笔工具】 🖊 ，在选
项栏中单击【选择工具模式】 路径 ⌄
按钮，在弹出的选项中选择【形状】，将
【填充】更改为红色（R：219，G：66，
B：0），【描边】更改为无，然后在寿司
图像底部绘制 1 个不规则图形，生成 1 个
【形状 1】图层，如图 10.67 所示。

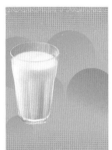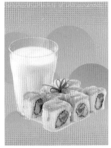

图 10.66　添加素材

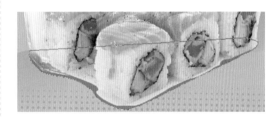

图 10.67　绘制图形

10.2.5　使用 Photoshop 添加主视觉文字

步骤 **01** 选择工具箱中的【横排文字工具】**T**，在
图像中输入文字，如图 10.68 所示。

步骤 **02** 在【图层】面板中，在文字图层名称上单
击鼠标右键，从弹出的快捷菜单中选择
【转换为形状】命令，如图 10.69 所示。

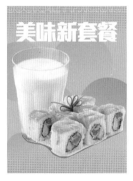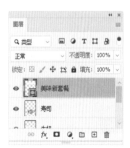

图 10.68　输入文字　　图 10.69　将文字转换为形状

步骤 03 选中【美味新套餐】图层，按 Ctrl+T 组合键对图像执行【自由变换】命令，单击鼠标右键，从弹出的快捷菜单中选择【变形】命令，拖动变形框控制点将其变形，完成之后按 Enter 键确认，如图 10.70 所示。

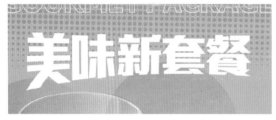

图 10.70 将文字变形

步骤 04 在【图层】面板中选中【美味新套餐】图层，单击面板底部的【添加图层样式】*fx* 按钮，在菜单中选择【渐变叠加】命令。

步骤 05 在弹出的【图层样式】对话框中，将【混合模式】更改为【正常】，【渐变】更改为黄色（R: 255，G: 217，B: 120）到白色，如图 10.71 所示。

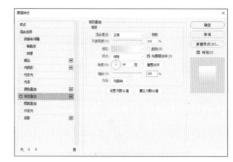

图 10.71 设置【渐变叠加】参数

步骤 06 选中【描边】复选框，将【大小】更改为 5 像素，【颜色】更改为黄色（R: 255，G: 162，B: 0），如图 10.72 所示。

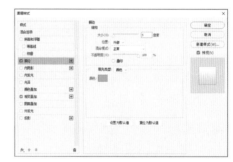

图 10.72 设置【描边】参数

步骤 07 选中【投影】复选框，将【颜色】更改为红色（R: 143，G: 7，B: 25），撤选【使用全局光】复选框，【角度】更改为 90 度，【距离】更改为 10 像素，【大小】更改为 3 像素，完成之后单击【确定】按钮，如图 10.73 所示。

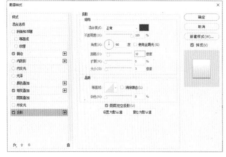 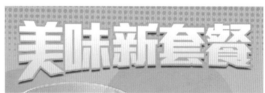

图 10.73 设置【投影】参数及效果

10.2.6 使用 Photoshop 添加装饰图像

步骤 01 选择工具箱中的【钢笔工具】 ⌀，在选项栏中单击【选择工具模式】 路径 ▾ 按钮，在弹出的选项中选择【形状】，将【填充】更改为白色，【描边】更改为无，分别在文字左上角及右下角位置绘制不规则图形，如图 10.74 所示。

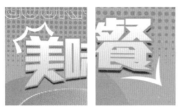

图 10.74　绘制不规则图形

步骤 **02**　选择工具箱中的【横排文字工具】**T**，在
图像中输入文字，如图 10.75 所示。

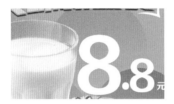

图 10.75　输入文字

步骤 **03**　在【美味新套餐】图层名称上单击鼠标右
键，从弹出的快捷菜单中选择【拷贝图层
样式】命令，在【8.8】图层名称上单击鼠
标右键，从弹出的快捷菜单中选择【粘贴
图层样式】命令，再将【8.8】图层中的【渐
变叠加】图层样式删除，如图 10.76 所示。

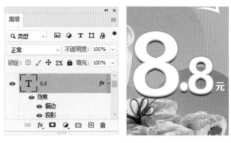

图 10.76　粘贴图层样式

步骤 **04**　双击【8.8】图层样式，在弹出的【图层样式】对话框中选中【投影】复选框，将【颜色】更改
为红色（R: 239，G: 88，B: 5），【不透明度】更改为 100%，撤选【使用全局光】复选框，【角
度】更改为 180 度，【距离】更改为 10 像素，完成之后单击【确定】按钮，如图 10.77 所示。

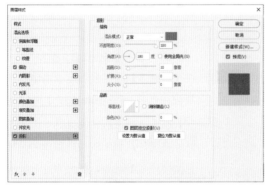

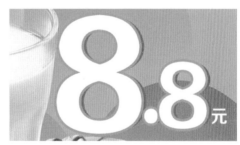

图 10.77　设置【描边】参数及效果

步骤 **05**　选择工具箱中的【钢笔工具】，在选
项栏中单击【选择工具模式】**路径**
按钮，在弹出的选项中选择【形状】，将
【填充】更改为白色，【描边】更改为无，
在"8.8"文字右上角绘制 1 个多边形，
生成 1 个【形状 4】图层，如图 10.78 所示。

步骤 **06**　在【图层】面板中选中【形状 4】图层，
将其拖至面板底部的【创建新图层】按
钮上，复制 1 个【形状 4 拷贝】图层。

图 10.78　绘制图形

步骤 07 选中【形状 4 拷贝】图层，将其图形更改为黄色（R: 255，G: 214，B: 81），再按 Ctrl+T 组合键对图形执行【自由变换】命令，按住 Alt+Shift 组合键将图形等比缩小，完成之后按 Enter 键确认，如图 10.79 所示。

图 10.79 复制及变换图形

10.2.7 使用 Photoshop 添加素材装饰

步骤 01 选择工具箱中的【钢笔工具】 ，在选项栏中单击【选择工具模式】 路径 按钮，在弹出的选项中选择【形状】，将【填充】更改为白色，【描边】更改为无，在牛奶图像左上角绘制 1 个图形，生成 1 个【形状 5】图层。

步骤 02 将【形状 5】复制两份并适当变化，放置在另外一侧，如图 10.80 所示。

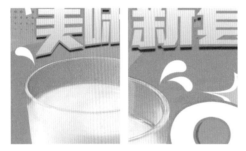

图 10.80 绘制图形

步骤 03 在【图层】面板中选中【形状 5】图层，单击面板底部的【添加图层样式】 按钮，在菜单中选择【渐变叠加】命令。

步骤 04 在弹出的【图层样式】对话框中，将【混合模式】更改为【正常】，【渐变】更改为白色到黄色（R: 255，G: 217，B: 120），【样式】更改为【径向】，完成之后单击【确定】按钮，如图 10.81 所示。

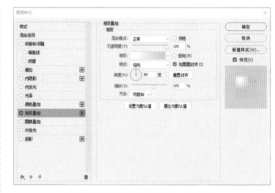

图 10.81 设置【渐变叠加】参数

步骤 05 在【形状 5】图层名称上单击鼠标右键，从弹出的快捷菜单中选择【拷贝图层样式】命令，同时选中另外两个图层并单击鼠标右键，从弹出的快捷菜单中选择【粘贴图层样式】命令，如图 10.82 所示。

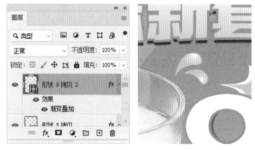

图 10.82 粘贴图层样式

步骤 06 选择工具箱中的【横排文字工具】 ，在图像中输入文字，如图 10.83 所示。

步骤 07 选择工具箱中的【椭圆工具】◯，在选
项栏中将【填充】更改为无，【描边】更
改为白色，【描边宽度】为 2，在刚才输
入文字的位置绘制 1 个椭圆图形并复制一
份，生成【椭圆 1】及【椭圆 1 拷贝】两
个新图层，如图 10.84 所示。

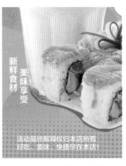
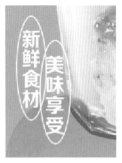

图 10.83　输入文字　　　　　图 10.84　绘制图形

10.2.8　使用 Photoshop 添加二维码图像

步骤 01 在【图层】面板中，同时选中【椭圆 1】和
【椭圆 1 拷贝】图层，按 Ctrl+E 组合键
将其合并，如图 10.85 所示。

步骤 02 选择工具箱中的【矩形工具】▢，在选
项栏中将【填充】更改为白色，【描边】
更改为无，按住 Ctrl 键在图像右下角的
位置绘制 1 个正方形，生成 1 个【矩形 1】
图层，如图 10.86 所示。

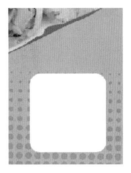
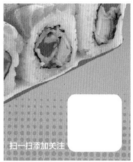

图 10.87　添加圆角效果　　　　图 10.88　输入文字

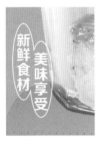
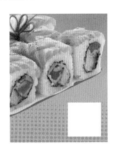

图 10.85　合并图形　　　　图 10.86　绘制矩形

步骤 03 适当拖动正方形边角控制点，为其添加圆
角效果，如图 10.87 所示。

步骤 04 选择工具箱中的【横排文字工具】**T**，在
图像中输入文字，如图 10.88 所示。

步骤 05 执行菜单栏中的【文件】|【打开】命令，
打开 "二维码 .png" 文件，单击【打开】
按钮，将打开的素材拖入画布中右下角位
置并适当缩小，这样就完成了最终效果的
制作，如图 10.89 所示。

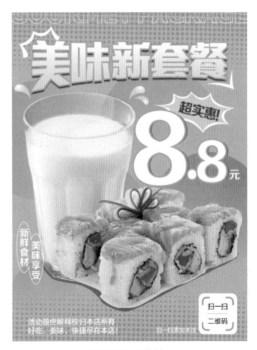

图 10.89　最终效果

10.3 特惠风暴主题海报设计

设计构思

　　本例在设计过程中，选用漂亮的蓝色系作为海报主题色，并与黄白色文字相结合，使海报颜色对比十分鲜明，在版式布局上将圆形与文字相结合，整体视觉效果十分协调，最终效果如图 10.90 所示。

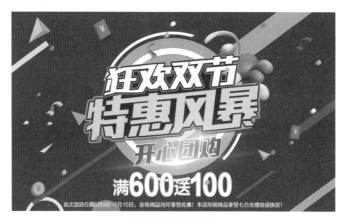

图 10.90　最终效果

源文件	第 10 章 \ 特惠风暴主题海报设计背景效果 .cdr、特惠风暴主题海报设计最终效果 .psd	
调用素材	第 10 章 \ 特惠风暴主题海报设计	
难易指数	★ ★ ★ ☆ ☆	

操作步骤

10.3.1 使用 CorelDRAW 制作蓝色系背景

步骤01 单击工具箱中的【矩形工具】□按钮，绘制 1 个蓝色（R: 2，G: 39，B: 118）矩形，如图 10.91 所示。

步骤02 单击工具箱中的【椭圆形工具】○按钮，按住 Ctrl 键绘制 1 个蓝色（R: 0，G: 160，B: 234）正圆，如图 10.92 所示。

图 10.91　绘制矩形

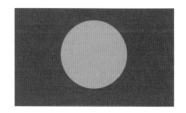

图 10.92　绘制正圆

步骤 03 选中正圆，按 Ctrl+C 组合键复制，按 Ctrl+V 组合键粘贴，然后将粘贴的正圆【轮廓色】设置为白色，【轮廓宽度】为 16，如图 10.93 所示。

步骤 04 再按 Ctrl+V 组合键粘贴图形，将粘贴的图形颜色更改为黄色（R：255，G：255，B：0），并将其等比缩小；再按 Ctrl+V 组合键粘贴图形，将粘贴的正圆颜色更改为无，设置【轮廓色】为白色，【轮廓宽度】为 8，再将图形等比放大，如图 10.94 所示。

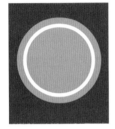 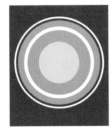

图 10.93 复制并粘贴图形　　图 10.94 再次粘贴图形

步骤 05 选中最外侧正圆，执行菜单栏中的【对象】|【将轮廓转换为对象】命令，将正圆转换成可编辑的矢量图，如图 10.95 所示。

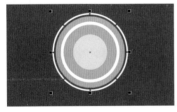

图 10.95 将轮廓转换为对象

步骤 06 单击工具箱中的【矩形工具】□，绘制一个白色矩形并适当旋转，如图 10.96 所示。

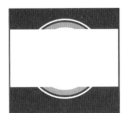 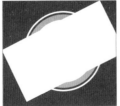

图 10.96 绘制矩形并调整

步骤 07 同时选中两个图形，单击属性栏中的【移除前面对象】□按钮，将不需要的图像部分移除，如图 10.97 所示。

步骤 08 以同样的方法在图形右下角位置再次绘制 1 个矩形并适当旋转，如图 10.98 所示。

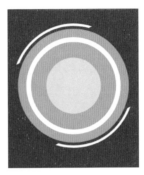 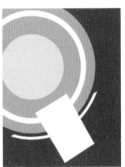

图 10.97 移除前面对象　　图 10.98 绘制矩形

步骤 09 同时选中两个图形，单击属性栏中的【移除前面对象】□按钮，将不需要的图像部分移除，如图 10.99 所示。

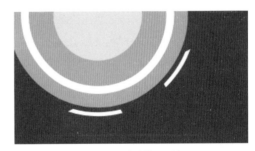

图 10.99 移除前面对象

步骤 10 单击工具箱中的【矩形工具】□，绘制 1 个蓝色（R：0，G：160，B：234）矩形并适当旋转，如图 10.100 所示。

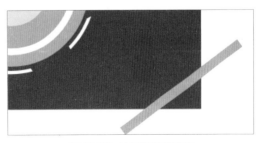

图 10.100 绘制矩形并旋转

10.3.2 使用 CorelDRAW 添加装饰图形

步骤 01 以同样的方法再绘制数个不同的颜色的类似矩形，如图 10.101 所示。

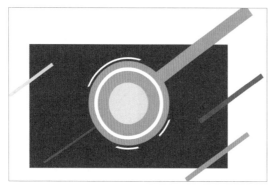

图 10.101 绘制矩形

步骤 02 单击工具箱中的【形状工具】 按钮，拖动红色矩形左上角的锚点进行调整，为其制作圆角效果，如图 10.102 所示。

步骤 03 选中圆角矩形并按住鼠标左键向左下角拖动，再按鼠标右键将其复制一份，并将复制生成的矩形等比缩小，如图 10.103 所示。

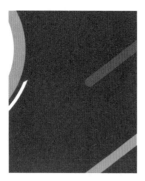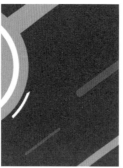

图 10.102 制作圆角效果　　图 10.103 复制图形

步骤 04 单击工具箱中的【椭圆形工具】 按钮，在背景底部按住 Ctrl 键绘制 1 个白色正圆，如图 10.104 所示。

步骤 05 选中白色正圆，单击工具箱中的【透明度工具】 按钮，在属性栏中将【透明度】更改为 60，如图 10.105 所示。

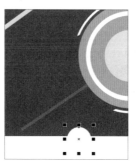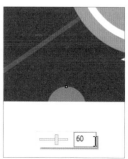

图 10.104 绘制正圆　　图 10.105 降低图形透明度

步骤 06 单击工具箱中的【椭圆形工具】 按钮，在背景图像左下角按住 Ctrl 键绘制 1 个正圆，设置其填充颜色为无，设置【轮廓色】为蓝色（R: 158，G: 223，B: 255），【轮廓宽度】为 10，如图 10.106 所示。

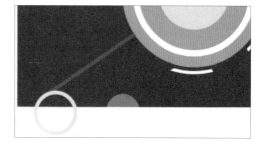

图 10.106 绘制正圆

步骤 07 选中所有超出背景的图像并单击鼠标右键，在弹出的快捷菜单中选择【Power Clip 内部】命令，在其下方图形上单击，将部分图像隐藏，如图 10.107 所示。

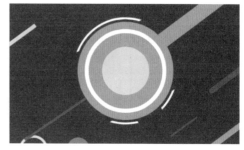

图 10.107 隐藏部分图像

步骤08 单击工具箱中的【贝塞尔工具】✐按钮，在背景左上角位置绘制 1 个黄色（R: 250，G: 219，B: 15）三角形，如图 10.108 所示。

步骤09 以同样的方法再绘制两个三角形，制作出立体图形效果，如图 10.109 所示。

图 10.108　绘制三角形

图 10.109　制作立体图形

步骤10 以同样的方法在背景中其他位置绘制类似图形，制作立体装饰图形，如图 10.110 所示。

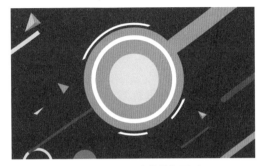
图 10.110　制作立体装饰图形

10.3.3　使用 Photoshop 制作主视觉文字

步骤01 执行菜单栏中的【文件】|【打开】命令，打开"特惠风暴主题海报设计背景效果 .jpg"文件，单击【打开】按钮。

步骤02 选择工具箱中的【横排文字工具】**T**，在图像中输入文字，如图 10.111 所示。

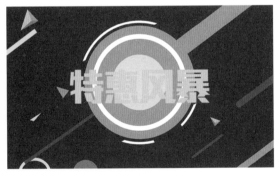
图 10.111　输入文字

步骤03 在【图层】面板中选中【特惠风暴】图层，在图层名称上单击鼠标右键，在弹出的快捷菜单中选择【转换为形状】命令，如图 10.112 所示。

步骤04 选中【特惠风暴】图层，按 Ctrl+T 组合键对图像执行【自由变换】命令，单击鼠标右键，从弹出的快捷菜单中选择【斜切】命令，拖动变形框右侧边缘控制点将其斜切变形，并拖动路径将文字进行变形连接调整，完成之后按 Enter 键确认，如图 10.113 所示。

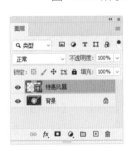
图 10.112　转换为形状

图 10.113　将文字斜切变形

步骤05 在【图层】面板中选中【特惠风暴】图层，单击面板底部的【添加图层样式】*fx* 按钮，在菜单中选择【描边】命令。

步骤06 在弹出的【图层样式】对话框中，将【大小】更改为 8 像素，【位置】更改为【外部】，【颜色】更改为蓝色（R: 7，G: 162，B: 232），完成之后单击【确定】按钮，如图 10.114 所示。

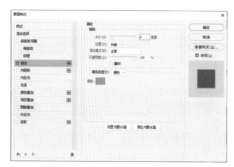

图 10.114 设置【描边】参数

步骤 07 在【特惠风暴】图层样式名称上单击鼠标右键，从弹出的快捷菜单中选择【创建图层】命令，生成 1 个【"特惠风暴"的外描边】图层，如图 10.115 所示。

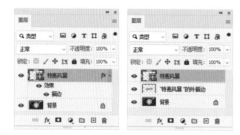

图 10.115 创建图层

步骤 08 在【图层】面板中选中【"特惠风暴"的外描边】图层，单击面板底部的【添加图层样式】 fx 按钮，在菜单中选择【投影】命令。

步骤 09 在弹出的【图层样式】对话框中，将【混合模式】更改为【正常】，【颜色】更改为深蓝色（R: 9，G: 61，B: 84），【不透明度】更改为100%，撤选【使用全局光】复选框，【角度】更改为120度，【距离】更改为3像素，【大小】更改为3像素，完成之后单击【确定】按钮，如图 10.116 所示。

步骤 10 在【"特惠风暴"的外描边】图层名称上单击鼠标右键，从弹出的快捷菜单中选择【拷贝图层样式】命令，在【特惠风暴】图层名称上单击鼠标右键，从弹出的快捷菜单中选择【粘贴图层样式】命令，如图 10.117 所示。

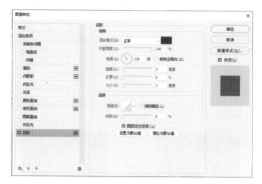

图 10.116 设置【投影】参数

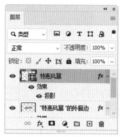

图 10.117 粘贴图层样式

步骤 11 双击【特惠风暴】图层样式名称，在弹出的【图层样式】对话框中，将【混合模式】更改为正常，【颜色】更改为为深黄色（R: 126，G: 77，B: 0），【大小】更改为 0 像素，完成之后单击【确定】按钮。

步骤 12 双击【特惠风暴】图层样式名称，在弹出的【图层样式】对话框中选中【描边】复选框，将【大小】更改为 4 像素，【颜色】更改为深蓝色（R: 16，G: 33，B: 63），完成之后单击【确定】按钮，如图 10.118 所示。

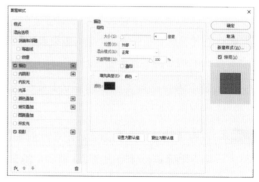

图 10.118 设置【描边】参数

10.3.4 使用 Photoshop 添加文字特效

步骤 01 选择工具箱中的【钢笔工具】，在选项栏中单击【选择工具模式】 路径 按钮，在弹出的选项中选择【形状】，将【填充】更改为深蓝色（R: 16，G: 33，B: 63），【描边】更改为无，然后在文字位置绘制 1 个不规则图形，生成 1 个【形状 1】图层，并将其移至【特惠风暴】图层下方，如图 10.119 所示。

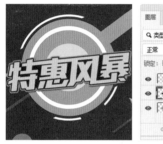

图 10.119 绘制图形

步骤 02 选择工具箱中的【横排文字工具】，在图像中输入文字，如图 10.120 所示。

步骤 03 以同样的方法将文字转换为形状图层，并将文字斜切变形，如图 10.121 所示。

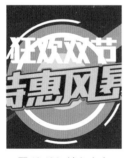 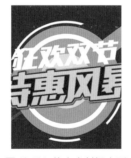

图 10.120 输入文字　　图 10.121 将文字斜切变形

步骤 04 选择工具箱中的【直接选择工具】，拖动文字锚点，将文字适当变形。

步骤 05 在【图层】面板中选中【狂欢双节】图层，单击面板底部的【添加图层样式】按钮，在菜单中选择【描边】命令。

步骤 06 在弹出的【图层样式】对话框中，将【大小】更改为 6，【位置】更改为【外部】，【颜色】更改为蓝色（R: 7，G: 162，B: 232），完成之后单击【确定】按钮，如图 10.122 所示。

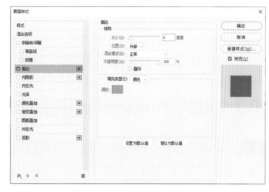

图 10.122 设置【描边】参数

步骤 07 在【狂欢双节】图层样式名称上单击鼠标右键，从弹出的快捷菜单中选择【创建图层】命令，生成 1 个【"狂欢双节"的外描边】图层，如图 10.123 所示。

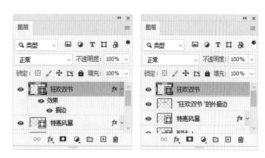

图 10.123 创建图层

步骤 08 在【特惠风暴】图层名称上单击鼠标右键，从弹出的快捷菜单中选择【拷贝图层样式】命令，在【狂欢双节】图层名称上单击鼠标右键，从弹出的快捷菜单中选择【粘贴图层样式】命令，并将【狂欢双节】中的投影图层样式删除，如图 10.124 所示。

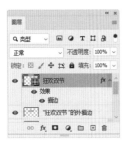 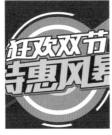

图 10.124 复制并粘贴图层样式

步骤 09 选择工具箱中的【钢笔工具】 ✐，在选项栏中单击【选择工具模式】 路径 ▾ 按钮，在弹出的选项中选择【形状】，将【填充】更改为深蓝色（R: 16，G: 33，

B: 63），【描边】更改为无，然后在文字位置绘制 1 个不规则图形，生成 1 个【形状 2】图层，并将其移至【特惠风暴】图层的下方，如图 10.125 所示。

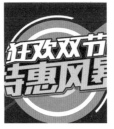 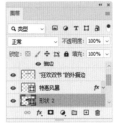

图 10.125 绘制图形

10.3.5 使用 Photoshop 添加装饰文字

步骤 01 选择工具箱中的【横排文字工具】 T，在图像中输入文字，如图 10.126 所示。

步骤 02 以刚才的同样方法将文字斜切变形，如图 10.127 所示。

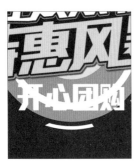 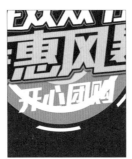

图 10.126 输入文字　　　图 10.127 将文字变形

步骤 03 在【图层】面板中选中【开心团购】图层，单击面板底部的【添加图层样式】 ƒx 按钮，在菜单中选择【渐变叠加】命令。

步骤 04 在弹出的【图层样式】对话框中，将【混合模式】更改为【正常】，【渐变】更改为蓝色（R: 0，G: 44，B: 124）到蓝色（R: 0，G: 160，B: 234）再到蓝色（R: 0，G: 44，B: 124），【角度】更改为 10 度，如图 10.128 所示。

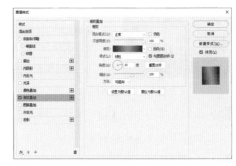

图 10.128 设置【渐变叠加】参数

步骤 05 选中【投影】复选框，将【混合模式】更改为【正片叠底】，【颜色】更改为蓝色（R: 0，G: 57，B: 84），【不透明度】更改为 70%，撤选【使用全局光】复选框，【角度】更改为 120 度，【距离】更改为 3 像素，【大小】更改为 3 像素，如图 10.129 所示。

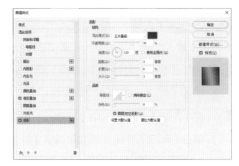

图 10.129 设置【投影】参数

步骤 06 选中【描边】复选框，将【大小】更改为 2 像素，【颜色】更改为白色，完成之后单击【确定】按钮，如图 10.130 所示。

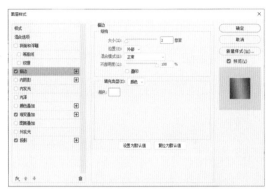

图 10.130　设置【描边】参数及效果

10.3.6　使用 Photoshop 处理装饰元素

步骤 01 执行菜单栏中的【文件】|【打开】命令，打开"炫光 .png"文件，单击【打开】按钮，将打开的素材拖入画布中并适当缩小，其所在图层的名称将自动更改为【图层 1】，如图 10.131 所示。

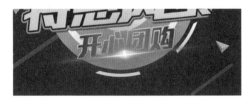

图 10.131　添加素材

步骤 02 在【图层】面板中选中【图层 1】图层，将图层混合模式更改为【滤色】，如图 10.132 所示。

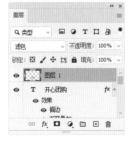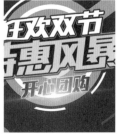

图 10.132　更改图层混合模式

步骤 03 选中【图层 1】图层，在画布中按住 Alt 键将图像拖至文字右上角的位置复制图像，再按 Ctrl+T 组合键对复制的图形执行【自由变换】命令，单击鼠标右键，从弹出的快捷菜单中选择【水平翻转】命令，完成之后按 Enter 键确认，如图 10.133 所示。

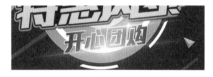

图 10.133　复制并变换图像

步骤 04 选择工具箱中的【钢笔工具】 ，在选项栏中单击【选择工具模式】 路径 按钮，在弹出的选项中选择【形状】，将【填充】更改为白色，【描边】更改为无，在文字右侧位置绘制 1 个图形，生成 1 个【形状 3】图层，如图 10.134 所示。

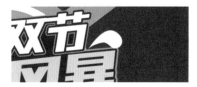

图 10.134　绘制图形

步骤 05 在【图层】面板中选中【形状 3】图层，单击面板底部的【添加图层样式】*fx* 按钮，在菜单中选择【渐变叠加】命令。

步骤 06 在弹出的【图层样式】对话框中，将【混合模式】更改为【正常】，【渐变】更改为蓝色（R: 0, G: 160, B: 234）到蓝色（R: 0, G: 44, B: 124），【样式】更改为【径向】，【角度】更改为 10 度，如图 10.135 所示。

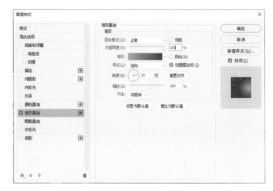

图 10.135 设置【渐变叠加】参数

步骤 07 选中【斜面和浮雕】复选框，将【大小】更改为 16 像素，撤选【使用全局光】复选框，【高光模式】更改为【叠加】，【颜色】更改为白色，【不透明度】更改为 50%，【阴影模式】更改为【叠加】，【颜色】更改为黑色，【不透明度】更改为 40%，如图 10.136 所示。

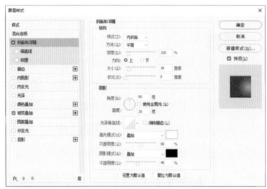
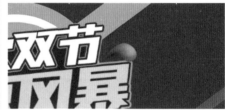

图 10.136 设置斜面和浮雕

提示：由于绘制的图形起到装饰作用，因此在添加图层样式后可将图形适当移动，使其与文字位置关系更加和谐。

步骤 08 以同样的方法再次绘制数个图形，并为图形添加图层样式，如图 10.137 所示。

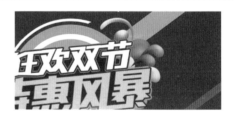

图 10.137 绘制图形并添加图层样式

10.3.7 使用 Photoshop 添加细节文字

步骤 01 选择工具箱中的【横排文字工具】**T**，在图像中输入文字，如图 10.138 所示。

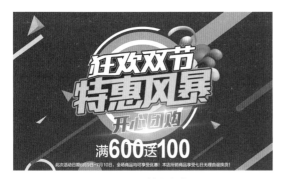

图 10.138　输入文字

步骤 02　在【图层】面板中选中【满 600 送 100】
图层，单击面板底部的【添加图层样式】
ƒₓ 按钮，在菜单中选择【描边】命令。

步骤 03　在弹出的【图层样式】对话框中，将【大小】
更改为 2 像素，【颜色】更改为蓝色（R:
0，G: 160，B: 234），如图 10.139 所示。

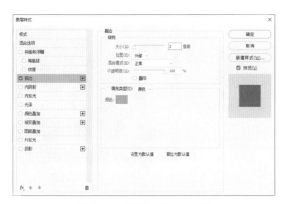

图 10.139　设置【描边】参数

步骤 04　选中【投影】复选框，将【混合模式】更
改为【正片叠底】，【颜色】更改为蓝色
（R: 0，G: 57，B: 84），【不透明度】
更改为 70%，撤选【使用全局光】复选框，
【角度】更改为 120 度，【距离】更改为
3 像素，【大小】更改为 3 像素，完成之
后单击【确定】按钮，如图 10.140 所示。

步骤 05　执行菜单栏中的【文件】|【打开】命令，
打开"红包 .png"文件，单击【打开】按钮，
将打开的素材拖入画布中并适当缩小，如
图 10.141 所示。

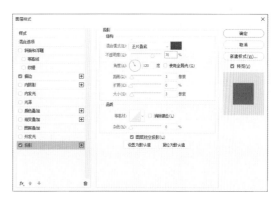

图 10.140　设置【投影】参数

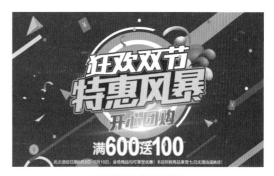

图 10.141　添加素材

步骤 06　在【图层】面板中选中【图层 2】图层，
将其拖至面板底部的【创建新图层】按
钮上，复制 1 个【图层 2 拷贝】图层。

步骤 07　选中【图层 2】图层，执行菜单栏中的【滤
镜】|【模糊】|【动感模糊】命令，在弹
出的【动感模糊】对话框中将【角度】更
改为 30 度，【距离】更改为 10 像素，
完成之后单击【确定】按钮，如图 10.142
所示。

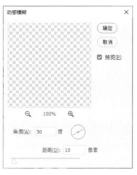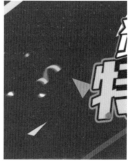

图 10.142　设置【动感模糊】参数及效果

步骤08 选中【图层2】图层，在画布中将其向左下角稍微移动，这样就完成了最终效果的制作，如图 10.143 所示。

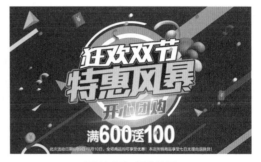

图 10.143 最终效果

10.4 夏日饮品海报设计

设计构思

本例在设计过程中，采用与饮品相同的绿色作为海报主体色调，通过添加高清素材图像表现出饮品的夏日主题特征，最终效果如图 10.144 所示。

源文件	第 10 章\夏日饮品海报设计背景效果 .cdr、夏日饮品海报设计最终效果 .psd
调用素材	第 10 章\夏日饮品海报设计
难易指数	★★★☆☆

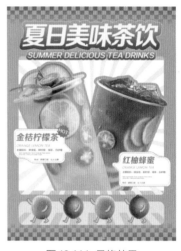

图 10.144 最终效果

操作步骤

10.4.1 使用 CorelDRAW 制作主题背景

步骤01 选择工具箱中的【矩形工具】□，绘制 1 个绿色（R: 158，G: 184，B: 75）矩形，如图 10.145 所示。

步骤02 单击工具箱中的【矩形工具】□按钮，在背景左上角的位置按住 Ctrl 键绘制 1 个绿色（R: 34，G: 104，B: 42）小正方形，如图 10.146 所示。

步骤03 选中正方形，按住鼠标左键将正方形拖动至右上角位置，再按鼠标右键将其复制一份，如图 10.147 所示。

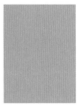

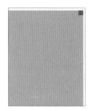

图 10.145 绘制矩形　　图 10.146 绘制正方形　　图 10.147 复制图形

步骤04 单击工具箱中的【调和工具】✎按钮，在左上角正方形上单击，按住鼠标左键拖至右上角正方形上，创建调和效果，并在属性栏中将【调和对象】更改为 18，如图 10.148 所示。

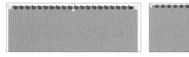

图 10.148　创建调和效果

步骤 05 选中调和后的图形，按住鼠标左键向下拖动，再按鼠标右键将其复制一份，再将图形向右侧平移；以同样的方法将图形再复制两份，如图 10.149 所示。

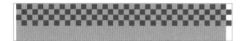

图 10.149　复制图形

步骤 06 同时选中所有小正方形，单击鼠标右键，在弹出的快捷菜单中选择【拆分选定 12 对象】命令。

步骤 07 单击【属性栏】中的【焊接】🔲按钮，将图形焊接，如图 10.150 所示。

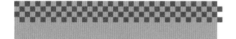

图 10.150　将图形焊接

步骤 08 选中焊接后的图形，单击工具箱中的【透明度工具】🔲按钮，在图形上拖动，适当降低透明度，如图 10.151 所示。

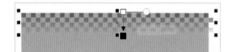

图 10.151　降低图形透明度

步骤 09 选中焊接后的图形，按住鼠标左键及 Shift 键同时向下方拖动至绿色矩形底部，将图形复制，单击属性栏中的【垂直镜像】🔲按钮，对图形进行垂直翻转，如图 10.152 所示。

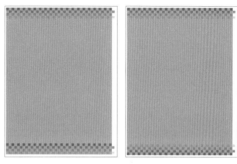

图 10.152　复制并变换图形

步骤 10 同时选中所有的小正方形，单击鼠标右键，在弹出的快捷菜单中选择【Power Clip 内部】命令，在其下方图形上单击，将部分图形隐藏，如图 10.153 所示。

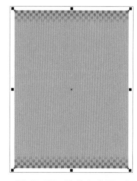

图 10.153　隐藏部分图形

10.4.2　使用 CorelDRAW 绘制主要图形

步骤 01 单击工具箱中的【矩形工具】□，绘制一个白色矩形，如图 10.154 所示。

步骤 02 单击工具箱中的【形状工具】🔧按钮，拖动矩形左上角的锚点进行调整，为其制作圆角效果，如图 10.155 所示。

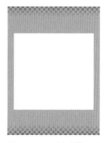 

图 10.154　绘制矩形　　图 10.155　制作圆角效果

步骤 03 单击工具箱中的【矩形工具】□，绘制 1 个黄色（R: 255，G: 215，B: 69）矩形，如图 10.156 所示。

步骤 04 选中矩形并按住鼠标左键向下方拖动，再按鼠标右键将其复制一份，如图 10.157 所示。

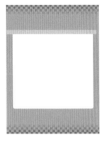 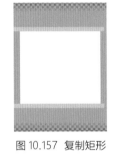

图 10.156　绘制矩形　　图 10.157　复制矩形

步骤 05 同时选中两个矩形，单击鼠标右键，在弹出的快捷菜单中选择【Power Clip 内部】命令，在其下方白色矩形上单击，将部分图像隐藏，如图 10.158 所示。

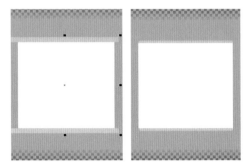

图 10.158　隐藏部分图像

10.4.3　使用 CorelDRAW 制作放射图像

步骤 01 单击工具箱中的【矩形工具】□，绘制一个浅绿色（R: 234，R: 245，B: 199）的矩形，如图 10.159 所示。

步骤 02 在矩形上单击鼠标右键，在弹出的快捷菜单中选择【转换为曲线】命令。

步骤 03 单击工具箱中的【形状工具】按钮，选中左下角锚点并向右侧拖动，选中右下角锚点并向左侧拖动，将矩形变形，如图 10.160 所示。

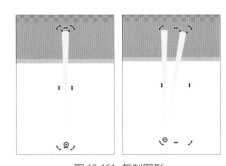

图 10.161　复制图形

步骤 05 按 Ctrl+D 组合键将图形再复制多份，如图 10.162 所示。

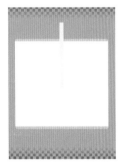 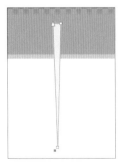

图 10.159　绘制矩形　　图 10.160　将矩形变形

步骤 04 在矩形上双击，将变形框中心点移至底部中间位置，然后拖动将其旋转一定的角度并复制一份，如图 10.161 所示。

图 10.162　复制多份图形

步骤 06 选中所有旋转复制的图形，单击属性栏中的【焊接】按钮，将图形焊接。

步骤 07 将图形向右侧稍微移动，如图 10.163 所示。

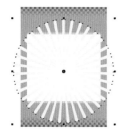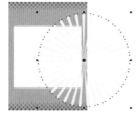

图 10.163 将图形焊接并移动图形

步骤 08 选中焊接后的图形，在弹出的快捷菜单中选择【Power Clip 内部】命令，在其下方图形上单击，将部分图形隐藏，如图 10.164 所示。

步骤 09 单击鼠标右键，在弹出的快捷菜单中选择【编辑 Power Clip】命令，调整图像位置及大小，完成之后单击左上角的【完成】 ✓ 完成 按钮，如图 10.165 所示。

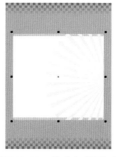

图 10.164 隐藏部分图形　　图 10.165 调整图像

10.4.4 使用 Photoshop 添加主视觉图像

步骤 01 打开【导入文件】对话框，选择"饮料 .png、饮料 2.png"素材，单击【导入】按钮，将素材图像放在合适的位置并缩小，如图 10.166 所示。

步骤 02 在【图层】面板中，同时选中两个素材图像所在的图层，按 Ctrl+G 组合键进行编组，并将组名称重命名为【饮料】，然后单击面板底部【添加图层蒙版】 ▣ 按钮，为其添加图层蒙版，如图 10.167 所示。

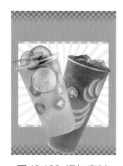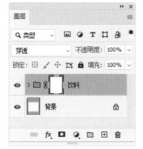

图 10.166 添加素材　　图 10.167 将图层编组并
　　　　　　　　　　　　　　添加图层蒙版

步骤 03 选择工具箱中的【矩形选框工具】 ⁚⁚ ，在饮料图像底部位置绘制 1 个矩形选区，如图 10.168 所示。

步骤 04 将选区填充为黑色，隐藏部分饮料图像，完成之后按 Ctrl+D 组合键取消选区，如图 10.169 所示。

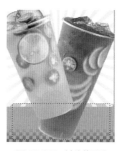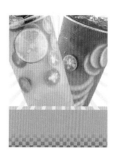

图 10.168 绘制矩形　　图 10.169 隐藏部分图像

步骤 05 在【图层】面板中选中【饮料】组，单击面板底部的【添加图层样式】 fx 按钮，在菜单中选择【描边】命令。

步骤 06 在弹出的【图形样式】对话框中，将【大小】更改为 5 像素，【颜色】更改为绿色（R: 158，G: 184，B: 75），如图 10.170 所示。

步骤 07 在【饮料】组图层样式名称上单击鼠标右键，从弹出的快捷菜单中选择【创建图层】命令，生成 1 个【"饮料"的外描边】图层，如图 10.171 所示。

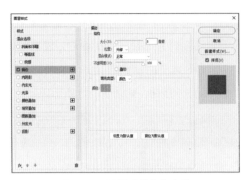

图 10.170 设置【描边】参数

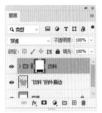 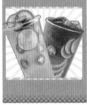

图 10.171 创建图层

步骤 08 选择工具箱中的【矩形选框工具】，在饮料底部位置绘制 1 个矩形选区，按 Delete 键删除选区中的图像，完成之后按 Ctrl+D 组合键取消选区，如图 10.172 所示。

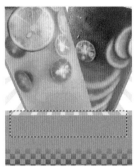 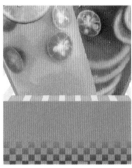

图 10.172 删除部分图像

10.4.5 使用 Photoshop 绘制多边形

步骤 01 选择工具箱中的【钢笔工具】，在选项栏中单击【选择工具模式】 路径 按钮，在弹出的选项中选择【形状】，将【填充】更改为白色，【描边】更改为绿色（R: 158，G: 184，B: 75），【描边宽度】为 2，然后在饮料图像靠左侧的位置绘制 1 个不规则图形，生成 1 个【形状 1】图层，如图 10.173 所示。

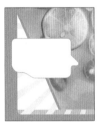

图 10.173 绘制图形

步骤 02 在【图层】面板中选中【形状 1】图层，将其拖至面板底部的【创建新图层】按钮上，复制 1 个【形状 1 拷贝】图层。

步骤 03 选中【形状 1 拷贝】图层，在属性栏中将【描边宽度】更改为 1，按 Ctrl+T 组合键对图形执行【自由变换】命令，再按住 Alt+Shift 组合键将图形等比缩小，完成之后按 Enter 键确认，如图 10.174 所示。

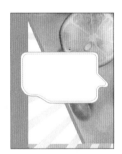

图 10.174 复制图形并缩小

步骤 04 在【图层】面板中，同时选中【形状 1】和【形状 1 拷贝】图层，将其拖至面板底部的【创建新图层】按钮上，复制【形状 1 拷贝 2】及【形状 1 拷贝 3】两个新图层。

步骤 05 同时选中【形状 1 拷贝 2】和【形状 1 拷贝 3】图层，按 Ctrl+T 组合键对复制的图形执行【自由变换】命令，单击鼠标右键，从弹出的快捷菜单中选择【旋转 180 度】命令，完成之后按 Enter 键确认，如图 10.175 所示。

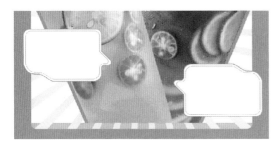

图 10.175　复制并变换图形

步骤 06　选择工具箱中的【多边形工具】 ⬡ ，在选
项栏中将【填充】更改为橙色（R: 247，G:
103，B: 43），【描边】更改为无，单击【设
置其它形状和路径选项】 ⚙ 按钮，在弹出
的面板中将【星形比例】更改为 70%，选
中【平滑星形缩进】复选框，【设置边数】
更改为 12，然后在图像中按住 Shift 键绘
制 1 个多边形，如图 10.176 所示。

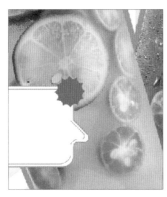

图 10.176　绘制多边形

步骤 07　选择工具箱中的【横排文字工具】 T ，在
图像中输入文字，如图 10.177 所示。

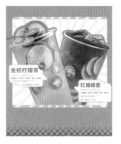

图 10.177　输入文字

步骤 08　选中【金桔柠檬茶】图层，按 Ctrl+T 组
合键对其执行【自由变换】命令，单击
鼠标右键，从弹出的快捷菜单中选择【斜
切】命令，拖动变形框顶部边缘控制点将
其斜切变形，完成之后按 Enter 键确认；
以同样的方法选中其他几个文字所在的图
层，将其斜切变形，如图 10.178 所示。

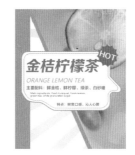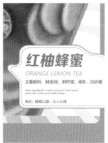

图 10.178　将文字斜切变形

10.4.6　使用 Photoshop 添加主要文字信息

步骤 01　选择工具箱中的【横排文字工具】 T ，在
背景顶部输入文字，如图 10.179 所示。

步骤 02　选中【夏日美味茶饮】图层，按 Ctrl+T
组合键对其执行【自由变换】命令，单击
鼠标右键，从弹出的快捷菜单中选择【斜
切】命令，拖动变形框顶部边缘控制点将
其斜切变形，如图 10.180 所示。

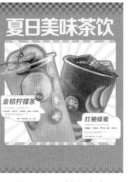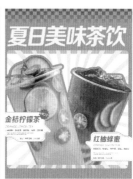

图 10.179　输入文字　　　图 10.180　将文字斜切变形

步骤 03 在【图层】面板中选中【夏日美味茶饮】图层，单击面板底部的【添加图层样式】fx 按钮，在菜单中选择【描边】命令。

步骤 04 在弹出的【图层样式】对话框中，将【大小】更改为15像素，【颜色】更改为黑色，完成之后单击【确定】按钮，如图 10.181 所示。

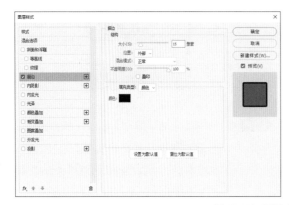
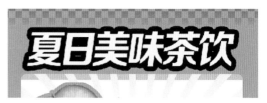

图 10.181 设置【描边】参数

> 提示：为文字添加描边之后，文字宽度及高度将会增加，此时可按 Ctrl+T 组合键对复制的图形执行【自由变换】命令，将其适当等比缩小。

步骤 05 在【图层】面板中选中【夏日美味茶饮】图层，在其图层样式【描边】上单击鼠标右键，在弹出的快捷菜单中选择【创建图层】命令，生成1个【"夏日美味茶饮"的外描边】新图层，如图 10.182 所示。

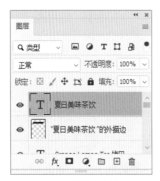

图 10.182 从描边创建图层

步骤 06 在【图层】面板中选中【"夏日美味茶饮"的外描边】图层，单击面板底部的【添加图层样式】fx 按钮，在菜单中选择【渐变叠加】命令。

步骤 07 在弹出的【图层样式】对话框中，将【混合模式】更改为【正常】，【渐变】更改为绿色（R: 25，G: 86，B: 26）到绿色（R: 139，G: 182，B: 23），如图 10.183 所示。

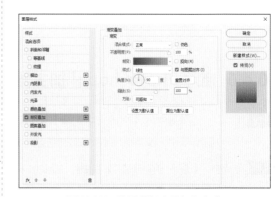

图 10.183 设置【渐变叠加】参数

步骤 08 选中【描边】复选框，将【大小】更改为3 像素，【颜色】更改为黄色（R: 255，G: 215，B: 68），完成之后单击【确定】按钮，如图 10.184 所示。

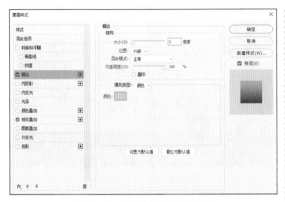

图 10.184 设置【描边】参数

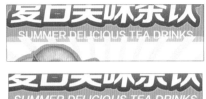

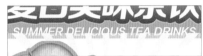

图 10.185 输入文字并变形

步骤⑨ 选择工具箱中的【横排文字工具】**T**，输入文字。选中英文文字所在的图层，按 Ctrl+T 组合键对其执行【自由变换】命令，单击鼠标右键，从弹出的快捷菜单中选择【斜切】命令，拖动变形框顶部边缘控制点将其斜切变形，如图 10.185 所示。

步骤⑩ 以同样的方法为文字添加描边并从图层样式上创建图层，添加渐变叠加及描边图层样式，如图 10.186 所示。

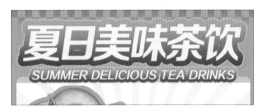

图 10.186 添加描边图像

10.4.7 使用 Photoshop 制作装饰图像

步骤① 选择工具箱中的【矩形工具】 ，在选项栏中将【填充】更改为绿色（R: 242，G: 238，B: 167），【描边】更改为无，在画布中绘制 1 个矩形，并适当拖动边角控制点，为矩形添加圆角效果，生成 1 个【矩形 1】图层，如图 10.187 所示。

步骤② 以同样的方法再绘制 1 个黄色（R: 245，G: 216，B: 86）矩形，如图 10.188 所示。

步骤③ 选择工具箱中的【路径选择工具】 ，选中矩形，按 Ctrl+Alt+T 组合键对其执行变换复制命令，将变换框向右侧拖动，如图 10.189 所示。

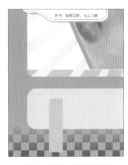 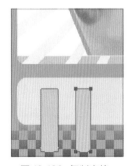

图 10.188 绘制矩形　　图 10.189 复制变换

步骤④ 按住 Ctrl+Alt+Shift 组合键的同时按 T 键多次，将矩形复制多份，如图 10.190 所示。

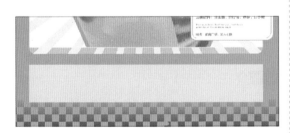

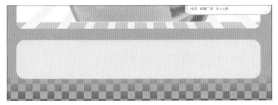

图 10.187 绘制圆角矩形

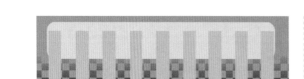

图 10.190 复制多份矩形

步骤 05 选中【矩形 2】图层，按 Ctrl+T 组合键对图形执行【自由变换】命令，单击鼠标右键，从弹出的快捷菜单中选择【透视】命令，拖动变形框控制点将其透视变形，完成之后按 Enter 键确认，如图 10.191 所示。

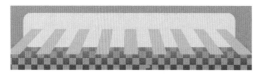

图 10.191 将图形变形

步骤 06 选中【矩形 2】图层，执行菜单栏中的【图层】|【创建剪贴蒙版】命令，为当前图层创建剪贴蒙版，将部分图像隐藏，如图 10.192 所示。

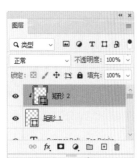
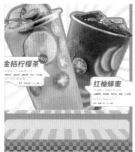

图 10.192 创建剪贴蒙版

步骤 07 执行菜单栏中的【文件】|【打开】命令，打开"金桔 .png、金桔 2.png"文件，单击【打开】按钮，将打开的素材拖入画布中靠底部的位置并适当缩小，如图 10.193 所示。

步骤 08 同时选中两个素材图像，按住 Alt 键向右侧拖动复制图像，如图 10.194 所示。

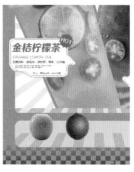
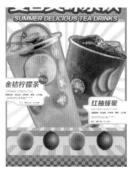

图 10.193 添加素材　　图 10.194 复制图像

步骤 09 选择工具箱中的【钢笔工具】，在选项栏中单击【选择工具模式】【路径】按钮，在弹出的选项中选择【形状】，将【填充】更改为黄色（R: 255，G: 215，B: 68），【描边】更改为绿色（R: 44，G: 111，B: 42），【描边宽度】更改为 2，然后在金桔图像左上角的位置绘制 1 个图形，生成 1 个【形状 2】图层；以同样的方法再绘制数个类似的图形，如图 10.195 所示。

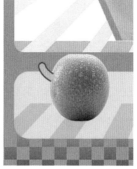
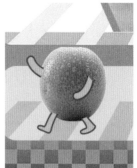

图 10.195 绘制图形

步骤 10 在【图层】面板中，同时选中刚才绘制的几个图形，按 Ctrl+G 组合键进行编组，并将组名称重命名为【小动画】。选中【小动画】组，将其拖至面板底部的【创建新图层】按钮上，复制 1 个【小动画 拷贝】组，如图 10.196 所示。

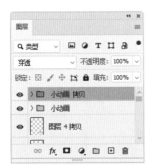

图 10.196 将图层编组并复制组

步骤 ⑪ 选中【小动画 拷贝】组，在图像中将其向右侧拖动，如图 10.197 所示。

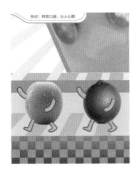

图 10.197 移动图像

步骤 ⑫ 以同样的方法将图像再复制两份，这样就完成了最终效果的制作，如图 10.198 所示。

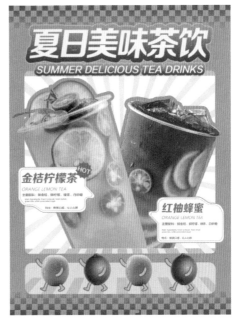

图 10.198 最终效果

10.5 节日促销海报设计

设计构思

本例在设计过程中，以漂亮的红色为主色调，通过添加矢量花朵制作出主题背景，同时绘制直观的优惠券图形，表现出整个海报的促销主题，最终效果如图 10.199 所示。

源文件	第 10 章 \ 节日促销海报设计背景效果 .cdr、节日促销海报设计最终效果 .psd
调用素材	第 10 章 \ 节日促销海报设计
难易指数	★ ★ ★ ★ ☆

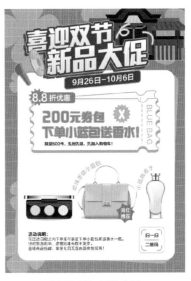

图 10.199 最终效果

操作步骤

10.5.1 使用 CorelDRAW 制作主题背景

步骤 01 单击工具箱中的【矩形工具】□按钮，绘制1个红色（R: 251, G: 120，B: 134）矩形，如图 10.200 所示。

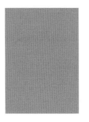

图 10.200 绘制矩形

步骤 02 单击工具箱中的【贝塞尔工具】✐按钮，在矩形顶部的位置绘制 1 条白色水平线段，【轮廓宽度】为默认，如图 10.201 所示。

步骤 03 选中线段，按住鼠标左键向底部方向拖动，再按鼠标右键将其复制一份，如图 10.202 所示。

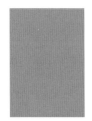
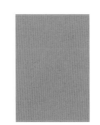

图 10.201 绘制线段　　图 10.202 复制线段

步骤 04 单击工具箱中的【调和工具】✿按钮，选中顶部线段向底部线段上拖动创建调和效果，并在属性栏中将【调和对象】更改为 30，如图 10.203 所示。

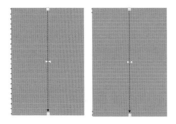

图 10.203 创建调和效果

步骤 05 以同样的方法创建垂直混合线段图像，如图 10.204 所示。

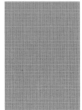

图 10.204 创建垂直混合线段图像

步骤 06 单击工具箱中的【矩形工具】□按钮，按住 Ctrl 键绘制 1 个白色正方形，如图 10.205 所示。

步骤 07 单击工具箱中的【变形工具】✿按钮，在正方形上按住鼠标左键拖动，将其变形，如图 10.206 所示。

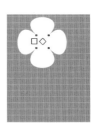

图 10.205 绘制正方形　　图 10.206 将图形变形

步骤 08 选中图形，单击工具箱中的【透明度工具】▨按钮，在属性栏中将【合并模式】更改为【柔光】，如图 10.207 所示。

步骤 09 选中图形并按住鼠标左键拖动，再按鼠标右键将其复制两份，将复制的图形等比缩小及旋转，如图 10.208 所示。

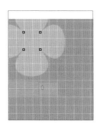

图 10.207 更改合并模式　　图 10.208 复制图形

步骤 10 将花朵复制多份，并适当调整大小和角度，放在不同的位置。选中变形后的图形，单击鼠标右键，在弹出的快捷菜单中选择【Power Clip 内部】命令，在其下方图形上单击，将部分图像隐藏，如图 10.209 所示。

图 10.209　隐藏部分图像

10.5.2　使用 CorelDRAW 添加装饰图像

步骤 01 单击工具箱中的【矩形工具】□，在图像上半部分位置绘制 1 个矩形框，如图 10.210 所示。

步骤 02 打开【导入文件】对话框，选择"建筑 .png"素材，单击【导入】按钮，将素材图像放在合适的位置，如图 10.211 所示。

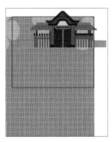 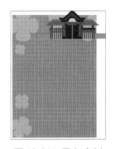

图 10.210　绘制矩形　　　图 10.211　导入素材

步骤 03 选中素材图像并单击鼠标右键，在弹出的快捷菜单中选择【Power Clip 内部】命令，在黑色矩形上单击，将部分图像隐藏，再将矩形【轮廓】更改为无，如图 10.212 所示。

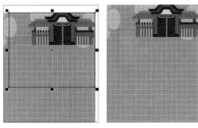

图 10.212　隐藏部分图像

步骤 04 单击工具箱中的【矩形工具】□，绘制 1 个黄色（R: 255，G: 186，B: 82）矩形，如图 10.213 所示。

步骤 05 单击工具箱中的【形状工具】按钮，拖动矩形左上角的锚点进行调整，为其制作圆角效果，如图 10.214 所示。

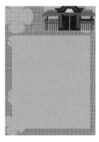 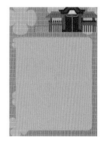

图 10.213　绘制矩形　　　图 10.214　制作圆角效果

步骤 06 选中圆角矩形，按 Ctrl+C 组合键复制，再将其适当旋转，如图 10.215 所示。

步骤 07 按 Ctrl+V 组合键粘贴圆角矩形，并将其更改为白色，如图 10.216 所示。

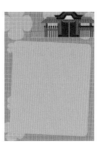 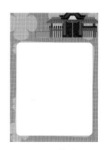

图 10.215　旋转图形　　　图 10.216　粘贴图形

10.5.3 使用 Photoshop 添加主视觉图像

步骤 01 执行菜单栏中的【文件】|【打开】命令，打开"节日促销海报设计平面效果 .jpg、商品 .psd"文件，单击【打开】按钮，将打开的素材拖入画布中并适当缩小，如图 10.217 所示。

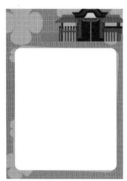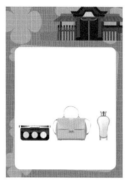

图 10.217 添加素材

步骤 02 选择工具箱中的【椭圆工具】，在选项栏中将【填充】更改为青色（R: 164，G: 214，B: 196），【描边】更改为无，在粉底图像底部的位置绘制 1 个椭圆图形，生成 1 个【椭圆 1】图层，如图 10.218 所示。

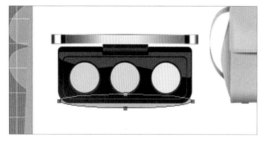

图 10.218 绘制椭圆

步骤 03 选中【椭圆 1】图层，按住 Alt+Shift 组合键，在画布中向右侧拖动将图形复制两份，如图 10.219 所示。

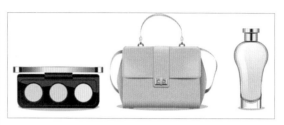

图 10.219 复制图形

步骤 04 选择工具箱中的【钢笔工具】，在包包图像左上角的位置绘制 1 条路径，如图 10.220 所示。

步骤 05 选择工具箱中的【横排文字工具】T，在路径上单击输入文字，如图 10.221 所示。

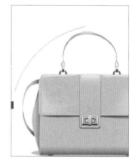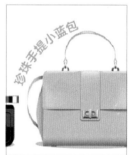

图 10.220 绘制路径　　　　图 10.221 输入文字

步骤 06 以同样的方法在香水图像位置绘制路径并输入文字，如图 10.222 所示。

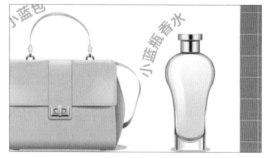

图 10.222 再次绘制路径并输入文字

10.5.4　使用 Photoshop 绘制标签

步骤 01 选择工具箱中的【多边形工具】⬡，在选项栏中将【填充】更改为红色（R: 254，G: 101，B: 121），【描边】更改为无，单击【设置其它形状和路径选项】⚙按钮，在弹出的面板中将【星形比例】更改为 70%，选中【平滑星形缩进】复选框，【设置边数】更改为 7，在包包图像右下角的位置按住 Shift 键绘制 1 个多边形，如图 10.223 所示。

步骤 02 选择工具箱中的【横排文字工具】**T**，在图像中输入文字，如图 10.224 所示。

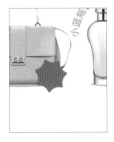 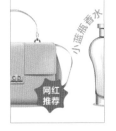

图 10.223　绘制多边形　　　图 10.224　输入文字

步骤 03 选择工具箱中的【矩形工具】▭，在选项栏中将【填充】更改为白色，【描边】更改为黄色（R: 255，G: 186，B: 82），【描边宽度】更改为 3，在画布中绘制一个矩形，并适当拖动边角控制点，为矩形添加圆角效果，生成一个【矩形 1】图层，如图 10.225 所示。

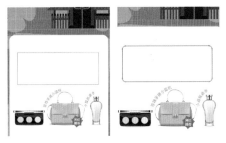

图 10.225　绘制圆角矩形

10.5.5　使用 Photoshop 制作优惠券图像

步骤 01 选择工具箱中的【椭圆工具】⬭，选中【矩形 1】图层，在矩形右上角的位置按住 Alt 键同时再按住 Shift 键绘制 1 个正圆路径，将部分图形减去，如图 10.226 所示。

步骤 02 选择工具箱中的【路径选择工具】▶，选中矩形，按 Ctrl+Alt+T 组合键对其执行变换复制命令，将变换框向下方拖动，如图 10.227 所示。

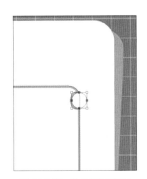 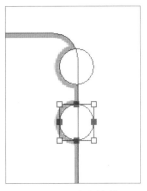

图 10.226　绘制正圆路径　　　图 10.227　复制变换

步骤 03 按住 Ctrl+Alt+Shift 组合键的同时按 T 键多次，将矩形复制多份，如图 10.228 所示。

步骤 04 同时选中右侧的所有正圆路径，按住 Alt+Shift 组合键将其向左侧拖至相对位置，如图 10.229 所示。

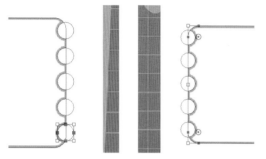

图 10.228 复制多份路径　图 10.229 再次复制路径

步骤 05 以同样的方法在右上角的位置再次绘制 1 个正圆路径，选择工具箱中的【路径选择工具】，选中路径并按住 Alt+Shift 组合键向下方拖动将其复制，如图 10.230 所示。

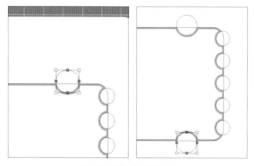

图 10.230 复制路径

步骤 06 选择工具箱中的【钢笔工具】，在选项栏中单击【选择工具模式】路径 按钮，在弹出的选项中选择【形状】，将【填充】更改为无，【描边】更改为黄色（R: 255，G: 186，B: 82），【描边宽度】更改为 3，然后在优惠券图像右侧的位置绘制 1 条虚线，生成 1 个【形状 1】图层，如图 10.231 所示。

步骤 07 在【图层】面板中，同时选中【矩形 1】和【形状 1】图层，按 Ctrl+G 组合键进行编组，并将组名称重命名为【优惠券】。选中【优惠券】组，将其拖至面板底部的【创建新图层】按钮上，复制 1 个【优惠券 拷贝】组，如图 10.232 所示。

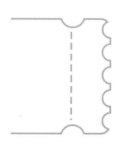

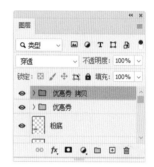

图 10.231 绘制虚线　　图 10.232 将图层编组及复制组

提示：在选项栏中单击【设置形状描边类型】按钮，在弹出的下拉选项中即可选择虚线类型。

步骤 08 选中【优惠券】组，按 Ctrl+T 组合键对其执行【自由变换】命令，将图形适当旋转，完成之后按 Enter 键确认，如图 10.233 所示。

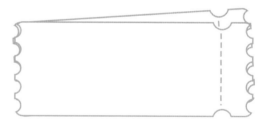

图 10.233 将图形适当旋转

步骤 09 在【图层】面板中选中【优惠券 拷贝】组，单击面板底部的【添加图层样式】按钮，在菜单中选择【投影】命令。

步骤 10 在弹出的【图层样式】对话框中，将【混合模式】更改为【正常】，【颜色】更改为橙色（R: 239，G: 88，B: 5），【不透明度】更改为 50%，撤选【使用全局光】

复选框，【角度】更改为 90 度，【距离】更改为 8 像素，完成之后单击【确定】按钮，如图 10.234 所示。

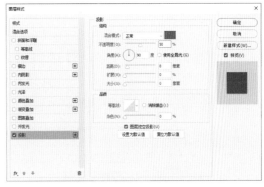

图 10.234　设置【投影】参数

10.5.6　使用 Photoshop 添加小标签

步骤 01　选择工具箱中的【矩形工具】，在选项栏中将【填充】更改为绿色（R: 105，G: 160，B: 58），【描边】更改为无，在画布中绘制 1 个矩形，并适当拖动边角控制点，为矩形添加圆角效果，将生成一个【矩形 2】图层，如图 10.235 所示。

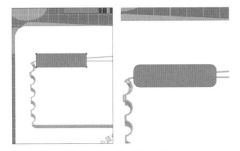

图 10.235　绘制圆角矩形

步骤 02　选择工具箱中的【多边形工具】，在选项栏中将【填充】更改为绿色（R: 105，G: 160，B: 58），【描边】更改为无，单击【设置其它形状和路径选项】按钮，在弹出的面板中将【星形比例】更改为 70%，【设置边数】更改为 12，选中刚才绘制的矩形，按住 Shift 键绘制 1 个多边形，如图 10.236 所示。

步骤 03　选择工具箱中的【横排文字工具】，在图像中输入文字，如图 10.237 所示。

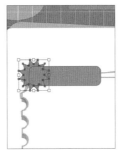

图 10.236　绘制多边形　　　图 10.237　输入文字

步骤 04　在【图层】面板中选中【200 元券包】组，单击面板底部的【添加图层样式】按钮，在菜单中选择【描边】命令。

步骤 05　在弹出的【图层样式】对话框中，将【大小】更改为 2，【颜色】更改为橙色（R: 255，G: 186，B: 82），如图 10.238 所示。

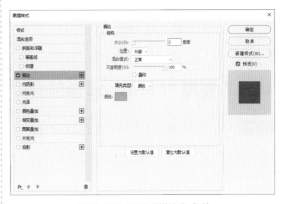

图 10.238　设置【描边】参数

步骤 06 在【200 元券包】图层名称上单击鼠标右键，从弹出的快捷菜单中选择【拷贝图层样式】命令，在【下单…】图层名称上单击鼠标右键，从弹出的快捷菜单中选择【粘贴图层样式】命令，如图 10.239 所示。

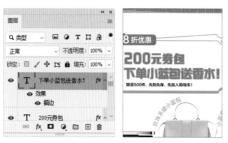

图 10.239 粘贴图层样式

步骤 07 选择工具箱中的【多边形工具】⬡，在选项栏中将【填充】更改为橙色（R: 255，G: 186，B: 82），【描边】更改为无，单击【设置其它形状和路径选项】⚙按钮，在弹出的面板中将【星形比例】更改为 80%，选中【从中心】复选框，【设置边数】更改为 15，在图像中按住 Shift 键绘制 1 个多边形，如图 10.240 所示。

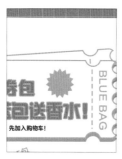

图 10.240 绘制多边形

10.5.7 使用 Photoshop 添加主文字

步骤 01 选择工具箱中的【横排文字工具】T，在图像中输入文字，如图 10.244 所示。

步骤 08 选择工具箱中的【矩形工具】▭，在选项栏中将【填充】更改为白色，【描边】更改为无，绘制 1 个矩形，生成 1 个【矩形 3】图层，如图 10.241 所示。

步骤 09 选中【矩形 3】图层，按 Ctrl+T 组合键对其执行【自由变换】命令，将图形旋转，完成之后按 Enter 键确认，如图 10.242 所示。

图 10.241 绘制图形　　图 10.242 旋转图形

步骤 10 在【图层】面板中选中【矩形 3】图层，将其拖至面板底部的【创建新图层】⊞按钮上，复制 1 个【矩形 3 拷贝】图层。再按 Ctrl+T 组合键对复制的图形执行【自由变换】命令，单击鼠标右键，从弹出的快捷菜单中选择【水平翻转】命令，完成之后按 Enter 键确认，如图 10.243 所示。

图 10.243 复制图形并水平翻转

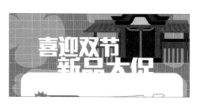

图 10.244 输入文字

步骤 **02** 选中【喜迎双节】图层，按 Ctrl+T 组合键对其执行【自由变换】命令，单击鼠标右键，从弹出的快捷菜单中选择【斜切】命令，拖动变形框右侧边缘控制点将其斜切变形，完成之后按 Enter 键确认；以同样的方法选中【新品大促】文字图层，将其斜切变形，如图 10.245 所示。

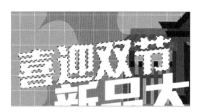

图 10.246 将文字载入选区

步骤 **04** 在【图层】面板中，按住 Ctrl 键同时再按住 Shift 键单击【新品大促】文字图层缩览图，将其加选至选区，如图 10.247 所示。

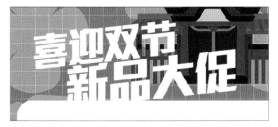

图 10.245 将文字斜切变形

步骤 **03** 按住 Ctrl 键单击【喜迎双节】图层缩览图，将其载入选区，如图 10.246 所示。

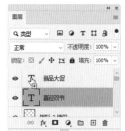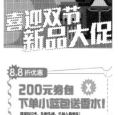

图 10.247 将文字加选至选区

步骤 **05** 执行菜单栏中的【选择】|【修改】|【扩展】命令，在弹出的【扩展选区】对话框中将【扩展量】更改为 5 像素，完成之后单击【确定】按钮，如图 10.248 所示。

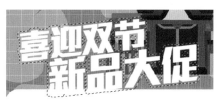

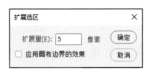

图 10.248 扩展选区

步骤 **06** 在【图层】面板中，单击面板底部的【创建新图层】按钮，新建 1 个【图层 1】图层，并将其移至【喜迎双节】图层下方，如图 10.249 所示。

步骤 **07** 将选区填充为红色（R: 205，G: 26，B: 29），完成之后按 Ctrl+D 组合键取消选区，如图 10.250 所示。

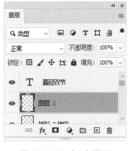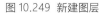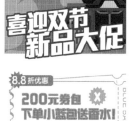

图 10.249 新建图层   图 10.250 填充颜色

提示： 除了利用扩展选区为文字添加描边效果外，还可以通过将文字图层合并为单个图层为其添加描边图层样式。

步骤 08 选择工具箱中的【多边形套索工具】☑，在文字位置绘制1个多边形选区。选中【图层1】图层，将其填充为红色（R: 205，G: 26，B: 29），如图 10.251 所示。

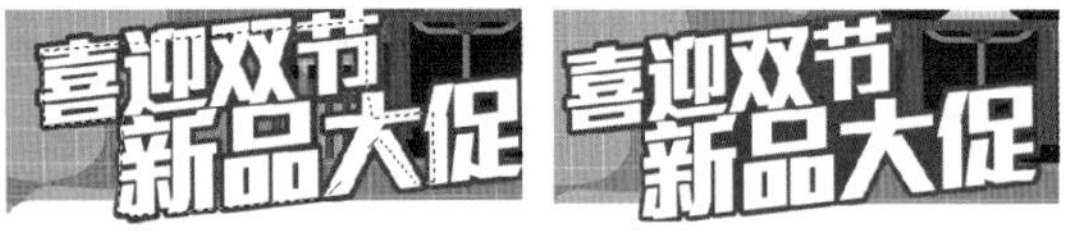

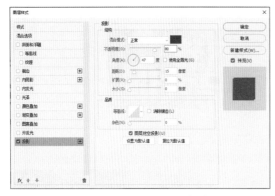

图 10.251 绘制选区并填充颜色

步骤 09 在【图层】面板中选中【图层 1】图层，单击面板底部的【添加图层样式】*fx* 按钮，在菜单中选择【投影】命令。

步骤 10 在弹出的【图层样式】对话框中，将【混合模式】更改为【正常】，【颜色】更改为红色（R: 205，G: 26，B: 29），【不透明度】更改为80%，撤选【使用全局光】复选框，【角度】更改为 47 度，【距离】更改为 15 像素，【大小】更改为 0 像素，如图 10.252 所示。

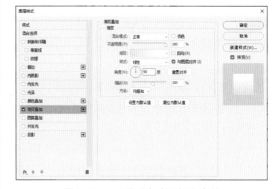

图 10.252 设置【投影】参数

步骤 11 选中【描边】复选框，将【大小】更改为 3 像素，【颜色】更改为橙色（R: 255，G: 186，B: 82），完成之后单击【确定】按钮，如图 10.253 所示。

步骤 12 在【图层】面板中选中【新品大促】图层，单击面板底部的【添加图层样式】*fx* 按钮，在菜单中选择【渐变叠加】命令。

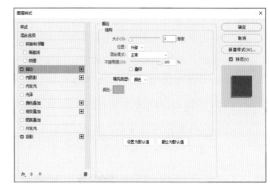

图 10.253 设置【描边】参数

步骤 13 在弹出的【图层样式】对话框中，将【混合模式】更改为【正常】，【渐变】更改为浅红色（R: 255，G: 231，B: 231）到白色，如图 10.254 所示。

图 10.254 设置【渐变叠加】参数

步骤 14 在【新品大促】图层名称上单击鼠标右键，从弹出的快捷菜单中选择【拷贝图层样式】命令，在【喜迎双节】图层名称上单击鼠标右键，从弹出的快捷菜单中选择【粘贴图层样式】命令，如图 10.255 所示。

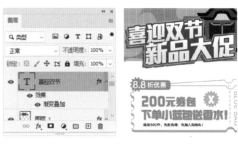

图 10.255 复制并粘贴图层样式

10.5.8　使用 Photoshop 添加装饰元素

步骤 01 执行菜单栏中的【文件】|【打开】命令，打开"喇叭 .png"文件，单击【打开】按钮，将打开的素材拖入画布中文字左下角的位置并适当缩小，其所在图层名称将自动更改为【图层 2】，如图 10.256 所示。

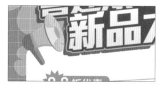

图 10.256　添加素材

步骤 02 在【图层 1】图层名称上单击鼠标右键，从弹出的快捷菜单中选择【拷贝图层样式】命令，在【图层 2】图层名称上单击鼠标右键，从弹出的快捷菜单中选择【粘贴图层样式】命令，并将【图层 2】图层中的【投影】图层样式删除，如图 10.257 所示。

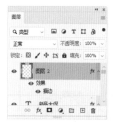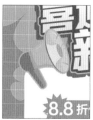

图 10.257　粘贴图层样式

步骤 03 选择工具箱中的【矩形工具】，在选项栏中将【填充】更改为红色（R: 205，G: 26，B: 29），在文字右下角的位置绘制 1 个矩形，并适当拖动边角控制点，为矩形添加圆角效果，生成一个【矩形 4】图层，如图 10.258 所示。

步骤 04 选中【矩形 4】图层，在选项栏中将其【描边】更改为黄色（R: 255，G: 186，B: 82），【描边宽度】更改为 3，如图 10.259 所示。

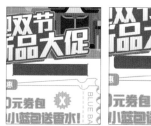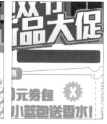

图 10.258　绘制圆角矩形

步骤 05 选中【矩形 4】图层，按 Ctrl+T 组合键对其执行【自由变换】命令，单击鼠标右键，从弹出的快捷菜单中选择【斜切】命令，拖动变形框右侧边缘控制点将其斜切变形，完成之后按 Enter 键确认，如图 10.260 所示。

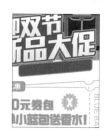

图 10.259　添加描边　　　　图 10.260　将图形变形

步骤 06 选择工具箱中的【横排文字工具】，在图像中输入文字，如图 10.261 所示。

步骤 07 选中文字所在的图层，按 Ctrl+T 组合键对其执行【自由变换】命令，单击鼠标右键，从弹出的快捷菜单中选择【斜切】命令，拖动变形框右侧边缘控制点将其斜切变形，完成之后按 Enter 键确认，如图 10.262 所示。

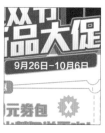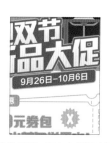

图 10.261　输入文字　　　　图 10.262　将文字斜切变形

10.5.9 使用 Photoshop 绘制细节图像

步骤 01 选择工具箱中的【钢笔工具】，在选项栏中单击【选择工具模式】 路径 按钮，在弹出的选项中选择【形状】，将【填充】更改为无，【描边】更改为白色，【描边宽度】更改为 3，在文字右上角的位置绘制 1 条线段，生成 1 个【形状 2】图层，如图 10.263 所示。

步骤 02 在【图层 2】图层名称上单击鼠标右键，从弹出的快捷菜单中选择【拷贝图层样式】命令，在【形状 2】图层名称上单击鼠标右键，从弹出的快捷菜单中选择【粘贴图层样式】命令，如图 10.264 所示。

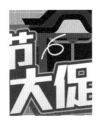
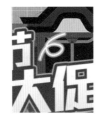

图 10.263 绘制线段　　图 10.264 粘贴图层样式

步骤 03 以同样的方法再绘制 1 条线段并为其粘贴图层样式添加描边，如图 10.265 所示。

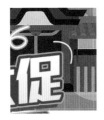
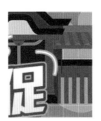

图 10.265 绘制线段并粘贴图层样式添加描边

步骤 04 选择工具箱中的【横排文字工具】，在图像中输入文字，如图 10.266 所示。

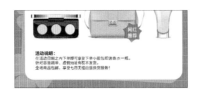

图 10.266 输入文字

步骤 05 选择工具箱中的【矩形工具】，在选项栏中将【填充】更改为无，【描边】更改为黄色（R: 255，G: 186，B: 82），【描边宽度】更改为 2，在图像右下角按住 Shift 键绘制 1 个正方形，并适当拖动边角控制点，为矩形添加圆角效果，生成 1 个【矩形 5】图层，如图 10.267 所示。

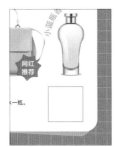
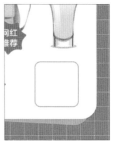

图 10.267 绘制正方形并制作圆角效果

步骤 06 执行菜单栏中的【文件】|【打开】命令，打开"二维码 .png"文件，单击【打开】按钮，将打开的素材拖入画布中刚才绘制的圆角矩形位置并等比缩小，这样就完成了最终效果的制作，如图 10.268 所示。

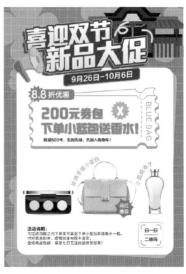

图 10.268 最终效果

10.6 课后习题

10.6.1 习题 1——星耀巨星海报设计

 设计构思

　　本例中海报以气质蓝作为主体色调，通过制作星光点缀效果，与质感文字相结合，完美表现出海报的主题特质，最终效果如图 10.269 所示。

源文件	第 10 章 \ 星耀巨星海报设计 .cdr、星耀巨星海报背景设计 .psd
调用素材	第 10 章 \ 星耀巨星海报设计
难易指数	★ ★ ★ ☆ ☆

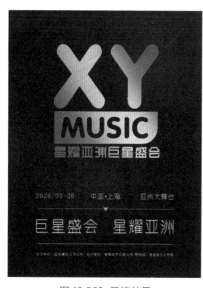

图 10.269　最终效果

10.6.2 习题 2——婚礼海报设计

 设计构思

　　婚礼海报的设计重点在于突出婚礼的主题，通过海报中的图文信息，完美表现出所传达的意图，在设计过程中注意特效图像的处理，最终效果如图 10.270 所示。

源文件	第 10 章 \ 婚礼海报设计 .cdr、婚礼海报背景设计 .psd
调用素材	第 10 章 \ 婚礼海报设计
难易指数	★ ★ ★ ★ ☆

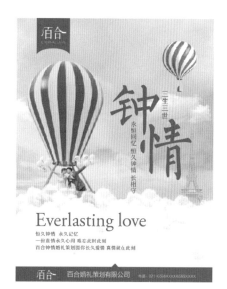

图 10.270　最终效果

10.6.3　习题 3——节日促销海报设计

 设计构思

　　本例以突出节日的氛围为制作重点，将节日字体以较大的字号和渐变描边及阴影效果放置在醒目位置，完美解读了节日促销的主题，最终效果如图 10.271 所示。

源文件	第 10 章 \ 节日促销海报背景设计 .cdr、节日促销海报设计 .psd
调用素材	第 10 章 \ 节日促销海报设计
难易指数	★ ★ ★ ★ ☆

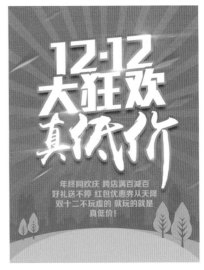

图 10.271　最终效果

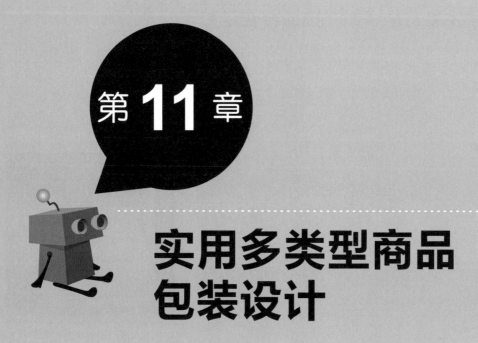

第11章

实用多类型商品
包装设计

本章介绍

　　本章讲解实用的多类型商品包装设计。商品包装设计是平面设计中的重点内容，不同的包装设计风格需要与不同的商品相匹配，商品包装的设计需要注重配色、类型和信息的完美结合。本章列举了多种类型的包装设计，例如盒式蛋糕包装设计、橙子手提袋包装设计、杯装冰淇淋包装设计、锁鲜卤味包装设计、袋装洗衣液包装设计等。通过学习这些案例，读者可以掌握实用的多类型商品包装设计知识。

要点索引

　◎　学习盒式蛋糕包装设计

　◎　了解橙子手提袋包装设计

　◎　学会杯装冰淇淋包装设计

　◎　掌握锁鲜卤味包装设计

　◎　了解袋装洗衣液包装设计

　◎　学习透明绿豆饼包装设计

11.1 盒式蛋糕包装设计

设计构思

本例以漂亮的淡绿色作为包装外观主题色调，通过添加蛋糕素材图像表现出包装的主题，直观醒目的文字令整个包装的视觉效果十分简洁，最终效果如图 11.1 所示。

源文件	第 11 章 \ 盒子蛋糕包装设计平面效果 .cdr、盒子蛋糕包装设计展示效果 .psd
调用素材	第 11 章 \ 盒式蛋糕包装设计
难易指数	★ ★ ★ ☆ ☆

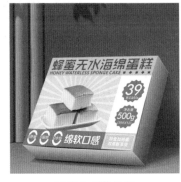

图 11.1 最终效果

操作步骤

11.1.1 使用 CorelDRAW 绘制平面图像

步骤 01 单击工具箱中的【矩形工具】□，绘制 1 个绿色（R: 211，G: 232，B: 131）矩形，如图 11.2 所示。

步骤 02 选中矩形，按 Ctrl+C 组合键复制，按 Ctrl+V 组合键粘贴，然后将粘贴的矩形更改为白色并缩小其高度，如图 11.3 所示。

图 11.2 绘制矩形　　图 11.3 复制并粘贴图形

步骤 03 选中白色矩形，按 Ctrl+C 组合键复制，按 Ctrl+V 组合键粘贴，然后将粘贴的矩形更改为黄色（R: 253，G: 250，B: 95）并缩小其宽度，如图 11.4 所示。

步骤 04 单击工具箱中的【矩形工具】□，绘制 1 个白色矩形，如图 11.5 所示。

图 11.4 复制图形并缩小宽度

步骤 05 在矩形上单击鼠标右键，从弹出的快捷菜单中选择【转换为曲线】命令。

步骤 06 单击工具箱中的【形状工具】按钮，选中左下角锚点并向右侧拖动，选中右下角锚点并向左侧拖动，将矩形变形，如图 11.6 所示。

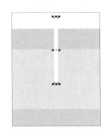
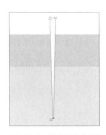

图 11.5 绘制矩形　　图 11.6 将矩形变形

步骤 07 在矩形上双击，将变形框中心点移至底部中间的位置，拖动鼠标将其放置一定角度并复制一份，如图 11.7 所示。

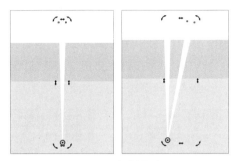

图 11.7 复制图形

步骤 08 按 Ctrl+D 组合键将图形再复制多份，如图 11.8 所示。

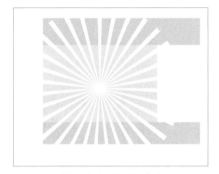

图 11.8 复制多份图形

步骤 09 选中所有旋转复制的图形，单击属性栏中的【焊接】⤵ 按钮，将图形焊接。

步骤 10 将图形向右侧稍微移动，如图 11.9 所示。

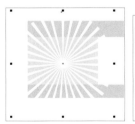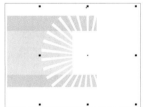

图 11.9 将图形焊接并移动图形

步骤 11 选中图形单击鼠标右键，从弹出的快捷菜单中选择【Power Clip 内部】命令，在其黄色图像上单击，将部分图像隐藏，如图 11.10 所示。

步骤 12 单击鼠标右键，从弹出的快捷菜单中选择【编辑 Power Clip】命令，调整图像位置及大小，完成之后单击左上角的【完成】✓ 完成 按钮，如图 11.11 所示。

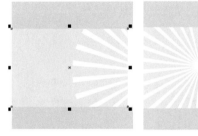

图 11.10 隐藏部分图像　　　图 11.11 调整图像

步骤 13 单击鼠标右键，从弹出的快捷菜单中选择【编辑 Power Clip】命令。选中图像，单击工具箱中的【透明度工具】▨ 按钮，将【透明度】更改为 50，完成之后单击左上角的【完成】✓ 完成 按钮，如图 11.12 所示。

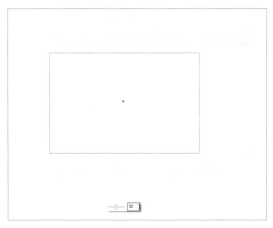

图 11.12 降低图像透明度

11.1.2 使用 CorelDRAW 制作主视觉图像

步骤 01 打开【导入文件】对话框，选择"小蛋糕.png"素材，单击【导入】按钮，将素材图像放在黄色矩形位置，如图 11.13 所示。

步骤 02 选中小蛋糕图像并单击鼠标右键，从弹出的快捷菜单中选择【Power Clip 内部】命令，在其下方图形上单击，将部分图像隐藏，如图 11.14 所示。

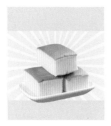 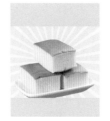

图 11.13 导入素材　　　　图 11.14 隐藏部分图像

步骤 03 单击工具箱中的【文本工具】**字** 按钮，输入文字，如图 11.15 所示。

图 11.15 输入文字

步骤 04 单击工具箱中的【矩形工具】□ 按钮，绘制 1 个正方形，设置【填充】为深黄色

（R: 161，G: 113，B: 0），设置【轮廓色】为无，如图 11.16 所示。

步骤 05 选中正方形并按住鼠标左键向拖动，再按鼠标右键将其复制一份，然后按 Ctrl+D 组合键再复制一份，如图 11.17 所示。

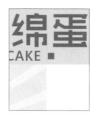 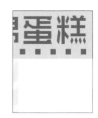

图 11.16 绘制正方形　　　图 11.17 复制图形

步骤 06 同时选中从左至右第 2 个及第 4 个正方形，在选项栏的【旋转角度】文本框中输入 45，将矩形旋转，如图 11.18 所示。

图 11.18 旋转图形

11.1.3 使用 CorelDRAW 添加装饰信息

步骤 01 单击工具箱中的【星形工具】☆ 按钮，在属性栏中将【点数或边数】更改为 15，【锐度】更改为 10，按住 Ctrl 键绘制 1 个橙色（R: 246，G: 136，B: 47）多边形，设置【轮廓色】为无，如图 11.19 所示。

步骤 02 选中多边形并按住鼠标左键向下方拖动，再按鼠标右键将其复制一份，如图 11.20 所示。

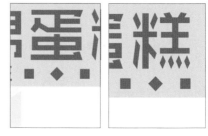

 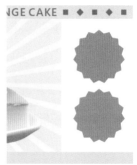

图 11.19 绘制多边形　　　图 11.20 复制图形

步骤 03 单击工具箱中的【文本工具】**字**按钮，输入文字，如图 11.21 所示。

步骤 04 单击工具箱中的【矩形工具】□，绘制 1 个橙色（R: 246，G: 136，B: 47）矩形，如图 11.22 所示。

图 11.21　输入文字　　　　图 11.22　绘制矩形

步骤 05 单击工具箱中的【椭圆形工具】○按钮，绘制 1 个白色椭圆，如图 11.23 所示。

步骤 06 选中椭圆，按 Ctrl+C 组合键复制，按 Ctrl+V 组合键粘贴，然后将粘贴的椭圆更改为黑色并等比缩小，如图 11.24 所示。

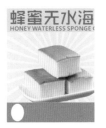
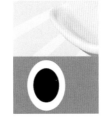

图 11.23　绘制椭圆　　　　图 11.24　复制并粘贴图形

步骤 07 同时选中两个图形，单击属性栏中的【移除前面对象】□按钮，将不需要的图像部分移除，如图 11.25 所示。

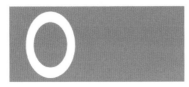

图 11.25　移除前面对象

步骤 08 单击工具箱中的【矩形工具】□，绘制 1 个黑色矩形，如图 11.26 所示。

步骤 09 同时选中圆环和黑色矩形这两个图形，单击属性栏中的【移除前面对象】□按钮，

将不需要的图像部分移除，如图 11.27 所示。

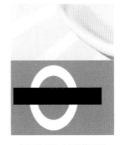
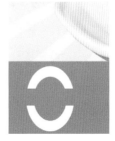

图 11.26　绘制矩形　　　　图 11.27　移除前面对象

步骤 10 选中图形并按住鼠标左键向右侧拖动，再按鼠标右键将其复制一份，如图 11.28 所示。

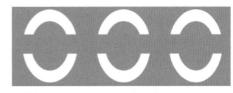

图 11.28　复制图形

步骤 11 单击工具箱中的【文本工具】**字**按钮，输入文字，如图 11.29 所示。

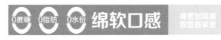

图 11.29　输入文字

步骤 12 单击工具箱中的【矩形工具】□，绘制 1 个矩形，设置【填充】为无，【轮廓色】为白色，【轮廓宽度】为 2，如图 11.30 所示。

步骤 13 单击工具箱中的【形状工具】┐、按钮，拖动矩形左上角的锚点进行调整，为其制作圆角效果，如图 11.31 所示。

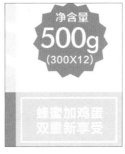

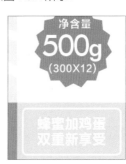

图 11.30　绘制矩形　　　　图 11.31　制作圆角效果

11.1.4 使用 Photoshop 对图像进行变形

步骤 01 执行菜单栏中的【文件】|【打开】命令，打开"背景 .jpg、橙子包装设计平面效果 .jpg"文件，单击【打开】按钮，将打开的素材拖入画布中并适当缩小，其图层名称将自动更改为【图层 1】，如图 11.32 所示。

步骤 02 选中【图层 1】图层，按 Ctrl+T 组合键在画布中对图像执行【自由变换】命令，单击鼠标右键，从弹出的快捷菜单中选择【透视】命令，拖动变形框控制点将其透视变形，完成之后按 Enter 键确认，如图 11.33 所示。

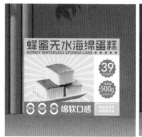

图 11.32 添加素材　　图 11.33 将图像变形

步骤 03 选择工具箱中的【钢笔工具】，在选项栏中单击【选择工具模式】 路径 按钮，在弹出的选项中选择【形状】，将【填充】更改为白色，【描边】更改为无，在图像底部绘制 1 个白色图形，生成 1 个【形状 1】图层，如图 11.34 所示。

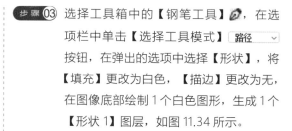

图 11.34 绘制图形

步骤 04 在【图层】面板中选中【形状 1】图层，单击面板底部的【添加图层样式】按钮，在菜单中选择【渐变叠加】命令。

步骤 05 在弹出的【图层样式】对话框中，将【混合模式】更改为【正常】，【渐变】更改为绿色（R: 111, G: 130, B: 39）到绿色（R: 211, G: 232, B: 131），【角度】更改为 85 度，【缩放】更改为 80%，完成之后单击【确定】按钮，如图 11.35 所示。

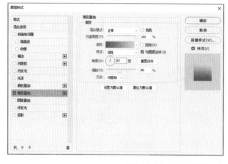
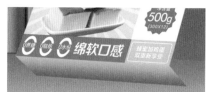

图 11.35 设置【渐变叠加】参数及效果

11.1.5 使用 Photoshop 绘制立体图形

步骤 01 选择工具箱中的【钢笔工具】，在选项栏中单击【选择工具模式】 路径 按钮，在弹出的选项中选择【形状】，将【填充】更改为白色，【描边】更改为无，然后在图像底部绘制 1 个白色图形，生成 1 个【形状 2】图层，如图 11.36 所示。

步骤02 在【形状 1】图层名称上单击鼠标右键，从弹出的快捷菜单中选择【拷贝图层样式】命令，在【形状 2】图层名称上单击鼠标右键，从弹出的快捷菜单中选择【粘贴图层样式】命令。

步骤03 双击【形状 2】图层样式名称，在弹出的【图层样式】对话框中更改【渐变叠加】的参数，效果如图 11.37 所示。

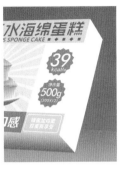 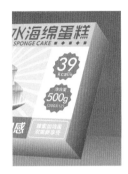

图 11.36 绘制图形　　图 11.37 修改【渐变叠加】
　　　　　　　　　　　　　　参数后效果

11.1.6 使用 Photoshop 制作细节图像

步骤01 选择工具箱中的【钢笔工具】，在选项栏中单击【选择工具模式】 路径 ⌄ 按钮，在弹出的选项中选择【形状】，将【填充】更改为绿色（R: 105，G: 113，B: 35），【描边】更改为无，绘制 1 个图形，生成 1 个【形状 3】图层，如图 11.38 所示。

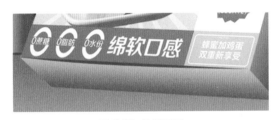

图 11.38 绘制图形

步骤02 在【图层】面板中选中【形状 3】图层，将其拖至面板底部的【创建新图层】 ⊞ 按钮上，复制 1 个【形状 3 拷贝】图层。

步骤03 选中【形状 3 拷贝】图层，将其图形更改为绿色（R: 31，G: 34，B: 6）并等比缩小，如图 11.39 所示。

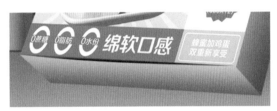

图 11.39 复制并缩小图形

步骤04 选择工具箱中的【钢笔工具】，在选项栏中单击【选择工具模式】 路径 ⌄ 按钮，在弹出的选项中选择【形状】，将【填充】更改为无，【描边】更改为黑色，【描边宽度】更改为 2，沿包装边缘绘制 1 条线段，生成 1 个【形状 4】图层，如图 11.40 所示。

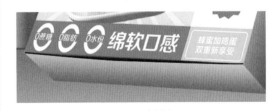

图 11.40 绘制线段

步骤05 在【图层】面板中选中【形状 4】图层，单击面板底部的【添加图层样式】 fx 按钮，在菜单中选择【渐变叠加】命令。

步骤06 在弹出的【图层样式】对话框中，将【混合模式】更改为【正常】，【渐变】更改为透明到白色再到透明，【角度】更改为 0 度，【缩放】更改为 100%，完成之后单击【确定】按钮，如图 11.41 所示。

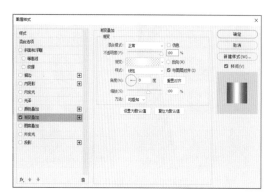

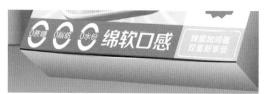

图 11.41 设置【渐变叠加】参数及效果

步骤 07 在【图层】面板中选中【形状 4】图层，将图层【填充】更改为 0%，如图 11.42 所示。

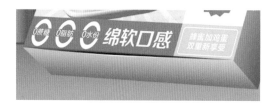

图 11.42 更改图层填充

步骤 08 以同样的方法在包装右侧边缘位置绘制 1 个类似图形以制作出包装盒缝隙图像，如图 11.43 所示。

步骤 09 选择工具箱中的【钢笔工具】 ，在包装右下角边缘位置绘制 1 条线段，设置【填充】为无，【描边】为白色，【描边宽度】为 1，效果如图 11.44 所示。

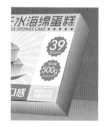
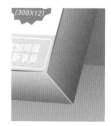

图 11.43 绘制缝隙图像　　　图 11.44 绘制线段

步骤 10 在【图层】面板中选中【形状 6】图层，其图层混合模式更改为【叠加】，【不透明度】更改为 50%，如图 11.45 所示。

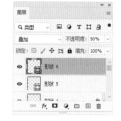
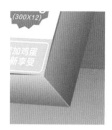

图 11.45 更改图层模式及不透明度

11.1.7 使用 Photoshop 制作阴影效果

步骤 01 选择工具箱中的【钢笔工具】 ，在选项栏中单击【选择工具模式】 路径 按钮，在弹出的选项中选择【形状】，将【填充】更改为绿色（R: 45，G: 49，B: 8），【描边】更改为无，然后在包装底部绘制 1 个不规则图形，生成 1 个【形状 7】图层，如图 11.46 所示。

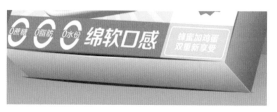

图 11.46 绘制图形

步骤 02 选中【形状 7】图层，执行菜单栏中的【滤镜】|【模糊】|【高斯模糊】命令，在弹出的对话框中单击【转换为智能对象】按钮，在出现的对话框中将【半径】更改为 1 像素，完成之后单击【确定】按钮，如图 11.47 所示。

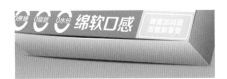

图 11.47 添加高斯模糊效果

步骤 03 选择工具箱中的【钢笔工具】，再绘制 1 个绿色（R: 33，G: 36，B: 5）图形，并将其移至所有图层的下方，如图 11.48 所示。

步骤 04 选中【形状 8】图层，执行菜单栏中的【滤镜】|【模糊】|【高斯模糊】命令，在弹出的对话框中单击【转换为智能对象】按钮，在出现的对话框中将【半径】更改为 1 像素，完成之后单击【确定】按钮如图 11.49 所示。

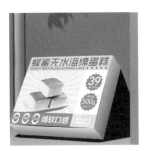 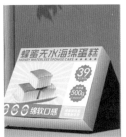

图 11.48 绘制图形　　图 11.49 添加高斯模糊效果

步骤 05 在【图层】面板中选中【形状 8】图层，单击面板底部【添加图层蒙版】按钮。

步骤 06 选择工具箱中的【画笔工具】，在画布中单击鼠标右键，在弹出的面板中选择 1 种圆角笔触，将【大小】更改为 100 像素，【硬度】更改为 0%，如图 11.50 所示。

步骤 07 将前景色更改为黑色，在图形上边缘部分进行涂抹，隐藏部分图像，如图 11.51 所示。

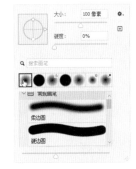 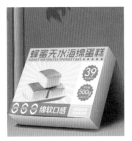

图 11.50 设置笔触　　图 11.51 隐藏部分图像

步骤 08 在【图层】面板中选中【形状 8】图层，将图层【不透明度】更改为 50%，这样就完成了最终效果的制作，如图 11.52 所示。

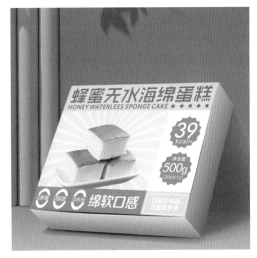

图 11.52 最终效果

11.2 橙子手提袋包装设计

设计构思

本例在设计过程中，以漂亮的矢量橙子图像为主视觉，通过输入直观文字信息完成包装平面效果设计，再添加背景素材图像制作出立体展示效果，最终效果如图 11.53 所示。

源文件	第 11 章\橙子手提袋包装设计平面效果 .cdr、橙子手提袋包装设计展示效果 .psd
调用素材	第 11 章\橙子手提袋包装设计
难易指数	★ ★ ★ ☆ ☆

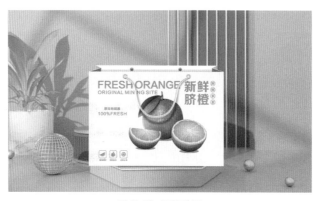

图 11.53 最终效果

操作步骤

11.2.1 使用 CorelDRAW 制作包装主视觉

步骤 01 单击工具箱中的【矩形工具】□，绘制 1 个浅黄色（R: 252，G: 249，B: 244）矩形，如图 11.54 所示。

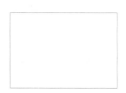

图 11.54 绘制矩形

步骤 02 打开【导入文件】对话框，选择"橙子 .png"素材，单击【导入】按钮，将素材图像放在矩形中间的位置，如图 11.55 所示。

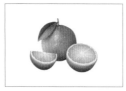

图 11.55 导入素材

步骤 03 单击工具箱中的【文本工具】字 按钮，输入文字，如图 11.56 所示。

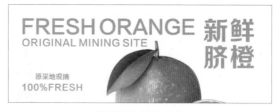

图 11.56 输入文字

步骤 04 单击工具箱中的【椭圆形工具】○ 按钮，按住 Ctrl 键绘制 1 个正圆，设置【轮廓色】为橙色（R: 250，G: 162，B: 47），【轮廓宽度】为 2，如图 11.57 所示。

步骤 05 选中正圆并按住鼠标左键向下方拖动，再按鼠标右键将其复制一份，然后按 Ctrl+D 组合键再复制两份，如图 11.58 所示。

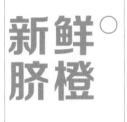

图 11.57　绘制正圆

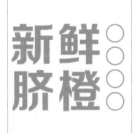

图 11.58　复制正圆

步骤 **06** 单击工具箱中的【文本工具】**字** 按钮，输入文字，如图 11.59 所示。

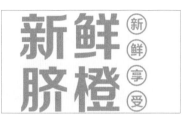

图 11.59　输入文字

11.2.2　使用 CorelDRAW 添加装饰元素

步骤 **01** 单击工具箱中的【矩形工具】□按钮，在矩形左下角的位置按住 Ctrl 键绘制 1 个正方形，设置【填充】为无，【轮廓色】为橙色（R: 250，G: 162，B: 47），【轮廓宽度】为 2，如图 11.60 所示。

步骤 **02** 单击工具箱中的【形状工具】按钮，拖动矩形左上角的锚点进行调整，为其制作圆角效果，如图 11.61 所示。

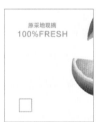

图 11.60　绘制矩形

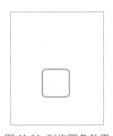

图 11.61　制作圆角效果

步骤 **03** 选中圆角矩形并按住鼠标左键向右侧拖动，再按鼠标右键将其复制一份，然后按 Ctrl+D 组合键再复制一份，如图 11.62 所示。

步骤 **04** 打开【导入文件】对话框，选择"图标 .cdr"素材，单击【导入】按钮，将素材图像放在圆角矩形的位置，如图 11.63 所示。

步骤 **05** 选中导入的素材图像，将其颜色更改为橙色（R: 250，G: 162，B: 47），如图 11.64 所示。

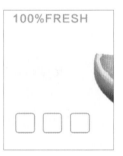

图 11.62　复制图形

图 11.63　导入素材

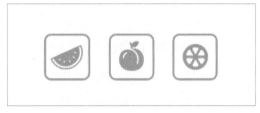

图 11.64　更改图形颜色

步骤 **06** 单击工具箱中的【文本工具】**字** 按钮，输入文字，如图 11.65 所示。

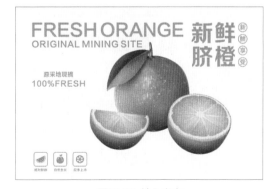

图 11.65　输入文字

步骤 07 单击工具箱中的【椭圆形工具】◯ 按钮，按住 Ctrl 键绘制 1 个橙色（R: 250，G: 162，B: 47）椭圆并移至橙子图像下方，如图 11.66 所示。

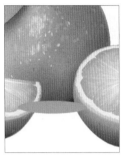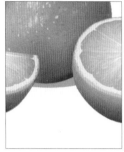

图 11.66 绘制椭圆

步骤 08 选中椭圆并按住鼠标左键将其拖至另外两个橙子图像的位置，再按鼠标右键将其复制，如图 11.67 所示。

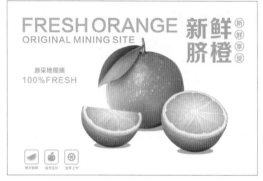

图 11.67 复制图像

11.2.3 使用 Photoshop 制作包装展示轮廓

步骤 01 执行菜单栏中的【文件】|【打开】命令，打开"背景 .jpg、橙子手提袋包装设计平面效果 .jpg"文件，单击【打开】按钮，将打开的橙子包装设计平面效果素材拖入画布中并适当缩小，其图层名称将自动更改为【图层 1】，如图 11.68 所示。

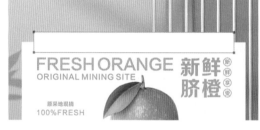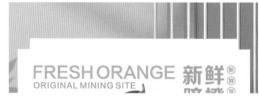

图 11.69 绘制图形

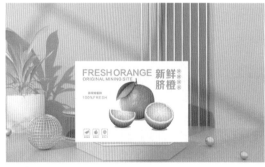

图 11.68 添加素材

步骤 02 选择工具箱中的【矩形工具】▢，在选项栏中将【填充】更改为白色，【描边】更改为无，在图像顶部的位置绘制 1 个矩形，生成 1 个【矩形 1】图层，并将其移至【图层 1】图层的下方，如图 11.69 所示。

步骤 03 在【图层】面板中选中【矩形 1】图层，单击面板底部的【添加图层样式】 fx 按钮，在菜单中选择【渐变叠加】命令。

步骤 04 在弹出的【图层样式】对话框中，将【混合模式】更改为【正常】，【不透明度】更改为 50%，【渐变】更改为黑色到透明，【缩放】更改为 70%，完成之后单击【确定】按钮，如图 11.70 所示。

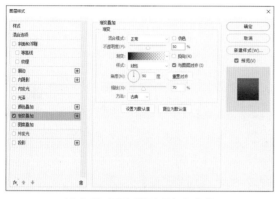

图 11.70　设置【渐变叠加】参数

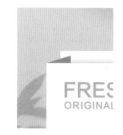
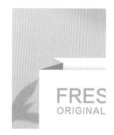

图 11.71　绘制不规则图形　　图 11.72　绘制灰色图形

步骤 **05**　选择工具箱中的【钢笔工具】，在选
项栏中单击【选择工具模式】 路径
按钮，在弹出的选项中选择【形状】，将
【填充】更改为灰色（R: 132，G: 132，
B: 132），【描边】更改为无，在手提袋
左上角的位置绘制 1 个不规则图形，生成
1 个【形状 1】图层，如图 11.71 所示。

步骤 **06**　再次绘制 1 个灰色（R: 197，G: 197，B:
197）图形，生成【形状 2】图层，如图
11.72 所示。

步骤 **07**　选中【形状 1】和【形状 2】图层，在画
布中按住 Alt+Shift 组合键向右侧拖动将
图形复制，按 Ctrl+T 组合键对其执行【自
由变换】命令，单击鼠标右键，从弹出的
快捷菜单中选择【水平翻转】命令，完成
之后按 Enter 键确认，如图 11.73 所示。

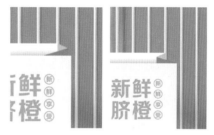

图 11.73　复制并变换图形

11.2.4　使用 Photoshop 制作展示细节

步骤 **01**　选择工具箱中的【椭圆工具】，在
选项栏中将【填充】更改为黑色，【描
边】更改为无，在手提袋顶部的位置按住
Shift 键绘制 1 个正圆图形，生成 1 个【椭
圆 1】图层，如图 11.74 所示。

步骤 **02**　选中【椭圆 1】图层，在画布中按住
Alt+Shift 组合键向右侧拖动将图形复制，
如图 11.75 所示。

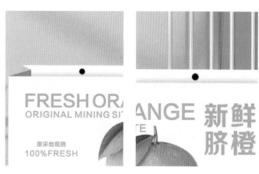

图 11.74　绘制正圆　　图 11.75　复制图形

步骤 **03**　在【图层】面板中选中【椭圆 1】图层，单击面板底部的【添加图层样式】*fx* 按钮，在菜单中选
择【渐变叠加】命令。

步骤 **04** 在弹出的【图层样式】对话框中，将【混合模式】更改为【正常】，【渐变】更改为灰色（R: 77，G: 77，B: 77）到灰色（R: 217，G: 217，B: 217），如图 11.76 所示。

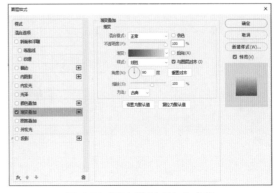

图 11.76 设置【渐变叠加】参数

步骤 **05** 选中【投影】复选框，将【混合模式】更改为【正常】，【颜色】更改为黑色，【不透明度】更改为 50%，撤选【使用全局光】复选框，【角度】更改为 90 度，【距离】更改为 2 像素，【大小】更改为 1 像素，完成之后单击【确定】按钮，如图 11.77 所示。

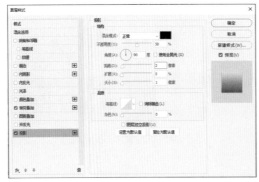
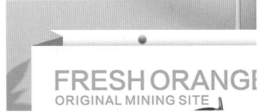

图 11.77 设置【投影】参数及效果

步骤 **06** 在【椭圆 1】图层名称上单击鼠标右键，从弹出的快捷菜单中选择【拷贝图层样式】命令，在【椭圆 1 拷贝】图层名称上单击鼠标右键，从弹出的快捷菜单中选择【粘贴图层样式】命令，如图 11.78 所示。

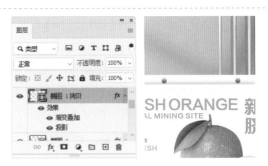

图 11.78 粘贴图层样式

11.2.5 使用 Photoshop 制作手提袋图像

步骤 **01** 选择工具箱中的【钢笔工具】，在选项栏中单击【选择工具模式】 路径 按钮，在弹出的选项中选择【形状】，将【填充】更改为无，【描边】更改为白色，【描边宽度】为 6，在手提袋顶部绘制 1 个绳子图像，生成 1 个【形状 3】图层，如图 11.79 所示。

步骤 **02** 在【图层】面板中选中【形状 3】图层，将其拖至面板底部的【创建新图层】⊞按钮上，复制1个【形状 3 拷贝】图层。将【形状 3 拷贝】图层中图形的【描边】更改为黑色，【描边宽度】更改为1，并适当调整线段的位置，如图 11.80 所示。

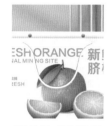 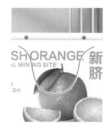

图 11.79　绘制线段　　　图 11.80　复制线段

步骤 **03** 选中【形状 3 拷贝】图层，执行菜单栏中的【滤镜】|【模糊】|【高斯模糊】命令，在弹出的对话框中单击【转换为智能对象】按钮，然后在弹出的对话框中将【半径】更改为1像素，完成之后单击【确定】按钮，如图 11.81 所示。

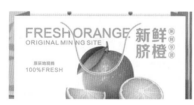

图 11.81　添加高斯模糊效果

步骤 **04** 选中【形状 3 拷贝】图层，将图层【不透明度】更改为70%。再执行菜单栏中的【图层】|【创建剪贴蒙版】命令，为当前图层创建剪贴蒙版，将部分图像隐藏，如图 11.82 所示。

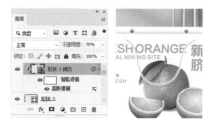

图 11.82　创建剪贴蒙版

步骤 **05** 在【图层】面板中选中【形状 3】图层，单击面板底部的【添加图层样式】*fx* 按钮，在菜单中选择【投影】命令。

步骤 **06** 在弹出的【图层样式】对话框中，将【混合模式】更改为【正常】，【颜色】更改为黑色，【不透明度】更改为30%，撤选【使用全局光】复选框，【角度】更改为120度，【距离】更改为13像素，【大小】更改为5像素，完成之后单击【确定】按钮，如图 11.83 所示。

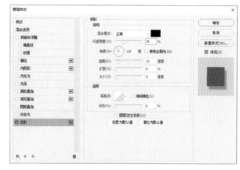

图 11.83　设置【投影】参数

步骤 **07** 在【形状 3】图层样式名称上单击鼠标右键，从弹出的快捷菜单中选择【创建图层】命令，生成1个【"形状 3"的投影】图层，如图 11.84 所示。

步骤 **08** 选中【"形状 3"的投影】图层，按 Ctrl+T 组合键对其执行【自由变换】命令，单击鼠标右键，从弹出的快捷菜单中选择【扭曲】命令，拖动变形框控制点将其透视变形，完成之后按 Enter 键确认，如图 11.85 所示。

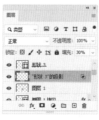 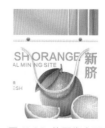

图 11.84　创建图层　　　图 11.85　将图像变形

11.2.6 使用 Photoshop 添加小孔图像

步骤 01 选择工具箱中的【椭圆工具】⬤，在选项栏中将【填充】更改为黑色，【描边】更改为无，在刚才绘制的绳子图像左侧端点位置按住 Shift 键绘制 1 个正圆图形，生成 1 个【椭圆 2】图层，如图 11.86 所示。

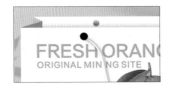

图 11.86 绘制正圆

步骤 02 在【图层】面板中选中【椭圆 2】图层，将其移至【图层 1】图层的上方，再将图层【填充】更改为 0%，如图 11.87 所示。

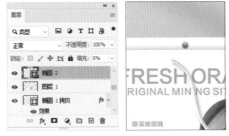

图 11.87 更改填充

步骤 03 在【图层】面板中选中【椭圆 2】图层，单击面板底部的【添加图层样式】*fx* 按钮，在菜单中选择【斜面和浮雕】命令。

步骤 04 在弹出的【图层样式】对话框中，将【样式】更改为【枕状浮雕】，【大小】更改为 2 像素，【角度】更改为 90 度，【高光模式】中【不透明度】更改为 20%，【阴影模式】中【不透明度】更改为 20%，如图 11.88 所示。

步骤 05 选中【内发光】复选框，将【混合模式】更改为【正常】，【不透明度】更改为 25%，【颜色】更改为黑色，【大小】更改为 8 像素，完成之后单击【确定】按钮，如图 11.89 所示。

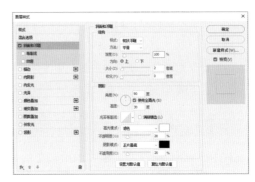

图 11.88 设置【斜面和浮雕】参数

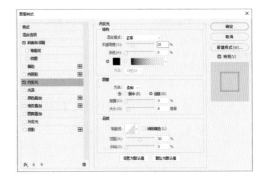

图 11.89 设置【内发光】参数

步骤 06 选中【椭圆 2】图层，在画布中按住 Alt+Shift 组合键向右侧拖动复制图形，如图 11.90 所示。

步骤 07 选择工具箱中的【钢笔工具】✐，在选项栏中单击【选择工具模式】 路径 ⌄ 按钮，在弹出的选项中选择【形状】，将【填充】更改为无，【描边】更改为白色，【描边宽度】更改为 1，沿手提袋边缘绘制 1 条白色线段，如图 11.91 所示。

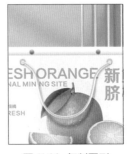

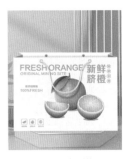

图 11.90 复制图形　　图 11.91 绘制线段

11.2.7 使用 Photoshop 添加手提袋阴影

步骤 01 选择工具箱中的【钢笔工具】 ∅ ，在选项栏中单击【选择工具模式】 路径 ⌄ 按钮，在弹出的选项中选择【形状】，将【填充】更改为黑色，【描边】更改为无。

步骤 02 在袋子底部位置绘制 1 个不规则图形，生成一个【形状 5】图层，并将其移至【背景】图层的上方，如图 11.92 所示。

步骤 03 选中【形状 5】图层，按 Ctrl+Alt+F 组合键打开【高斯模糊】对话框，将【半径】更改为 2 像素，完成之后单击【确定】按钮。

步骤 04 选中【形状 5】图层，将图层【不透明度】更改为 50%，这样就完成了最终效果的制作，最终效果如图 11.93 所示。

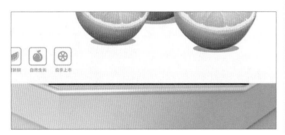

图 11.92 绘制图形

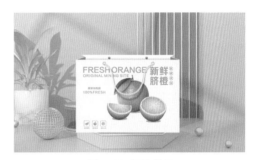

图 11.93 最终效果

11.3 杯装冰淇淋包装设计

设计构思

本例在设计过程中，以漂亮的紫色作为主体色调，与冰淇淋颜色交相呼应，并通过添加奶花图像制作出奶花荡漾的效果，使整个包装更加色彩诱人，最终效果如图 11.94 所示。

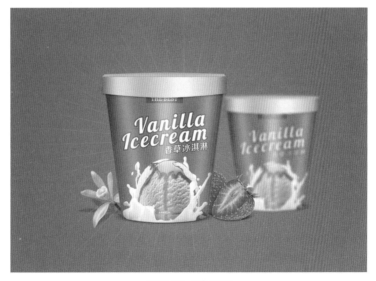

图 11.94 最终效果

源文件	第 11 章 \ 杯装冰淇淋包装设计平面效果 .cdr、杯装冰淇淋包装设计展示效果 .psd
调用素材	第 11 章 \ 杯装冰淇淋包装设计
难易指数	★★★★☆

操作步骤

11.3.1 使用 CorelDRAW 制作包装平面轮廓

步骤 01 单击工具箱中的【矩形工具】□，绘制 1 个浅紫色（R: 218，G: 190，B: 250）矩形。

步骤 02 单击工具箱中的【贝塞尔工具】按钮，绘制 1 个紫色（R: 146，G: 97，B: 202）图形，如图 11.95 所示。

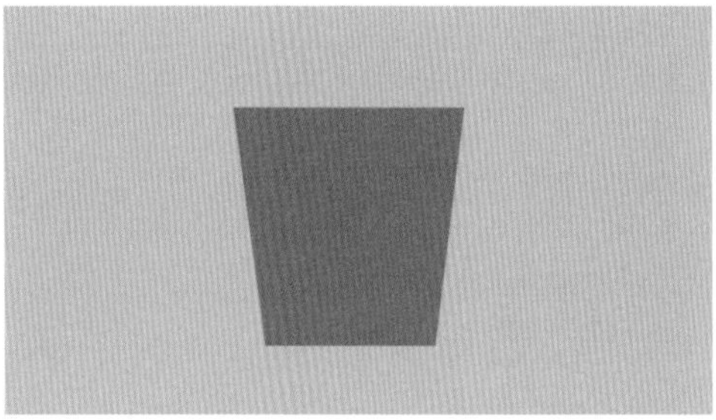

图 11.95 绘制图形

步骤 03 单击工具箱中的【椭圆形工具】○按钮，在图形底部绘制 1 个与之相同的椭圆，如图 11.96 所示。

步骤 04 同时选中两个图形，单击属性栏中的【焊接】按钮，将图形焊接，如图 11.97 所示。

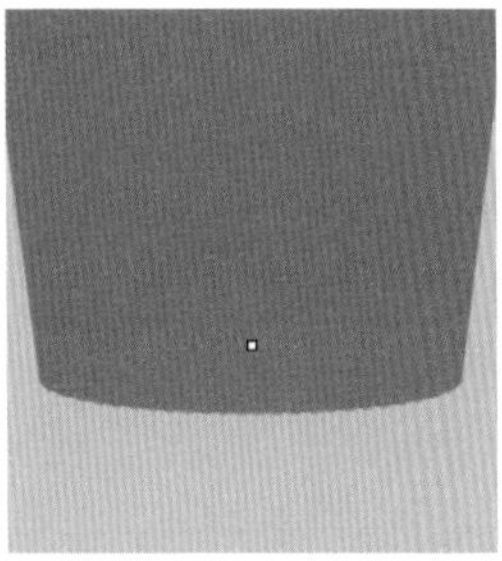

图 11.96 绘制椭圆

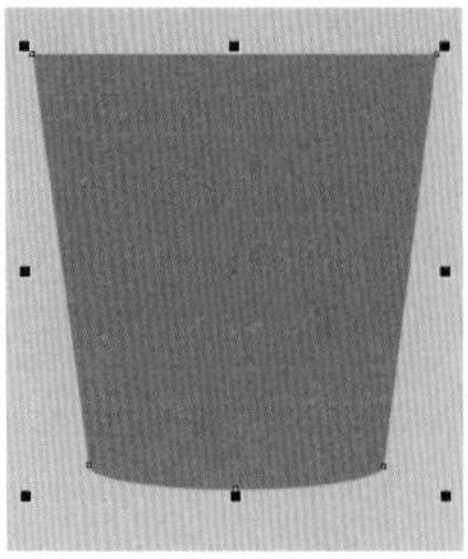

图 11.97 焊接图形

步骤 05 打开【导入文件】对话框，选择“冰淇淋 .png、奶花 .png、奶花 2.png、奶花 3.png、奶花 4.png”素材，单击【导入】按钮，将素材图像放在合适的位置，如图 11.98 所示。

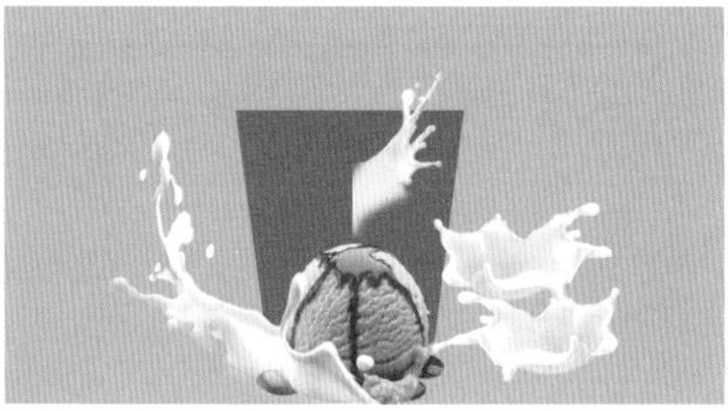

图 11.98 导入素材

步骤 06 选中导入的素材图像并将其适当缩放及旋转移动，如图 11.99 所示。

步骤 07 选中所有素材图像并单击鼠标右键，从弹出的快捷菜单中选择【Power Clip 内部】命令，在其下方图形上单击，将部分图像隐藏，如图 11.100 所示。

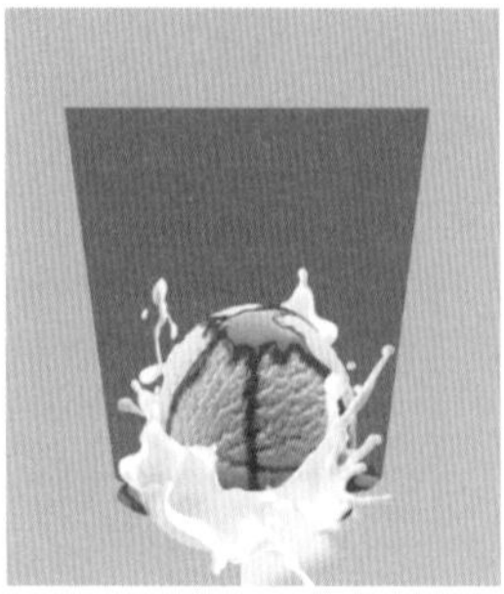

图 11.99 调整素材图像

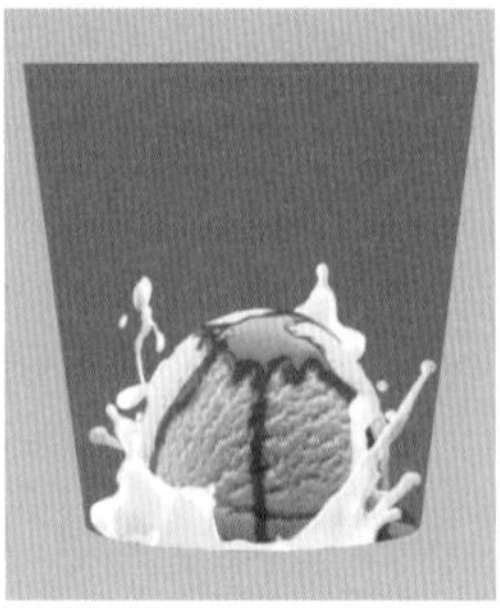

图 11.100 隐藏部分图像

11.3.2　使用 CorelDRAW 添加包装主视觉文字

步骤 01 单击工具箱中的【文本工具】**字** 按钮，输入文字，如图 11.101 所示。

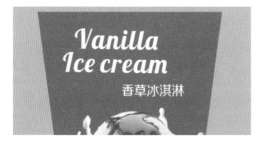

图 11.101　输入文字

步骤 02 选中文字，在【轮廓笔】面板中，将【宽度】更改为 3，【颜色】更改为紫色（R: 104，G: 40，B: 178），分别单击【角】右侧的【圆角】图标及【位置】右侧【外部轮廓】图标，完成之后单击 OK 按钮，如图 11.102 所示。

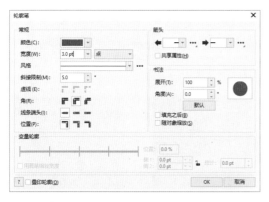

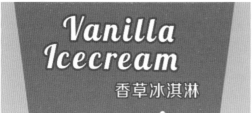

图 11.102　设置【轮廓笔】参数及效果

步骤 03 双击文字，将光标移至左侧中间控制点并拖动，将文字斜切变形，如图 11.103 所示。

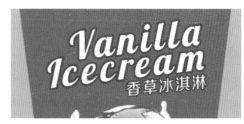

图 11.103　将文字斜切变形

步骤 04 单击工具箱中的【矩形工具】□，绘制 1 个红色（R: 229，G: 8，B: 18）矩形，如图 11.104 所示。

步骤 05 单击工具箱中的【文本工具】**字** 按钮，输入文字，如图 11.105 所示。

步骤 06 单击工具箱中的【矩形工具】□，绘制 1 个紫色（R: 146，G: 97，B: 202）矩形，如图 11.106 所示。

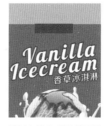 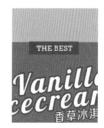

图 11.104　绘制矩形　　　图 11.105　输入文字

步骤 07 单击工具箱中的【形状工具】按钮，拖动矩形左上角的锚点进行调整，为其制作圆角效果。

步骤 08 单击工具箱中的【文本工具】**字** 按钮，输入文字，如图 11.107 所示。

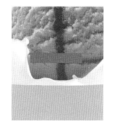 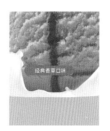

图 11.106　绘制矩形　　　图 11.107　制作圆角效果并输入文字

11.3.3 使用 Photoshop 制作包装展示背景

步骤 01 执行菜单栏中的【文件】|【新建】命令，在弹出的对话框中设置【宽度】为 400 毫米，【高度】为 280 毫米，【分辨率】为 72 像素 / 英寸，新建 1 个空白画布。

步骤 02 在【图层】面板中，单击面板底部的【创建新图层】⊞按钮，新建 1 个【图层 1】图层，并将图层填充为白色。

步骤 03 在【图层】面板中选中【图层 1】图层，单击面板底部的【添加图层样式】*fx* 按钮，在菜单中选择【渐变叠加】命令。

步骤 04 在弹出的【图层样式】对话框中，将【混合模式】更改为【正常】，【渐变】更改为紫色（R: 161，G: 124，B: 204）到紫色（R: 125，G: 82，B: 174），【样式】更改为【径向】，【角度】更改为 135 度，完成之后单击【确定】按钮，如图 11.108 所示。

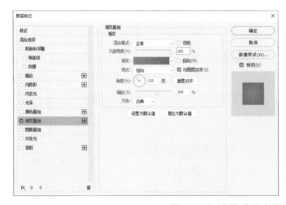

图 11.108 设置【渐变叠加】参数及效果

步骤 05 选择工具箱中的【直线工具】，在选项栏中将【描边】更改为黑色，【描边宽度】为 1，在图像中绘制一条垂直线段，生成 1 个【直线 1】图层，如图 11.109 所示。

步骤 06 选择工具箱中的【路径选择工具】，选中直线，按 Ctrl+Alt+T 组合键向右侧平移，如图 11.110 所示。

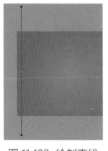

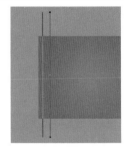

图 11.109 绘制直线　　图 11.110 复制变换线段

> 提示：在此处绘制线段时，也可将颜色设置为白色，在线段没有被栅格化或转换为智能对象之前，可随时更改线段颜色。

步骤 07 按住 Ctrl+Alt+Shift 组合键的同时按 T 键多次，将线段复制多份。

步骤 08 在【图层】面板中选中【直线 1】图层，将其拖至面板底部的【创建新图层】⊞按钮上，复制图层，生成 1 个【直线 1 拷贝】图层。

步骤 09 选中【直线 1 拷贝】图层，在图像中将其向右侧平移，如图 11.111 所示。

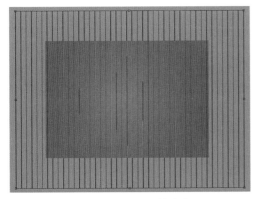

图 11.111 复制线段并移动

步骤 10 在【图层】面板中，同时选中【直线 1】及【直线 1 拷贝】图层，按 Ctrl+E 组合键将其合并，生成 1 个【直线 1 拷贝】图层。

步骤 11 选中【直线 1 拷贝】图层，将线段更改为白色。执行菜单栏中的【滤镜】|【扭曲】|【极坐标】命令，在弹出的【极坐标】对话框中选中【平面坐标到极坐标】单选按钮，在出现的对话框中单击【转换为智能对象】命令，完成之后单击【确定】按钮，如图 11.112 所示。

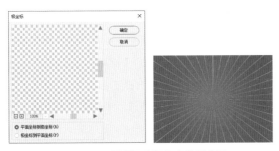

图 11.112 设置【极坐标】参数及效果

步骤 12 在【图层】面板中选中【直线 1 拷贝】图层，单击面板底部的【添加图层样式】*fx* 按钮，在菜单中选择【渐变叠加】命令。

步骤 13 在弹出的【图层样式】对话框中，将【混合模式】更改为【正常】，【渐变】更改为白色到白色，【不透明度】更改为 50%，【渐变】更改为白色到透明，并将第 2 个白色色标的【不透明度】更改为 0%，【样式】更改为【径向】，【角度】更改为 0 度，【缩放】更改为 60%，完成之后单击【确定】按钮，如图 11.113 所示。

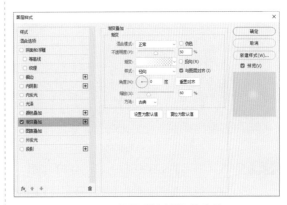

图 11.113 设置【渐变叠加】参数

步骤 14 在【图层】面板中选中【直线 1 拷贝】图层，将图层【填充】更改为 0%，如图 11.114 所示。

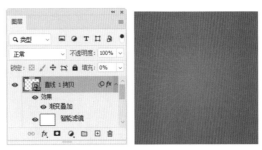

图 11.114 更改图层填充

11.3.4 使用 Photoshop 制作包装立体效果

步骤01 执行菜单栏中的【文件】|【打开】命令，打开"杯装冰淇淋包装设计平面效果.jpg"文件，单击【打开】按钮，将打开的素材拖入画布中并适当缩小，并将图层重命名为【冰淇淋】，如图 11.115 所示。

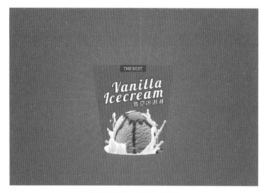

图 11.115 添加素材

步骤02 在【图层】面板中选中【冰淇淋】图层，将其拖至面板底部的【创建新图层】⊞按钮上，复制 1 个【冰淇淋 拷贝】图层。

步骤03 在【图层】面板中选中【冰淇淋 拷贝】图层，单击面板上方的【锁定透明像素】按钮，将透明像素锁定并填充图像为灰色（R: 117，G: 123，B: 118），填充完成后再次单击该按钮解除锁定，如图 11.116 所示。

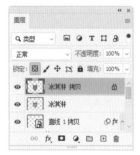

图 11.116 锁定透明像素并填充颜色

步骤04 选中【冰淇淋 拷贝】图层，将图层混合模式设置为【正片叠底】，如图 11.117 所示。

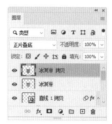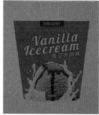

图 11.117 更改图层混合模式

步骤05 在【图层】面板中选中【冰淇淋 拷贝】图层，单击面板底部的【添加图层蒙版】按钮，为其添加图层蒙版，如图 11.118 所示。

步骤06 选择工具箱中的【画笔工具】，在画布中单击鼠标右键，在弹出的面板中选择 1 种圆角笔触，将【大小】更改为 100 像素，【硬度】更改为 0%，如图 11.119 所示。

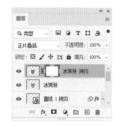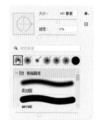

图 11.118 添加图层蒙版　　图 11.119 设置笔触

步骤07 将前景色更改为黑色，在图像上部分区域进行涂抹将其隐藏，如图 11.120 所示。

步骤08 选择工具箱中的【钢笔工具】，在选项栏中单击【选择工具模式】 路径 按钮，在弹出的选项中选择【形状】，将【填充】更改为白色，然后绘制 1 个图形，生成 1 个【形状 1】图层，如图 11.121 所示。

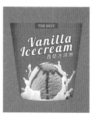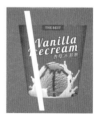

图 11.120 隐藏图像　　图 11.121 绘制形状

步骤⑨ 选中【形状 1】图层，执行菜单栏中的【滤镜】|【模糊】|【高斯模糊】命令，在弹出的对话框中将【半径】更改为 15 像素，完成之后单击【确定】按钮，如图 11.122 所示。

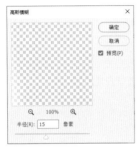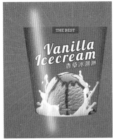

图 11.122 添加高斯模糊效果

步骤⑩ 在【图层】面板中选中【形状 1】图层，单击面板底部的【添加图层蒙版】按钮，为其添加图层蒙版，如图 11.123 所示。

步骤⑪ 按住 Ctrl 键单击【冰淇淋】图层缩览图，将图像载入选区，如图 11.124 所示。

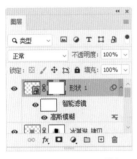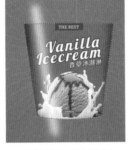

图 11.123 添加图层蒙版　　图 11.124 载入选区

步骤⑫ 执行菜单栏中【选择】|【反选】命令，将选区填充为黑色，将不需要图像隐藏，完成之后按 Ctrl+D 组合键取消选区，如图 11.125 所示。

步骤⑬ 在【图层】面板中选中【形状 1】图层，将图层【不透明度】更改为 50%，如图 11.126 所示。

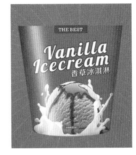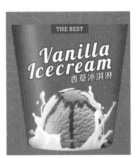

图 11.125 隐藏图像　　图 11.126 更改图层不透明度

步骤⑭ 以同样的方法分别再绘制两个类似的图形，为其添加高斯模糊效果后将部分图像隐藏，制作高光效果，如图 11.127 所示。

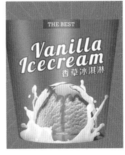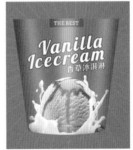

图 11.127 制作高光效果

11.3.5 使用 Photoshop 绘制杯盖图像

步骤① 选择工具箱中的【钢笔工具】，在选项栏中单击【选择工具模式】 路径 按钮，在弹出的选项中选择【形状】，将【填充】更改为白色，【描边】更改为无，然后在包装图像顶部的位置绘制 1 个不规则图形，生成 1 个【形状 4】图层，如图 11.128 所示。

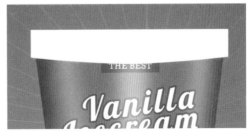

图 11.128 绘制不规则图形

提示：在隐藏图像的过程中可适当更改画笔笔触的大小及透明度，这样经过隐藏后的阴影效果更加自然。

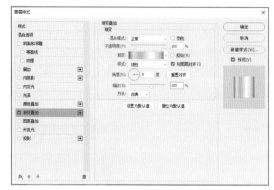

步骤 02 在【图层】面板中选中【形状 4】图层，单击面板底部的【添加图层样式】*fx* 按钮，在菜单中选择【渐变叠加】命令，在弹出的【图层样式】对话框中，将【渐变】更改为黄色系，【角度】更改为 0 度，【缩放】更改为 100%，如图 11.129 所示。

图 11.129 设置【渐变叠加】参数

提示：在设置渐变叠加时，绿色的数值并不固定，可根据实际的图像效果，增加或减少色标数量以及更改颜色深浅，此处的渐变颜色可参考下图进行设置。

步骤 03 选中【投影】复选框，将【颜色】更改为黑色，【不透明度】更改为 40%，撤选【使用全局光】复选框，【角度】更改为 90 度，【距离】更改为 3 像素，【大小】更改为 5 像素，完成之后单击【确定】按钮，如图 11.130 所示。

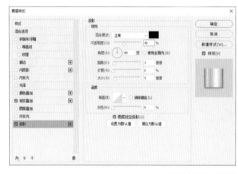
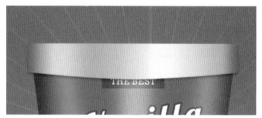

图 11.130 设置【投影】参数及效果

11.3.6 使用 Photoshop 添加高光阴影

步骤 01 选择工具箱中的【钢笔工具】，在选项栏中单击【选择工具模式】 路径 按钮，在弹出的选项中选择【形状】，将【填充】更改为白色，【描边】更改为无，然后在包装顶部的位置绘制 1 个不规则图形，生成 1 个【形状 5】图层，如图 11.131 所示。

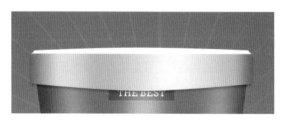

图 11.131 绘制图形

步骤 02 在【图层】面板中选中【形状 5】图层，单击面板底部的【添加图层样式】*fx* 按钮，在菜单中选择【渐变叠加】命令，在弹出的【图层样式】对话框中，将【渐变】更改为黄色（R: 240，G: 214，B: 94）到黄色（R: 225，G: 179，B: 40），【角度】更改为 90 度，【缩放】更改为 100%，完成之后单击【确定】按钮，如图 11.132 所示。

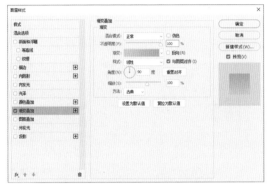

图 11.132 设置【渐变叠加】参数

步骤 03 选择工具箱中的【钢笔工具】✐，在选项栏中单击【选择工具模式】 路径 按钮，在弹出的选项中选择【形状】，将【填充】更改为黄色（R: 225，G: 179，B: 40），【描边】更改为无。

步骤 04 在刚才绘制的图形底部位置绘制 1 个细长不规则图形，生成 1 个【形状 6】图层，如图 11.133 所示。

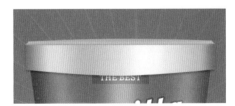

图 11.133 绘制不规则图形

步骤 05 选择工具箱中的【椭圆工具】◯，在选项栏中将【填充】更改为深紫色（R: 37，G: 9，B: 69），【描边】更改为无，

在包装底部的位置绘制 1 个椭圆图形，生成 1 个【椭圆 1】图层，并将其移至【冰淇淋】图层的下方，如图 11.134 所示。

步骤 06 执行菜单栏中的【滤镜】|【模糊】|【高斯模糊】命令，在弹出的对话框中单击【栅格化】按钮，在出现的对话框中将【半径】更改为 2 像素，完成之后单击【确定】按钮，如图 11.135 所示。

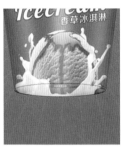 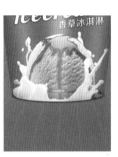

图 11.134 绘制椭圆　　图 11.135 添加高斯模糊效果

步骤 07 选中【图层 1】图层，执行菜单栏中的【滤镜】|【模糊】|【动感模糊】命令，在弹出的【动感模糊】对话框中，将【角度】更改为 0 度，【距离】更改为 50 像素，设置完成之后单击【确定】按钮，如图 11.136 所示。

步骤 08 同时选中杯子相关的图层，按 Ctrl+G 组合键将其编组，并将生成的组名称更改为【包装】。选中【包装】组，将其拖至面板底部的【创建新图层】⊞按钮上，复制 1 个【包装 拷贝】组。

步骤 09 选中【包装】组，按 Ctrl+E 组合键将组合并，生成 1 个【包装】图层，如图 11.137 所示。

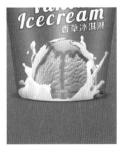 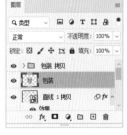

图 11.136 添加动感模糊效果　　图 11.137 复制组

步骤⑩ 选中【包装】图层，在画布中将图像向右侧平移，按 Ctrl+T 组合键对其执行【自由变换】命令，将图像等比缩小，完成之后按 Enter 键确认，如图 11.138 所示。

步骤⑪ 执行菜单栏中的【滤镜】|【模糊】|【高斯模糊】命令，在弹出的对话框中将【半径】更改为 3 像素，完成之后单击【确定】按钮，如图 11.139 所示。

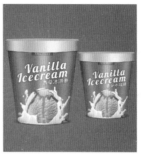 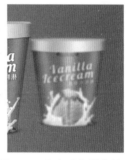

图 11.138 将图像等比缩小　图 11.139 添加高斯模糊效果

11.3.7 使用 Photoshop 添加装饰图像

步骤① 执行菜单栏中的【文件】|【打开】命令，打开"香草.png、草莓.png"文件，单击【打开】按钮，将打开的素材拖入画布中并适当缩小，如图 11.140 所示。

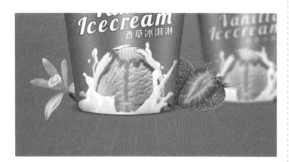

图 11.140 添加素材

> 提示：添加素材图像后，需要注意更改素材图像所在图层的名称，可将其重命名为对应的素材名称，比如香草、草莓。

步骤② 在【图层】面板中选中【香草】图层，将其拖至面板底部的【创建新图层】按钮上，复制 1 个【香草 拷贝】图层，如图 11.141 所示。

步骤③ 在【图层】面板中选中【香草】图层，单击面板上方的【锁定透明像素】按钮，将透明像素锁定并填充图像为深紫色（R: 37，G: 9，B: 69），填充完成后再次单击该按钮解除锁定，如图 11.142 所示。

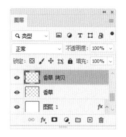

图 11.141 复制图层　　图 11.142 锁定透明像素并填充颜色

步骤④ 选中【香草】图层，按 Ctrl+T 组合键对其执行【自由变换】命令，单击鼠标右键，从弹出的快捷菜单中选择【扭曲】命令，拖动变形框控制点将其透视变形，完成之后按 Enter 键确认，如图 11.143 所示。

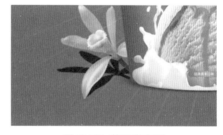

图 11.143 将图像变形

步骤⑤ 选中【香草】图层，执行菜单栏中的【滤镜】|【模糊】|【高斯模糊】命令，在弹出的对话框中将【半径】更改为 1 像素，完成之后单击【确定】按钮，再将图层【不透明度】更改为 30%，如图 11.144 所示。

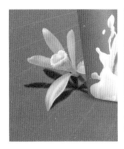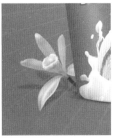

图 11.144　添加高斯模糊效果并更改不透明度

步骤 06 选择工具箱中的【钢笔工具】✒，在选项栏中单击【选择工具模式】 路径 ∨ 按钮，在弹出的选项中选择【形状】，将【填充】更改为深紫色（R: 37, G: 9, B: 69），【描边】更改为无，在草莓图像底部绘制 1 个不规则图形。

步骤 07 为图形添加高斯模糊制作阴影效果，这样就完成了最终效果的制作，如图 11.145 所示。

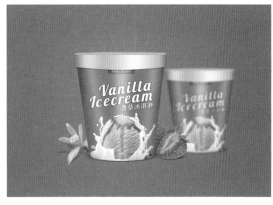

图 11.145　最终效果

11.4　锁鲜卤味包装设计

设计构思

本例在设计过程中，以漂亮的卤味食物素材图像作为包装平面主视觉，与绿色系搭配呈现出清爽可口的美味视觉效果，最后绘制装饰图形并添加详情文字完成包装设计，最终效果如图 11.146 所示。

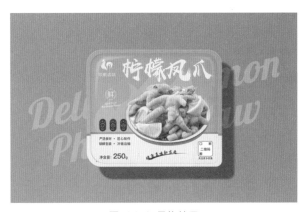

图 11.146　最终效果

源文件	第 11 章 \ 锁鲜卤味包装设计平面效果 .cdr、锁鲜卤味包装设计展示效果 .psd
调用素材	第 11 章 \ 锁鲜卤味包装设计
难易指数	★★★★☆

操作步骤

11.4.1 使用 CorelDRAW 制作包装平面背景

步骤 01 单击工具箱中的【矩形工具】□，绘制 1 个矩形。

步骤 02 单击工具箱中的【交互式填充工具】◈ 按钮，再单击属性栏中的【渐变填充】▨ 按钮，在图形上拖动填充绿色（R: 160，G: 192，B: 33）到绿色（R: 132，G: 169，B: 12）的线性渐变，如图 11.147 所示。

步骤 03 单击工具箱中的【形状工具】⬚ 按钮，拖动矩形左上角的锚点进行调整，为其制作圆角效果，如图 11.148 所示。

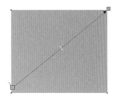
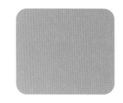

图 11.147 绘制矩形　图 11.148 制作圆角效果

步骤 04 单击工具箱中的【矩形工具】□，绘制一个黑色矩形，如图 11.149 所示。

步骤 05 单击工具箱中的【形状工具】⬚ 按钮，拖动矩形左上角的锚点进行调整，为其制作圆角效果，如图 11.150 所示。

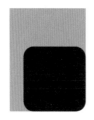

图 11.149 绘制矩形　图 11.150 制作圆角效果

提示：在为黑色矩形制作圆角效果时，需要注意圆角弧度要小于绿色矩形，因为此处绘制黑色矩形的目的是为了缩小绿色矩形右下角的圆角弧度。

步骤 06 同时选中两个图形，单击属性栏中的【焊

接】⬚ 按钮，将图形焊接，如图 11.151 所示。

图 11.151 焊接图形

步骤 07 单击工具箱中的【矩形工具】□，绘制一个橙色（R: 248，G: 135，B: 7）矩形，如图 11.152 所示。

图 11.152 绘制矩形

步骤 08 选中矩形，按 Ctrl+C 组合键复制，按 Ctrl+V 组合键粘贴，然后将粘贴的矩形更改为浅黄色（R: 255，G: 240，B: 227）并向下稍微移动，如图 11.153 所示。

步骤 09 同时选中两个矩形并单击鼠标右键，从弹出的快捷菜单中选择【Power Clip 内部】命令，在其下方图形上单击，将部分图形隐藏，如图 11.154 所示。

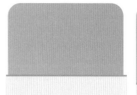
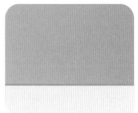

图 11.153 复制并粘贴图形　图 11.154 隐藏部分图形

步骤 10 单击工具箱中的【贝塞尔工具】✎ 按钮，

绘制 1 个白色图形，如图 11.155 所示。

步骤 11 选中图形，单击工具箱中的【透明度工具】
⬛ 按钮，将【透明度】更改为 80，如
图 11.156 所示。

图 11.155 绘制图形　　图 11.156 更改图形透明度

11.4.2 使用 CorelDRAW 处理图文主视觉

步骤 01 打开【导入文件】对话框，选择"凤爪.png"
素材，单击【导入】按钮，将素材图像放
在合适的位置，如图 11.157 所示。

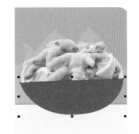
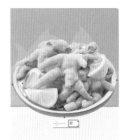

图 11.158 绘制图形　　图 11.159 更改图形透明度

步骤 04 单击工具箱中的【文本工具】**字** 按钮，
输入文字。选中文字，按 Ctrl+C 组合键
复制，如图 11.160 所示。

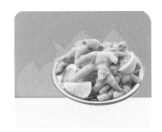

图 11.157 导入素材

步骤 02 单击工具箱中的【贝塞尔工具】✏ 按钮，
在素材图像底部的位置绘制 1 个深绿色（R:
76，G: 94，B: 9）图形，如图 11.158 所示。

步骤 03 选中图形，单击工具箱中的【透明度工具】
⬛ 按钮，将【透明度】更改为 30，如
图 11.159 所示。

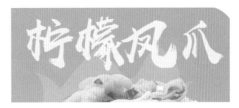

图 11.160 输入文字

步骤 05 选中文字，在【轮廓笔】面板中，将【宽度】更改为 0.5，【颜色】更改为浅黄色（R: 255，G:
240，B: 227），分别单击【角】右侧的【圆角】⌐图标及【位置】右侧【外部轮廓】┐图标，
完成之后单击 OK 按钮，如图 11.161 所示。

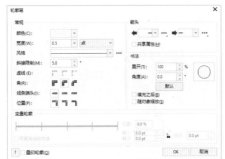
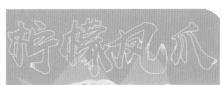

图 11.161 设置【轮廓笔】参数及效果

步骤 06 选中文字，单击工具箱中的【透明度工具】按钮，在属性栏中将【合并模式】更改为【柔光】，如图 11.162 所示。

图 11.162 更改合并模式

步骤 07 按 Ctrl+V 组合键粘贴文字并向左侧稍微移动，如图 11.163 所示。

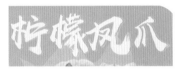

图 11.163 粘贴文字

步骤 08 打开【导入文件】对话框，选择"标志 .png"素材，单击【导入】按钮，将素材图像放在左上角的位置，如图 11.164 所示。

步骤 09 单击工具箱中的【文本工具】字 按钮，输入文字，如图 11.165 所示。

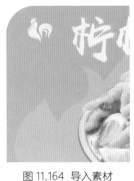
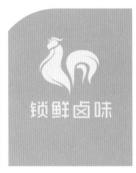

图 11.164 导入素材　　　图 11.165 输入文字

11.4.3 使用 CorelDRAW 绘制包装细节图像

步骤 01 单击工具箱中的【椭圆形工具】○ 按钮，按住 Ctrl 键绘制 1 个正圆，设置【轮廓色】为黄色（R: 242，G: 203，B: 148），【轮廓宽度】为 3，如图 11.166 所示。

步骤 02 选中正圆，执行菜单栏中的【对象】|【将轮廓转换为对象】命令，如图 11.167 所示。

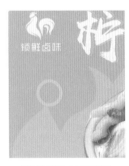
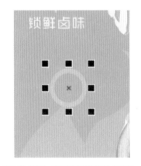

图 11.166 绘制正圆　　图 11.167 将轮廓转换为对象

步骤 03 单击工具箱中的【矩形工具】□，绘制 1 个黑色矩形，如图 11.168 所示。

步骤 04 选中矩形，在选项栏的【旋转角度】文本框中输入 45，将矩形旋转，如图 11.169 所示。

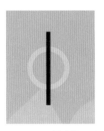
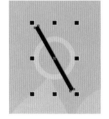

图 11.168 绘制矩形　　　图 11.169 旋转矩形

步骤 05 选中矩形，按 Ctrl+C 组合键复制，按 Ctrl+V 组合键粘贴。选中复制的矩形，单击属性栏中的【水平镜像】⇄ 按钮，对图形进行水平翻转，如图 11.170 所示。

步骤 06 同时选中两个图形，单击属性栏中的【移除前面对象】⤵ 按钮，将不需要的图像部分移除，如图 11.171 所示。

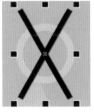

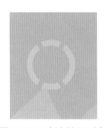

图 11.170 复制图形　　　图 11.171 移除前面对象

步骤 07 单击工具箱中的【文本工具】**字** 按钮，输入文字，如图 11.172 所示。

步骤 08 双击文字，将光标移至右侧中间控制点并拖动，将文字斜切变形，如图 11.173 所示。

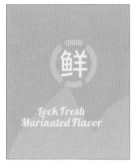 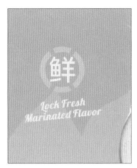

图 11.172　输入文字　　图 11.173　将文字斜切变形

提示：在对文字进行斜切变形时，将拖动左侧控制点与拖动右侧控制点均可。

步骤 09 单击工具箱中的【矩形工具】□按钮，绘制 1 个矩形，设置【填充】为红色（R: 137，G: 16，B: 7），【轮廓色】为橙色（R: 239，G: 163，B: 85），【轮廓宽度】为 1，如图 11.174 所示。

步骤 10 单击工具箱中的【形状工具】⬞按钮，拖动矩形左上角的锚点进行调整，为其制作圆角效果，如图 11.175 所示。

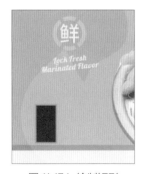 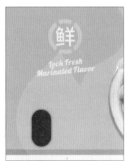

图 11.174　绘制矩形　　图 11.175　制作圆角效果

步骤 11 选中圆角矩形并按住鼠标左键向右侧拖动，再按鼠标右键将其复制一份，然后按 Ctrl+D 组合键再复制一份，如图 11.176 所示。

步骤 12 打开【导入文件】对话框，选择"图标 .cdr"素材，单击【导入】按钮，将素材图像放在圆角矩形的位置，如图 11.177 所示。

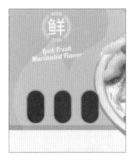 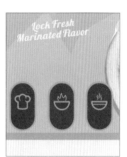

图 11.176　复制图形　　图 11.177　导入素材

步骤 13 单击工具箱中的【文本工具】**字** 按钮，输入文字，如图 11.178 所示。

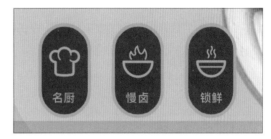

图 11.178　输入文字

步骤 14 单击工具箱中的【星形工具】☆按钮，在素材图像顶部绘制 1 个橙色（R: 239，G: 163，B: 85）星形，如图 11.179 所示。

步骤 15 选中星形，按 Ctrl+C 组合键复制，按 Ctrl+V 组合键粘贴，然后将粘贴的星形向左侧移动并等比缩小后适当旋转，如图 11.180 所示。

图 11.179　绘制图形　　图 11.180　复制图形

步骤 ⑯ 选中星形并按住鼠标左键向右侧拖动，再按鼠标右键将其复制一份，然后单击属性栏中的【水平镜像】⮺ 按钮，对图形进行水平翻转，如图 11.181 所示。

步骤 ⑰ 选中 3 个星形，按住鼠标左键向拖动至右侧圆角矩形的位置，再按鼠标右键将其复制一份；以同样的方法将星形再复制一份，如图 11.182 所示。

图 11.181 复制及变换图形

图 11.182 复制图形

11.4.4 使用 CorelDRAW 添加细节信息

步骤 ① 单击工具箱中的【文本工具】字 按钮，输入文字，如图 11.183 所示。

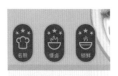

图 11.183 输入文字

步骤 ② 单击工具箱中的【椭圆形工具】○ 按钮，按住 Ctrl 键绘制 1 个红色（R: 137，G: 16，B: 7）正圆，如图 11.184 所示。

步骤 ③ 选中正圆并按住鼠标左键向下方拖动，再按鼠标右键将其复制一份，如图 11.185 所示。

图 11.184 绘制正圆　　图 11.185 复制正圆

步骤 ④ 单击工具箱中的【文本工具】字 按钮，输入文字，如图 11.186 所示。

步骤 ⑤ 单击工具箱中的【矩形工具】□，在包装右下角的位置按住 Ctrl 键绘制 1 个白色正方形，如图 11.187 所示。

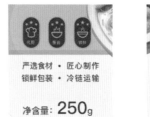

图 11.186 输入文字　　图 11.187 绘制正方形

步骤 ⑥ 单击工具箱中的【形状工具】↖ 按钮，拖动正方形左上角的锚点进行调整，为其制作圆角效果，如图 11.188 所示。

步骤 ⑦ 以同样的方法在正方形内绘制数个小正方形，如图 11.189 所示。

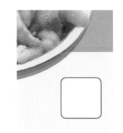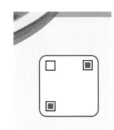

图 11.188 制作圆角效果　　图 11.189 绘制正方形

步骤 08 单击工具箱中的【文本工具】**字** 按钮，输入文字，如图 11.190 所示。

步骤 09 单击工具箱中的【贝塞尔工具】📈 按钮，绘制 1 个红色（R: 137，G: 16，B: 7）图形，如图 11.191 所示。

步骤 10 单击工具箱中的【文本工具】**字** 按钮，在绘制的图形上单击，输入路径文字，如图 11.192 所示。

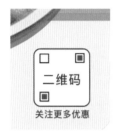

图 11.190　输入文字

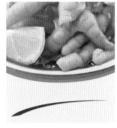

图 11.191　绘制图形

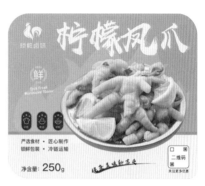

图 11.192　绘制图形

11.4.5　使用 Photoshop 制作包装展示背景

步骤 01 执行菜单栏中的【文件】|【新建】命令，在弹出的对话框中设置【宽度】为 1000 像素，【高度】为 650 像素，【分辨率】为 300 像素 / 英寸，新建 1 个空白画布。

步骤 02 在【图层】面板中，单击面板底部的【创建新图层】⊞按钮，新建 1 个【图层 1】图层，并将图层填充为白色。

步骤 03 在【图层】面板中选中【图层 1】图层，单击面板底部的【添加图层样式】*fx* 按钮，在菜单中选择【渐变叠加】命令。

步骤 04 在弹出的【图层样式】对话框中，将【混合模式】更改为【正常】，【渐变】更改为绿色（R: 102，G: 142，B: 9）到绿色（R: 135，G: 172，B: 17），【样式】更改为【线性】，【角度】更改为 − 140 度，完成之后单击【确定】按钮，如图 11.193 所示。

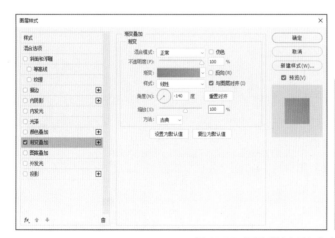

图 11.193　设置【渐变叠加】参数及效果

步骤 05 执行菜单栏中的【文件】|【打开】命令，打开"锁鲜卤味包装设计平面效果 .jpg"文件，单击【打开】按钮，将打开的素材拖入画布中并适当缩小，其所在图层的名称将自动更改为【图层 1】，将其重命名为【包装平面】，如图 11.194 所示。

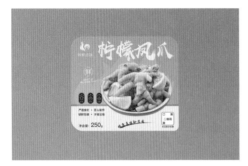

图 11.194 添加素材

步骤 06 选择工具箱中的【横排文字工具】**T**，在图像中输入文字，如图 11.195 所示。

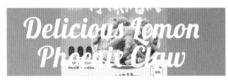

图 11.195 输入文字

步骤 07 选中【文字】图层，按 Ctrl+T 组合键对其执行【自由变换】命令，单击鼠标右键，从弹出的快捷菜单中选择【斜切】命令，拖动变形框右侧边缘控制点将其斜切变形，完成之后按 Enter 键确认，如图 11.196 所示。

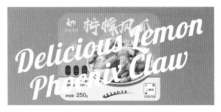

图 11.196 将文字斜切变形

步骤 08 在【图层】面板中选中【文字】图层，将图层混合模式更改为【叠加】，【不透明度】更改为 30%，如图 11.197 所示。

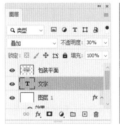 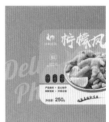

图 11.197 更改图层混合模式及不透明度

11.4.6 使用 Photoshop 制作包装展示轮廓

步骤 01 在【图层】面板中选中【包装平面】图层，将其拖至面板底部的【创建新图层】按钮上，复制 1 个【包装平面 拷贝】图层，并将图形适当缩小。

步骤 02 在【图层】面板中选中【包装平面 拷贝】图层，单击面板底部的【添加图层样式】**fx**按钮，在菜单中选择【斜面和浮雕】命令。

步骤 03 在弹出的【图层样式】对话框中，将【大小】更改为 2 像素，【软化】更改为 2 像素，撤选【使用全局光】复选框，【角度】更改为 0 度，【高度】更改为 30 度，【高光模式】更改为【滤色】，【不透明度】更改为 33%，【阴影模式】的【不透明度】更改为 20%，如图 11.198 所示。

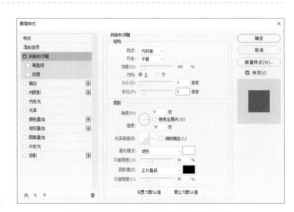

图 11.198 设置【斜面和浮雕】参数

步骤 04 选中【内发光】复选框，将【混合模式】更改为【叠加】，【不透明度】更改为 20%，【颜色】更改为黑色，【大小】更改为 30 像素，完成之后单击【确定】按钮，如图 11.199 所示。

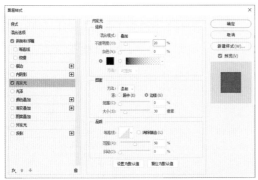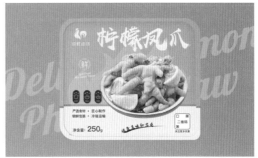

图 11.199　设置【内发光】参数及效果

步骤 05 在【图层】面板中选中【包装平面】图层，单击面板底部的【添加图层样式】*fx* 按钮，在菜单中选择【投影】命令。

步骤 06 在弹出的【图层样式】对话框中，将【混合模式】更改为【正常】，【颜色】更改为黑色，【不透明度】更改为 40%，撤选【使用全局光】复选框，【角度】更改为135 度，【距离】更改为 60 像素，【大小】更改为 6 像素，完成之后单击【确定】按钮，如图 11.200 所示。

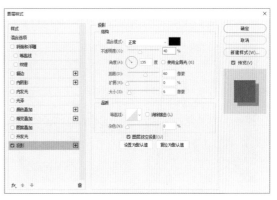

图 11.200　设置【投影】参数

11.4.7　使用 Photoshop 为展示轮廓添加高光

步骤 01 选择工具箱中的【钢笔工具】，在选项栏中单击【选择工具模式】 路径 按钮，在弹出的选项中选择【形状】，将【填充】更改为白色，【描边】更改为无，然后在包装左上角的位置绘制 1 个图形，生成 1 个【形状 1】图层，如图 11.201 所示。

步骤 02 选中【形状 1】图层，执行菜单栏中的【滤镜】|【模糊】|【高斯模糊】命令，在弹出的对话框中单击【转换为智能对象】按钮，在出现的对话框中将【半径】更改为 2，完成之后单击【确定】按钮，如图 11.202 所示。

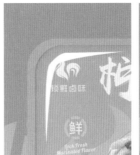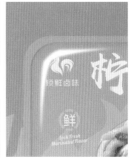

图 11.201　绘制图形　　　图 11.202　添加高斯模糊效果

步骤 03 在【图层】面板中选中【形状 1】图层，将图层混合模式更改为【叠加】，【不透明度】更改为 40%，如图 11.203 所示。

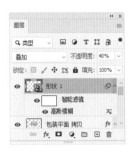

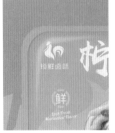

图 11.203 更改图层混合模式及不透明度

步骤 04 选中【形状 1】图层，在画布中按住 Alt+Shift 组合键向右侧拖动复制图形，按 Ctrl+T 组合键对复制的图形执行【自由变换】命令，单击鼠标右键，从弹出的快捷菜单中选择【水平翻转】命令，再将其适当缩小，完成之后按 Enter 键确认，如图 11.204 所示。

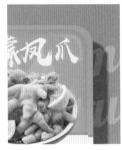

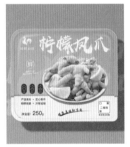

图 11.204 复制并变换图像

步骤 05 选择工具箱中的【钢笔工具】 ∅ ，在选项栏中单击【选择工具模式】 路径 按钮，在弹出的选项中选择【形状】，将【填充】更改为无，【描边】更改为白色，【描边宽度】更改为 1 像素，在包装上半部分的边缘上绘制 1 条线，生成【形状 2】图层。选中【形状 2】图层，单击面板底部的【添

加图层样式】 *fx* 按钮，在菜单中选择【渐变叠加】命令。

步骤 06 在弹出的【图层样式】对话框中将【混合模式】更改为【叠加】，【不透明度】更改为 60%，【渐变】更改为透明到白色，如图 11.205 所示。

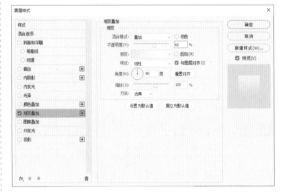

图 11.205 设置【渐变叠加】参数

步骤 07 在【图层】面板中选中【形状 2】图层，将图层【填充】更改为 0%，这样就完成了最终效果的制作，如图 11.206 所示。

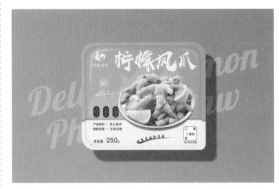

图 11.206 最终效果

11.5 袋装洗衣液包装设计

设计构思

本例在设计过程中，以漂亮的洗衣液图像作为包装主视觉元素，将其与艺术化字体相结合，使整个包装具有很强的产品特征，最终效果如图 11.207 所示。

源文件	第 11 章 \ 袋装洗衣液包装设计平面效果 .cdr、袋装洗衣液包装设计展示效果 .psd
调用素材	第 11 章 \ 袋装洗衣液包装设计
难易指数	★★★★☆

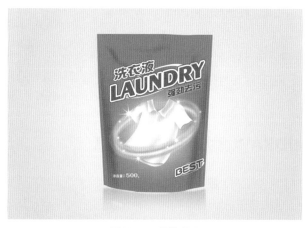

图 11.207 最终效果

操作步骤

11.5.1 使用 CorelDRAW 制作包装平面图像

步骤 01 单击工具箱中的【矩形工具】□，绘制 1 个红色（R: 209，G: 87，B: 110）矩形，如图 11.208 所示。

步骤 02 单击工具箱中的【椭圆形工具】○ 按钮，按住 Ctrl 键绘制 1 个正圆，单击工具箱中的【交互式填充工具】◆ 按钮，再单击属性栏中的【渐变填充】▰ 按钮，在图形上拖动填充白色到红色（R: 209，G: 87，B: 110）的椭圆形渐变，如图 11.209 所示。

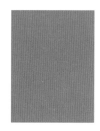 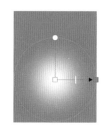

图 11.208 绘制图形　图 11.209 绘制正圆并填充渐变

步骤 03 打开【导入文件】对话框，选择"光圈 .png"素材，单击【导入】按钮，将素材图像放在图形中间的位置，如图 11.210 所示。

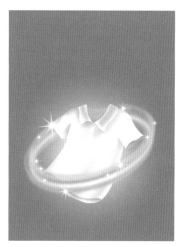

图 11.210 导入素材

步骤 04 单击工具箱中的【椭圆形工具】○ 按钮，绘制 1 个白色椭圆，如图 11.211 所示。

步骤 05 选中白色椭圆，按 Ctrl+C 组合键复制，按 Ctrl+V 组合键粘贴，然后将粘贴的椭圆适当等比缩小。单击工具箱中的【交互式填充工具】◇按钮，再单击属性栏中的【渐变填充】▨按钮，在图形上拖动填充黄色（R: 255，G: 246，B: 19）到红色（R: 203，G: 62，B: 94）到紫色（R: 182，G: 112，B: 166）的线性渐变，如图 11.212 所示。

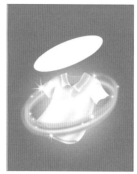 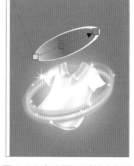

图 11.211 绘制椭圆　　　图 11.212 复制图形并填充渐变

11.5.2 使用 CorelDRAW 添加平面文字信息

步骤 01 单击工具箱中的【文本工具】字按钮，输入文字，如图 11.213 所示。

步骤 02 双击文字，将光标移至左侧中间控制点并拖动，将文字斜切变形，如图 11.214 所示。

> 提示：为了使包装图文与轮廓大小相适应，在制作过程中可以对红色矩形及文字大小进行调整。

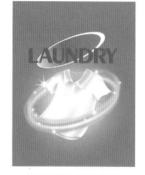 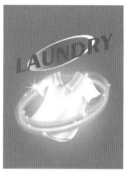

图 11.213 输入文字　　　图 11.214 将文字斜切变形

步骤 03 选中文字，在【轮廓笔】面板中，将【宽度】更改为 6，【颜色】更改为白色，分别单击【角】右侧的【圆角】▛图标及【位置】右侧【外部轮廓】▜图标，完成之后单击 OK 按钮，如图 11.215 所示。

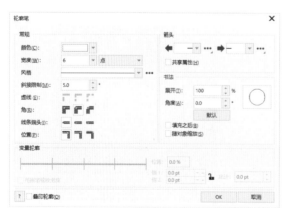

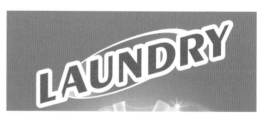

图 11.215 为文字添加轮廓

步骤 04 选中文字,执行菜单栏中的【对象】|【将轮廓转换为对象】命令,如图 11.216 所示。

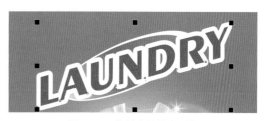

图 11.216　将轮廓转换为对象

步骤 05 选中白色轮廓,在【轮廓笔】面板中,将【宽度】更改为 2,【颜色】更改为蓝色(R: 50,G: 65,B: 158),单击【位置】右侧的【外部轮廓】 图标,完成之后单击 OK 按钮,如图 11.217 所示。

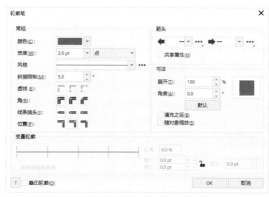

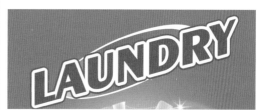

图 11.217　为文字添加轮廓

步骤 06 单击工具箱中的【文本工具】**字** 按钮,输入文字,如图 11.218 所示。

步骤 07 双击文字,将光标移至左侧中间控制点并拖动,将文字斜切变形,如图 11.219 所示。

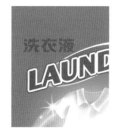

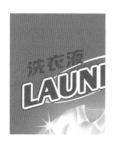

图 11.218　输入文字　　　图 11.219　将文字斜切变形

步骤 08 以同样的方法为文字添加轮廓并转换为对象,再添加类似的轮廓效果,如图 11.220 所示。

步骤 09 单击工具箱中的【文本工具】**字** 按钮,输入文字,如图 11.221 所示。

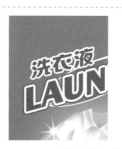

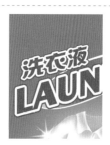

图 11.220　为文字添加轮廓

步骤 10 双击文字,将光标移至左侧中间控制点并拖动,将文字斜切变形,如图 11.222 所示。

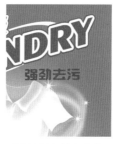

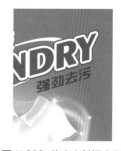

图 11.221　输入文字　　　图 11.222　将文字斜切变形

步骤⑪ 选中文字，单击工具箱中的【阴影工具】
⬚按钮，在图像上拖动为其添加阴影效
果，在选项栏中将【阴影颜色】更改为白
色，【阴影不透明度】更改为 100，【阴
影羽化】更改为 20，如图 11.223 所示。

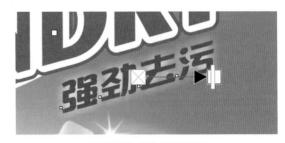

图 11.223　添加阴影效果

11.5.3　使用 CorelDRAW 添加包装平面细节元素

步骤⑴ 同时选中刚才绘制的两个椭圆，按
Ctrl+C 组合键复制，按 Ctrl+V 组合键粘
贴，然后将粘贴的椭圆移至右下角位置并
等比缩小，如图 11.224 所示。

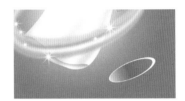

图 11.224　复制并粘贴图形

步骤⑵ 单击工具箱中的【文本工具】字按钮，
输入文字，如图 11.225 所示。

步骤⑶ 双击文字，将光标移至左侧中间控制点并
拖动，将文字斜切变形，如图 11.226 所示。

步骤⑷ 以同样的方法为文字添加轮廓效果，在
左下角位置再次输入文字，如图 11.227
所示。

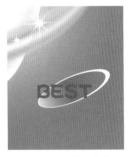
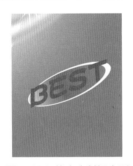

图 11.225　输入文字　　图 11.226　将文字斜切变形

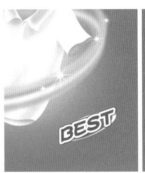
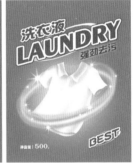

图 11.227　制作类似文字

11.5.4　使用 Photoshop 制作包装立体轮廓

步骤⑴ 执行菜单栏中的【文字】|【新建】命令，在弹出的对话框中设置【宽度】为 1000 像素，【高度】
为 700 像素，【分辨率】为 300 像素 / 英寸，新建 1 个空白画布。

步骤⑵ 在【图层】面板中，单击面板底部的【创建新图层】⊞按钮，新建 1 个【图层 1】图层。

步骤⑶ 在【图层】面板中选中【图层 1】图层，单击面板底部的【添加图层样式】fx 按钮，在菜单中选
择【渐变叠加】命令。

步骤 04 在弹出的【图层样式】对话框中，将【混合模式】更改为【正常】，【渐变】更改为白色到浅红色（R：237，G：216，B：220），【样式】更改为【径向】，【角度】更改为 0 度，完成之后单击【确定】按钮，如图 11.228 所示。

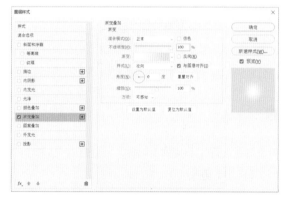

图 11.228 设置【渐变叠加】参数

步骤 05 执行菜单栏中的【文件】|【打开】命令，打开"袋装洗衣液包装平面效果 .jpg"文件，单击【打开】按钮，将打开的素材拖入画布中并适当缩小，其图层名称将自动更改为【图层 2】，如图 11.229 所示。

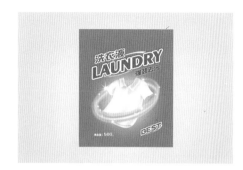

图 11.229 添加素材

步骤 06 选择工具箱中的【钢笔工具】 ，沿包装边缘绘制 1 个不规则路径，如图 11.230 所示。

步骤 07 按 Ctrl+Enter 组合键将路径转换为选区，如图 11.231 所示。

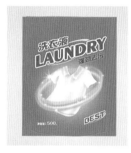 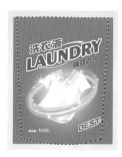

图 11.230 绘制路径 　　图 11.231 转换为选区

11.5.5 使用 Photoshop 制作包装阴影质感

步骤 01 将选区中的图像删除，完成之后按 Ctrl+D 组合键取消选区，如图 11.232 所示。

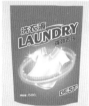

图 11.232 删除图像

步骤 02 选择工具箱中的【钢笔工具】 ，在选项栏中单击【选择工具模式】路径 按钮，在弹出的选项中选择【形状】，将【填充】更改为黑色，【描边】更改为无。

步骤 03 在包装左上角的位置绘制 1 个不规则图形，生成 1 个【形状 1】图层，如图 11.233 所示。

步骤 04 执行菜单栏中的【滤镜】|【模糊】|【高斯模糊】命令，在弹出的对话框中单击【栅格化】按钮，然后在弹出的对话框中将【半径】更改为 5 像素，完成之后单击【确定】按钮，如图 11.234 所示。

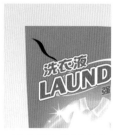 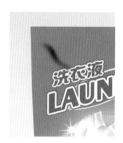

图 11.233 绘制图形 　　图 11.234 添加高斯模糊效果

步骤 05 选中【形状 1】图层，将图层【不透明度】更改为 30%，如图 11.235 所示。

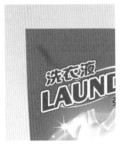

图 11.235 更改不透明度

步骤 06 以同样的方法绘制多个相似图形并添加高斯模糊效果，如图 11.236 所示。

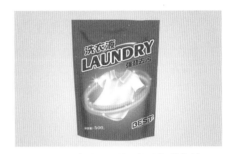

图 11.236 绘制图形并添加高斯模糊效果

11.5.6 使用 Photoshop 制作阴影细节

步骤 01 选择工具箱中的【钢笔工具】 ，在选项栏中单击【选择工具模式】 路径 按钮，在弹出的选项中选择【形状】，将【填充】更改为黑色，【描边】更改为无。

步骤 02 在包装左下角的位置绘制 1 个不规则图形，生成 1 个【形状 6】图层，如图 11.237 所示。

步骤 03 执行菜单栏中的【滤镜】|【模糊】|【高斯模糊】命令，在弹出的对话框中将【半径】更改为 15 像素，完成之后单击【确定】按钮，如图 11.238 所示。

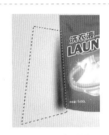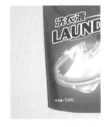

图 11.239 绘制选区　　图 11.240 删除图像

步骤 07 在【图层】面板中选中【形状 6 拷贝】图层，按 Ctrl+T 组合键对复制的图形执行【自由变换】命令，单击鼠标右键，从弹出的快捷菜单中选择【水平翻转】命令，完成之后按 Enter 键确认，并将其稍微移动至与原图像相对的位置，如图 11.241 所示。

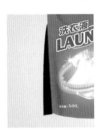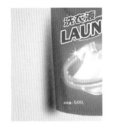

图 11.237 绘制图形　　图 11.238 添加高斯模糊效果

步骤 04 选择工具箱中的【多边形套索工具】 ，在图像左侧区域绘制 1 个不规则选区，以选中部分图像，如图 11.239 所示。

步骤 05 将选区中的图像删除，完成之后按 Ctrl+D 组合键取消选区，如图 11.240 所示。

步骤 06 在【图层】面板中选中【形状 6】图层，将其拖至面板底部的【创建新图层】 按钮上，复制 1 个【形状 6 拷贝】图层。

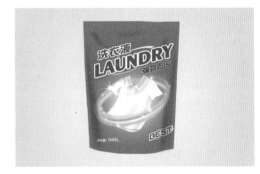

图 11.241 变换图像

步骤 08 按住 Ctrl 键单击【图层 2】图层缩览图，将其载入选区；执行菜单栏中的【选择】|【反向】命令，将选区反向，如图 11.242 所示。

步骤 09 分别选中【形状 6】及【形状 6 拷贝】图层，将选区中多余的图像删除，如图 11.243 所示。

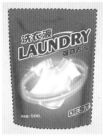

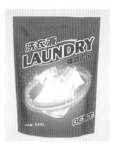

图 11.242 载入选区　　图 11.243 删除图像

11.5.7 使用 Photoshop 制作包装倒影效果

步骤 01 同时选中除【背景】层之外的所有图层，按 Ctrl+G 组合键进行编组，并将生成的组名称更改为【立体效果】。

步骤 02 在【图层】面板中选中【立体效果】组，将其拖至面板底部的【创建新图层】按钮上，复制 1 个【立体效果 拷贝】组，选中【立体效果】组。按 Ctrl+E 组合键将其合并，如图 11.244 所示。

步骤 03 选中【立体效果】图层，按 Ctrl+T 组合键对其执行【自由变换】命令，单击鼠标右键，从弹出的快捷菜单中选择【垂直翻转】命令，完成之后按 Enter 键确认，并将图像向下移动，如图 11.245 所示。

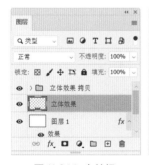
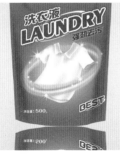

图 11.244 合并组　　图 11.245 变换图像

步骤 04 选中【立体效果】图层，按 Ctrl+T 组合键对其执行【自由变换】命令，单击鼠标右键，从弹出的快捷菜单中选择【变形】

命令，拖动变形框控制点将图像变形，完成之后按 Enter 键确认，如图 11.246 所示。

步骤 05 执行菜单栏中的【滤镜】|【模糊】|【高斯模糊】命令，在弹出的对话框中将【半径】更改为 2 像素，完成之后单击【确定】按钮，如图 11.247 所示。

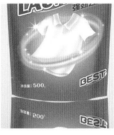
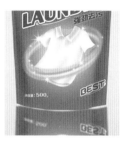

图 11.246 将图像变形　　图 11.247 添加高斯模糊效果

步骤 06 在【图层】面板中选中【立体效果】图层，将图层【不透明度】更改为 30%，再单击面板底部的【添加图层蒙版】按钮，为其添加图层蒙版，如图 11.248 所示。

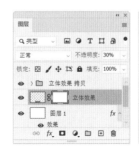
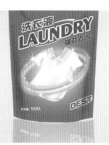

图 11.248 添加图层蒙版

步骤 07 选择工具箱中的【渐变工具】 ，编辑
黑色到白色的渐变，单击选项栏中的【线
性渐变】 按钮，在图像上拖动，将部
分图像隐藏制作倒影效果，这样就完成了
最终效果的制作，如图 11.249 所示。

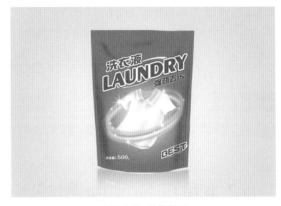

图 11.249 最终效果

11.6 透明绿豆饼包装设计

设计构思

本例在设计过程中，以漂亮的透明材质作为包装外观，通过添加简洁的图形图像，最大程
度地展示包装内容物特点，最终效果如图 11.250 所示。

源文件	第 11 章 \ 透明绿豆饼包装设计平面效果 .cdr、透明绿豆饼包装设计展示效果 .psd
调用素材	第 11 章 \ 透明绿豆饼包装设计
难易指数	★ ★ ★ ★ ☆

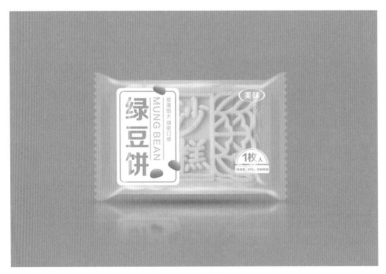

图 11.250 最终效果

📖 **操作步骤**

11.6.1 使用 CorelDRAW 制作平面主要图形

步骤 ① 单击工具箱中的【矩形工具】□，绘制 1
个绿色（R: 129，G: 167，B: 66）矩形，
如图 11.251 所示。

步骤 ② 单击工具箱中的【矩形工具】□，绘制 1
个白色矩形，如图 11.252 所示。

步骤 ③ 单击工具箱中的【形状工具】🐾 按钮，
拖动矩形左上角的锚点进行调整，为其制
作圆角效果，如图 11.253 所示。

图 11.251 绘制矩形

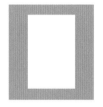

图 11.252 绘制矩形

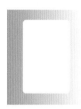

图 11.253 制作圆角效果

步骤 ④ 选中圆角矩形，按 Ctrl+C 组合键复制，
按 Ctrl+V 组合键粘贴，然后将粘贴的图
形填充颜色更改为无，【轮廓色】为绿色
（R: 129，G: 167，B: 66），【轮廓宽度】
为 2，再分别将形宽度及高度缩小，如
图 11.254 所示。

步骤 ⑤ 单击工具箱中的【文本工具】**字** 按钮，
输入文字，如图 11.255 所示。

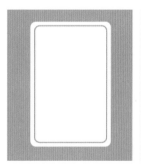

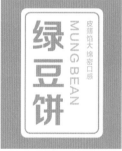

图 11.254 复制并变换图形　　图 11.255 输入文字

11.6.2 使用 CorelDRAW 添加细节元素

步骤 ① 单击工具箱中的【矩形工具】□，绘制 1
个细长绿色（R: 129，G: 167，B: 66）矩形，
如图 11.256 所示。

步骤 ② 选中矩形并按住鼠标左键向右侧拖动，再
按鼠标右键将其复制一份，如图 11.257
所示。

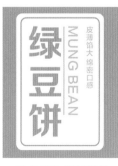

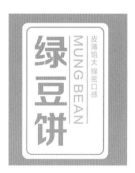

图 11.256 绘制矩形　　图 11.257 复制矩形

步骤 03 单击工具箱中的【贝塞尔工具】 ✏ 按钮，绘制 1 个多边形，单击工具箱中的【交互式填充工具】 ◆ 按钮，再单击属性栏中的【渐变填充】 ▰ 按钮，在图形上拖动填充绿色（R: 102，G: 131，B: 64）到绿色（R: 158，G: 214，B: 62）的线性渐变，如图 11.258 所示。

步骤 04 以同样的方法在绿色图形上再次绘制 1 个白色图形，制作出高光效果，如图 11.259 所示。

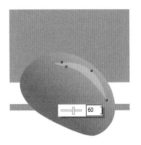

图 11.260 降低图形透明度

步骤 06 选中绿色渐变图形及白色高光图形，按住鼠标左键同时向下方拖动，再按鼠标右键将其复制一份；以同样的方法将图形再复制一份，如图 11.261 所示。

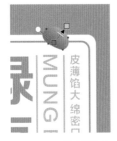 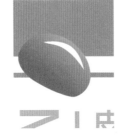

图 11.258 绘制图形　　图 11.259 再次绘制图形制作高光效果

步骤 05 选中白色图形，单击工具箱中的【透明度工具】 ▨ 按钮，将【合并模式】更改为【叠加】，【透明度】更改为 60%，如图 11.260 所示。

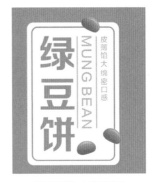

图 11.261 复制图形

11.6.3 使用 CorelDRAW 补充主要图文元素

步骤 01 单击工具箱中的【椭圆形工具】 ◯ 按钮，在右上角位置绘制 1 个白色椭圆，如图 11.262 所示。

步骤 02 选中白色椭圆，按 Ctrl+C 组合键复制，按 Ctrl+V 组合键粘贴，然后将粘贴的椭圆更改为绿色（R: 163，G: 199，B: 104）并缩小，如图 11.263 所示。

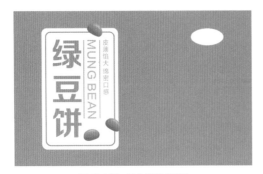

图 11.262 绘制椭圆图形

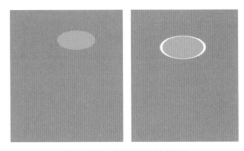

图 11.263 复制并变换图形

步骤 **03** 单击工具箱中的【椭圆形工具】○ 按钮，按住 Ctrl 键绘制 1 个白色正圆，如图 11.264 所示。

步骤 **04** 单击工具箱中的【矩形工具】□，绘制 1 个黑色矩形，如图 11.265 所示。

步骤 **05** 同时选中两个图形，单击属性栏中的【移除前面对象】▢ 按钮，将不需要的图像部分移除，如图 11.266 所示。

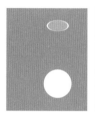 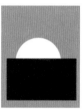 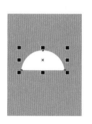

图 11.264 绘制正圆　图 11.265 绘制矩形　图 11.266 移除前面对象

步骤 **06** 选中剩余的半圆图形，按 Ctrl+C 组合键复制，按 Ctrl+V 组合键粘贴，然后将粘贴的图形填充色更改为无，设置【轮廓色】为绿色（R: 163，G: 199，B: 104），【轮廓宽度】为 1.5，如图 11.267 所示。

步骤 **07** 选中绿色半圆图形底部的线段，按 Delete 键删除，并将底部线段取消，如图 11.268 所示。

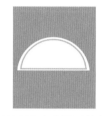 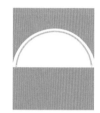

图 11.267 复制图形并变换　图 11.268 删除节点取消线段

步骤 **09** 单击工具箱中的【矩形工具】，绘制 1 个白色矩形，如图 11.269 所示。

步骤 **10** 单击工具箱中的【形状工具】▸ 按钮，拖动矩形左上角的锚点进行调整，为其制作圆角效果，如图 11.270 所示。

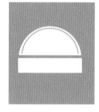 

图 11.269 绘制矩形　图 11.270 制作圆角效果

11.6.4 使用 CorelDRAW 制作补充信息

步骤 **01** 单击工具箱中的【矩形工具】□，绘制 1 个矩形，设置其填充颜色为无，设置【轮廓色】为绿色（R: 163，G: 199，B: 104），【轮廓宽度】为默认，如图 11.271 所示。

步骤 **02** 单击工具箱中的【形状工具】▸ 按钮，拖动矩形左上角的锚点进行调整，为其制作圆角效果，如图 11.272 所示。

步骤 **03** 单击工具箱中的【矩形工具】□，在刚才绘制的矩形中间位置绘制 1 个绿色（R: 163，G: 199，B: 104）矩形，如图 11.273 所示。

步骤 **04** 单击工具箱中的【文本工具】字 按钮，输入文字，如图 11.274 所示。

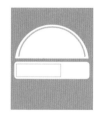 

图 11.271 绘制矩形　图 11.272 制作圆角效果

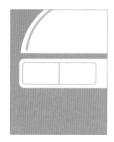 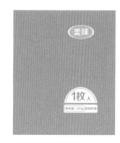

图 11.273 绘制矩形　图 11.274 输入文字

步骤 **05** 选中绿色矩形，将【填充】更改为无，【轮廓】更改为白色，如图 11.275 所示。

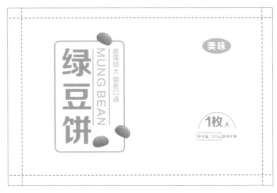

图 11.275 为矩形添加轮廓

11.6.5 使用 Photoshop 添加平面素材

步骤 **01** 执行菜单栏中的【文字】|【新建】命令，在弹出的对话框中设置【宽度】为 1000 像素，【高度】为 680 像素，【分辨率】为 150 像素 / 英寸，新建 1 个空白画布，并将画布填充为绿色（R: 129，G: 167，B: 66）。

步骤 **02** 执行菜单栏中的【文件】|【打开】命令，打开"透明绿豆饼包装设计平面效果 .png"文件，单击【打开】按钮，将打开的素材拖入画布中并适当缩小，其图层名称将自动更改为【图层 1】，如图 11.276 所示。

的【创建新图层】■按钮，新建 1 个【图层 2】图层并移至【图层 1】图层的下方，并将其填充为白色，如图 11.278 所示。

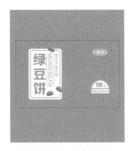
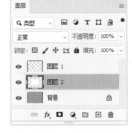

图 11.277 绘制选区　　图 11.278 新建图层并填充颜色

步骤 **05** 选择工具箱中的【矩形选框工具】［￣］，在包装平面图像中绘制 1 个矩形选区，将图文部分选取，如图 11.279 所示。

步骤 **06** 在【图层】面板中，将【图层 2】图层暂时隐藏，如图 11.280 所示。

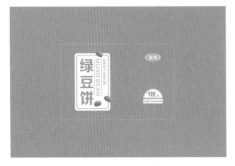

图 11.276 添加素材

步骤 **03** 选择工具箱中的【矩形选框工具】［￣］，沿添加的素材白色边框边缘绘制 1 个矩形选区，如图 11.277 所示。

步骤 **04** 在打开的文档中，单击【图层】面板底部

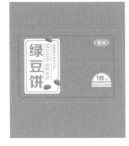

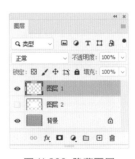

图 11.279 绘制选区　　图 11.280 隐藏图层

步骤 07　执行菜单栏中的【选择】|【反选】命令，将选区反选，选中【图层 1】图层，按 Delete 键删除选区中的图像，完成之后按 Ctrl+D 组合键取消选区，再将【图层 2】图层显示，如图 11.281 所示。

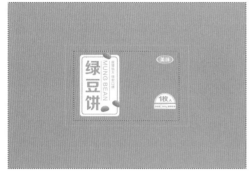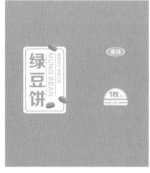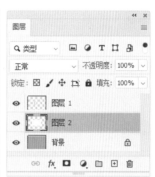

图 11.281　删除部分图像

11.6.6　使用 Photoshop 绘制包装材质

步骤 01　在【图层】面板中选中【图层 2】图层，将图层【不透明度】更改为 30%，如图 11.282 所示。

步骤 02　执行菜单栏中的【文件】|【打开】命令，打开"绿豆饼 .png"文件，单击【打开】按钮，将打开的素材拖入画布中并适当缩小，并移至【图层 1】图层的下方，如图 11.283 所示。

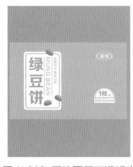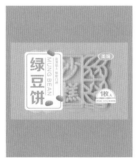

图 11.282　更改图层不透明度　　　图 11.283　添加素材

步骤 03　选择工具箱中的【钢笔工具】，在包装顶部绘制 1 个不规则路径，如图 11.284 所示。

步骤 04　按 Ctrl+Enter 组合键将路径转换为选区，选中【图层 2】图层，按 Delete 键删除选区中的图像，如图 11.285 所示。

步骤 05　选择任意选区工具，将选区向下移动，单击鼠标右键，从弹出的快捷菜单中选择【变换选区】命令。

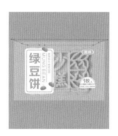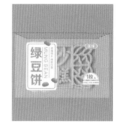

图 11.284　绘制路径　　　　图 11.285　转换为选区

步骤 06　再单击鼠标右键，从弹出的快捷菜单中选择【垂直翻转】命令，完成之后按 Enter 键确认，如图 11.286 所示。

步骤 07　以同样的方法将底部部分区域的图像删除，如图 11.287 所示。

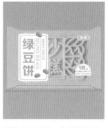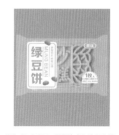

图 11.286　变换选区　　　　图 11.287　删除部分图像

11.6.7　使用 Photoshop 制作封口锯齿

步骤 01　选择工具箱中的【矩形工具】🔲，在选项栏中将【填充】更改为黑色，【描边】更改为无，在包装左上角的位置按住 Shift 键绘制 1 个矩形，生成 1 个【矩形 1】图层，如图 11.288 所示。

步骤 02　按 Ctrl+T 组合键对矩形执行【自由变换】命令，在选项栏的【旋转】文本框中输入 45，完成之后按 Enter 键确认，如图 11.289 所示。

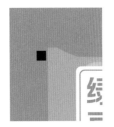
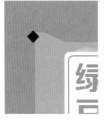

图 11.288　绘制矩形　　　　图 11.289　旋转图形

提示：将图形旋转之后，可根据实际需要再将其适当缩小。

步骤 03　在【矩形 1】图层名称上单击鼠标右键，从弹出的快捷菜单中选择【栅格化图层】命令，按住 Ctrl 键单击其图层缩览图，将其载入选区，如图 11.290 所示。

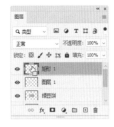
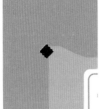

图 11.290　载入选区

步骤 04　按 Ctrl+Alt+T 组合键将矩形向下方移动复制一份，如图 11.291 所示。

步骤 05　按住 Ctrl+Alt+Shift 组合键的同时按 T 键多次，将图像复制多份，如图 11.292 所示。

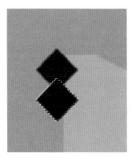
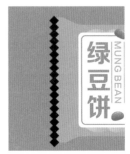

图 11.291　变换复制　　　　图 11.292　多重复制

步骤 06　选中【矩形 1】图层，在画布中将图像向右侧平移复制一份，如图 11.293 所示。

步骤 07　按住 Ctrl 键单击【矩形 1】图层缩览图，再按住 Shift 键单击【矩形 1 拷贝】图层缩览图，将其加选至选区，如图 11.294 所示。

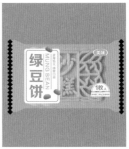

图 11.293　复制图像　　　　图 11.294　加选至选区

步骤 08　选中【图层 2】图层，将图像删除，完成之后按 Ctrl+D 组合键取消选区，再将两个锯齿图像所在的图层删除，如图 11.295 所示。

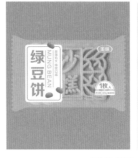
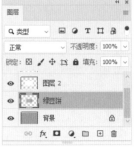

图 11.295　删除图像

步骤 09 选中【绿豆饼】图层，将其移至【图层 2】图层的下方，如图 11.296 所示。

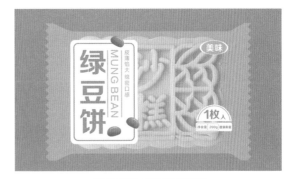

图 11.296　更改图层顺序

11.6.8　使用 Photoshop 添加光影质感

步骤 01 选择工具箱中的【椭圆工具】○，在选项栏中将【填充】更改为白色，【描边】更改为无，在包装顶部绘制 1 个椭圆图形，生成 1 个【椭圆 1】图层，如图 11.297 所示。

步骤 02 执行菜单栏中的【滤镜】|【模糊】|【高斯模糊】命令，在弹出的对话框中将【半径】更改为 6 像素，完成之后单击【确定】按钮，如图 11.298 所示。

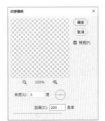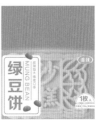

图 11.299　添加动感模糊效果

步骤 05 执行菜单栏中的【选择】|【反向】命令，将选区反向，选中【椭圆 1】图层，删除选区中的图像，完成之后按 Ctrl+D 组合键取消选区，如图 11.301 所示。

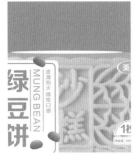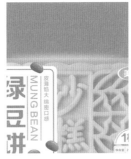

图 11.297　绘制椭圆　　图 11.298　添加高斯模糊效果

步骤 03 执行菜单栏中的【滤镜】|【模糊】|【动感模糊】命令，在弹出的【动感模糊】对话框中，将【角度】更改为 0 度，【距离】更改为 200 像素，设置完成之后单击【确定】按钮，如图 11.299 所示。

步骤 04 按住 Ctrl 键单击【图层 2】图层缩览图，将其载入选区，如图 11.300 所示。

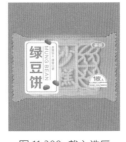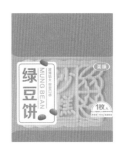

图 11.300　载入选区　　　图 11.301　删除图像

步骤 06 选中【椭圆 1】图层，在画布中将图像向下移动至与原图像相对的位置，将图像复制一份，然后按 Ctrl+T 组合键对其执行【自由变换】命令，单击鼠标右键，从弹出的快捷菜单中选择【垂直翻转】命令，完成之后按 Enter 键确认，如图 11.302 所示。

步骤 07 选择工具箱中的【钢笔工具】 ，在选项栏中单击【选择工具模式】 路径 ∨ 按钮，在弹出的选项中选择【形状】，将【填充】更改为白色，【描边】更改为无，在包装顶部位置绘制 1 个不规则图形，生成 1 个【形状 1】图层，如图 11.303 所示。

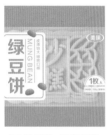 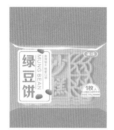

图 11.302　复制图像　　　　图 11.303　绘制图形

步骤 08 执行菜单栏中的【滤镜】|【模糊】|【高斯模糊】命令，在弹出的对话框中将【半径】更改为 3 像素，完成之后单击【确定】按钮，如图 11.304 所示。

步骤 09 选中【形状 1】图层，将图层【不透明度】更改为 80%，效果如图 11.305 所示。

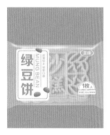 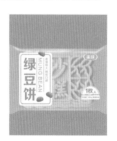

图 11.304　添加高斯模糊效果　图 11.305　更改不透明度

步骤 10 选中【形状 1】图层，在画布中将图像向下移动至与原图像相对的位置，将图像复制一份，然后按 Ctrl+T 组合键对其执行【自由变换】命令，单击鼠标右键，从弹出的快捷菜单中选择【垂直翻转】命令，完成之后按 Enter 键确认，如图 11.306 所示。

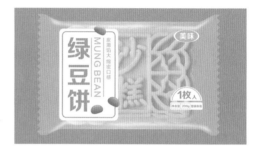

图 11.306　复制图像

步骤 11 以同样的方法再绘制数个类似的图形并添加高斯模糊及降低图像透明度，为包装添加高光质感图像效果，如图 11.307 所示。

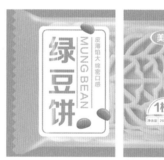 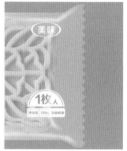

图 11.307　添加高光质感图像

11.6.9　使用 Photoshop 添加压痕

步骤 01 选择工具箱中的【直线工具】 ，在选项栏中将【填充】更改为深绿色（R: 111，G: 130，B: 39），【描边】更改为无，【粗细】更改为 1 像素，在包装左侧封口位置按住 Shift 键绘制一条垂直线段，生成 1 个【直线 1】图层，如图 11.308 所示。

步骤 02 在【直线 1】图层名称上单击鼠标右键，从弹出的快捷菜单中选择【栅格化图层】命令，按住 Ctrl 键单击【直线 1】图层缩览图，将其载入选区，如图 11.309 所示。

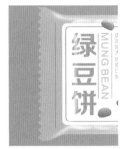

图 11.308　绘制线段

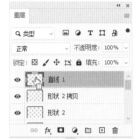

图 11.309　载入选区

步骤 03 按 Ctrl+Alt+T 组合键将线段向左侧平移复制一份，如图 11.310 所示。

步骤 04 按住 Ctrl+Alt+Shift 组合键的同时按 T 键多次，将线段复制多份，如图 11.311 所示。

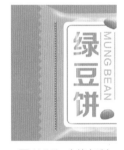

图 11.310　变换复制

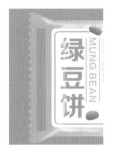

图 11.311　多重复制

步骤 05 执行菜单栏中的【滤镜】|【模糊】|【高斯模糊】命令，在弹出的对话框中将【半径】更改为 0.5 像素，完成之后单击【确定】按钮，如图 11.312 所示。

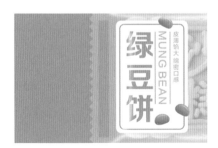

图 11.312　添加高斯模糊效果

步骤 06 在【图层】面板中选中【直线 1】图层，单击面板底部的【添加图层蒙版】 按钮，为其添加图层蒙版，如图 11.313 所示。

步骤 07 选择工具箱中的【画笔工具】 ，在画布中单击鼠标右键，从弹出的面板中选择 1 种圆角笔触，将【大小】更改为 170 像素，【硬度】更改为 0%，如图 11.314 所示。

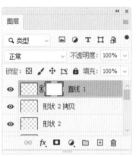

图 11.313　添加图层蒙版

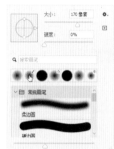

图 11.314　设置笔触

步骤 08 将前景色更改为黑色，在图像上部分区域进行涂抹将其隐藏，再将图层【不透明度】更改为 50%，效果如图 11.315 所示。

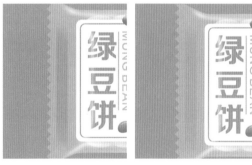

图 11.315　隐藏图像并更改不透明度

步骤 09 将图像向右侧平移复制一份，如图 11.316 所示。

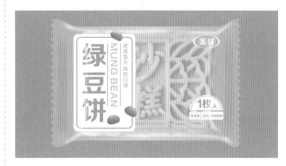

图 11.316　复制图像

11.6.10 使用 Photoshop 添加倒影及阴影

步骤 01 同时选中除【背景】层之外的所有图层，按 Ctrl+G 组合键进行编组，并将生成的组名称更改为【立体效果】。

步骤 02 选中【立体效果】组，将其拖至面板底部的【创建新图层】⊞按钮上，复制 1 个【立体效果 拷贝】组。选中【立体效果】组，按 Ctrl+E 组合键进行合并，并将生成的图层名称更改为【倒影】，如图 11.317 所示。

步骤 03 按 Ctrl+T 组合键对其执行【自由变换】命令，单击鼠标右键，从弹出的快捷菜单中选择【垂直翻转】命令，完成之后按 Enter 键确认，并将图像向下移动，如图 11.318 所示。

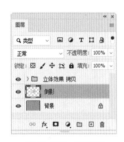
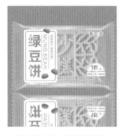

图 11.317 复制组　　图 11.318 变换图像

步骤 04 选中【倒影】图层，执行菜单栏中的【滤镜】|【模糊】|【高斯模糊】命令，在弹出的对话框中将【半径】更改为 3 像素，完成之后单击【确定】按钮，如图 11.319 所示。

步骤 05 在【图层】面板中选中【倒影】图层，单击面板底部的【添加图层蒙版】■ 按钮，为其添加图层蒙版，如图 11.320 所示。

步骤 06 选择工具箱中的【渐变工具】■，编辑黑色到白色的渐变，单击选项栏中的【线性渐变】■按钮，在图像上拖动，将部分图像隐藏，制作倒影效果，如图 11.321 所示。

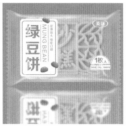
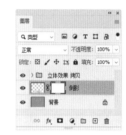

图 11.319 添加高斯模糊效果　图 11.320 添加图层蒙版

步骤 07 选择工具箱中的【椭圆工具】◯，在选项栏中将【填充】更改为深绿色（R：79，G：110，B：20），【描边】更改为无，在包装底部位置绘制 1 个椭圆图形，生成 1 个【椭圆 2】图层，将其移至【立体效果 拷贝】图层下方，效果如图 11.322 所示。

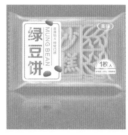
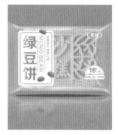

图 11.321 制作倒影　　图 11.322 绘制椭圆

步骤 08 选中【椭圆 2】图层，执行菜单栏中的【滤镜】|【模糊】|【高斯模糊】命令，在弹出的对话框中将【半径】更改为 5 像素，完成之后单击【确定】按钮，如图 11.323 所示。

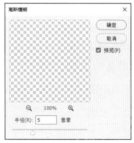
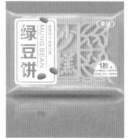

图 11.323 添加高斯模糊效果

步骤09 执行菜单栏中的【滤镜】|【模糊】|【动感模糊】命令，在弹出的【动感模糊】对话框中将【角度】更改为 0 度，【距离】更改为 200 像素，完成之后单击【确定】按钮，这样就完成了最终效果的制作，如图 11.324 所示。

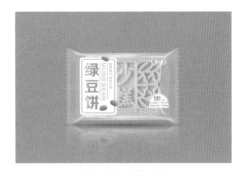

图 11.324　最终效果

11.7　课后习题

11.7.1　习题 1——橙汁包装设计

设计构思

　　本例包装制作过程比较简单，将漂亮的实物水果图像与形象化的文字相结合，使整个包装表现出简洁而富有品质感的视觉效果，最终效果如图 11.325 所示。

源文件	第 11 章 \ 橙汁包装平面设计 .cdr、橙汁包装展示设计 .psd
调用素材	第 11 章 \ 橙汁包装设计
难易指数	★ ★ ★ ★ ☆

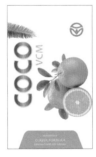
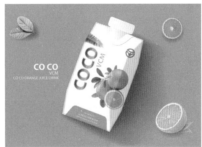

图 11.325　最终效果

11.7.2　习题 2——橡皮糖包装设计

设计构思

　　本例以卡通化的主视觉为设计重点，将卡通形象与透明镂空的包装材质相结合，整体包装的设计感很强，最终效果如图 11.326 所示。

源文件	第 11 章 \ 橡皮糖包装平面设计 .cdr、橡皮糖包装设计 .psd
调用素材	第 11 章 \ 橡皮糖包装设计
难易指数	★ ★ ★ ★ ☆

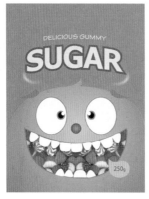
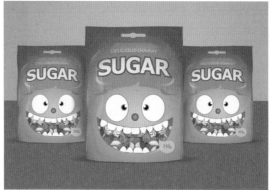

图 11.326　最终效果

11.7.3　习题 3——水果酸奶包装设计

设计构思

　　本例讲解水果酸奶包装设计，此款包装通过绘制奶制品图像并与水果素材相融合，突出水果和酸奶相结合的特点，通过文字的艺术化处理，使整个包装具有很强的设计感，最终效果如图 11.327 所示。

源文件	第 11 章 \ 水果酸奶包装平面设计 .cdr、水果酸奶包装展示设计 .psd
调用素材	第 11 章 \ 水果酸奶包装设计
难易指数	★ ★ ★ ★ ☆

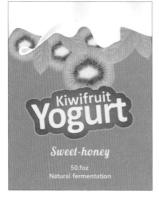
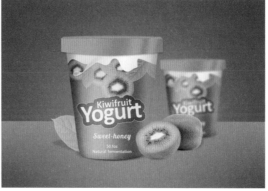

图 11.327　最终效果